MOLDEN
TASCHENBUCH
VERLAG

Das Buch

Frühjahr 1941. Hitler beherrscht halb Europa. Noch stehen Sowjetrußland und die USA außerhalb des Krieges. Englands Flotte sichert allein die atlantischen Nachschubwege gegen deutsche U-Boote. Der Schlachtkreuzer „Hood“ war der Stolz der britischen Nation und jahrzehntelang das größte Kriegsschiff der Welt. Am 19. Mai läuft das stärkste Schlachtschiff, die „Bismarck“, zu ihrer ersten Feindfahrt aus. Gemeinsam mit dem schweren Kreuzer „Prinz Eugen“ durchbricht sie die britische Nordsee-Blockade mit dem Auftrag, Geleitzüge des Gegners zu vernichten, seinen Lebensnerv zu treffen. Die britische Admiralität befiehlt den Angriff. Am Morgen des 24. Mai stellt die britische „Hood“ vor Grönland die „Bismarck“ zum Kampf und wird nach genau vier Minuten in die Luft gesprengt. Für die Briten ist es nun eine nationale Prestigefrage, die scheinbar unversenkbare „Bismarck“ zu vernichten. Tatsächlich gelingt es Torpedofliegern des Flugzeugträgers „Ark Royal“, das Ruderwerk der „Bismarck“ zu zerstören.

Der Autor

Ludovic Kennedy, Jahrgang 1919, entstammt einer Seefahrerfamilie. Sein Vater war der Kommandant des Hilfskreuzers „Rawalpindi“, der versuchte, den Durchbruch der beiden deutschen Schlachtschiffe „Scharnhorst“ und „Gneisenau“ durch die Dänemark-Straße zu verhindern und am 23. November 1939 mit seinem Schiff unterging. Ludovic Kennedy nahm an der Verfolgung der „Bismarck“ an Bord des Zerstörers „Tartar“ teil. Über seine eigene Marinezeit schrieb er das Buch „Sub-Lieutenant“, über die Kapitäne der Flotte Nelsons „Nelsons Band of Brothers“. Bekannt wurde er durch die BBC-Dokumentation „Schlachtschiff Bismarck“. Er lebt heute mit seiner Frau, der Primaballerina Moira Shearer, und seinen vier Kindern in Schottland.

Ludovic Kennedy

VERSENKT DIE BISMARCK!

Triumph und Untergang des stärksten Schlachtschiffes der Welt

Mit 8 Schwarzweißbildseiten und 3 Karten im Text

MTV · MOLDEN-TASCHENBUCH-VERLAG
WIEN–MÜNCHEN

BILDNACHWEIS: The Imperial War Museum, London (10), Fregattenkapitän Paul Schmalenbach (4), Collins Publishers (2), Fox-Photos Ltd. (1)

Schutzumschlagfoto: The Imperial War Museum, London.
Die „Bismarck“ am 24. Mai 1940 um etwa 05.09 Uhr Bordzeit im Gefecht mit „Prince of Wales“. Die „Hood“ ist bereits gesunken, die „Bismarck“ passiert soeben den schweren Kreuzer „Prinz Eugen“, der das Ausmaß der Ölspur im Kielwasser des Schlachtschiffes feststellen soll. Aufnahme von „Prinz Eugen“ aus.

1. Auflage 1.–20. Tausend

MTV · MOLDEN-TASCHENBUCH-VERLAG
EROICA Verlagsgesellschaft mbH., Wien–München
Lizenzausgabe mit freundlicher Genehmigung
des Verlages Fritz Molden, Wien–München–Zürich–Innsbruck
Aus dem Englischen übertragen von
HANS E. HAUSNER
Titel der englischen Originalausgabe:
PURSUIT · The Sinking of the Bismarck

Ungekürzte Ausgabe

Umschlagentwurf: Hans Schaumberger
Gesamtherstellung: Ebner, Ulm
MTV Band 47, September 1977
ISBN 3-217-05047-9

Meinem Freund und früheren Tutor
DAVID CECIL
widme ich diesen Bericht aus turbulenten Zeiten

mit Dankbarkeit und Zuneigung

Mein Thema ist der Krieg, und das Elend des Krieges

Wilfred Owen

Inhalt

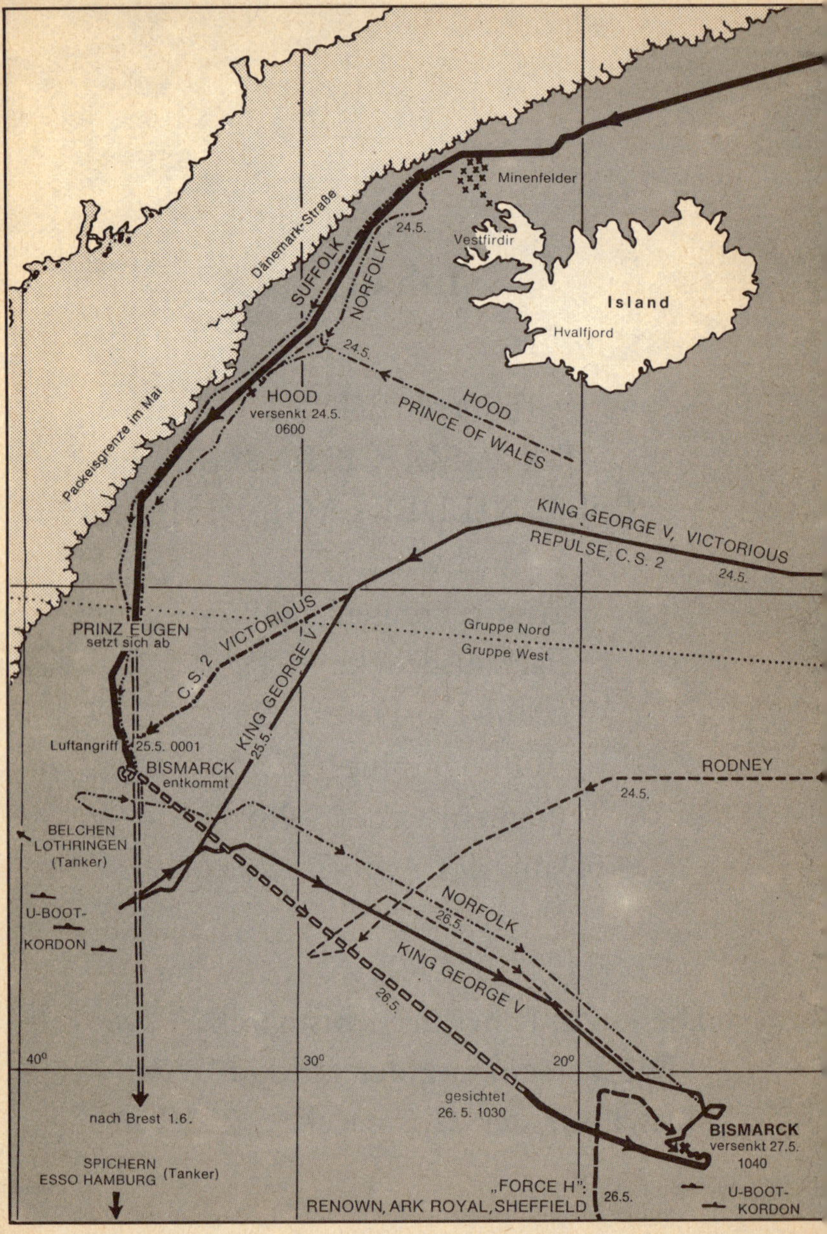

Minenfelder
24.5.
Vestfirdir
Island
Hvalfjord
Dänemark-Straße
SUFFOLK
NORFOLK
24.5.
HOOD
versenkt 24.5.
0600
HOOD
PRINCE OF WALES
Packeisgrenze im Mai
KING GEORGE V, VICTORIOUS
REPULSE, C. S. 2
24.5.
C. S. 2 VICTORIOUS
Gruppe Nord
Gruppe West
PRINZ EUGEN
setzt sich ab
KING GEORGE V
25.5.
Luftangriff 25.5. 0001
BISMARCK
entkommt
RODNEY
24.5.
BELCHEN
LOTHRINGEN
(Tanker)
U-BOOT-
KORDON
NORFOLK
26.5.
KING GEORGE V
26.5.
40°
30°
20°
gesichtet
26. 5. 1030
BISMARCK
versenkt 27.5.
1040
nach Brest 1.6.
SPICHERN
ESSO HAMBURG (Tanker)
„FORCE H":
RENOWN, ARK ROYAL, SHEFFIELD
26.5.
U-BOOT-
KORDON

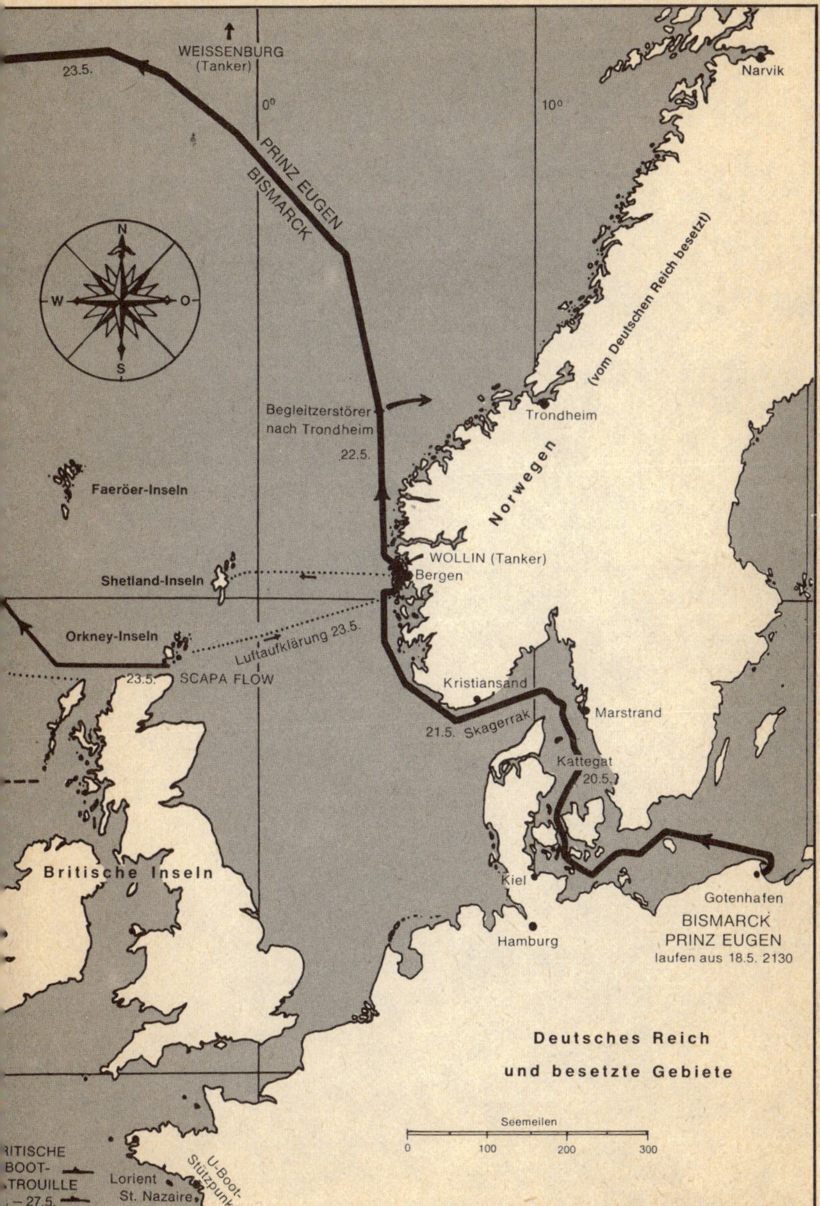

WEISSENBURG (Tanker)
23.5.
0°
10°
Narvik
PRINZ EUGEN
BISMARCK
N
W
O
S
(vom Deutschen Reich besetzt)
Trondheim
Begleitzerstörer nach Trondheim
22.5.
Norwegen
Faeröer-Inseln
WOLLIN (Tanker)
Bergen
Shetland-Inseln
Orkney-Inseln
Luftaufklärung 23.5.
23.5.
SCAPA FLOW
Kristiansand
Marstrand
21.5. Skagerrak
Kattegat
20.5.
Britische Inseln
Kiel
Gotenhafen
Hamburg
BISMARCK
PRINZ EUGEN
laufen aus 18.5. 2130
Deutsches Reich
und besetzte Gebiete
Seemeilen
0
100
200
300
Lorient
St. Nazaire
U-Boot-Stützpunkte

Teil 1

SIEG

Nun lasset euch gemahnen eine Zeit
Wo schleichend Murmeln und das späh'nde Dunkel
Des Weltgebäudes weite Wölbung füllt . . .

SHAKESPEARE, HEINRICH V.

1

Es war ein Maiabend des Jahres 1941. Fast ganz Europa lag Hitler zu Füßen, und jenseits des schmalen Grabens, dem es seine Existenz und seine Rettung verdankte, bot England ganz allein Deutschland trotzig die Stirn. Im Westen, hinter dem Atlantik, und im Osten, hinter der Wolga, warteten die beiden Riesen noch ab; auch ihre Zeit sollte kommen, doch im Augenblick nahmen sie in unbehaglicher Neutralität eine Zuschauerrolle ein, auf sich allein gestellt auch sie.

Tagsüber, draußen auf dem Land, war kaum etwas von Krieg zu spüren. Doch mit der Dämmerung erinnerte man sich seiner, besonders in den Städten – in Coventry wie in Hamm, in Hamburg, Devonport, Genua oder Brest: Man zog die Verdunklungsvorhänge zu, die Straßenlampen erloschen; die Gassen wurden zu langen Tunnels und die Menschen zu Kaninchen, die in ihre hellerleuchteten Gehege flüchteten, um die Ungewißheiten und Gefahren der Nacht auszusperren. So war es, wenn die Bomber nicht kamen; und wenn sie aber kamen, sah die Sache ganz anders aus.

Es gab einige wenige Städte in Europa, wo die Lichter noch brannten. In Stockholm zum Beispiel, für manche eine langweilige, saubere Stadt mit langweiligen, fortschrittlich gesinnten Menschen, jetzt aber, so wie am anderen Ende Europas Madrid und Lissabon, ein Bienenkorb, in dem es von Spionage und Intrigen schwirrte. Deutsche und Engländer hatten hier ihre Botschaften und andere Institutionen, bespitzelten einander, heuerten Schweden und andere zu Spitzeldiensten an, zahlten Höchstpreise für heiße Informationen – wieviel Eisenerz aus Narvik herunterkam, die Frequenzen des britischen Radars –, verschlüsselten dunkle Geheimnisse für London und Berlin und übermittelten sie über Funk oder durch Flugzeuge, in den Hosenbeinen von Schiffsköchen und den unglaublichen Gedächtnissen ihrer Agenten.

Captain Henry Denham von der Royal Navy, ein leidenschaftlicher

Segler und Motorbootrennfahrer, paßte eigentlich recht schlecht in diese Umgebung. Als die Deutschen 1940 in Dänemark einfielen, war er Marineattaché in Kopenhagen. Kaum in die Heimat zurückgekehrt, wurde er auf den gleichen Posten nach Schweden versetzt. Den Grund dafür erfuhr er nie: Er sprach nicht Schwedisch, und Schweden war das einzige Land in Europa, in dem er sich nie zuvor aufgehalten hatte.

Über Narvik und das Nordkap erreichte er im Juni 1940 Stockholm; die finnische Grenze überschritt er einen halben Tag vor der deutschen Wehrmacht. Verständigungsschwierigkeiten und mangelnde Kontakte machten ihm die Arbeit anfangs recht schwer. Aber er gab nicht auf, ging bei den richtigen Leuten aus und ein, machte bei Partys eine gute Figur und hatte jetzt, nur ein Jahr nach seiner Ankunft, bereits mehrere brauchbare Informationsquellen in den schwedischen Streitkräften und außerhalb aufgetan. Er wohnte in einem bequemen kleinen Appartement in der Riddargatan, traf sich aber mit seinen Informanten nur in der Botschaft oder im Wald. Er wußte, daß seine Wohnung vom gegenüberliegenden Haus aus beobachtet wurde und daß sein Telephon angezapft war. Er vermutete Abhörvorrichtungen in seinem Zimmer.

An jenem Maiabend war Captain Denham in seiner Wohnung, als das Telephon klingelte. Es war die englische Botschaft in der Strandvägen. Oberst Roscher Lund war da und wünschte ihn zu sprechen. Es war dringend.

Oberst Roscher Lund war der Stockholmer Militärattaché der in London residierenden norwegischen Exilregierung, ein Freund und Kollege Denhams und der verläßlichste seiner Informanten. Er kannte viele schwedische Offiziere, weil er vor dem Krieg mit ihrem Abhör- und Chiffrierdienst zusammengearbeitet hatte. Besonders gut war er mit Major Törnberg bekannt, seiner Abstammung nach ein halber Norweger und Stabschef von Oberst Petersën, dem Leiter des schwedischen Geheimdienstes. Törnberg haßte die Deutschen wegen ihres Überfalls auf Norwegen und faßte es daher nicht als Verrat an seinem Land auf, wenn er Roscher Lund Informationen zukommen ließ, die England bei der Fortführung des Krieges von Nutzen sein konnten. Zweimal die Woche, gegen Abend, brachte Roscher Lund Denham Dokumente in die Botschaft. Denham schrieb heraus, was ihm wichtig erschien, und Roscher Lund sorgte dafür, daß die Papiere noch vor Bürobeginn am nächsten Morgen wieder in Törnbergs Besitz waren. Um Petersëns Sicherheit zu gewährleisten, sprachen Denham und Roscher Lund von ihm immer nur als „P“.

Denham schwang sich auf sein Fahrrad und machte sich auf den Weg zu der nur fünf Minuten entfernten Botschaft am Kai. Es mußte wohl etwas Wichtiges sein, denn bisher hatte Roscher Lund noch nie um eine Zusammenkunft außerhalb der vereinbarten Zeiten gebeten.

In der Botschaft gingen sie sogleich in Denhams Büro. Es war eine ebenso kurze wie nüchterne Mitteilung, die Roscher Lund zu machen hatte. Es war ein Bericht aus „P"s Dienststelle: Am Nachmittag seien zwei große deutsche Kriegsschiffe mit Luft- und Seegeleit vor der schwedischen Südküste gesichtet worden. Ein Hinweis auf den Ursprung der Meldung fehlte (sie war von dem schwedischen Kreuzer *Gotland* gekommen); so kitzlig war die Sache, daß nicht einmal Roscher Lund davon wußte. Dieser Umstand ließ Denham an der Glaubwürdigkeit des Berichtes zweifeln. Erst viel später begriff er, daß jemand in „P"s Büro, vermutlich Törnberg, genau wissend, wie wichtig die Nachricht für England sein mußte, auf ebenso ungewöhnliche wie umsichtige Weise dafür gesorgt hatte, daß sie ihm zugespielt wurde.

Roscher Lund ging, und Denham setzte ein Telegramm auf mit dem Dringlichkeitsgrad „most immediate" und der Verschlußstufe B3[1]. Eine Stunde später war es chiffriert und nahm seinen Weg über die Nordsee nach London.

„Kattegat, heute 20. Mai. Um 1500 haben zwei große Kriegsschiffe, begleitet von drei Zerstörern, fünf Geleitfahrzeugen und zehn oder zwölf Flugzeugen, Marstrand mit nordwestlichem Kurs passiert. 2058/20."

Das Geheimnis war preisgegeben. *Bismarck* und *Prinz Eugen* waren unterwegs. Die Operation „Rheinübung" hatte begonnen.

Der Oberbefehlshaber der deutschen Kriegsmarine war Erich Raeder, der 1939 zum Großadmiral ernannt worden war. Raeder war ein gutaussehender Mann mit viereckigem Gesicht, 65 Jahre alt, hochintelligent und zugänglich, Sohn eines Sprachlehrers aus Wandsbek bei Hamburg und, wie auch seine Eltern, tief religiös. 1894 war er in die Marine eingetreten; 1911 wurde er Navigationsoffizier der berühmten kaiserlichen Jacht *Hohenzollern* und war dann fünf Jahre lang Erster Admiralsstabsoffizier beim Befehlshaber der Aufklärungsstreitkräfte, zusammen mit Vizeadmiral von Hipper hatte er an einem anderen Maitag, im Jahre 1916, an der Seeschlacht im Skagerrak teilgenommen, als Jellicoes „Grand Fleet" und Scheers Hochseeflotte zum ersten und letzten Mal aufeinandertrafen und am nächsten Tag 24 Schiffe mit über 6000 britischen und 2500 deutschen Seeleuten auf dem Meeresgrund lagen.

Churchill hatte einmal gesagt, Jellicoe wäre der einzige Mann auf der Welt, der den Krieg an einem Nachmittag verlieren konnte, und Scheer und Hipper und Raeder wußten das. Denn Großbritanniens Versorgung hing und hängt von den überseeischen Handelsstraßen ab, und die „Grand Fleet“ allein hinderte die deutsche Hochseeflotte daran, die Insel auszuhungern. Nun aber waren Scheers Schlachtschiffe zur Untätigkeit verdammt: als Verband durch Jellicoes Schlachtschiffe in der Nordsee eingeschlossen, einzeln durch Treibstoffmangel gelähmt. Die U-Boote hätten es beinahe geschafft, aber das Geleitzugssystem durchkreuzte ihre Pläne. Nach der deutschen Niederlage wurde die Hochseeflotte interniert und 1919 auf Befehl von Konteradmiral von Reuter selbst versenkt. Raeder erinnerte sich an diese Geschehnisse und auch daran, daß man der Flotte Untätigkeit, ja sogar Ängstlichkeit vorgeworfen hatte.

Im Jahre 1928 wurde Raeder Chef der Marineleitung, und als Hitler fünf Jahre später an die Macht kam, war der Kern einer neuen Flotte im Entstehen. Erst kamen Leichte Kreuzer und Torpedoboote; es folgten die Panzerschiffe *Deutschland*, *Admiral Scheer*, *Admiral Graf Spee*, auch „Pocket-Battleships“ genannt, die sich durch einen großen Aktionsradius auszeichneten; später Kreuzer und Zerstörer, die schnellen Schlachtschiffe oder Schlachtkreuzer *Scharnhorst* und *Gneisenau*, die riesige *Bismarck* und ihr Schwesterschiff *Tirpitz*. Beim Bau dieser Schiffe wurde davon ausgegangen, daß sie alle gleich aussehen sollten; dieser Gedanke brachte später, und ohne daß man es darauf angelegt gehabt hätte, reichen Gewinn. Durch den Vertrag von Versailles war Deutschland der Besitz einer U-Boot-Waffe verboten; einzelne Prototypen wurden auf Werften in Finnland und Spanien gebaut, doch der Wiederaufbau der U-Boot-Waffe begann erst 1934/35.

Hitler versicherte Raeder durch Jahre hindurch, er bräuchte nicht zu fürchten, daß es jemals zu einem Krieg mit Großbritannien kommen würde. Noch im Jahre 1938, als der Alptraum bereits Wirklichkeit zu werden drohte, versprach er ihm weitere sieben Jahre Schonzeit. So bereitete Raeder seinen „Z-Plan“ vor: 250 U-Boote, sechs weitere Schlachtschiffe, größer noch als die *Bismarck* und die *Tirpitz*, und schnelle, leichte, als Aufklärer einzusetzende Kreuzer. Sie alle sollten den Atlantik durchstreifen und die britischen Schiffe von den Weltmeeren fegen. Doch schon ein Jahr später kam der Krieg, und Raeder, der darauf nicht vorbereitet war, mußte erkennen, was andere schon vor ihm herausgefunden hatten: daß das Wort seines Herrn keinen Schuß Pulver wert war.

„Auf dem Festland bin ich ein Held", sagte Hitler einmal, „aber auf dem Wasser ein Feigling." Schlachtschiffe faszinierten ihn, er sprach mit wissender Miene über ihre technischen Einrichtungen, doch von einer Seemacht und ihrem Einflußbereich verstand er nichts. So überließ er diese Dinge eben Raeder, was zur Folge hatte, daß von allen Waffengattungen und Institutionen des Dritten Reiches die Marine am wenigsten von Nazi-Ideen und -Praktiken infiziert war. Raeder verbot den Offizieren jede parteipolitische Betätigung und verabschiedete die wenigen, die seinen Befehl mißachteten, einschließlich einen von Hitlers Marineadjudanten. Gegen offiziellen Widerstand beließ er die Marinegeistlichen im Amt und unterstützte die Abhaltung von Gemeinschaftsgottesdiensten. Er weigerte sich, jüdische Offiziere, wie Backenköhler, Grassmann, Rogge, in den Ruhestand zu versetzen, und als 1938 in der berüchtigten „Kristallnacht" Synagogen geplündert und gebrandschatzt wurden, worauf einige empörte hohe Offiziere wie Lütjens und Dönitz scharf protestierten, war er es, der diese Proteste, dazu noch seinen eigenen, bei Hitler deponierte. Es liegt in ihrem Wesen, daß eine Marine am Rand und nicht im Mittelpunkt der Ereignisse steht; Raeders Verbot parteipolitischer Betätigung gewährleistete, daß die deutsche Marine von den Exzessen des Regimes unberührt blieb und ihre Angehörigen in ihrer Mehrheit aufrechte und rechtschaffene Männer waren.

Bei Kriegsausbruch 1939 verlor Raeder keine Zeit. Er ging sofort daran, seine offensive Strategie in die Tat umzusetzen. Die *Graf Spee*, die *Deutschland* und mehrere U-Boote kreuzten bereits auf den Handelsstraßen, und im November stachen die *Scharnhorst* und die *Gneisenau* in See. Vor der isländischen Küste sichteten und versenkten sie den britischen Hilfskreuzer *Rawalpindi*[2], womit sie einige Bestürzung in der englischen, aber auch in der französischen Admiralität hervorriefen, denn noch nie waren in der Heimat stationierte deutsche Schlachtschiffe so weit nach Norden vorgedrungen. Im Frühjahr 1940 setzte Raeder einen Großteil der Flotte bei der Invasion Norwegens ein; die Verluste waren schwer (allein vor Narvik die Hälfte aller deutschen Zerstörer), in Anbetracht des errungenen Erfolges aber erträglich. Die *Scharnhorst* und die *Gneisenau* unter Admiral Lütjens deckten die Landeoperationen von der See her und kamen für kurze Zeit mit dem britischen Schlachtkreuzer *Renown* ins Gefecht; die *Gneisenau* wurde dreimal getroffen und hatte mehrere Verwundete und Tote unter der Mannschaft zu beklagen. Als die Briten zwei Monate später den Hafen evakuierten (und Captain Denham sich nach Schweden durchschlug), kehrten die zwei Schiffe, von Admiral

Marschall befehligt, in dieselben Gewässer zurück und versenkten den Flugzeugträger *Glorious* und zwei Zerstörer.

Die Niederlage Frankreichs im Sommer 1940 erlaubte es der deutschen Flotte, am Rand des atlantischen Schlachtfeldes Fuß zu fassen; in Lorient, Brest, La Rochelle und St. Nazaire wurden U-Boot-Stützpunkte errichtet. Deutsche Hilfskreuzer, die auf den großen Handelsstraßen operierten, hatten Befehl, die als Prisen aufgebrachten Schiffe nach französischen Häfen zu dirigieren. Das tat auch die *Admiral Scheer,* als sie Deutschland im Oktober zu einer für fünf Monate geplanten Kreuzfahrt im Atlantischen und Indischen Ozean verließ. Im Dezember tat es der Schwere Kreuzer *Admiral Hipper* der *Scheer* nach und brach durch die Dänemarkstraße zwischen Island und Grönland aus. Nach einem Scharmützel mit einem alliierten Truppenkonvoi lief die *Admiral Hipper* als erstes deutsches schweres Kriegsschiff Brest an. Im Januar 1941 schließlich führte Admiral Lütjens die *Scharnhorst* und die *Gneisenau* abermals nach Norden; diesmal sollten die Schiffe im Atlantik operieren. In der Faröer-Island-Enge wurden sie vom britischen Kreuzer *Naiad* gesichtet, zogen sich eilig ins Nordmeer zurück, nahmen von einem wartenden Tanker neuen Treibstoff auf und passierten eine Woche später in Nacht und Nebel ungesehen die Dänemarkstraße. „Zum ersten Mal in der Geschichte“, signalisierte Admiral Lütjens seinen zwei Schiffen, als sie den Atlantik erreichten, „ist es deutschen Schlachtschiffen heute gelungen, die englische Blockade zu durchbrechen. Nun wollen wir neuen Erfolgen entgegeneilen.“

Von Versorgungsschiffen und Tankern unterstützt, versenkten die Schlachtschiffe in den folgenden zwei Monaten, bevor sie Frankreich anliefen, 116.000 BRT alliierten Schiffsraum. Sie würden noch mehr versenkt haben, wären einige Geleitzüge, die sie sichteten, nicht von Schlachtschiffen wie der *Ramillies,* der *Malaya* und der *Rodney* begleitet gewesen; Lütjens aber hatte ausdrücklichen Befehl, sie nicht anzugreifen. Die Schlacht im Atlantik strebte jetzt einem Höhepunkt zu: die durch U-Boote, Kriegsschiffe, Hilfskreuzer und Flugzeuge erzielten Erfolge gegen die alliierte Schiffahrt mehrten sich. Im März 1941 mußten die Alliierten die bisher schwersten Verluste im Atlantik hinnehmen – über 350.000 BRT; im April wurde in allen Operationsgebieten zusammen ein Rekord von nahezu 700.000 BRT erreicht. Großadmiral Raeder begriff, daß es die Gunst der Umstände zu nützen galt; Verlusten in diesem Ausmaß würden die Alliierten auf die Dauer nicht standhalten können. Die Zeit schien gekommen, alles auf eine Karte zu setzen, und er forderte

Lütjens auf, seine Ankunft in Brest nicht übermäßig hinauszuzögern, denn die *Bismarck* war nahezu einsatzbereit und die Vorbereitungen für eine neue Operation im Atlantik unter seinem Kommando – *Bismarck, Scharnhorst, Gneisenau* und der neue Schwere Kreuzer *Prinz Eugen* – liefen auf vollen Touren.

Sie war von Blohm & Voss in Hamburg gebaut worden und war dort am Valentinstag 1939, dem Jahrestag von Nelsons großem Sieg über die spanische Flotte bei der Antilleninsel Saint Vincent, die Helling hinabgeglitten. Die deutsche Regierung hatte den Stapellauf zum Staatsakt erklärt. Hitler, Raeder, Keitel, Göring, Goebbels, Hess, Ribbentrop, Himmler, Bormann, von Schirach, sie alle standen auf der Festtribüne, und Hitler drückte in seiner Rede die Hoffnung aus, die zukünftige Besatzung würde von Bismarcks eisernem Geist erfüllt sein. Die Kapelle spielte, die Nazifahnen bauschten sich im Wind, Hitler und Raeder strahlten, und die riesige Menge jubelte, als Bismarcks Enkelin, Dorothea von Loewenfeld, Deutschlands größtes Kriegsschiff auf den Namen seines größten Kanzlers taufte. Es war 251 m lang, 36 m breit und hatte Raum für acht 38-cm-Geschütze und sechs Flugzeuge. Seiten und Kommando- und Geschütztürme waren mit bis zu 360 mm starkem, besonders gehärtetem Wotan-Stahl gepanzert. Mit 35.000 ts geplant, um dem Londoner Flotten-Vertrag Genüge zu leisten, würde sie in Wirklichkeit auf 41.700 ts Standard-Wasserverdrängung, und voll beladen auf über 50.000 ts kommen. Nie zuvor hatte es ein Kriegsschiff wie die *Bismarck* gegeben; sie symbolisierte nicht nur eine neu auferstandene Flotte, sondern die ganze neu auferstandene deutsche Nation.

Während der nächsten 18 Monate, vor und nach Kriegsausbruch, lag sie am Kai, um ausgerüstet zu werden, ein eiserner Ameisenhaufen, in dem es von Werftarbeitern wimmelte. Da gab es Schweißer und Schlosser, die Platte um Platte die Decksaufbauten zusammenstellten; Männer mit Kränen, die die Maste aufrichteten, die zwölf Kessel einbauten und die vier Geschütztürme, Anton und Bruno vorne, Caesar und Dora achtern*, jeder eintausend Tonnen schwer, an Bord zu hieven. Elektriker legten Licht- und Kraftleitungen, installierten Feuerleitanlagen und Telephone, richteten die Funkanlagen ein, schlossen Leckpumpen, Kompasse und

* In der deutschen Kriegsmarine wurden die vorderen Türme mit A und B, die achtern gelegenen mit C und D bezeichnet; die Engländer benannten die vorderen A und B, die achtern gelegenen X und Y.

Funkmeßgeräte an, Arbeiter verstauten Anker und Ketten; Klempner bauten Waschbecken und Ausgußrohre ein; Zimmerleute richteten Kajüten, Messen, Kartenhaus und Navigationsraum ein. In jenem Sommer, während die Wehrmacht die Grenzen eines neuen Deutschen Reiches absteckte – von den Pyrenäen zum Nordkap, vom Atlantik bis zur Weichsel –, nahm das Schiff Gestalt an. Die wichtigsten Offiziere trafen bereits ein, wie Adalbert Schneider, Artillerieoffizier, und Gerhard Junack, der Leckwehroffizier und Turbinen-Ingenieur. Später kamen andere hinzu: Walter Lehmann, der leitende Ingenieur, Wolf Neuendorff, der Navigationsoffizier, Hans Oels, der I. Offizier. Dritter Artillerieoffizier war Burkhard Baron von Müllenheim-Rechberg, der aus einer alten elsässischen Familie stammte. Sein Vater war im Ersten Weltkrieg gefallen, sein Bruder Wendelin hatte zu Beginn des Zweiten Weltkrieges als Flieger den Tod gefunden. Vor dem Krieg war er unter Ribbentrop stellvertretender Marineattaché an der deutschen Botschaft in London gewesen, hatte eine Wohnung in Mayfair und viele englische Freunde gehabt und war bereits zweimal in Feindberührung gekommen: auf der *Scharnhorst*, als sie die *Rawalpindi* versenkte, und später als I. Offizier des Zerstörers *Erich Giese*, als dieser nach Narvik fuhr.

Als letzter kam der Kommandant Ernst Lindemann, ein fünfundvierzigjähriger Rheinländer, ein Kettenraucher und Kaffeetrinker, der sein blondes Haar glatt zurückgekämmt trug. Er war Artilleriespezialist, beherrscht und hochintelligent; als Kadett war er der Beste seines Jahrgangs gewesen. Junack bewunderte ihn, schätzte seine technischen Kenntnisse hoch ein und hielt ihn für den richtigen Mann am richtigen Platz. Mit ihm kam sein Steward, ein Exkellner aus seinem Hamburger Lieblingsrestaurant, dem vor dem Militärdienst graute, der aber doch recht froh war, auf einem so großen und sicheren Schiff die Meere zu befahren. Am 24. August war es soweit: Die Kapelle spielte auf dem Achterdeck, die deutsche Kriegsflagge wurde gesetzt und die *Bismarck* wurde in Dienst gestellt.

Während des folgenden Monats vervollständigte die *Bismarck* ihre Ausrüstung und ihre Besatzung: Köche, Nachrichtentechniker, Gasten, Seeleute, Heizer, Stewards. Wie alle Marineangehörigen waren sie durch die Bank Freiwillige und Berufssoldaten und mußten eine strenge Prüfung bestehen; der Großteil der Anwärter fiel durch. Sie verpflichteten sich anfangs für vier Jahre; später konnten sie sich für weitere zwölf Jahre verpflichten. Ihr Durchschnittsalter betrug 21 Jahre; nur wenige von ihnen waren je ins Gefecht gekommen, und für die meisten war die

Bismarck ihr erstes Schiff. Tagsüber arbeiteten sie an Bord; die Nacht verbrachten sie auf Wohnschiffen wie etwa der *Oceania* und der *General Artigas.* Als sich das Schiff später zur Ausfahrt bereitmachte, übersiedelten sie in die Decks, wo sie, wie in der englischen Marine, in Hängematten schliefen und ihre Habseligkeiten in Spinden aufbewahrten. Jede Back schälte ihre eigenen Kartoffeln, aber die fertigen Mahlzeiten wurden in Behältern aus zentralen Kombüsen geholt. Anders als in der britischen Marine wurde Bier statt Rum ausgegeben, und allwöchentlich gab es eine freie Ration Zigaretten. Der Tag der Ausfahrt rückte näher, und das Schiff füllte sich mit Vorräten: Flaggen, Mehl, Ledermänteln, Schreibmaschinen; Verbandmaterial, Kühlfleisch, Signalbüchern, Farben; Würsten, Geschirr, Seekarten, Ferngläsern; Seife, Bettlaken, Codebüchern, Zigaretten; Hängematten, Kartoffeln, Glühbirnen, Toilettepapier; alles, um den Bedarf dieser schwimmenden Stadt und der 2000 Männer zu decken, die hier nun ihr Heim finden sollten.

Am 15. September 1940 wurde die *Bismarck* nach den restlichen Ausrüstungsarbeiten ausgedockt, sie warf die Trossen los, die sie am Kai festhielten, und glitt über die träge Elbe dem Salzwasser und der offenen See entgegen. Und alle, die sie auf der langen Fahrt von Hamburg zur Flußmündung und durch den Kaiser-Wilhelm-Kanal hinüber zur Ostsee sahen – Hausfrauen in Altona, Matrosen und Werftarbeiter in Brunsbüttel, Bauern und Soldaten auf ihren Posten in Schleswig-Holstein –, staunten über das, was sie sahen. Kriegsschiffe verbinden auf einzigartige Weise Anmut mit Kraft, und mit der hohen Rundung ihres Stevens und dem majestätischen Schwung ihrer Linien, mit der Symmetrie ihrer Panzertürme, mit der schnittigen Schornsteinkappe und ihrer ungezwungenen Arroganz auf dem Wasser war die massige und elegante *Bismarck* damals das anmutigste und gewaltigste Kriegsschiff aller Zeiten. Kein Deutscher sah sie ohne Stolz, kein Neutraler und kein Feind ohne Bewunderung.

In den stillen Gewässern der Kieler Bucht wurde sie den Abnahmeprobefahrten unterzogen, die Entmagnetisierungsanlage getestet, und die Kompasse justiert. Es wurden Maschinenproben und Meilenfahrten durchgeführt, wobei sie bis zu 30 Knoten entwickelte. Einige Versuche liefen nicht so glatt wie erwartet, und so war sie in der ersten Dezemberwoche wieder in Hamburg, wo umfassende Restarbeiten vorgenommen wurden. Hier gesellte sich der *Bismarck* ein anderes Kind der Blohm-&-Voss-Werke zu, das neue Unterseeboot *U 556,* das gleich einem Frettchen am Schwanz eines Tigers neben ihr am Kai lag, um ausgerüstet zu werden.

Der Kommandant von *U 556* war Herbert Wohlfarth, der sich auf einer Kreuzfahrt vor dem Krieg durch seine anspruchsvolle Art den Spitznamen „Parsifal“ eingehandelt hatte. Ein lustiger Bursche, der gern Karikaturen zeichnete, dabei aber ein tapferer und erfahrener Mann und, nach Dönitz' Meinung, ein hervorragender Offizier. *U 556* war sein drittes Kommando.

Wohlfarth und seine Männer hörten die Kapelle der *Bismarck* oft über ihnen auf dem Kai musizieren, und weil der Tag immer näher rückte, da *U 556* in Dienst gestellt werden sollte, kam ihnen der Gedanke, daß es doch nett wäre, wenn die Kapelle zu diesem festlichen Anlaß aufspielen würde. Wie aber dies erreichen, ohne eine Abfuhr herauszufordern?

Nun war es damals in Deutschland große Mode, daß Städte und Landkreise die Patenschaft über Schiffe und Regimenter übernahmen; *U 556* selbst war vor kurzem vom Bergischen Land „adoptiert“ worden. So produzierten also Wohlfarth und seine Offiziere ein bedeutsames Dokument und versengten es an den Rändern, um sein ehrwürdiges Alter gebührend hervorzuheben: die „Adoption“ der mächtigen *Bismarck* durch *U 556*, das Versprechen, die *Bismarck* für alle Ewigkeit vor den Gefahren zu schützen, die ihr auf den Ozeanen, Meeren, Seen, Teichen und Pfützen der Welt dräuen mochten. Der Text war von zwei Zeichnungen begleitet; die eine zeigte Ritter Parsifal, der die *Bismarck* mit seinem Schwert vor Torpedos beschützte, die andere *U 556*, das sein Patenkind abschleppte. Wohlfarth versiegelte das Dokument mit seinem Fingerabdruck und trug es zu Lindemann hinauf. Lindemann lachte, ließ es einrahmen und in der Offiziersmesse neben die Bilder Hitlers und Bismarcks hängen. *U 556* konnte mit der Kapelle der *Bismarck* rechnen.

Im März war die *Bismarck* wieder bereit, in See zu stechen, und kehrte nach Kiel zurück. Diesmal verliefen alle Versuche zufriedenstellend. Nun füllte sie ihre Bunker mit Öl, ihre Magazine mit Munition, und lief ostwärts nach der Danziger Bucht. Sie steuerte Gdingen an – oder Gotenhafen, wie die Deutschen die Stadt jetzt nannten –, um dort, der Aufmerksamkeit britischer Bomber entzogen, ein ausgedehntes Übungs- und Ausbildungsprogramm durchzuführen. Die großen Kanonen betäubten beim Kaliberschießen mit ihren Detonationen die noch grüne Besatzung. Die Arado-Flugzeuge wurden aus ihren Katapulten abgeschossen, flogen Artilleriebeobachtung, machten Patrouillenflüge, wasserten und wurden geborgen. Auf dem Festland stationierte Flugzeuge flogen mit Schleppscheiben parallel am Schiff vorbei, um den Flakbedienungen Gelegenheit zu geben, sich zu üben. Es folgten Übungen im Schleppen und Geschlepptwerden, für die Treibstoffaufnahme aus Tankern auf hoher See, für die Behebung elektrischer Störungen, in Brandbekämpfung und Leckwehr. Bald schloß sich der *Bismarck* der neue Schwere Kreuzer *Prinz Eugen* (14.240 ts) an. Das Schiff war vor kurzem auf der Germania-Werft in Kiel fertiggestellt worden und der *Bismarck* so ähnlich, daß man sie kaum voneinander unterscheiden konnte. Sie besaß acht 20,3-cm-Geschütze und erreichte eine Geschwindigkeit von 32 Knoten. Ihr Kommandant, ein Crewkamerad Lindemanns, war der Lübecker Helmuth Brinkmann.

Eines Tages wurde auf der *Bismarck* das Fluten des achtern über den Rudern gelegenen Rudermaschinenraumes geübt. Der Matrose Herbert Blum, der dort bei der Leckwehr Dienst tat, bat seinen Leutnant im Spaß um Erlaubnis, den ihm erteilten Befehl mißachten zu dürfen, denn wenn die Abteilung außer Gefecht gesetzt worden wäre, meinte er, würden er und seine Kameraden längst tot sein. „Völlig richtig", antwortete der Leutnant lachend. „Also, dann stellen Sie sich eben tot, setzen Sie sich die Mützen verkehrt 'rum auf und legen Sie sich an Deck. Dann werden alle wissen, daß Sie tote Leichen sind." Nach der Übung meinte der Leutnant: „Die Chancen, dort einen Treffer zu erhalten, stehen hunderttausend zu eins." Damals maß Blum dieser Bemerkung keine Bedeutung zu; Wochen später hatte er Grund, sich an sie zu erinnern.

Als die *Bismarck* bei einer anderen Gelegenheit eben mit einer Abkomm-Schießübung beginnen wollte, kreuzte da nicht Wohlfarth mit seinem *U 556* auf? Als Wohlfarth die Schleppscheibe sah, bat er um Erlaubnis, als erster ein paar Schuß abfeuern zu dürfen. Die Erlaubnis wurde gegeben, *U 556* feuerte, und zu Wohlfarths und Lindemanns Überraschung landete sofort ein Volltreffer im Ziel. „Ich hoffe", signalisierte Lindemann, „Sie werden auch im Atlantik so erfolgreich sein und sich damit das Ritterkreuz verdienen." Worauf der edle Parsifal erwiderte: „Ich hoffe, wir werden uns im gemeinsamen Einsatz *beide* das Ritterkreuz verdienen." Als Wohlfarth einige Zeit später, beim Auslaufen zur ersten Feindfahrt von *U 556*, an der *Bismarck* vorbeikam, erinnerte er sich seiner Patenschaft und signalisierte: „Keine Sorge, wenn die Reihe an euch kommt. Ich werde schon dazusehen, daß euch nichts passiert." Eine Prophezeiung, die sich um ein Haar erfüllt hätte.

Am 2. April 1941, genau zwei Wochen nach dem Einlaufen der *Scharnhorst* und der *Gneisenau* in Brest, gab das Oberkommando der Marine vorbereitende Befehle aus. Beim nächsten Neumond Ende des Monats sollten sich die *Bismarck*, die *Prinz Eugen* und die *Gneisenau* zu einem kombinierten Angriff auf die alliierte Schiffahrt im Atlantik treffen. Wegen Reparaturarbeiten an ihren Kesseln konnte sich ihnen die *Scharnhorst* nicht anschließen. Im Gegensatz zu Lütjens' Instruktionen bei der vorangegangenen Operation, bei welcher man ihm Angriffe gegen als Geleitschutz fahrende Schlachtschiffe untersagte, war es der *Bismarck* diesmal anheimgestellt, ob sie das feindliche Feuer auf sich ziehen wollte, während die *Gneisenau* und die *Prinz Eugen* die Schiffe des Geleitzuges attackierten. Ansonsten sollten sie Gefechten mit feindlichen Kriegsschiffen aus dem Wege gehen; das Ziel der Operation war die Vernichtung feindlicher Handelsschiffe.

Wäre dieses Geschwader – selbst ohne die *Scharnhorst* – in See gestochen, es hätte verheerende Folgen für Großbritannien haben, es hätte sogar den Verlauf des Krieges entscheidend verändern können. Doch das Glück war den Deutschen nicht gewogen. Zwei Tage später erfolgte ein englischer Bombenangriff auf Brest, und eine Bombe fiel, ohne zu detonieren, in das Dock 8, in dem die *Gneisenau* lag. Das Schiff wurde auf einen Liegeplatz im Hafen gebracht, wo es am 6. April morgens um neun Uhr von einem Torpedoflugzeug der RAF, „Coastal Command", angegriffen wurde. Der Pilot, Flying Officer Kenneth Campbell, ein Schotte, tapfer über bloße Pflichterfüllung hinaus, kam, während ihm Kugeln und Granaten um die Ohren pfiffen, im Tiefflug über die Hafenmole herein. Campbell und seine Besatzung stürzten fast sofort ab, aber noch bevor sie auf das Wasser aufschlugen, klinkten sie einen Torpedo aus, der die *Gneisenau* nahe am Heck traf, eine Propellerwelle zerstörte, zwei Maschinenräume vollaufen ließ und das Schiff für sechs Monate außer Gefecht setzte[3].

So blieben nun von einer einst gewaltigen Kampfgruppe – ein Schlachtschiff, zwei Schlachtkreuzer und ein Schwerer Kreuzer – nur die immer noch mächtige *Bismarck* und die *Prinz Eugen*. Sollte Raeder die Operation so lange verschieben, bis die *Tirpitz*, die erst vor kurzem zur Erledigung ihrer ersten Ausbildungsabschnitte nach Gotenhafen gekommen war, sich ihnen anschließen konnte? Es sprach nicht allzuviel für diese Alternative. Je länger man die Operation hinauszögerte, desto kürzer wurden die Nächte in der nördlichen Hemisphäre, desto kleiner erschien die Chance, ungesehen ausbrechen zu können. Amerika trat vielleicht schon bald in den Krieg ein, und Aktionsradius und Überlegenheit der über dem Atlantik patrouillierenden Flugzeuge nahmen ständig zu. Dazu kam noch, daß die Wehrmacht just an dem Tag, da die *Gneisenau* torpediert wurde, ihren Vorstoß nach Süden in Richtung Kreta und östliches Mittelmeer begonnen hatte und in Griechenland einmarschiert war; nun war jede Art von Ablenkungsangriffen willkommen, um allfällige Verstärkungen daran zu hindern, der hartbedrängten britischen Mittelmeerflotte zu Hilfe zu kommen. Raeder muß seine Entscheidung sehr rasch getroffen haben, denn schon zwei Tage später, am 8. April, flog Admiral Lütjens nach Paris, um mit seinem alten Freund Karl Dönitz, Befehlshaber der U-Boote, über die Zusammenarbeit zwischen der *Bismarck* und den Unterseebooten zu konferieren.

Doch am 24. April gab es einen weiteren Rückschlag. Kaum 30 m von der *Prinz Eugen* entfernt explodierte eine Magnetmine und beschädigte eine Kupplung. Die Reparaturarbeiten würden zwei Wochen in Anspruch nehmen, und so konnte das Geschwader jetzt frühestens beim nächsten Neumond, gegen Ende Mai, in See gehen. Sollte eine weitere Verschiebung ins Auge gefaßt werden? Raeder war dagegen, hielt es aber für angebracht, den Flottenchef mit seinen Ansichten vertraut zu machen; Lütjens flog nach Berlin.

Günther Lütjens war damals 51, eine lange Bohnenstange mit kurzgeschnittenem Haar wie die meisten deutschen Offiziere, mit einem mürrischen, verkniffenen Gesichtsausdruck, hinter dem sich, wie manche meinten, ein trockener Humor verbarg. Als Sohn eines Kaufmanns in Wiesbaden geboren, trat er 1907 in die Marine ein und beendete die Ausbildung an der Marineschule in Mürwik als 20. einer Crew von 260. Er besaß den Ruf, alles, was er studierte, auch zu beherrschen. Im Ersten Weltkrieg machte er vor der flandrischen Küste und im Kanal auf Torpedobooten Dienst, befehligte in den dreißiger Jahren den Kreuzer *Karlsruhe* auf einer Fahrt nach Amerika, während Dönitz die *Emden* auf einer Fahrt nach dem Fernen Osten führte. Auf der Rückfahrt trafen sich die zwei Kreuzer im spanischen Vigo und liefen gemeinsam nach Deutschland zurück. Nach einem Kommando als Chef des Stabes der Marinestation Nordsee war Lütjens 1936–1937 Chef des neugebildeten Marine-Personalamtes. 1937–1939 wurde er als Konteradmiral Führer der Torpedoboote, 1939–1940 als Vizeadmiral Befehlshaber der Aufklärungsstreitkräfte. Im Norwegenfeldzug 1940 vertrat er Admiral Marschall auf der *Gneisenau* als Flottenchef und erhielt das Ritterkreuz.

Lütjens war ein außerordentlich pflichtbewußter Mann, tapfer und zielstrebig, stoisch und nüchtern, und schweigsam wie ein Trappistenmönch. Er war kein Nazi, er trug immer den Dolch der alten kaiserlichen Marine und nicht den mit einem Hakenkreuz verzierten. Für seinen

Crewkameraden und Freund Admiral Conrad Patzig, der ihm als Chef des Personalamtes nachfolgte, war er „einer der tüchtigsten Marineoffiziere, ein lebenskluger, logisch denkender Mann, der unerschrocken seine Meinung vertritt, eine gewinnende Persönlichkeit, wenn man ihn erst näher kennt". Wenige kannten ihn näher. Menschen, die ihn bewunderten, begegnete er mit Zurückhaltung, den anderen mit abweisender Kälte. Die jungen Offiziere, dafür trat er ein, sollten sich der Marine vermählen, und als Personalchef hielt er eisern an der Regel fest, wonach kein Offizier vor Erreichung eines gewissen Soldniveaus heiraten durfte. Er übte, was er predigte, und heiratete erst mit vierzig – und sehr glücklich. Er hatte zwei Kinder, ein drittes war unterwegs. Seine Schwester war mit seinem Freund, Konteradmiral Otto Backenköhler, Marschalls früherem Stabschef, verheiratet.

Raeder fragte Lütjens, was er von einem Aufschub hielte, und Lütjens antwortete ihm, er wäre dafür – zumindest auf so lange, bis die *Scharnhorst* oder die *Tirpitz* zur Verfügung stünde. Raeder aber hatte seinen Entschluß schon gefaßt und legte ihm nun alle Argumente vor, die gegen eine Verzögerung sprachen. Lütjens war, in Raeders Worten, „von meiner Beweisführung nicht restlos überzeugt", erklärte sich aber bereit, ihr zu folgen. Was wäre ihm denn auch anderes übriggeblieben, äußerte er sich später gegenüber Patzig. Patzig fragte sich auch, welche Notwendigkeit bestand, daß der Flottenchef und sein aus hochqualifizierten Offizieren bestehender Stab sich zu einer, wie es jetzt aussah, einmaligen Operation einschiffen sollten. „Wir können es uns nicht leisten, noch mehr Flottenchefs zu verlieren", scherzte Patzig, wobei er auf Boehm und Marschall anspielte, die beide vor kurzem von Raeder in die Wüste geschickt worden waren. Lütjens stimmte ihm bei, meinte aber, Anregungen dieser Art müßten von der Seekriegsleitung ausgehen, und forderte Patzig das Versprechen ab, keine diesbezüglichen Anträge zu stellen. Schon jetzt wurden Anzeichen einer fatalistischen Einstellung sichtbar, die in den folgenden Wochen immer deutlicher hervortreten sollte. „Mir ist klar", sagte er zu Patzig, „daß ich in diesem ungleichen Kampf zwischen der englischen und unserer Flotte früher oder später mein Leben verlieren werde. Aber ich habe meine privaten Angelegenheiten in Ordnung gebracht und werde mein Bestes tun, um die mir erteilten Befehle ehrenvoll auszuführen."

Anfang Mai flog Lütjens nach Gotenhafen und ging dort mit den Offizieren seines Stabes an Bord. Diese Offiziere waren: Sein Chef des Stabes, Kapitän zur See Harald Netzbandt, der frühere Kommandant der

Gneisenau, ein rundlicher, kleiner Mann, den Lütjens im Laufe des Norwegenfeldzugs kennen- und schätzengelernt hatte; Fregattenkapitän Paul Ascher, 1. Admiralstabsoffizier (ASto), früher Artillerieoffizier auf der *Graf Spee* bei ihrer Operation im Südatlantik, der nach ihrer Selbstversenkung in Argentinien interniert worden war und sich später nach Deutschland durchgeschlagen hatte; Kapitän zur See Emil Melms, 2. ASto und Flottenartillerie- und Personaloffizier; Korvettenkapitän Nitschke, der kunst- und literaturliebende 4. ASto und Nachrichtenoffizier; Fregattenkapitän (Ing.) Thannemann, Flotteningenieur, der auf der *Blücher* Dienst gemacht hatte, als sie bei einem Versuch, in den Oslo-Fjord einzudringen, versenkt wurde. Flottenarzt Dr. Riege, Arzt beim Flottenkommando, Marineoberkriegsgerichtsrat Dr. Langer, juristischer Berater beim Flottenkommando. An Bord ging auch Dr. Externbrink, der ranghöchste meteorologische Offizier der Marine und sein Stab, ein U-Boot-Verbindungsoffizier aus Admiral Dönitz' Stab, und ein Luftwaffen-Verbindungsoffizier, Major Grohé.

Die Operation erhielt den Codenamen „Rheinübung" und sollte am 18. Mai starten. Am 5. Mai reisten Hitler und sein Stab im Sonderzug nach Gotenhafen, um die *Bismarck* und die *Tirpitz* zu inspizieren. Raeder war nicht dabei – das erste Mal in acht Jahren, daß er an einem solchen Besuch nicht teilnahm. In seinen Memoiren gibt er dafür keinen Grund an, so als ob er diese Episode totschweigen wollte; an anderer Stelle aber spricht er von Hitlers unheilvollem Einfluß und dem Zwang, sich seinen Wünschen unterordnen zu müssen. In Kenntnis von Hitlers mangelnder Begeisterung für die Operationen von Überwasserfahrzeugen, seiner Angst vor einem Untergang und dem damit zusammenhängenden Prestigeverlust hatte er dem Führer das genaue Datum des Auslaufens nicht bekanntgegeben. Möglicherweise fürchtete Raeder, Hitler könnte anordnen, die ganze Operation abzublasen. Wurde Lütjens gefragt, brauchte er nur zu sagen, daß er das Datum nicht wußte.

An Stelle Raeders wurde Hitler von Generalfeldmarschall Wilhelm Keitel, dem Chef des OKW (Oberkommando der Wehrmacht), begleitet, der später in Nürnberg gehängt wurde. Mit von der Partie waren auch Kapitän zur See von Puttkamer, Hitlers Marineadjutant, und Botschafter Walther Hewel, Ribbentrops Verbindungsmann im Führerhauptquartier.

In Gotenhafen („dieses über alle Maßen scheußliche Gotenhafen", wie Hewel es nannte) begaben sich die Herren auf den im Binnenhafen wartenden Aviso *Hela* und fuhren auf die Reede hinaus, wo die *Bismarck*, massig und anmutig zugleich, vor Anker lag; mag sein, daß bei ihrem

Anblick selbst Hitler der Atem stockte. Die Besatzung war an Deck angetreten, und Admiral Lütjens, Kapitän zur See Lindemann, Fregattenkapitän Oels und die Wachoffiziere warteten am Fallreep, um die hohen Gäste zu empfangen. Zur Begrüßung wurde Seite gepfiffen, worauf man dem Führer die Offiziere vorstellte. Anschließend inspizierte er Besatzung und Schiff. In der vorderen Artillerierechenstelle lauschte er fast eine halbe Stunde lang dem Oberleutnant zur See Cardinal, der ihm erklärte, auf welche Weise dem Rechner Geschwindigkeit, Kurs, Windrichtung und Temperatur eingespeist wurden und wie der Vorhaltrechner dann die richtigen Seiten- und Erhöhungswinkel für die Geschütze produzierte. Diese Art technischer Gespräche war es, was Hitler schätzte, weit mehr schätzte als des alten Raeder ödes Gerede über eine moderne Seemacht. Auch für den Artilleristen Keitel war es ein fesselndes Thema.

Dann führte Lütjens Hitler, der dabei von Puttkamer, nicht aber von Keitel begleitet wurde, in seine Kajüte. Dort berichtete er dem Führer über seine frühere Fahrt mit der *Scharnhorst* und der *Gneisenau* und wies darauf hin, daß er diesmal, dank der Überlegenheit der *Bismarck*, imstande sein würde, jeden Begleitschutz eines Geleitzugs anzugreifen, während die *Prinz Eugen* die Handelsschiffe zerstörte. Brauchte man sich da wirklich um nichts zu sorgen, wollte der vorsichtige Hitler wissen, wie stand es zum Beispiel mit Torpedoflugzeugen? Ja, mußte Lütjens zugeben, das war eine Sorge, seine größte Sorge, wenngleich die gewaltige Feuerkraft des Schiffes nach seinem Dafürhalten auch solchen Angreifern gewachsen sein würde. (Bei einer anderen Gelegenheit hatte er sich einem Freund gegenüber geäußert, Torpedotreffer würden, dank des Unterwasserschutzes der *Bismarck*, wie Bienenstiche empfunden werden, die wohl schmerzten, aber keinen Schaden anrichteten.) Er hätte hinzufügen können – und sich dabei eines Sinnes mit allen ranghöheren Offizieren gewußt –, daß seine Sorgen wesentlich geringer gewesen wären, wäre es vor dem Krieg zu einer besseren Zusammenarbeit mit dem ränkevollen Göring und der Marine gekommen, hätte man – ähnlich der britischen Coastal Command – den Aufbau eines über See einsetzbaren Teils der Luftwaffe betrieben, oder wäre der Flugzeugträger *Graf Zeppelin* fertiggestellt worden, der nun als unfertiger Rumpf hier in Gotenhafen lag. Hitler, so berichtete von Puttkamer, stellte erfreut fest, daß der erfahrene Lütjens seine Befürchtungen teilte. Er kehrte anschließend mit der *Hela* zum Festland zurück und inspizierte die im Hafen liegende *Tirpitz*. Kapitän zur See Topp bat ihn um Erlaubnis, mit seinem Schiff die *Bismarck* bei ihrer ersten Operation begleiten zu dürfen. Hitler äußerte sich nicht dazu. Dann begaben sich die

Herren zum Zug zurück. „Unglaublich eindrucksvoller Besuch", schrieb Hewel an diesem Abend in sein Tagebuch. „Konzentration der Macht und höchste technische Entwicklung."

Am 16. Mai meldete Lütjens, daß die Kampfgruppe in der Nacht vom 18. zum 19. zum Auslaufen bereit sein würde, und in den folgenden zwei Tagen liefen aus französischen und norwegischen Häfen verschiedene Hilfsschiffe aus, um in Wartestellung zu gehen: die Tanker *Weißenburg* und *Heide* im Nördlichen Eismeer; die Tanker *Belchen* und *Lothringen*, zusammen mit den Spähschiffen *Gonzenheim* und *Kota Pinang* in einem Gebiet südlich von Grönland; und die Tanker *Esso Hamburg*, *Friedrich Breme* und der Versorger *Egerland* zwischen den Azoren und den Antillen. Diese Schiffe hatten die Aufgabe, die *Bismarck* und die *Prinz Eugen* auf mindestens drei Monate mit Treibstoff, Munition, Proviant und Wasser zu versorgen. Dazu liefen auch noch vier Wetterbeobachtungsschiffe aus, und der Tanker *Wollin* wurde angewiesen, sich im Hafen von Bergen klarzuhalten.

Am Morgen des 18. Mai, es war Sonntag, hielt Admiral Lütjens eine letzte Besprechung in seiner Kajüte ab, an der die Offiziere seines Stabes sowie Kapitän zur See Lindemann und Kapitän zur See Brinkmann teilnahmen. Solange die *Bismarck* nicht die Linie Südgrönland–Nördliche Hebriden überquert hatte, war ihre operative Landführungsstelle das Marinegruppenkommando Nord in Wilhelmshaven unter Generaladmiral Carls; danach war es das MGK West in Paris. Der von Admiral Carls übermittelte Einsatzbefehl empfahl Lütjens, Kurs auf den Kors-Fjord, den heutigen Kross-Fjord, unweit von Bergen, zu nehmen, dort einen Tag vor Anker zu liegen, während die *Prinz Eugen*, deren Aktionsradius sehr beschränkt war, aufgetankt wurde, und anschließend über die Färöer-Island-Enge in den Atlantik zu laufen. Nun gab Lütjens bekannt, daß er sich für einen anderen Plan entschieden hatte. Die Kampfgruppe würde nicht den Kors-Fjord anlaufen, sondern unmittelbar auf das Nördliche Eismeer zuhalten, vom Tanker *Weißenburg*, der vor der Jan-Mayen-Insel kreuzte, Treibstoff aufnehmen und mit hoher Fahrt durch die Dänemarkstraße in den Atlantik hinaus gehen. Wie es seine Art war, begründete Lütjens seine Entscheidung nicht näher. Die Gruppe Nord hatte die Färöer-Island-Enge empfohlen, weil es die kürzeste Route war, bei der sich Zeit und Treibstoff sparen ließ. Hier aber war Lütjens im Januar auf den Kreuzer *Naiad* gestoßen und hatte sich genötigt gesehen, umzukehren. Die Dänemarkstraße jedoch war erfolgreich von der *Scheer*, von der *Hipper* und anderen Handelsstörern durchfahren worden. Mit der *Scharnhorst* und der *Gneisenau* hatte er es in der Folge selbst zustandegebracht und so allen Anlaß, diesen Weg für den sichersten zu halten.

Nach der Besprechung begab sich Lütjens in seiner Barkasse in den Hafen, um die *Prinz Eugen* und ihre Besatzung zu inspizieren, setzte aber weder diese noch die Offiziere von der bevorstehenden Operation in Kenntnis. Den ganzen restlichen Tag über wurden die Schiffe aufgetankt. Beim Reinigen der Öltanks waren zuvor auf der *Bismarck* mehrere polnische Arbeiter durch Gase erstickt, und dies mag der Grund für die Entscheidung gewesen sein, nicht ganz voll zu tanken. Man glaubt heute, daß das Schiff mit 200 Tonnen weniger als vorgesehen auslief. Was immer der Grund, es war dies eine Unterlassung, die Kapitän zur See Lindemann später noch sehr bedauern sollte.

In letzter Minute trafen noch 100 Offiziere und Mannschaften von der Handelsmarine auf den beiden Schiffen ein, die als Prisenkommandos für die Handelsschiffe vorgesehen waren, die man zu kapern hoffte, eine Gruppe Leutnants von der *Tirpitz* zum Zweck ihrer Ausbildung unter gefechtsmäßigen Bedingungen, Kriegsberichterstatter – Reporter und Kameraleute – aus Dr. Goebbels' Propagandaministerium, die auf Bilder von sinkenden englischen Schiffen hofften. Dr. Menke von der Rechtsabteilung der Marine kam an Bord, um mit Dr. Langer und Fregattenkapitän Oels zu besprechen, was mit den Arrestanten geschehen sollte. Von diesen war einer ein Maat aus dem Schiffslazarett, der einen Kameraden bestohlen hatte, ein anderer ein Kadett, dem man Trunkenheit zur Last legte. Der Maat wurde an Land geschickt, wo er bestraft und degradiert werden sollte. Der Kadett erbat – und erhielt – die Erlaubnis, seine Strafe erst nach dem Feindeinsatz antreten zu dürfen, und blieb an Bord.

Am Nachmittag verließ die *Prinz Eugen* den Hafen, um draußen in der Bucht Entmagnetisierungsproben zu bestehen. Dann lichtete die *Bismarck* die Anker. Während diese vom Grund der Ostsee aufgehievt wurden und die Besatzung auf dem Vorderdeck die Ankerketten bespritzte, spielte die Kapelle auf dem 250 Meter entfernten Achterdeck „Muß i denn, muß i denn zum Städtle hinaus . . .“, ein Lied von Leid und Abschied. Sie spielten es zum ersten Mal, was später als möglicher Verstoß gegen die Sicherheitsvorschriften kritisiert wurde. Die Menschen am Festland sahen den beiden Schiffen bei ihren Übungen zu, bis es Abend wurde und sie in der Dämmerung verschwanden.

Getrennt fuhren sie durch die Nacht und trafen am nächsten Tag um elf Uhr vormittags vor Kap Arkona auf Rügen mit einer Flottille von Minenräumern und den Zerstörern *Friedrich Eckoldt* und *Z 23* unter dem

Kommando von Kapitän zur See Schulze-Hinrichs zusammen. Mittags wandte sich Kapitän zur See Lindemann über die Bordsprechanlage an die Besatzung der *Bismarck* und teilte ihr offiziell mit, was sie schon ahnte: daß sie sich auf eine drei Monate währende Fahrt in den Atlantik begab, um feindlichen Schiffsraum zu versenken. „Ich entbiete Ihnen den Jägergruß", schloß er seine Ansprache: „Guten Anblick und Weidmannsheil!" Die Nachricht wurde mit Befriedigung aufgenommen, denn sie lüftete das Geheimnis, klärte die Lage, hob die Stimmung: die *Bismarck* war das mächtigste Kriegsschiff der Welt! Der Führer hatte es gesagt, der Admiral, der Kommandant, und sie konnten es ja selbst sehen, nichts und niemand konnte sich der *Bismarck* entgegenstellen! Vielleicht blickte der eine oder andere, der von der Macht und von der Tradition der britischen Marine gelesen hatte, auf die graue Ostsee, die achtern vorbeiglitt, und fragte sich mit einigem Unbehagen, was die Zukunft wohl bringen würde.

Diesen ganzen Tag und die darauffolgende Nacht lief die Kampfgruppe west- und dann nordwärts, vorab die Begleitschiffe, dann die *Bismarck* mit der Admiralsflagge, die, schwarzes Kreuz auf weißem Grund, am Großmast flatterte, und schließlich die *Prinz Eugen*. Sie passierten den Fehmarn-Belt, fuhren am östlichen Rand der Kieler Bucht entlang, wo sich ihnen der Zerstörer *Hans Lody* anschloß, gingen durch den Großen Belt, der Dänemark teilt, und weiter in Richtung Nordsee. Um vier Uhr früh ging die Nachricht ein, daß die starke Bewölkung am Vortag die Luftaufklärung über der englischen Flotte in Scapa Flow unmöglich gemacht hatte. Der Morgen graute über einer ruhigen und leeren See, denn als Sicherheitsmaßnahme hatte die Gruppe Nord für die Dauer der Durchfahrt der Kampfgruppe alle Schiffsbewegungen im Kattegat und Skagerrak untersagt. Sie hatten allerdings nicht mit der *Gotland* gerechnet, die kurz darauf auftauchte und, eine graue Silhouette vor dem grünen Hintergrund der schwedischen Küste, einen Parallelkurs steuerte. Sie leistete den deutschen Schiffen mehrere Stunden lang Gesellschaft. Vor Marstrand drehten die deutschen Schiffe dann nach Backbord ab und nahmen einen nordwestlichen Kurs quer über das Skagerrak, um Kristiansand in Südnorwegen anzusteuern. Die *Gotland* übermittelte ein Routinesignal nach Stockholm, und Lütjens funkte der Gruppe Nord, er fürchte, seine Anwesenheit sei verraten worden.

Eine kleine Gruppe von Menschen wanderte über die Vesterveien, die Küstenstraße von Kristiansand. Sie bestand aus Viggo Axelssen, einem wohlhabenden jungen Schiffsbedarfshändler, seinem Freund Arne Usterud, einem Anwalt, einem Photographen namens Wintersborg, und einem halben Dutzend anderer. Sie hatten dem Stapellauf von Axelssens neuem Boot beigewohnt, das als Ersatz für ein anderes, von der Behörde requiriertes gebaut worden war, und befanden sich jetzt auf dem Weg zu ihrem Klub, um das Ereignis bei einem Abendessen gebührend zu feiern.

Viggo Axelssen, ein Junggeselle, arbeitete für den norwegischen Untergrund im Abschnitt Oslo–Stavanger. Dank seiner Tätigkeit als Schiffsbedarfshändler hatte er leichten Zugang zum Hafen und zum Büro des Hafenkapitäns und somit zu Informationen über die Anlage von Minenfeldern, Abfahrt und Ankunft von Geleitzügen und Ähnlichem. Er übergab seine verschlüsselten Botschaften dem ortsansässigen Busfahrer Arne Moen, der sie in der Verkleidung seines Motors versteckte und sie dann an den Amateurfunker Gunvald Tomstad weiterreichte, der in dem 60 Meilen entfernten Örtchen Helle bei Flekkefjord wohnte. Die Deutschen wußten, daß es in Flekkefjord einen Geheimsender gab, hatten ihn jedoch bisher nicht anpeilen können. In Kristiansand wußten nur die beiden Arnes, Usterud und Moen, von Axelssens Tätigkeit.

Die jungen Leute blieben am Runningen-Platz stehen, um die Aussicht zu bewundern. Es war ein stiller, friedlicher Abend, und sie konnten weit über das Meer blicken, weiter noch als bis zu dem acht Meilen entfernten Leuchtturm von Oksøy. Dabei sahen sie eine Anzahl von Schiffen, die, wie der weiße Gischt an ihren Vorsteuern erkennen ließ, mit großer Geschwindigkeit nach Westen dampften. Wintersborg hatte ein altmodisches Fernrohr bei sich. Axelssen borgte es sich aus, um das Geschwader näher in Augenschein zu nehmen. Er sah zwei große, von Geleitschiffen angeführte Kriegsschiffe mit Tarnanstrich, über welchen Flugzeuge kreisten. Er wußte, daß es deutsche Schiffe sein mußten, die da mit Volldampf auf die norwegischen Fjorde zuhielten. Ruhig gab er Wintersborg das Fernglas zurück und meinte nur, daß es an der Zeit wäre, ihren Weg zum Klub fortzusetzen.

Nachdem sie ein paar hundert Meter gegangen waren, sagte er, er müsse noch etwas aus seinem Büro holen. Seine Freunde meinten, er dächte an eine Flasche Schnaps, und lachten – alle außer Arne Usterud, der sofort begriff, daß etwas los war. In seinem Büro verschlüsselte Axelssen eine aus zwölf Worten bestehende Botschaft und brachte sie zu Arne Moen. Der Bus nach Flekkefjord war noch nicht abgefahren.

Spät abends war die Nachricht bei Tomstad in Helle eingetroffen. Er und ein zweiter Untergrundkämpfer, Odd Starheim, erkannten die

Dringlichkeit der Botschaft und beschlossen, den Sender nicht, wie sonst, an einer entlegenen Stelle in Betrieb zu nehmen. Sie holten ihn aus seinem Versteck unter dem Heu hervor, stellten ihn in Tomstads Dunkelkammer auf, montierten die Antenne und begannen sofort zu senden. Und bald ging eine zweite Botschaft über „Rheinübung" über die Ätherwellen und bestätigte die von Captain Denham übermittelte Nachricht.

Und in derselben Nacht mischte sich Herbert Wohlfarths *U 556* zusammen mit anderen U-Booten im offenen Atlantik, auf den die *Bismarck* und die *Prinz Eugen* zusteuerten, unter den britischen Geleitzug HX 126 und torpedierte drei weitere Schiffe. Auf seiner am 1. Mai begonnenen ersten Fahrt mit *U 556* hatte er schon am 10. Mai aus dem Konvoi OB-318 drei Dampfer herausgeschossen, worauf ihm Hitler am 15. Mai für seine mit *U 14* und *U 137* errungenen Erfolge das Ritterkreuz verlieh.

2

In Scapa Flow, der großen Bucht der Orkney-Inseln, zehn Meilen von der Nordküste Schottlands entfernt und durch die reißende Strömung des Pentland Firth von ihr getrennt, lag die britische „Home Fleet". Scapa Flow, eine fast zur Gänze von Inseln eingeschlossene, zehn mal acht Meilen große Wasserfläche, ein natürliches Refugium für kriegsmüde Schiffe, war hervorragend dazu geeignet, die Zugänge von der Nordsee in den Atlantik zu überwachen. Einst waren die Wikinger hierher gekommen, um zu plündern und sich niederzulassen. Sie hatten den Inseln ihre altnordischen Namen gegeben – Pomona im Norden, Hoy im Westen, Flotta und Hoxa im Süden, Burray und South Ronaldsay im Osten. Ein Menschenalter war es her, daß Admiral Jellicoe die „Grand Fleet" befehligt hatte. An einem Maiabend des Jahres 1916 war er mit ihren Geschwadern ausgefahren, um sich der deutschen Hochseeflotte entgegenzustellen, der gleichen, die nach Kriegsende, einer Herde Lämmchen gleich, nach Scapa Flow gebracht wurde. Monatelang lag sie dann verrostend vor Anker, während die Politiker über die Frage disputierten, was man mit ihr anfangen sollte. Bis die Besatzungen am Johannistag 1919 auf ein Zeichen ihres Admirals die Seeventile öffneten und die ganze Flotte gurgelnd und glucksend auf den Meeresboden sank. Ein Teil der Schiffe wurde gehoben und verschrottet, die anderen lagen immer noch in wirrem Durcheinander auf dem sandigen Grund zwischen Bring Deeps und Cava. Und hier war es auch gewesen, wo der dreiste Günther Prien in einer Oktobernacht zu Beginn des Zweiten Weltkriegs der britischen Seemacht eine lange Nase gedreht hatte. Durch einen engen, unbewachten Kanal steuerte er sein U-Boot in die Bucht, versenkte das Schlachtschiff *Royal Oak* mit 800 Mann an Bord und gelangte bei Niedrigwasser unbemerkt mit heiler Haut wieder heraus. In Deutschland wurde er als Held gefeiert.

Admiral Beatty nannte Scapa Flow den abscheulichsten Ort auf Gottes Erdboden, und seine Männer stimmten ihm zu. Die Inseln, das war Heide und Gras, Seevögel und Schafe, und oft brausten die Stürme tagelang ohne Unterbrechung über die grauen Fluten. Es gab weder Läden noch Restaurants, noch Mädchen, nur ein paar Kantinen, die warmes Bier ausschenkten, eine Halle für Filmvorführungen und gelegentliche Unterhaltungskonzerte, und Fußballplätze, auf denen nur allzuoft das Schild prangte: „Gesperrt wegen Unbenützbarkeit des Spielfeldes." Und doch . . . wenn jetzt an diesem sommerlichen Tag die Bucht blau in der Morgensonne glitzerte und es grün und purpur von Hoy herüberleuchtete, ja selbst nachts, wenn das Nordlicht zarte Netze über die schlafenden Schiffe webte, besaß Scapa Flow eine Schönheit eigener Art.

Während Admiral Lütjens auf seinem neuen Flaggschiff *Bismarck* die norwegische Küste hinaufdampfte, lag der britische Admiral Tovey auf seinem neuen Flaggschiff *King George V.* hier vor Flotta vertäut. Tovey war jetzt 56, ein kleiner Mann mit blauen, zwinkernden Augen, der jüngste von elf Geschwistern. Er war mit fünzehn in die Marine eingetreten, hatte sich seine Sporen als Kommandant des Zerstörers *Onslow* in der Skagerrak-Schlacht geholt, wo er an der Versenkung des deutschen Leichten Kreuzers *Wiesbaden* beteiligt war und sich während der Schlacht zeitweilig in Raeders nächster Nähe befand. Wie Raeder war auch er sehr religiös, sprach jeden Morgen und jeden Abend sein Gebet und stellte einmal in aller Öffentlichkeit die Frage, warum die meisten Menschen davor zurückscheuten, über ihren Glauben zu sprechen. Er wollte nicht begreifen, daß nicht alle so dachten wie er. Er war eine geborene Führernatur, strahlte Vertrauen aus, konnte zuweilen auch recht heftig werden – aber das verging bald wieder. Ein für seinen Witz bekannter Admiral schrieb über ihn, als er das Kommando über die *Rodney* führte: „Einen Charakterzug hat Kapitän zur See Tovey mit mir gemeinsam: In bezug auf meine Person würde ich es Zielstrebigkeit nennen. Bei Tovey kann ich es nur als verdammte Halsstarrigkeit bezeichnen.“ Churchill war der gleichen Meinung, nannte ihn einen Dickschädel und versuchte, ihn loszuwerden. Tovey tat, was er für richtig hielt, weigerte sich, vor Vorgesetzten, die es nur dem Titel nach waren, zu katzbuckeln, haßte Jasager. Er war ein kultivierter Mann, zog sich gut an, wußte zu tafeln, verstand etwas von edlen Weinen und ging gern in Gesellschaft. Wie viele Marineoffiziere sprach er zu Ausländern laut und besonders langsam und war oft überrascht, wenn er feststellte, daß die Betreffenden die englische Sprache beherrschten. Er empfand große Zuneigung für Polen und Amerikaner und verehrte König Georg VI.

An Bord des Flaggschiffes befand sich ein grünes Telephon, das über eine eigene Leitung mit der Admiralität in London verbunden war. Schon Jellicoe hatte vor sechsundzwanzig Jahren von diesem Apparat aus mit Churchill gesprochen, als dieser Erster Lord der Admiralität gewesen war. Am frühen Morgen des 21. Mai erhielten Toveys Adjutant, Captain Paffard, und sein Stabschef, Commodore Brind, von der Admiralität Nachricht von Denhams Botschaft, die in den Nachtstunden eingetroffen war. Weder sie noch Tovey waren überrascht. Der Nachrichtendienst hatte bereits gemeldet, daß die *Bismarck* und die *Prinz Eugen* ihr Übungsprogramm beendet hatten. Der Bericht eines Agenten, wonach die *Bismarck* mit neuen Seekarten beliefert worden sei, ließ deutlich erkennen, daß ihre Zeit in der Ostsee um war. Überdies war in den letzten Tagen eine ungewöhnliche Verstärkung der deutschen Luftaufklärung beobachtet worden – tägliche Aufklärungsflüge über Scapa Flow, zusätzliche Flüge über der Dänemarkstraße und zwischen Grönland und Jan Mayen. Das veranlaßte Tovey, am 18. Mai, dem Tag, da Lütjens aus Gotenhafen ausfuhr, den Kreuzer *Suffolk* auf Patrouillenfahrt in die Dänemarkstraße zu entsenden, wo er sorgfältig Ausschau halten sollte, insbesondere nahe der Südgrenze des Packeises. Sein Schwesterschiff *Norfolk* lief aus Island aus, um zu gewährleisten, daß beide Schiffe in jeder Situation über möglichst volle Tanks verfügten.

Zwei Dinge gab es, die keinen Aufschub duldeten: Luftaufklärung über den norwegischen Fjorden durchzuführen, wie die Admiralität sie bereits verfügt hatte, und die Flotte in kurzfristige Bereitschaft zum Dampfaufmachen zu versetzen. Von der Kommandobrücke des Flaggschiffes ging ein entsprechendes Signal aus, und alle Schiffe in der Bucht beantworteten es gemeinsam: der alte 42.000-Tonnen-Schlachtkreuzer *Hood*, das größte Kriegsschiff der Welt, seit einundzwanzig Jahren der Stolz der britischen Marine; das neue Schlachtschiff *Prince of Wales*, Schwesterschiff der *King George V*, das noch Arbeiter an Bord hatte, weil zwei seiner Geschütztürme noch nicht aus den Kinderkrankheiten heraus waren; der funkelnagelneue Flugzeugträger *Victorious* mit 48 „Hurricane"-Jagdflugzeugen für die hart bedrängte Insel Malta an Bord, der sich binnen zwei Tagen vor der Clyde-Mündung dem. Schlachtkreuzer *Repulse* anschließen und den kostbaren, für den Nahen Osten bestimmten Truppenkonvoi WS8B nach Süden geleiten sollte; und weitere vier Kreuzer und zehn Zerstörer. Die Männer auf diesen Schiffen rätselten über die möglichen Hintergründe der angeordneten Maßnahmen; einige gingen unter Deck und zündeten die zweiten und dritten Kessel.

Im Laufe des Vormittags benützte Tovey noch mehrere Male das grüne Telephon, um mit der Admiralität zu sprechen. In seiner bequemen Kajüte konferierte er mit seinen Stabsoffizieren, doch solange er keine weiteren Nachrichten erhielt, konnte er nicht viel mehr tun. Er hatte seine Anordnungen getroffen, hatte die *Norfolk* und die *Suffolk* in die Dänemarkstraße, die Kreuzer *Manchester* und *Birmingham* und fünf Trawler auf die Färöer-Island-Enge entsandt und Luftpatrouillen von Grönland bis zu den Orkney-Inseln angefordert. Das Gros würde in zwei Gruppen von je zwei Einheiten geteilt werden: Die *Hood* unter dem Kommando von Vice-Admiral Holland, mit der *Prince of Wales*, und die *King George V* mit dem Schlachtkreuzer *Repulse*, der laut Mitteilung der Admiralität von der Clyde-Mündung unterwegs nach Norden war.

Der Vormittag zog sich dahin. Drifter tuckerten herum, brachten Vorräte und Post; Motorboote bewegten sich knatternd auf die Küste zu, um Seeleute zum Löhnungsbüro oder zum Zahnarzt zu befördern. Wie an unsichtbaren Fäden hingen die weißen Möwen über den grauen Schiffen und warteten auf Leckerbissen aus den geleerten Abfalleimern. Es war ein warmer, sommerlicher Tag, ein Tag, um Golf zu spielen, zu fischen, oder über die Hügel von Hoy zu wandern. Gegen Mittag erfuhr Admiral Tovey, daß zwei „Spitfires" der Photoaufklärungsstaffel des „Coastal Command" soeben von Wick, jenseits des Pentland Firth, abgehoben und Kurs auf die norwegische Küste genommen hatten. Die eine flog in Richtung Oslo und Skagerrak, die andere, von Flying Officer Suckling gesteuert, hatte die Fjorde rings um Bergen zum Ziel.

Die ganze Nacht hindurch dampfte die deutsche Kampfgruppe die norwegische Küste entlang nach Norden, wobei sie einen Zickzackkurs steuerte, um englischen Unterseebooten auszuweichen. Das Wetter war gut zu den neu an Bord Gekommenen; die See war ruhig, und nur eine sanfte Brise wehte aus Nordosten. Aus einem Funkspruch der Gruppe Nord ging hervor, daß eine am Vortag durchgeführte Luftaufklärung über Scapa Flow (völlig richtig) drei schwere Schiffe *(King George V, Prince of Wales, Hood)*, einen Flugzeugträger *(Victorious)* und mehrere Kreuzer und Zerstörer gezeigt hatte. Ein weiterer Funkspruch meldete die Entschlüsselung eines englischen Befehls an alle Flugzeuge des „Coastal Command", nach der deutschen Kampfgruppe Ausschau zu halten, die, wie berichtet, einen nördlichen Kurs hielt, doch eine Anmerkung im Logbuch der *Prinz Eugen* zeigt, daß die Meldung Kapitän zur See Brinkmann erst abends zur Kenntnis gebracht wurde. Beim Frühstück gab es erfreuliche Nachrichten im Radio: Am Tag zuvor waren massierte deutsche Fallschirmjägereinheiten über Kreta abgesprungen.

Und jetzt tat Admiral Lütjens genau das, was zu tun er vor drei Tagen bei seiner Lagebesprechung in Gotenhafen abgelehnt hatte: Er übermittelte der Kampfgruppe den Befehl, die norwegischen Fjorde anzulaufen. Kurz vor neun Uhr vormittag drehten die beiden Schiffe vor der Insel Marstein nach Steuerbord ab und fuhren in die stillen Wasser des Kors-Fjords ein, der nach Bergen führt. Lotsen kamen an Bord und brachten die *Bismarck* in den unmittelbar südlich von Bergen gelegenen Grimstad-Fjord, die *Prinz Eugen* in die Kalvanes-Bucht im Nordwesten und die drei Zerstörer nach Bergen. Die *Bismarck* ankerte ganz nahe der Küste, nur einen Steinwurf entfernt von den grauen Felsen, den sauberen roten und gelben Holzhäusern und den Schafen, die im jungen Gras weideten. Bauern und Fischer starrten mit großen Augen auf die stählernen Kolosse, und die Matrosen starrten zurück. Eroberer und Eroberte, standen sie einander verständnislos gegenüber, ganz nahe beisammen und doch durch Welten voneinander getrennt. Vier Frachter wurden längseits jedes der beiden großen Schiffe beordert, je eines vorne und achtern, um Maschinenräume, Schrauben und Steuerruder vor Torpedos zu schützen. Admiral Lütjens funkte der *Prinz Eugen,* vom Tanker *Wollin* Treibstoff aufzunehmen und sich zum Auslaufen am Abend bereitzuhalten.

Welche Gründe Lütjens bewegten, seinen Entschluß, nicht in den Kors-Fjord einzulaufen, umzustoßen, wird man nie erfahren, denn wie es seine Art war, gab er keine an. Möglicherweise glaubte er, durch das Auftanken der *Prinz Eugen* die Entscheidung, ob er durch die Dänemarkstraße oder über die Färöer-Island-Enge oder gar durch die Passage zwischen den Orkney- und den Färöer-Inseln ausbrechen sollte, bis zum letzten Moment hinauszögern zu können. Doch was immer die Gründe, der Entschluß war nicht weniger töricht als jener, die heimatlichen Gewässer über die Ostsee statt über die Nordsee zu verlassen. Hätten die Schiffe den Kaiser-Wilhelm-Kanal durchfahren, Brunsbüttel am Nachmittag den Rücken gekehrt, in Trondheim oder Narvik getankt oder sogar geradewegs Kurs auf die *Weißenburg* im Nördlichen Eismeer genommen, ihre Chance unentdeckt zu bleiben, wäre bedeutend größer gewesen. Sie bei Tageslicht die engen Gewässer des Kattegat und des Skagerrak durchfahren zu lassen, mußte die Aufmerksamkeit neutraler und feindlicher Beobachter herausfordern, was dann auch tatsächlich geschah. Mehr noch: Raeder wußte das, denn in einem Funkspruch ließ Admiral Canaris, der Chef der deutschen Abwehr, ihn an eben diesem Morgen wissen, es lägen konkrete Beweise vor, wonach London von britischen Agenten über die Bewegungen der Kampfgruppe unterrichtet worden war. Es der Kampfgruppe in Kenntnis dieser Sachlage zu erlauben, Bergen anzulaufen, ausgerechnet jenen Hafen, der den englischen Flugbasen am nächsten lag, hieß Schwierigkeiten geradezu heraufbeschwören – wie ein gesuchter Einbrecher, der sich vor dem Polizeirevier herumtreibt.

Und die Schwierigkeiten ließen nicht lange auf sich warten. Gegen ein Uhr fünfzehn am Nachmittag entdeckte Flying Officer Suckling – fast schon am Ende seines Aufklärungsfluges – zwei Kriegsschiffe 7500 Meter unter sich. Sie sahen wie Kreuzer aus; er wendete, flog noch einmal die Fjorde an und öffnete den Verschluß seiner Kamera. Er wurde weder auf der *Bismarck* noch auf der *Prinz Eugen* gesehen; erst fünfzehn Minuten später schrillten die Alarmglocken, aber da war Suckling mit seinen Schnappschüssen schon ein Viertel des Weges nach Wick zurück.

Der Nachrichtenoffizier in Wick besah sich die noch feuchten Abzüge, identifizierte die Schiffe als ein Schlachtschiff und einen Kreuzer und informierte Toveys Stab.

Das Luftfahrtministerium stimmte dem Ersuchen der Admiralität, am Abend einen Bombenangriff zu fliegen, zu, doch der Oberbefehlshaber des „Coastal Command", Air Marshal Sir Frederick Bowhill, ein früherer Seemann, wünschte die Bilder von seinem eigenen Stab weiter auswerten zu lassen. Der einzige Pilot und die einzige Maschine, die zur Verfügung standen, um die Photos nach dem 650 Meilen entfernten London zu bringen, waren Suckling und seine Spitfire. Er kletterte also wieder in seine Maschine und nahm Kurs nach Süden. Bei Einbruch der Nacht ging ihm der Sprit aus, und er landete in der Nähe von Nottingham, wo er wohnte. Er holte einen ihm befreundeten Garagenbesitzer aus dem Bett, der einen Wagen und Benzin besaß, fuhr mit fünfzig Meilen in der Stunde durch die verdunkelten Straßen und Städte und lieferte die Abzüge am frühen Morgen bei seiner Dienststelle ab; sowohl die Admiralität als auch das Luftfahrtministerium bestätigten später, daß der Nachrichtenoffizier in Wick die Situation richtig eingeschätzt hatte.

Admiral Tovey in Scapa Flow hatte das gleiche vermutet, und als die *Victorious* am späten Nachmittag nach einer Übungsfahrt in die Bucht einlief, ging an der Rahnock des Flaggschiffes ein Signal für ihren Kommandanten Henry Bovell hoch, er möge an Bord kommen. Tovey fragte Bovell, ob die Flieger, die erst vor ein oder zwei Tagen mit ihren „Swordfish" vom nahen Hatston an Bord geflogen waren, imstande wären, einen Torpedoangriff auf die Schiffe im Fjord zu unternehmen. Bovell bezweifelte es: nur wenige hatten Kampferfahrung, manche waren zum allerersten Mal auf einem Flugzeugträger gelandet. Waren die Flieger genügend ausgebildet, wollte Tovey wissen, um überhaupt mit der Flotte ausfahren zu können? Seiner Meinung nach ja, antwortete Bovell, wollte aber noch den Rat seines Luftoperationsoffiziers, Commander Ranald, und des tapferen Eugene Esmonde, seines ältesten Staffeloffiziers, einholen. Sie wurden gerufen, und alle drei gaben übereinstimmend der Meinung Ausdruck, das Schiff sollte ausfahren. Sie unterließen es aber auch nicht, Tovey auf die mangelnde See-Erfahrung des Großteils der auf dem Flugzeugträger stationierten Flieger hinzuweisen.

Auch der Gedanke an die *Prince of Wales* stimmte Tovey nicht eben glücklich. Im Gefühl, daß etwas im Gang war, und weil er dabei mitmachen wollte, was immer das sein mochte, hatte ihr Kommandant John Leach Tovey vor zwei Tagen gemeldet, die *Prince of Wales* habe ihr Ausbildungsprogramm beendet und sei nun bereit, sich der Flotte als Kampfeinheit anzuschließen. In Wirklichkeit aber funktionierten ihre Geschütze, wie Tovey wußte, alles andere als zufriedenstellend, und zivile Techniker von Vickers-Armstrong arbeiteten noch daran. Leach hatte von der Meldung aus Bergen gehört und seine Mannschaft an diesem Abend auf dem Achterdeck antreten lassen. Er war auf das Dach des Geschützturms Y geklettert, hatte der Besatzung mitgeteilt, was er Tovey gesagt hatte, ihnen für ihre harte Arbeit bei den Übungen gedankt und der Hoffnung Ausdruck gegeben, sie würden, wenn und wann immer es zur Schlacht kommen sollte, ihre Pflicht erfüllen. Die Leute, die nichts von den Bewegungen des Feindes wußten, gaben sich allen möglichen Mutmaßungen hin, wo man sie wohl hinschicken würde.

Lieutenant Esmond Knight, Reserveoffizier, Schauspieler, Künstler und Ornithologe, plauderte mit einem anderen Vogelliebhaber über die Aussichten, nach Island zu kommen – eine Chance, die Riesenraubmöwe, die Polarschwalbe und die Harlekinente zu beobachten.

Auf der *King George V* wartete Tovey gespannt auf weitere Nachrichten. Jetzt aber schlug das Wetter um, Nebel senkte sich über das Meer, es begann zu regnen. Die Stunden verrannen, und die quälende Sorge begann an seinem Herzen zu nagen, die deutschen Schiffe könnten bereits ausgelaufen, könnten gar schon in den Atlantik eingefahren sein, wo jetzt nicht weniger als elf alliierte Konvois unterwegs waren. Es war neun Uhr abends und schon dunkel, als er einen Entschluß faßte. Er übermittelte Vice-Admiral Holland auf der *Hood* ein Signal, sich die *Prince of Wales* sowie die Zerstörer *Electra, Anthony, Echo, Icarus, Achates* und *Antelope* zu unterstellen, Kurs auf Island zu nehmen, dort aufzutanken und dann Positionen südwestlich der Insel zu beziehen, um sowohl die Färöer-Island-Enge als auch die Dänemarkstraße abzusichern.

Kurz vor Mitternacht warfen die Zerstörer ihre Trossen von den Festmachern im Gutter-Sund los und formierten sich zur Kiellinie, um die Switha-Sperre zu passieren. Außerhalb der Bucht, am Rand des Pentland-Firth, warteten sie auf die *Hood* und die *Prince of Wales.* Vom Achterdeck der *King George V,* das er so oft abschritt, um Bewegung zu machen, sah Admiral Tovey zu, wie der alte Schlachtkreuzer und das neue Schlachtschiff die Anker lichteten, mit den Maschinen andrehten und südwärts durch den nächtlichen Nebel auf die Hoxa-Sperre zuhielten. Anmutig und stolz fuhr die *Hood* voraus; Admiral Hollands Flagge flatterte am Fockmast. Die Mannschaft des Netztenders zog das riesige U-Boot-Netz zur Seite, die zwei Schiffe passierten die Sperre, und die Zerstörer nahmen ihre Positionen an der Spitze ein. Vor 21 Jahren war die *Hood* von hier nach Skandinavien ausgelaufen; es war der erste Einsatz in ihrer langen, wundervollen Laufbahn gewesen. Nun verließ sie Scapa Flow zum letzten Mal. Kein Landbewohner sollte sie je wiedersehen.

In Kalvanes nahm die *Prinz Eugen* im Lauf des Nachmittags von der *Wollin* Treibstoff auf; die Zerstörer taten das gleiche, wurden jedoch von einem Tanker im Bergener Hafen versorgt. Die *Bismarck* tankte unglaublicherweise überhaupt nicht, obwohl sie nicht voll aufgefüllt war und seit ihrem Auslaufen aus Gotenhafen über 1000 Tonnen verbraucht hatte. Ein erstaunliches Versäumnis, in scharfem Gegensatz zu den in Kriegszeiten wirksamen Vorschriften der englischen Marine, wonach beim Einlaufen in einen Hafen das Auftanken absoluten Vorrang genoß. Zugegeben, der Tanker *Weißenburg* im Nördlichen Eismeer lag nur eine Tagesreise entfernt, und die Wahrscheinlichkeit war gering, *en route* auf den Feind zu stoßen, aber diese Entscheidung ließ keinen Spielraum für etwaige Irrtümer oder Änderungen. Sie ließ dilettantische Planung erkennen, einen Mangel an Erfahrung in der Seekriegführung, was Lütjens am Ende teuer zu stehen kommen sollte.

Am gleichen Nachmittag ersetzten die Besatzungen beider Schiffe das helle Lichtgrau ihrer schwimmenden Festungen durch Tarnanstriche, um sie den dunkleren englischen Einheiten anzugleichen und so Verwirrung zu stiften. Lütjens und sein Stab unterzogen die am Vortag über Scapa Flow aufgenommenen Luftbilder, die ein Sonderkurier aus Bergen gebracht hatte, einer eingehenden Prüfung. Ständig kreisten Jagdflugzeuge über den beiden Schiffen und warnten durch Heranfliegen norwegische Schiffe, die zu nahe kamen. Vorpostenboote kreuzten vor den Mündungen der Fjorde, und die Norweger an der Küste sahen, wie die Seeleute über die Seiten lugten. Als dann der Tarnanstrich aufgebracht war, durften die Besatzungen beider Schiffe schlafen oder herumfaulenzen, lesen oder ein Spielchen machen. Viele schrieben einen letzten Brief nach Hause, wobei sie darauf achteten, nicht zu sagen, wo sie sich befanden. Lindemann übergab den seinen einem Luftwaffenoffizier, der kurz vor Auslaufen der Kampfgruppe an Land ging.

Gegen halb acht Uhr abends lichtete die *Bismarck* die Anker, drehte nach Norden, und man besetzte die Fliegerabwehr-Gefechtsstationen. Schulze-Hinrichs' Zerstörer warteten vor Bergen und nahmen ihre Positionen an der Spitze ein; die *Prinz Eugen* wartete vor Kalvanes und bildete den Abschluß. Mit 20 Knoten dampften die Schiffe in Kiellinie den Hjelte- und Fedje-Fjord hinauf. Ein paar dienstfreie Offiziere standen rauchend und plaudernd auf dem Achterdeck, genossen die Abendluft und ließen die bewaldeten Inseln an sich vorüberziehen. Korvettenkapitän Nitzsche kam mit einer Meldung für den Admiral vorbei und erzählte Müllenheim-Rechberg, es handle sich um die aufgefangene Anweisung des englischen „Coastal Command“ an alle Flugzeuge, nach der Kampfgruppe Ausschau zu halten. An der Mündung des Fedje-Fjords ging der norwegische Lotse von Bord, und die Kampfgruppe drehte an den Skerries vorbei nach Backbord, um die offene See zu erreichen.

Hier gingen die Zerstörer auf ihre U-Boot-Sicherungspositionen, und die Schiffe liefen auf Zickzackkurs. Der Wind kam von achtern aus dem

Südosten, tiefhängende, schwarze Wolken türmten sich am Horizont. Kurz vor Mitternacht, zur gleichen Zeit etwa, als die *Hood* und die *Prince of Wales* aus Scapa Flow ausliefen, gingen die Schiffe auf Nordkurs und steuerten auf das Nordmeer zu. Kurz darauf meldeten die Ausguckposten, daß weit im Süden, über dem Kors-Fjord, feindliche Flugzeuge Leuchtkugeln und Bomben abwarfen – eine gute Nachricht für Lütjens, weil sie ihm bewies, daß die Engländer nicht wußten, daß er ausgelaufen war. Um fünf Uhr früh entließ er Schulze-Hinrichs und die Zerstörer nach Trondheim. Schulze-Hinrichs signalisierte „Viel Glück!" und wartete eine kleine Weile in der Annahme, Lütjens würde die Gelegenheit nutzen, ihm, ohne die Funkstille zu verletzen, eine optische Meldung über seine nächsten Absichten nach Trondheim mitzugeben. Doch von der Admiralsbrücke am Turmmast kam keine Meldung mehr. Vielleicht schlief Lütjens; vielleicht war er sich im Augenblick über seine Absichten selbst nicht im klaren; vielleicht wollte er mit der *Weißenburg* zusammentreffen und die Dänemarkstraße durchfahren, wie er das schon in Gotenhafen angekündigt hatte – wozu also das einmal Gesagte wiederholen? Enttäuscht drehte Schulze-Hinrichs mit seinen Zerstörern nach Osten ab, während die zwei Schiffe nordwärts im Morgennebel verschwanden.

In Scapa Flow wurde Admiral Tovey mit entmutigenden Nachrichten geweckt: Infolge des schlechten Wetters hatten nur zwei der 18 Bomber, die in der Nacht von Wick aufgestiegen waren, um die deutschen Schiffe anzugreifen, das Zielgebiet gefunden. Sie hatten beide nichts gesehen und blind ihre Bomben geworfen. Und die letzten Wetterberichte zeigten eine Regen- und Nebeldecke, die sich über den ganzen nördlichen Teil der Nordsee ausbreitete. Die Aufklärungsflugzeuge, die noch vor Morgengrauen nach den Fjorden aufgebrochen waren, hatten unverrichteter Dinge zurückkehren müssen. Aus seinem Kajütenfenster konnte Tovey nicht mehr als die halbe Bucht überblicken.

Lagen die *Bismarck* und die *Prinz Eugen* noch in Bergen, oder waren sie ausgelaufen? Und was sollte er tun? Das waren die Fragen, die Tovey unaufhörlich im Kopf herumgingen. Wenn die deutschen Schiffe in der Nacht ausgelaufen waren und bereits vier- oder fünfhundert Meilen auf dem Weg in den Atlantik zurückgelegt hatten, dann sollte auch er auf See sein und sie jagen. Wenn sie nun aber nicht ausgelaufen waren und noch ganz gemütlich in den Fjorden nahe Bergen lagen? Dann würde er ziellos auf dem Ozean herumfahren und kostbaren Treibstoff verbrauchen –

Treibstoff, den er im entscheidenden Moment dringend nötig haben würde, während die Deutschen, wann immer es ihnen beliebte, mit vollen Tanks in See stechen konnten. Waren sie aber bereits über die Färöer-Island-Enge ausgebrochen oder im Begriff, es zu tun, dann wurden sie von Kreuzern und Flugzeugen erwartet, die nach ihnen Ausschau hielten; die *Hood* und die *Prince of Wales* befanden sich in guter Position, um ihnen den Weg abzuschneiden. Planten sie jedoch die Durchfahrt zwischen den Färöer- und den Orkney-Inseln, dann war Scapa Flow der beste Platz, um auf weitere Nachrichten über ihre Bewegungen zu warten. Die Versuchung, auszufahren, muß sehr stark gewesen sein, doch Tovey widerstand ihr und beschloß zu bleiben, bis er neue Informationen erhielt.

Die Stunden verrannen, das Wetter über Norwegen blieb nebelig und trübe, die Schiffe lagen stumm und regungslos in der Bucht. Am Vormittag meldete das „Coastal Command", daß alle Aufklärungsflüge über der norwegischen Küste bis auf weiteres eingestellt waren. Sie müssen sich gottverlassen vorgekommen sein, Tovey und seine Stabsoffiziere „Daddy" Brind, „Baron" Bingley, Frankie Lloyd, der Flottennavigationsoffizier, und andere, wie sie da über die Karte gebeugt standen und zum x-ten Mal mit Bleistift die weiteste Position, die die *Bismarck* erreicht haben konnte, einzeichneten. Durch das Schott blickte der Admiral auf die Nebelschleier hinaus, die Hoy verdeckten und über den Hügeln von Flotta lagen. Ließ sich da gar nichts dagegen tun?

Captain Henry St. John Fancourt von der königlichen Marine, Kommandeur der Marinefliegerstation in Hatston auf der anderen Seite der Bucht, fand einen Weg. Hatston diente vornehmlich als Trainingsbasis, um neue Flugzeuge auf Flugzeugträger zu fliegen (die Flieger der *Victorious* waren von Hatston an Bord geflogen), und um die Flotte mit Schleppscheiben zu versorgen. Hatston besaß aber auch eine einsatzfähige Staffel von „Albacore"-Torpedoflugzeugen, und als Captain Fancourt erfuhr, daß deutsche Schiffe in Bergen lagen, erhielt er vom „Coastal Command" die Erlaubnis, die Staffel auf die dem Zielort 100 Meilen nähergelegenen Shetland-Inseln zu verlegen, um von dort einen Angriff zu unternehmen.

Captain Fancourt brauchte also Nachrichten über den Feind, brauchte sie für seine „Albacores", aber auch für Tovey und das „Coastal Command". Sein Erster Offizier in Hatston war ein gewisser Geoffrey Rotherham, jetzt ein Bürohengst, aber ein geschulter Beobachter und erfahrener Navigator, der sein Geschäft noch in den Tagen gelernt hatte, da man Flugzeuge mit Draht und Leim zusammenbastelte, ein Mann, dem die Form einer Welle und das Strömen des Wassers unter dem Wind vieles sagte, und der die Gabe besaß, auch im scheußlichsten Wetter seinen Weg von einem Ort zum anderen zu „erfühlen". Captain Fancourt stellte an Commander Rotherham die Frage, ob er Lust habe, unter den gegebenen Umständen in einer der alten zweimotorigen amerikanischen „Marylands" – nach der Verlegung der „Albacores" die einzige geeignete Maschine, die sonst nur zum Schleppen von Schießscheiben Verwendung fand – einen Ausflug nach Bergen zu machen. Commander Rotherham, der in dem Glauben gelebt hatte, seine Zeit als Kampfflieger sei abgelaufen, zeigte sich mehr als gewillt, und wann sollte es losgehen? Noel Goddard, der Chef der Scheibenschlepper-Staffel, stellte sich als Pilot zur Verfügung, und ein freiwilliger Funker/Bordschütze war auch bald gefunden.

Um zwei Uhr nachmittags setzte Fancourt Toveys Stab in Scapa Flow und Bowhills Stab in London von seinem Vorhaben in Kenntnis und erhielt ihre Zustimmung. In den folgenden zwei Stunden wurde der Flug in allen Einzelheiten durchgeplant, bestand doch die echte Gefahr, die „Maryland" könnte sich ins Innere Norwegens verirren, ohne überhaupt Land zu sehen. Rotherham beschloß, über der Insel Marstein eine Ortsbestimmung vorzunehmen – so wie Neuendorff es am Tag zuvor auf der *Bismarck* getan hatte – und von dort aus den Kors-Fjord landeinwärts zu fliegen. Das „Coastal Command" riet zu einem Anflug in 60 Meter Höhe und warnte vor starken feindlichen Jagdverbänden.

Um halb fünf Uhr nachmittags flogen sie ab, und der Flug war ein einziges Hüpfsteinwerfen. Rotherham wollte dicht über der Wasseroberfläche bleiben, Goddard jedoch fürchtete einzutauchen und bestand nach einer Weile darauf, in die Wolkendecke aufzusteigen. Wenig später wollte Rotherham wieder das Meer sehen. Zweimal gingen sie bis auf weniger als 30 Meter hinunter, ohne es zu sehen. Beim dritten Mal hatten sie Glück, Rotherham stellte eine Veränderung in der Windrichtung fest, korrigierte den Kurs und kehrte in die Wolken zurück. Wenige Minuten vor der vorgesehenen Ortsbestimmung wies Rotherham Goddard an, abermals hinunterzugehen. Einen Augenblick lang teilten sich die Wolken, und vor ihnen lag die Insel Marstein mit ihrem Leuchtturm. Sie flogen den Kors-Fjord hinauf, inspizierten den Grimstad- und den Kalvanes-Fjord und fanden nichts. Um ganz sicher zu sein, riskierten sie einen Blick auf den Bergener Hafen. Sie brausten über Docks und Dächer hinweg, wurden aus allen Rohren beschossen, die es in der Gegend gab, wurden getroffen, aber nicht arg, flogen auch noch den Hjelte-Fjord hinauf, um ja nichts auszulassen, und nahmen schließlich mit der Gewißheit, daß die Vögel ausgeflogen waren, wieder Kurs auf die offene See und die Heimat.

Aus Angst, abgeschossen zu werden, bevor er Tovey die Neuigkeiten übermitteln konnte, kritzelte er eine kurze Meldung für den Funker. Und weil der Funker keine Verbindung mit dem „Coastal Command" zustandebrachte, rief er Hatston auf der Frequenz der Scheibenschlepper-Staffel, die gerade mit aller Ruhe Übungen durchführte. Der Funker in Hatston war sehr überrascht, als er plötzlich eine dringende Einsatzmeldung erhielt. Er gab sie an die *King George V* weiter, und als die „Maryland" um ein Viertel vor acht auf den Shetland-Inseln landete, fand Rotherham dort die Mitteilung vor, er möge Commodore Brind anrufen. Ihm bestätigte er dann auch, daß sich keinerlei feindliche Kriegsschiffe in den Fjorden rings um Bergen aufhielten.

Das war eine negative Nachricht für Tovey, aber nun tappte er wenigstens nicht ganz im dunkeln. Durch Signale wies er die *Victorious*, die Kreuzer *Galatea*, *Hermione*, *Kenya* und *Aurora* sowie die Zerstörer *Inglefield*, *Intrepid*, *Active*, *Punjabi*, *Windsor* und *Lance* an, sich bereitzuhalten, um 22.15 Uhr mit ihm auszulaufen. Über Funk forderte er die *Suffolk* auf, sich unverzüglich der *Norfolk* in der Dänemarkstraße anzuschließen. Gleichzeitig beorderte er die *Arethusa* zur Verstärkung der *Birmingham* und der *Manchester*, die in der Färöer-Island-Enge kreuzten. Schließlich wies er auch noch den Schlachtkreuzer *Repulse* in der Clyde-Mündung an, am nächsten Morgen nördlich der Hebriden zum Flaggschiff zu stoßen. Und dann tat er, was schon andere große Kommandanten vor ihm getan hatten: er setzte sich zum Dinner.

Rotherhams Nachricht wurde auch in London empfangen, und keiner war mehr davon beeindruckt als Premierminister Winston Churchill. Mit den Erfahrungen in Marineangelegenheiten, die er in zwei Kriegen gesammelt hatte, wußte er um den verheerenden Schaden, den das deutsche Geschwader unter den atlantischen Konvois anzurichten imstande war, und um die Auswirkungen dieses Schadens auf die Kriegsführung. Als im Dezember 1940 bekannt wurde, daß die Fertigstellung der *Tirpitz* für nicht viel später als die der *Bismarck* zu erwarten war, schrieb er an seinen Freund Franklin D. Roosevelt: „Zum ersten Mal in diesem Krieg müssen wir ... eine Flottenaktion ins Auge fassen, bei der der Feind zwei Schiffe zur Verfügung haben wird, die zumindest ebensogut sind wie unsere zwei besten und die einzigen modernen Schiffe" (nämlich die *King George V* und die *Prince of Wales*). Jetzt richtete er einen unzweideutigen Hilferuf an den amerikanischen Präsidenten. „Wenn wir sie bei der Ausfahrt nicht erwischen, wird Ihre Flotte doch gewiß in der Lage sein, sie für uns auszukundschaften . . . Geben Sie uns ihren Standort bekannt, und wir führen die Arbeit zu Ende.“

Wenn nun der britische Premierminister und seine Admirale ein klein wenig mehr über die Bewegungen der deutschen Kampfgruppe wußten – der deutsche Reichskanzler wußte überhaupt nichts davon: weder vom Auslaufen der Schiffe aus Gotenhafen, noch von ihrer Fahrt durch das Kattegat und das Skagerrak, noch von ihrem kurzen Aufenthalt in Bergen. Raeder hatte schon vor geraumer Zeit herausgefunden, daß bei seinen Verhandlungen mit Hitler die Wahl eines günstigen Zeitpunkts von ausschlaggebender Bedeutung war. Erst nachdem der erste Teil des Ausbruchs erfolgreich durchgeführt war, hielt er es für angebracht, Hitler auf dem Berghof zu besuchen und ihn in Gegenwart Keitels, Ribbentrops und Puttkamers von den Neuigkeiten in Kenntnis zu setzen. Wie er gefürchtet hatte, drückte Hitler anfangs heftiges Mißbehagen aus und wollte die Kampfgruppe zurückberufen. Er machte sich Sorgen über die Reaktion der Amerikaner, über mögliche Komplikationen im Zusammenhang mit dem bevorstehenden Angriff auf die Sowjetunion und über die Gefahren, die der Kampfgruppe von den Torpedos britischer Flugzeugträger drohten. Raeder wies darauf hin, daß der schwierigste Teil des Unternehmens bereits überstanden war, und daß die Seekriegsleitung die größten Hoffnungen auf einen Erfolg setzte. Nach einer weiteren Diskussion gab Hitler schließlich seine Genehmigung.

Nach Schulze-Hinrichs' Abdrehen am Morgen des 22. hielt das Geschwader bei 24 Knoten seinen nördlichen Kurs. Lütjens war immer noch unschlüssig, ob er Island im Norden oder im Süden passieren sollte. Es gab Beratungen mit seinem Stab, und ein Funkspruch der Gruppe Nord an Admiral Dönitz wies die U-Boote an, für beide Eventualitäten gerüstet zu sein. Was Lütjens am Ende veranlaßt haben mag, bei seinem ursprünglichen Plan zu bleiben, war wohl die andauernde schlechte Sicht, die nach der Vorhersage Dr. Externbrinks und seiner Meteorologen bis Südgrönland so bleiben würde. Mittags gab Lütjens der *Prinz Eugen* mittels Scheinwerfersignalen seine Absicht bekannt, in die Dänemarkstraße einzufahren, jedoch von der *Weißenburg* Treibstoff nur zu übernehmen, wenn das Wetter sich besserte.

Im Hinblick auf den beschränkten Aktionsradius der *Prinz Eugen* und die verminderten Reserven der *Bismarck* selbst war es eine kühne Entscheidung, auf die *Weißenburg* zu verzichten, aber Lütjens hielt sie für richtig. Nach den von der Gruppe Nord erhaltenen Informationen war die britische Luftaufklärung nur über der unteren Hälfte der norwegischen Küste aktiv, und während das Wetter die deutsche Luftaufklärung über Scapa Flow am Vortag unmöglich gemacht hatte, gab der abgehörte englische Funkverkehr keinen Hinweis darauf, daß irgendwelche britische Schiffe die Verfolgung aufgenommen hätten, oder daß der Feind überhaupt eine Ahnung hatte, wo sich die Kampfgruppe befand.

Es war dies eine höchst lückenhafte Grundlage für weitere Entscheidungen, aber mehr hatte Lütjens nicht. Verlor er kostbare Stunden mit einem Abstecher zur *Weißenburg*, lief er nicht nur Gefahr, sich des Vorteils des nebligen Wetters zu begeben; die Engländer würden auch mehr Zeit haben, ihn aufzuspüren. Im Augenblick konnten wohl nur britische Kreuzer auf Patrouillenfahrt dem Durchbruch durch die Dänemarkstraße zu den im Süden von Grönland kreuzenden Tankern entgegenstehen. Möglich, daß keine Kreuzer da waren; möglich, daß, wenn sie da waren, sie ihn nicht sichteten; wenn sie ihn sichteten, durfte er berechtigte Hoffnungen auf Nebelbänke und Schneegestöber setzen, die es ihm erlauben würden, seine Verfolger abzuschütteln. Und wenn das Treibstoffproblem wirklich akut werden sollte, konnte er immer zur *Weißenburg* zurücklaufen, was von der Färöer-Island-Enge wesentlich länger dauern würde. Gegenüber Müllenheim-Rechberg erwähnte Dr. Externbrink, daß er Lütjens gedrängt habe, sein Tempo zu beschleunigen, um mit dem Wetter Schritt zu halten, daß aber Lütjens sich geweigert habe; es könnte sein, daß nun, nach dem Verzicht auf Treibstoffübernahme von der *Weißenburg*, ein wirtschaftlicheres Tempo angebracht erschien.

Mittags änderte das Geschwader seinen Kurs von Nord nach Nordwest. Lütjens und Netzbandt waren mit diesen Gewässern wohl vertraut – noch von ihren Tagen auf der *Gneisenau*, während der Norwegen-Unternehmung im Vorjahr, und danach auf der *Scharnhorst* bei deren Ausbruch im Januar. Da Begegnungen mit deutschen Flugzeugen von diesem Punkt an nicht mehr zu erwarten waren, wurden die Flugzeugerkennungszeichen auf den Geschütztürmen sowie die großen Hakenkreuze auf Vorder- und Achterdeck auf beiden Schiffen übermalt. Das neblige Wetter hielt den ganzen Nachmittag und Abend an. Zeitweilig war der Nebel so dicht, daß er die *Bismarck* verschluckte, die achtern einen Scheinwerfer strahlen lassen mußte, um der *Prinz Eugen* den Weg zu weisen. Eine Eintragung im Logbuch der *Prinz Eugen* lautet: „Das Wetter ist wie geschaffen für einen Ausbruch."

Hätte Lütjens einer Rechtfertigung seiner Entscheidung bedurft, direkt auf die Dänemarkstraße zuzuhalten, so fand er sie noch in dieser Nacht in einem Funkspruch der Gruppe Nord. Zwar sei des schlechten Wetters wegen keine photographische Aufklärung über Scapa Flow möglich gewesen, hieß es da, doch habe die visuelle Aufklärung drei schwere Einheiten, einen Flugzeugträger und mehrere Kreuzer und Zerstörer festgestellt – eine Bestätigung des photographischen Berichts vom 20. Es wurde der Eindruck vermittelt, daß keine schweren Einheiten ausgelaufen waren und die Lage sich nicht verändert hatte. Das war ein typisches Beispiel der zuweilen nachlässigen Arbeit der Luftwaffe, wenn sie zu Einsätzen der Seestreitkräfte abkommandiert wurde. Denn von den drei schweren Einheiten, die der Beobachter in seinem schnellen Herabstoßen aus den Wolken gesehen hatte, waren zwei nur Attrappen aus Holz und Segeltuch (die dritte war die *King George V*), und so entging es der Aufmerksamkeit der Gruppe Nord, daß die *Hood* und die *Prince of Wales* den Hafen verlassen hatten. Hätte Lütjens das gewußt, er würde seine Pläne gewiß geändert haben, möglicherweise sogar umgekehrt sein.

Eine zweite Falschmeldung ermutigte ihn noch zusätzlich, die Fahrt fortzusetzen – ein Funkspruch der Gruppe Nord, wonach die Schiffe der mächtigen „Force H" (der Schlachtkreuzer *Renown*, der Flugzeugträger *Ark Royal*, der Kreuzer *Sheffield* und einige Zerstörer), die in Gibraltar stationiert waren und zweifellos eine Gefahr für Lütjens darstellten, sich auf See und vermutlich auf dem Weg nach Kreta befanden. In Wirklichkeit lagen alle in Gibraltar vor Anker.

Um elf Uhr nachts, als sich die *Bismarck* und die *Prinz Eugen* etwa 200 Meilen nordöstlich von Island befanden und Tovey mit dem Gros der britischen Flotte von Scapa Flow auslief, drehte Lütjens zum ersten Schlag der Passage durch die Dänemarkstraße nach Südwesten ab. In dieser Breite war es die ganze Nacht über hell, wenn auch neblig. Und es war auch sehr kalt. Um vier Uhr früh – möglicherweise Dr. Externbrinks Drängen nachgebend – erhöhte die Kampfgruppe ihre Geschwindigkeit auf 27 Knoten. Um zehn kamen sie in breiiges Eis und gingen auf 24 Knoten hinunter. Auf der *Prinz Eugen* wurde der frühere Kapitän eines Fischdampfers aus Bremerhaven, der in der Eisfahrt große Erfahrung besaß (einer der für Prisenkommandos vorgesehenen Überzähligen) auf die Brücke gerufen, um Kapitän zur See Brinkmann und Fregattenkapitän

Beck bei der Navigation behilflich zu sein. Am späteren Vormittag übten beide Schiffe „Klar Schiff“. Das Wetter war immer noch dunstig und nebelig, und auf der ruhigen See lagen Flecken von Seerauch, wo die kalten Polarwinde über das wärmere Wasser dahinstrichen. Während sich der große Bug des Schiffes seinen Weg durch die Eiskristalle schnitt, war auf der *Bismarck* ein eigenartig klingelndes Geräusch zu vernehmen.

Jetzt näherte sich die Kampfgruppe dem gefährlichsten Abschnitt des Durchbruchs, der engen, um diese Jahreszeit nicht mehr als 30 bis 40 Meilen breiten Passage, die den Rand des grönländischen Packeises von den englischen Minenfeldern trennte, die sich von der isländischen Halbinsel Vestfirdir in nördlicher Richtung erstreckten. Wenig später war auf der Steuerbordseite das Packeis in Sicht, und die Schiffe gingen mit abermals 27 Knoten auf Parallelkurs. Bald befanden sie sich inmitten großer flacher Eisschollen, die sich vom Packeis gelöst hatten und nach Süden trieben. Es wurde häufig Alarm gegeben, wenn die Bordwachen Eisschollen für Schiffe ansahen, und zuweilen mußten rasche Ausweichmanöver vorgenommen werden; aber Lütjens, der wohl wußte, daß die kommenden Stunden kritisch werden würden, behielt seine Geschwindigkeit bei.

Es war spät am Nachmittag, als Dr. Externbrinks schlimmste Befürchtungen sich bewahrheiteten: das Wetter klarte auf. Der Nebel zerriß, und nach Steuerbord und nach vorn zu lag breit und dicht, blauweiß und grün schillernd das Packeis. Scharf und klar in den Objektiven der Entfernungsmesser für die Artillerie auszunehmen, ragten weit dahinter die Gipfel von Grönlands eisbedeckten Bergen zum azurblauen Himmel empor. Zum ersten Mal in fast 36 Stunden lag ein drei bis zehn Meilen breiter offener Wasserweg vor der Kampfgruppe. Nur auf Backbord, gegen Island zu, erhob sich noch eine dichte Nebelwand von gelbgrauer Farbe. In sich ständig verändernden Mustern tanzten weiße Flecken darüber hin – Blink nannten die Seeleute den grellen Widerschein von Eisfeldern.

Der Witterungsumschlag sprach sich schnell herum, und die jungen Deutschen, die bis vor ein oder zwei Wochen noch nie außerhalb ihrer heimatlichen Gewässer gewesen waren, guckten stumm vor Staunen durch die Schlitze der Geschütztürme und hinter Schotten hervor. Dies war das Ende der Welt, das Land jenseits des Regenbogens, und da draußen in der Eiswüste gab es richtige Eisbären wie im Berliner Zoo, und lebendige Eskimos, und von hier war es nicht mehr weit zum Nordpol. Wie schön, daß ich das erleben darf, dachten die Jungen, wenn mich nur die Eltern sehen könnten!

Die Offiziere auf der Brücke der *Prinz Eugen* froren trotz ihrer ledernen Hosen und ihrer wollenen Unterwäsche, aber auch sie blickten bewundernd durch ihre Nachtgläser auf die Verwandlung einer Welt im Zwielicht: groß und wuchtig lehnte Kapitän zur See Brinkmann an der Backbordseite der Brücke; die behandschuhte Hand hielt eine glimmende Zigarre, und sein Schiffchen saß auf einer Wollmütze, die auch Ohren und Hals bedeckte. Korvettenkapitän Beck, der Navigationsoffizier, Leutnant Reckhoff, der Wachoffizier – der ebenso wie Ascher auf der *Bismarck* nach der Versenkung der *Graf Spee* aus Argentinien geflohen war – und Korvettenkapitän der Reserve F. O. Busch, ein mit einer Engländerin verheirateter, vielgelesener Marineschriftsteller, der von Berlin beauftragt worden war, einen Bericht über die Operation zu schreiben. Kapitän zur See Brinkmann richtete sein Zeiss-Glas auf die dicke Nebelmauer auf Backbord und meinte: „Wenn sie hier in der Gegend sind, dann da drin." Er hatte recht, sie waren da drin. Und schon eine kleine Weile später, während Kapitän Busch und andere Offiziere in der Messe achtern einen schnellen Imbiß zu sich nahmen, tönten die Alarmglocken.

Das Patrouillenfahren in der Dänemarkstraße war bei den Männern der *Norfolk* und *Suffolk*, den mit drei Schornsteinen und 20,3-cm-Kanonen ausgestatteten Kreuzern des Ersten Kreuzergeschwaders, nicht eben beliebt. Sie taten dies nun schon seit Tagen und Wochen, die ihnen wie Monate und Jahre vorkamen. Hin und her, auf und ab ging es, und nur die Einteilung der Wachen zeigte den Ablauf der Zeit an. Heute war das Wetter erträglich; meistens war es scheußlich. Haushohe Wellen kamen von allen Seiten, und ob einer nun im Dienst war oder nicht, er konnte sich nur selten ausruhen, mußte den Körper immerzu absteifen, Arme und Beine knicken, wie ein erfrorener Schifahrer, um die Bewegungen des Schiffes auszugleichen. Der Bug grub sich tief in die dunklen Flanken der wandernden Wellenberge, warf den Gischt nach oben, wo der Polarwind ihn mit sich fortriß, ihn auf das Schiff, auf Deck und Decksaufbau und den zusammengekauerten Männern ins Gesicht schleuderte und ihn auf Stahl und Haut gefrieren ließ. Man sah nichts als die Unendlichkeit des schaumigen, marmorgeäderten, graugrünen oder blauschwarzen Wassers, hörte nichts als das Donnern der anprallenden Wogen und den Schrei des Windes. Wer dienstfrei hatte, aß und schlief wie ein Automat, hörte Radio, schmökerte in Zeitschriften und Comics.

Robert Ellis, der Kommandant der *Suffolk*, war sehr müde. Als er am

18. Mai von Admiral Tovey den Befehl zum Auftanken erhielt, war sein Schiff schon seit zehn Tagen unter übelstem Wetter auf Patrouillenfahrt gewesen. Er machte eine schnelle Nachtfahrt nach Hvalfjord an der Westküste Islands, wobei er fast die ganze Zeit auf der Brücke verblieb, sich während des Auftankens auf ein paar Stunden hinlegte und zu einer neuerlichen Nachtfahrt auf die Brücke zurückkehrte. Die kleine Spritztour war nicht so schlimm, denn bei der letzten Werftliegezeit des Schiffes hatte man die Brücke „arktisiert", das heißt mit Seitenwänden umgeben und mit Dampfheizung versehen – ein Luxus im Vergleich zur offenen Brücke auf der *Norfolk*, wenngleich die Wärme eine einschläfernde Wirkung zeigte.

Während Captain Ellis sich auf der Rückfahrt zur Dänemarkstraße befand, dampfte sein Geschwaderchef, Rear-Admiral Frederick Wake-Walker, auf der *Norfolk* nach Isafjördhur, einem tiefen Einschnitt in Islands nach Nordwesten zielender Halbinsel Vestfirdir, um eine neue Radarstation zu inspizieren: die *Suffolk* sollte sich ihm dort anschließen, um letzte Instruktionen entgegenzunehmen. Wake-Walker, ein Freund Toveys, war ein Torpedospezialist, der 1940 die Evakuierung der britischen Armee aus Dünkirchen hervorragend organisiert hatte, ein großgewachsener, stattlicher, technisch außerordentlich begabter, aber humor- und phantasieloser Mann. Zu seinen Liebhabereien gehörten Schießen, Zeichnen und die Suche nach wilden Blumen. Das Schießen pflegte er auf einem Bauernhof auf Scapa Flow, und in Island, so erzählte sein Flaggleutnant, David Kelburn[1], wanderte er über Berg und Tal, um „Steinbrech und solches Zeug" zu suchen.

Am nebligen Morgen des 23. Mai, um zehn Uhr vormittags, schob sich die *Suffolk* in die Einfahrt nach Isafjördhur. Hoch ragten die kahlen Klippen von Vestfirdir auf, und bald blinkte eine Signallampe von der Brücke der *Norfolk*. Die *Suffolk* wurde angewiesen, sich auf Radardistanz vom Packeis gegenüber Vestfirdir zu begeben und anschließend parallel dazu abwechselnd in südwestlicher und nordöstlicher Richtung zu patroullieren, wobei jeder Schlag der Patrouille drei Stunden dauern sollte. Für den Fall, daß die Deutschen es riskierten, am Rand des Minenfeldes entlang zu fahren, würde sich die *Norfolk* 15 Meilen südlich von ihr postieren. War bis zum folgenden Morgen nichts gesichtet worden, würden sich die beiden Schiffe treffen, um ihre Bestecks zu vergleichen.

Ellis ließ sein Schiff drehen und nahm durch den Nebel Kurs auf das Packeis. Er befand sich in heiterer Stimmung, denn es sah ganz so aus, als ob er bald für ein neues Spielzeug Verwendung haben würde, das ihm sehr reizvoll erschien: ein verbessertes Radargerät, das erst kürzlich installiert worden war. Radar war damals noch in den Kinderschuhen: dieses Gerät hatte eine Reichweite von 13 Meilen und erfaßte alle Sektoren, ausgenommen etwa 60° achteraus.

Als er den Patrouillenraum erreichte, fand Ellis – wie Lütjens schon bald nach ihm – klares Wasser am Rand des Packeises, gute Sicht über Grönland, doch auf der isländischen Seite eine Nebelbank, die sich in beiden Richtungen weithin erstreckte. Daher hielt er sich nahe dem Packeis im offenen Wasser, wenn er in nordöstlicher Richtung fuhr, das heißt in der, aus welcher der Feind kommen müßte, denn er wußte, daß sein Radar ihn entdecken würde, lange bevor er in optische Sichtweite kam. In der Gegenrichtung jedoch, wo der Decksaufbau und die Rauchfahnen aus den Schornsteinen den Ausblick nach achtern behinderten und das Radar blind war, steuerte er an der Nebelbank entlang, in der er sich, wenn nötig, jederzeit verbergen konnte. Seine Aufgabe war es nicht, gegen die *Bismarck* zu kämpfen, sondern Kontakt mit ihr zu halten, bis größere Schiffe eintrafen.

Der Nachmittag verging ohne Zwischenfälle. Ausgucks- und Radartechniker auf der *Suffolk* und der *Norfolk*, weiter im Süden auf den Kreuzern *Manchester*, *Birmingham* und *Arethusa*, auf den Trawlern *Northern Sky*, *Northern Isles*, auf der *Hood*, der *Prince of Wales*, der *King George V* und der *Repulse*, die jetzt mit Kreuzern und Zerstörern zu ihren Positionen südlich von Island unterwegs waren, aber auch Piloten und Beobachter des „Coastal Command", die nach Lücken in der Wolkendecke zwischen Island und den Orkney-Inseln spähten – sie alle suchten mit Instrumenten und Nachtgläsern das Meer nach deutschen Schiffen ab. Seitdem Suckling sie vor zwei Tagen in den Fjorden von Bergen gesehen hatte, war nichts mehr über sie zu erfahren gewesen. Sie konnten mittlerweile mehr als 1000 Meilen zurückgelegt haben; sie konnten unmittelbar jenseits des Horizonts stehen; konnten die Einfahrt in den Atlantik erreicht oder die Rückfahrt nach Deutschland angetreten haben; konnten in einem norwegischen Fjord vor Anker liegen. Jeder hatte seine eigene Theorie, keiner hatte irgendwelche Anhaltspunkte.

Es war der Vollmatrose Newell auf der *Suffolk*, der der Ungewißheit ein Ende bereitete. Das Schiff lief in südwestlicher Richtung, als er um sechs Uhr abends auf der Brücke den Dienst als Ausguck im Steuerbord-achtern-Sektor übernahm. Als er eineinviertel Stunden später vielleicht zum fünfzigsten Mal seinen Sektor zwischen querab und dem Heck absuchte, sah er etwas, das er für den Rest seines Lebens nicht mehr vergessen würde

– die *Bismarck,* die keine sieben Meilen von der *Suffolk* entfernt, schwarz und massig aus einem Nebelfeld Steuerbord achtern auftauchte. „Schiff in Steuerbord 140 Grad", schrie er, als ob sein Leben davon abhinge, was ja so falsch nicht war, und dann, als auch die *Prinz Eugen* in seinem Fadenkreuz aufschien, „Zwei Schiffe in Steuerbord 140 Grad!"

Auf der *Suffolk* wurde es rasch sehr lebendig. Captain Ellis befahl dem Rudergänger „Hart Backbord!" und dem Maschinentelegraphen „Äußerste Kraft voraus!", um in den Nebel zu gelangen. Ein anderer Offizier löste die Alarmglocken aus, und was zwei Beine hatte, sprang von Bänken und aus Hängematten, schlüpfte in Seestiefel, griff eilig nach Jacken und Halstüchern, Stahlhelmen und Schwimmwesten und sauste die Gänge entlang und die Leitern hinauf, um zu den Gefechtsstationen zu gelangen. Andere, denen das Glück holder war, suchten, leichter gekleidet, aber nicht weniger eilig, die Wärme des Maschinenraums oder des Funkraumes auf. Rasch gehorchte das Schiff dem Ruder und neigte sich stark nach der Steuerbordseite: In der Offiziersmesse, wo das Abendessen schon begonnen hatte, fiel Geschirr und Tischbesteck krachend zu Boden. Fregattenkapitän Ludovic Porter, der sich gerade im achteren Wohndeck aufhielt, sauste auf die Brücke, als ob er „einen Propeller im Hintern" hätte. Ein Fähnrich zur See, der, aus tiefem Schlaf gerissen, zu seiner Gefechtsstation taumelte, bekam die deutschen Schiffe flüchtig zu sehen und hielt sie für die *Hood* und die *Prince of Wales.*

Es dauerte ein paar Minuten, bis die *Suffolk* den rettenden Nebel erreichte, und auf der Brücke sahen die Offiziere die *Bismarck* auf sich zukommen, sahen das hohe V ihrer Bugwelle, und warteten angsterfüllt auf das Krachen ihrer ersten Salven. Aber wie durch ein Wunder geschah nichts, und die *Suffolk* erreichte unversehrt den Nebel. Hier war sie sicher; sie wartete, sandte eine Reihe von Feindmeldungen aus und beobachtete, wie die zwei Blips, die die Entfernung zu den deutschen Schiffen darstellten, auf der Braunschen Röhre des Radargerätes von rechts nach links wanderten und damit das Sinken der Entfernung anzeigten. Dann stieg die Entfernung wieder an. Sobald der Feind 13 Meilen voran war – außer Reichweite des Radars der *Suffolk,* die sich jedoch immer noch in Schußweite der *Bismarck* befand – brach sie aus dem Nebel aus und bezog im Kielwasser der *Prinz Eugen* Position.

Mittlerweile hatte die *Norfolk,* die sich in einer Entfernung von 15 Meilen innerhalb des Nebelfeldes befand, das erste der von der *Suffolk* gefunkten Signale aufgefangen: Ihr Kommandant, Captain Alfred Phillips saß in seiner Seekammer und verzehrte gerade einen Käsetoast, als der

Signalmaat mit der Nachricht hereinstürzte. Phillips erhöhte sogleich die Geschwindigkeit und hielt auf das offene Wasser zu, schätzte aber, in seinem Bestreben, die Verbindung nicht zu verlieren, die Richtung falsch ein, tauchte aus dem Nebel auf und sah die *Bismarck* in nur sechs Meilen Entfernung geradewegs auf sich zukommen. Diesmal war an ihrer Bereitschaft nicht zu zweifeln. Als die *Norfolk* nach Steuerbord abdrehte, um in den rettenden Nebel zurückzukehren, donnerten zum ersten Mal zornig die Kanonen der *Bismarck*. Auf der Brücke der *Norfolk* sahen die Offiziere das sich wiederholende Aufblitzen des orangefarbenen Mündungsfeuers und die bräunlichen Wolken von Pulverrauch, hörten das schrille Pfeifen der Artilleriegeschosse – ein Klang, den die einen mit dem Reißen von Leinen, andere mit dem Heranbrausen eines Expreßzuges verglichen. Admiral Wake-Walker sah, daß das Meer auf der Steuerbordseite von Spritzern einschlagender Granatsplitter bedeckt war, und beobachtete, wie eine ganz braune Granate in 50 Yard Entfernung vom Wasser abprallte und über die Brücke kollerte. 60 m hohe Säulen milchigweißen Wassers erhoben sich in die Luft. Fünf Salven feuerte die *Bismarck* ab, bevor die *Norfolk* wieder im Nebel verschwand: einige lagen deckend um das Ziel, und Splitter fielen auf Deck, aber es gab weder Verluste noch Treffer.

So wie die *Suffolk* wartete jetzt auch die *Norfolk*, bis die *Bismarck* und die *Prinz Eugen* vorüber waren, und nahm dann die Position achteraus vom Feind ein – für den Fall, daß dieser sich plötzlich entschließen sollte, nach Backbord abzudrehen. Die *Suffolk* blieb mehr oder weniger hinter dem Feind. Ellis wußte, daß die Deutschen wegen des Eises nicht nach Steuerbord abdrehen konnten. Hin und wieder sah man sie weit vorne. Sobald sie im Nebel oder Schneegestöber verschwanden, mußte sich Wake-Walker auf das Radar der *Suffolk* verlassen, denn die nur mit feststehenden Antennen ausgestattete Anlage der *Norfolk* war in jeder Hinsicht unbrauchbar.

Seit ihrer ersten Berührung mit der *Bismarck* hatte die *Suffolk* in einer ununterbrochenen Folge von Funksprüchen über die Position, Kurs und die Geschwindigkeit des Feindes berichtet, doch da ihre Antennen vereist waren, erreichte keiner die Operationsbasis. Erst das Fühlungshalter-Signal der *Norfolk* wurde von Schiffen und Küstenstationen im atlantischen Bereich empfangen: von Admiral Tovey, der zu diesem Zeitpunkt mit der *King George V* 800 Meilen im Südosten stand und den Beweis, daß seine Dispositionen richtig gewesen waren, mit nicht weniger Erleichterung aufnahm, als dies Churchill und die Admiralität in London taten;

von dem Schlachtschiff *Rodney*, das mit vier Zerstörern und dem Truppentransportschiff *Britannic* am Tag zuvor aus dem Clyde ausgefahren war, um in Boston Reparaturen ausführen zu lassen, und sich jetzt 800 Meilen weiter südlich befand; von den Schiffen des Truppenkonvois WS8B, die ebenfalls am Vortag aus dem Clyde ausgelaufen waren und sich jetzt ohne die *Victorious* und die *Repulse* einigermaßen verlassen fühlten; von Vice-Admiral Sir James Somerville von der „Force H" im Hafen von Gibraltar, für den die Nachricht zum damaligen Zeitpunkt nur von akademischem Interesse war; und von den Dechiffrierabteilungen auf der *Bismarck* und der *Prinz Eugen*, die die Funksprüche in Minutenschnelle entschlüsselten (und das Rufzeichen der *Norfolk* fälschlich für das der *King George V* hielten). Doch der Mann, der dieser Meldung die größte Bedeutung zumaß, war Vice-Admiral Holland auf der *Hood*, der mit der *Prince of Wales* und ihren Zerstörern, nur 300 Meilen entfernt, einen konvergierenden Kurs steuerte.

3

Wenn man von einem Schiff sagen kann, daß es in der Zeit zwischen den zwei Weltkriegen die britische Seemacht und das britische Empire schlechthin verkörperte, dann war es „die gewaltige *Hood*", wie England und die Flotte sie nannten. Es ist nicht leicht, nachkommenden Generationen verständlich zu machen, welche Mischung aus Zuneigung, Bewunderung und Respekt ihr nicht nur daheim, sondern von Hunderttausenden in der ganzen Welt entgegengebracht wurde.

Sie war jetzt schon eine alte Dame, eine der ältesten in der Flotte. Sie war 1916 an den Ufern des Clyde auf der Werft von John Brown auf Stapel gelegt worden, der später die großen „Queens" gebaut hatte. Sie trug den Namen einer Familie, die der Flotte vier bedeutende Admiräle geschenkt hatte: Lord Hood, der im 18. Jahrhundert zusammen mit Rodney die Franzosen in Westindien besiegte; seinem Bruder, Lord Bridport, der am „ruhmvollen ersten Juni" Seite an Seite mit Howe kämpfte; Sam Hood, der Nelson half, den Sieg in der Schlacht vor Abukir zu erringen; und Horace Hood, der in der Skagerrak-Schlacht den Tod fand, als sein Flaggschiff *Invincible* in die Luft flog. Seine Witwe, Lady Hood, taufte sie bei ihrem Stapellauf im August 1918, genau drei Monate vor dem Waffenstillstand – das größte Kriegsschiff, das je erbaut worden war, um eine Spur länger als die *Bismarck* (262 gegenüber 252 m), wenn auch von geringerer Breite, und – gleich der *Bismarck* – mit acht paarweise in vier Türmen angeordneten 38,1-cm-Geschützen ausgerüstet. Ihre Höchstgeschwindigkeit von 32 Knoten machte sie zum schnellsten Kriegsschiff ihrer Größe in der ganzen Welt. Lief sie ihre höchste Fahrstufe, so verbrauchte sie zwei Tonnen Öl die Meile. Sie war ein schönes Schiff, ebenso elegant wie die *Bismarck*, und doch schlicht und würdevoll, ohne den aggressiven Schwung oder die Mächtigkeit zurückhaltender Kraft, wie die *Bismarck* sie aufzuweisen hatte. Aber sie hatte eine große Schwäche: ungenügende Horizontalpanzerung auf den Decks.

Die *Hood* war vor der Skagerrak-Schlacht auf Stapel gelegt worden, wo deutsche Granaten drei britische Schlachtkreuzer vernichtet hatten. Aus weiter Entfernung abgefeuert, hatten sie die nur leicht gepanzerten Decks durchschlagen und waren im Inneren der Schiffe explodiert. Alle großen Einheiten, die nach der Skagerrak-Schlacht gebaut worden waren, erhielten verstärkte Panzerung. Die Standfestigkeit der *Hood* wurde an den Seiten durch Torpedowulste verstärkt, aber der Horizontalschutz wurde nur ungenügend verbessert, das war ihre Achillesferse.

In der Zwischenkriegszeit, als noch ein Viertel der Erde zum britischen Empire gehörte, zeigte die *Hood* die Flagge, wie man damals sagte, zeigte sie dem Empire und der ganzen Welt. Sie unternahm Kreuzfahrten nach Skandinavien und Südamerika, ins Mittelmeer und in den Pazifik, in die Alte Welt und in die Neue. Die Weltreise, die sie in den Jahren 1923 und 1924 im Verband mit der *Repulse* und fünf Kreuzern machte, galt als „die erfolgreichste Kreuzfahrt eines Geschwaders von Kriegsschiffen in der Geschichte“. Man besuchte Südafrika, Sansibar, Ceylon, Singapur, Australien, Neuseeland, die Inseln im Pazifik, San Francisco, den Panama-Kanal, Jamaika, Kanada und Neufundland. „Als sie in die Heimat zurückkehrten“, berichtet der Biograph der *Hood*, „konnten sie sich rühmen, Freundschaften vertieft und Bündnisse neu belebt zu haben. Man sprach von ihnen, wenn man vor dem Kamin saß; ein Schiff, dessen Bild in Tausenden von Wohnzimmern hing, war zur Legende geworden.“

Man sah die *Hood* auch in Großbritannien – im Frühjahr und im Sommer, wenn sie den Forth und den Clyde besuchte, wenn sie in Invergordon, in Plymouth, Portsmouth und Liverpool vor Anker ging; an den Besuchstagen wurde sie von den Einheimischen gestürmt, die Kinder durften auf dem Gangspill Karussell fahren, die für sie speziell eingerichteten Rutschbahnen benutzen und wurden mit klebrigen Korinthenbrötchen, Ingwerbier und hausgemachter Eiscreme gefüttert. Eben noch lag das anmutige Schiff auf der Reede vor der Stadt, und schon am nächsten Tag war es fort, und von weit draußen auf der offenen See hörte man das dumpfe Rollen seiner Geschütze, das gleich dem Donnern eines sommerlichen Gewitters in den Bergen sein Echo fand. Die Leute waren beruhigt, denn genau das war die Aufgabe der *Hood;* aber sie waren auch in Sorge, denn diese Aufgabe hieß Krieg. Krieg und Kriegsgeschrei lagen in den dreißiger Jahren in zunehmendem Maße in der Luft. Das war zu der Zeit, da die *Hood* zu einer längeren Grundüberholung und Modernisierung eindockte, da ihr Hauptdeck, wie schon immer vorgesehen, stärker gepanzert werden sollte[1]. Aber in Deutschland war Hitler, in Italien Mussolini an der Macht, eine Krise folgte der anderen auf dem Fuß, und es erschien einfach undenkbar, die *Hood* für die langen Monate, die diese Arbeiten in Anspruch nehmen würden, außer Dienst zu stellen*. Kurz vor dem Krieg war zusätzliche Flak auf dem Oberdeck installiert worden: Diese und andere Zusatzeinrichtungen erhöhten ihre Verdrängung um 3000 Tonnen, machten sie achtern „feuchter“ als zulässig, so daß ihr Achterdeck bei schwerem Seegang oft unterschnitt und sie sich wie ein Hund legte und suhlte.

Im August 1939 verlor sie ihre Sonnensegel und bunten Lampen, die fast 20 Jahre lang so charakteristische Merkmale ihres Aussehens gewesen waren, wenn sie vor Anker ging. In allen Durchgängen wurden Verdunkelungsvorhänge angebracht, und sie wurde dunkelgrau gestrichen, nahm Reserveoffiziere und Mannschaften an Bord, lud Stahlhelme und Dufflecoats und Morphium und lief zur Patrouillenfahrt in die düstere Nordsee aus. Sie lag vor Plymouth, als die *Rawalpindi* versenkt wurde, dampfte

* Der Umbau der *Hood* war nach Abschluß des Umbaus des Schlachtkreuzers *Renown* 1939 vorgesehen. Die Modernisierung, die einem Totalumbau gleichkam, sollte folgende Punkte umfassen. 1. Einbau neuer Maschinen und Kessel von geringerem Gewicht, geringerem Raumbedarf und größerer Leistung. 2. Verbesserung des Unterwasserschutzes. 3. Verstärkung des Seitenpanzers und insbesondere des Horizontalpanzers. 4. Ausbau des Brückenaufbaus mit Kommandoturm und Mast, Ersatz durch einen modernen Brückenturm mit leichtem Dreibeinmast, ähnlich wie auf den bisher umgebauten älteren Schlachtschiffen. 5. Ausbau der bisherigen Mittelartillerie und Schweren Flak und Ersatz durch neue 13,2-cm-Mehrzweck-Doppellafetten, je 4 Türme auf jeder Seite, ähnlich wie auf den modernen Schlachtschiffen. 6. Ausbau der Torpedobewaffnung. 7. Installierung einer modernen Flugzeuganlage mit Flugzeugschuppen beiderseits des Schornsteins und einem Querschiffskatapult, ähnlich wie auf den bisher umgebauten Schlachtschiffen und auf der *Renown.* Die Inangriffnahme des Umbaus erfolgte wegen der krisenhaften Entwicklung im Sommer 1939 nicht mehr. (Anm. d. Verl.)

nach Brest, um sich einem französischen Geschwader anzuschließen, das von dem Schlachtschiff *Dunkerque* angeführt wurde. Gensoul, sein Admiral, dienstälter als der der *Hood,* übernahm das Kommando, und so hatten die Wachoffiziere der *Hood* das für sie neue Erlebnis, sich mit Kurs und Geschwindigkeit an ein anderes Schiff anpassen zu müssen – fürwahr recht ungewöhnlich.

In freundschaftlicher Verbundenheit steuerte das alliierte Geschwader die Westküste Irlands hinauf und suchte vergebens nach dem Feind, der bereits die Heimfahrt angetreten hatte. Aber schon sechs Monate später – Frankreich war geschlagen, und Gensoul befehligte die französische Flotte in Oran – erschien dort Admiral Somerville auf der *Hood,* begleitet vom Flugzeugträger *Ark Royal* und den Schlachtschiffen *Valiant* und *Resolution.* Die Regierung in London hegte die Besorgnis, die französischen Schiffe könnten in deutsche Hände fallen, und daher lauteten seine Befehle, entweder Gensoul zu überreden, sich der britischen Flotte anzuschließen, oder seine Schiffe in einen englischen oder französischen Kolonialhafen zu bringen, oder sie zu versenken. Gensoul lehnte ab. Mit Bedauern setzte Somerville das Signal, das Feuer zu eröffnen, und die Geschütze der *Hood* und ihrer Begleitschiffe feuerten gegen den Mann, dessen Flagge sie noch vor kurzem gefolgt waren; bohrten seine Flotte in Grund und töteten 1500 seiner Männer.

Und jetzt, an diesem Maiabend des Jahres 1941, war die *Hood* bereit für die Aufgabe, für die sie sechsundzwanzig Jahre vorher gebaut worden war: die Feinde ihres Vaterlandes auf hoher See zur Schlacht zu stellen. Aus Norden frischte der Wind auf, und sie stieß hinein in die rollende Dünung, teilte das Wasser in gewaltigem Schwall; ihr langer Bug hob sich und sank wieder herab. Hinter ihr und ein wenig gestaffelt kam die *Prince of Wales;* die sichernden Zerstörer fuhren voran. Zwei hatten einen isländischen Hafen zum Auftanken aufgesucht, vier waren im Geschwader verblieben. Mr. Cain, der Artillerieoffizier der *Electra,* richtete seinen Blick auf die sich verdunkelnde See; noch nie war ihm das Flaggschiff so imposant erschienen. „Wir hatten das Gefühl, mit der *Hood* als Rückhalt mit allem fertig werden zu können . . . niemand und nichts konnte ihr widerstehen . . . unvorstellbar, daß ihr etwas zustoßen sollte."

Auf der Brücke der *Hood* stand Vice-Admiral Lancelot Holland, der erst vor zehn Tagen an Bord gekommen war. Holland war 54, ein Artilleriespezialist, klein und schlank, mit fast weißem Haar. Anfangs ein wenig schüchtern, war er recht umgänglich, wenn man ihn besser kannte. Er zeichnete sich durch trockenen Humor aus, war belesen, sehr tüchtig und äußerst ehrgeizig. Als er eines Abends in seiner Kajüte mit seinem Flaggleutnant die Rangliste der britischen Marine durchblätterte, meinte er, entweder er oder Bruce Fraser würde der nächste Erste Seelord sein. Sein einziges Kind, ein begabter junger Mann, der Gedichte schrieb und malte, war 1936 achtzehnjährig an Kinderlähmung gestorben. Er und seine Frau kamen nie darüber hinweg. Als Admiral war er schon im November 1940 im Mittelmeer ins Gefecht gekommen, als er auf Somervilles Befehl die italienische Kriegsflotte vor Kap Spartivento angegriffen hatte. Es war eine ebenso kühne wie glänzende Attacke, und die Italiener zogen sich zurück.

Vom Nock der Brücke blickte Holland nach achtern, wo sich die große Masse der *Prince of Wales* hob und senkte. Trotz ihrer Mängel beruhigte es ihn, sie hinter sich zu wissen. Seit ihrem Auslaufen aus Scapa Flow hatte er auf beiden Schiffen Seiten- und Höhenrichtübungen durchführen lassen und seine taktischen Absichten signalisiert: waren die *Hood* und die *Prince of Wales* beisammen, wenn sie an den Feind gerieten, würden sie ihr Feuer konzentrieren; waren sie getrennt, würden sie unabhängig feuern und sich gegenseitig über Aufschläge des anderen auf dem laufenden halten. Weil zu befürchten war, daß der Feind die Aussendungen des Radargeräts auffangen und daraufhin den Kurs ändern könnte, sollte Radar, außer unmittelbar vor einer Kampfhandlung, nicht verwendet werden. Alle Vorbereitungen waren getroffen, und nun blieb nichts weiter zu tun, als das weitere, wie Nelson sich einmal ausgedrückt hatte, dem „großen Anordner der Geschehnisse“ zu überlassen. In den ersten Stunden der Fahrt hatte große Spannung auf den Schiffen geherrscht, schien es doch, als stünde ein entscheidender Kampf unmittelbar bevor; Esmond Knight stand unter dem Druck dieser Spannung, als er von einem Gefühl der Unruhe und Erregung schrieb: „Ich lag in meiner Koje und versuchte zu lesen, aber die Worte drangen nicht in mein Bewußtsein ein. Ich setzte mich an den Tisch, um eine Karikatur für die Schiffszeitung zu zeichnen, aber ich fand einfach kein Thema.“ Doch inzwischen waren fast zwei Tage vergangen, ohne daß sich etwas ereignet hätte. Die Spannung hatte nachgelassen, und es schien, als ob diese Fahrt, wie schon viele andere vorher, nur einem falschen Alarm zu verdanken gewesen wäre.

Die trügerische Ruhe nahm ein jähes Ende, als die *Hood* um vier Minuten nach acht am Abend des 23. den ersten Funkspruch der *Suffolk* auffing. Zusammen mit den Offizieren seines Stabes studierte Admiral Holland aufmerksam die Seekarte und ließ die Position und den Kurs der *Bismarck* einzeichnen. Dann wies er das Geschwader an, die Geschwindigkeit auf 27 Knoten zu erhöhen und auf einen Kurs von 295° zu gehen. Die Zerstörer sollten, wenn sie nicht Schritt halten konnten, mit höchstmöglicher Fahrt folgen. Die Besatzungen wurden über die Lautsprecheranlagen in Kenntnis gesetzt, daß in den nächsten Stunden Kampfhandlungen zu erwarten seien.

Die Detonation der Salven gegen die *Norfolk* hatte das vordere Radargerät der *Bismarck* außer Betrieb gesetzt, und sie war jetzt vorne blind. Darauf signalisierte Lütjens der *Prinz Eugen*, sich an die Spitze zu setzen. Mitbestimmend war vielleicht auch die Sorge, die *Suffolk*, *Norfolk* (und/oder *King George V*) könnten sich bei schlechter Sicht an die *Prinz Eugen* heranschleichen. Die *Bismarck* verringerte ihre Geschwindigkeit um ein paar Knoten, und der große Kreuzer begann sich langsam an ihrer Steuerbordseite nach vorn zu arbeiten. Lütjens sah das Wasser zu beiden Seiten seines Bugs aufschäumen, musterte mit Wohlgefallen die Offiziere auf der Brücke, betrachtete die eleganten Linien des Schiffes, und ließ sich zu unerwarteter Geschwätzigkeit hinreißen. „Von Admiral an Kommandant“, signalisierte er zu Brinkmann hinüber, „Sie befehligen ein wunderbares Schiff.“ Einen Augenblick später hätte er selbst um ein Haar kein Schiff mehr gehabt, denn während die *Prinz Eugen* querab kam, klemmte plötzlich das Ruder der *Bismarck* (es wurde mit einer elektrischen Druckknopfsteuerung bedient, nicht mit dem alten Steuerrad), und sie begann nach Steuerbord zu drehen. Brinkmann ahnte, was vorging, wies sogleich seinen eigenen Rudergast an, auf hart Steuerbord zu schalten, und krängend, mit 40° Ruderlage drehte die *Prinz Eugen* ab. Lindemann, so berichtet Müllenheim-Rechberg, der in diesem Moment etwas auf dem Achterdeck erledigte, gab telephonisch noch einen schnellen Korrekturbefehl an die Brücke, und so wurde das Unheil abgewendet.

Die *Prinz Eugen* an der Spitze, die *Bismarck* hinter ihr, *Norfolk* und *Suffolk* zehn bis vierzehn Meilen hinter beiden, fuhren jetzt alle – ächzend und knarrend, infolge der gewaltigen Beanspruchung – mit fast dreißig Knoten Geschwindigkeit, denn das Wetter war jetzt verhältnismäßig ruhig. Die vier Schiffe gruben weiße Furchen in die bleifarbene See, das Wasser klatschte wie ein nasses Handtuch in schnellen, scharfen Schlägen gegen die Bordwände, um zischend und schäumend, fahlgrau auf pfefferminzgrün, auf die aufgewühlte, rasch vorbeiziehende Oberfläche zurückzufallen. Von den wirbelnden Schrauben wie von einem geplatzten Wasserrohr himmelwärts geschleudert, erhoben sich Fontänen unter jedem Heck, fielen zurück und verschwanden im sprudelnden Kielwasser. Auf den Schiffen hörte man das schlürfende, hohle Dröhnen der Ventilatoren, die Luft in das Innere saugten, und das beständige schrille Jaulen der Turbinen, die sich mit rasender Geschwindigkeit drehten. Die Vibration war furchtbar, insbesondere achtern, im Rudermaschinenraum und in den Hauptmaschinenräumen, wo die Flurplatten knirschend erzitterten und erbebten. Obgleich das Schiff auf ebenem Kiel lag, fiel alles, was in Messen und Kajüten nicht niet- und nagelfest war, an Deck. Dem Koppeloffizier David Paton zitterte sogar oben im Kompaßhaus nahe der Brücke die Hand, so als ob er an der Parkinsonschen Krankheit litte, und er konnte kaum Bleistift und Lineal ruhig halten.

Die Verfolgungsjagd ging weiter, und unter den deutschen Seeleuten fragten sich manche, warum das größte Schlachtschiff der Welt wohl vor zwei britischen Kreuzern davonlief, und darum gaben Lindemann und Brinkmann über die Lautsprecheranlage bekannt, daß sie Befehl hätten, Kampfhandlungen zu vermeiden, um unbeschädigt den Atlantik erreichen und dort feindliche Handelsschiffe vernichten zu können. Auf Grund eben dieses Befehls lag es in Lütjens' Ermessen, nach seiner Begegnung mit der *Norfolk* und der *Suffolk* wieder umzukehren, doch da er die britische Flotte immer noch in Scapa Flow glaubte, sah er keinen Grund dazu: Sobald die Dunkelheit hereinbrach, so hofften er und sein Stab, würde es ihnen gelingen, den Kreuzern zu entwischen. Dieser Optimismus wurde auch von den Offizieren auf der *Prinz Eugen* geteilt. In der unbesetzten Kammer des Verbands-Sanitätsoffiziers, die man ihm zugewiesen hatte, saß Korvettenkapitän Busch mit Korvettenkapitän Jasper, dem Artillerieoffizier, und Leutnant Albrecht zusammen. Albrecht, ein U-Boot-Offizier aus dem Ersten Weltkrieg, war jetzt Zivilist, Angestellter der Firma Siemens und Fachmann für Schiffsgeschütze. Die Herren tranken aus Zahnputzgläsern Bier, das sie auf der *Wollin* gefaßt hatten. „Mann für Mann teilte die Besatzung das Gefühl absoluter Sicherheit", schrieb Busch (und gab damit in anderen Worten wieder, was Cain auf der *Electra* beim Anblick der *Hood* empfunden hatte.) „Auf unserem herrlichen Schiff und auch auf der *Bismarck* fühlen sich die Männer sicher. Und außerdem", fügte er hinzu, „waren unsere Schiffe schneller, und wenn es kitzlig wurde, konnten wir immer entwischen."

Doch bei dieser ruhigen See waren sie nicht schneller als die anderen und konnten nicht entwischen. Oft verschwanden *Norfolk* und *Suffolk* hinter Nebelfeldern oder großen Schneegestöbern, doch wenn sich die Sicht wieder öffnete, waren sie immer noch da. Und ihre Funklageberichte an die Admiralität, von den deutschen Dechiffreuren unverzüglich entschlüsselt, ließen deutlich erkennen, daß ihnen keine Änderung des Kurses oder der Geschwindigkeit, die Lütjens vornahm, entging. Anfangs glaubten die Deutschen, die Briten müßten über irgendein empfindliches Unterwasserhorchgerät, ähnlich ihrem eigenen, verfügen; dann meinten sie, daß der Gegner die deutschen Radarsignale auffange. Es brauchte einige Zeit, bis sie sich darüber klar wurden, daß zumindest eines der beiden Schiffe mit einem dem ihrem weit überlegenen Radargerät ausgerüstet war. Die Frage des englischen Schiffsradars war in den Operationsbefehlen nie angeschnitten worden, weil die deutsche Seekriegsleitung von der Annahme ausging, daß die Engländer keines hatten. Jetzt und hier zu entdecken, daß dem nicht so war, bedeutete für Lütjens und seinen Stab einen schweren Schock.

Die Stunden vergingen, und die vier Schiffe brausten weiter nach Süden. Auf der *Prinz Eugen* wurde die zweite Bereitschaftsstufe angeordnet – vier Stunden Wache, vier Stunden frei – aber auf der *Bismarck*, der *Norfolk* und der *Suffolk* blieben die Gefechtsstationen besetzt. Einzeln oder zu zweit durften die Männer kurz vor sich hindösen, ihre Notdurft verrichten gehen, sich Schokolade oder Zigaretten holen. Auf der Brücke der *Suffolk* wurden flaue Mägen mit Rinderpökelfleisch und Kakao wieder eingerenkt, auf der *Prinz Eugen* mit Suppe und Kaffee.

Die Nacht kam, und mit ihr das neblige Halblicht, in dem Himmel und Meer sich vermählten. Quer über die Durchgänge wurden Verdunklungsvorhänge gezogen, und auf exponierten Teilen des Decks durfte nicht mehr geraucht werden.

Auf den Brücken der vier Schiffe, die nur durch den nach oben gerichteten Schein der Kompaßrose erhellt wurden, standen die zwei Admirale Lütjens und Wake-Walker, die vier Kommandanten Lindemann und Brinkmann, Phillips und Ellis, Wachoffiziere, Navigations- und Torpedooffiziere, Signalgasten, Nachrichtentechniker, Melder, Ausgucks, aber auch Offiziere anderer Stationen, die ein paar Minuten opferten, um die letzten Nachrichten zu erfahren. Ob Deutsche oder Briten, diese Männer übten die gleichen Verrichtungen aus, kleideten sich in Uniformen des gleichen Zuschnitts, erteilten die gleichen Befehle, verwendeten die gleichen Instrumente und unterschieden sich voneinander nur durch ihre Sprache, durch das Land, aus dem sie kamen, und durch die Sache, für die sie kämpften.

Als der lange Tag nun zu Ende ging, verschlechterte sich die Sicht – nicht so sehr, weil es an Licht fehlte, sondern wegen der dauernden

Regenschauer und Schneegestöber. Kurz nach zehn Uhr abends sahen die Offiziere auf der Brücke der *Suffolk* die *Bismarck* in einem Regensturm verschwinden. Wenige Augenblicke später geschah, was sie schon die ganze Zeit über gefürchtet hatten: Das deutsche Schiff tauchte aus dem Sturm auf und kam geradewegs auf sie zu; dann verschwand es abermals hinter einer Regenwand. Das Steuerrad der *Suffolk* wurde zum Wenden herumgerissen, doch als die Minuten vergingen, ohne daß die *Bismarck* erschienen wäre, begriffen sie, daß eine Luftspiegelung sie genarrt hatte. Glücklicherweise konnte die *Suffolk* noch ein paar Knoten zulegen, und nachdem sie kräftig Dampf aufgemacht hatte, stellte sie den Anschluß wieder her.

Die Entfernung zwischen Holland und Lütjens verringerte sich ständig, und weit unten im Südosten ging Tovey mit sich zu Rate, ob er Holland nicht anweisen sollte, die *Prince of Wales* vor die *Hood* zu setzen, um so das stärker gepanzerte Schiff dem Feuer des Feindes auszusetzen. Am Ende kam er davon ab, einen solchen Befehl zu geben („Bei einem so ranghohen Offizier erschien mir eine Einmischung nicht angebracht"). Aber schon nach einigen Stunden sollte er diese Entscheidung zutiefst bedauern.

Zu etwa der gleichen Zeit geschah etwas, das, an sich ohne Bedeutung, sich später auf den Ausgang der ganzen Operation auswirken sollte. Die Admiralität in London zeigte sich in zunehmendem Maß über den südlichen Kurs der *Bismarck* und, in diesem Zusammenhang, die Verwundbarkeit des Truppenkonvois WS8B besorgt, der vor zwei Tagen aus dem Clyde ausgelaufen war, und erteilte daher Admiral Somerville in Gibraltar den Befehl, die „Force H" Dampf aufmachen zu lassen.

2000 Meilen von Grönlands Küsten entfernt gingen wenige Minuten später Marinepatrouillen in der warmen Nacht von Gibraltar an Land, um die Hauptstraße mit ihren Kneipen durchzukämmen, das Rock-Hotel zu besuchen, und Mitteilungen an die Leinwände der Kinos projizieren zu lassen, in denen die Offiziere und Besatzungen des Flugzeugträgers *Ark Royal*, des alten Schlachtkreuzers *Renown*, des mit 15,2-cm-Geschützen ausgestatteten Kreuzers *Sheffield* und ihrer Zerstörer aufgefordert wurden, unverzüglich auf ihre Schiffe zurückzukehren. Zu zweit und dritt kamen sie an, murrend oder singend die einen, in ihr Schicksal ergeben die anderen, bestiegen die Barkassen und wurden zu den Schiffen gebracht, die still und dunkel auf der Reede lagen. Und in der Zeit der Hundewache, während die Männer der Garnison von Gibraltar und die Barmixer von der Main Street und die Huren in La Linea schliefen, fuhr die „Force H" unter Admiral Somerville auf die See hinaus. Für gewöhnlich lauteten ihre Befehle, nach Osten zu gehen, in blaue Gewässer und südliche Sonne, zu Operationen gegen die italienische Flotte oder zur Unterstützung Maltas. Diesmal aber wandten sie sich nach Westen, ließen Tanger und die afrikanische Küste links liegen und schwenkten dann nach Nordwesten, auf den grauen Atlantik zu, vorbei an Kap Trafalgar und Kap St. Vincent, vorbei an den Stätten der großen Siege der englischen Marine. Nach dem Kurs, den sie steuerten, sollten sie in zwei Tagen mit dem Geleitzug WS8B westlich von Brest und südwestlich von Irland zusammentreffen – ein Rendezvous, das nie eingehalten wurde: für die „Force H" zeichnete sich eine dramatischere Entwicklung ab.

Um neun Uhr abends hatten die *Hood* und die *Prince of Wales* und ihre Begleitschiffe sich auf die Geschwindigkeit von 27 Knoten hochgearbeitet; mehr war in dem stärker werdenden Seegang nicht zu erreichen. Er war hier rauher als in der Umgebung der *Bismarck* und machte den Zerstörern in zunehmendem Maße zu schaffen.

Dem Artillerieoffizier Cain auf der *Electra* erschien das Wasser, das sich zu beiden Seiten des Bugs auftürmte, wie eine grünlichweiße Mauer, und der Gischt stürzte kaskadenartig wie strömender Regen auf das Schiff herab. Von der *Hood* und der *Prince of Wales* aus gesehen, verschwanden die Zerstörer zuweilen hinter einer Wand von Gischt; wie in einen Kokon eingesponnene Geisterschiffe fuhren sie dahin. Die großen Schiffe zeigten sich voller Lebenskraft: Cain, der von der vibrierenden Brücke der *Electra* beobachtete, wie sie sich hoben und senkten, wie das Wasser aus den Nasenlöchern der Klüsen im Bug strömte, sah sie als zornige Drachen.

Um zehn Uhr begann das Geschwader, sich auf die Schlacht vorzubereiten. Auf der *Prince of Wales* wohnte Esmond Knight einer Instruktionsstunde bei, die der Artillerieoffizier des Schiffes in der Offiziersmesse abhielt, bevor dort ein Notverbandsplatz eingerichtet wurde. Dann begab er sich in den Filmvorführraum, wo er erst vor wenigen Tagen einen Film mit Bing Crosby gesehen hatte, und stellte sich dort in eine Schlange, um auf die Ausgabe von Asbestschutzkleidung zu warten: weiße Handschuhe, sonderbare weiße Kapuzen, wie der Ku-Klux-Klan sie anzulegen pflegte, um Hände und Gesicht vor Schäden bei Kartusch-Nachbrennern zu schützen. Auf allen Schiffen eilten nun auch Offiziere und Mannschaften in ihre Kammern und Decks, um sich saubere Unterwäsche und Socken anzuziehen, ein Ritual, das in der britischen Marine seit jeher vor einer Schlacht eingehalten wurde, um Wundinfektionen vorzubeugen. Viele benützten diese Gelegenheit dazu, ihren Eltern, Frauen und Freundinnen Abschiedsbriefe zu schreiben, denn keiner zweifelte am Ernst der Stunde.

In seiner Kajüte schrieb Esmond Knight zwei Briefe, nahm dann Bilder, Photographien und was sonst noch zerbrechlich war, vom Regal und wickelte es in die Bettwäsche, denn das Mündungsfeuer der eigenen Geschütze der *Prince of Wales*, ganz zu schweigen von dem, was die *Bismarck* anrichten mochte, würde sonst alles sehr bald zertrümmert haben. Er kleidete sich sorgfältig an, stopfte die Hosenbeine in die Seestiefel, zog mehrere Sweater über und schlang sich ein warmes Halstuch um den Hals, denn seine Gefechtsstation befand sich in dem ungeschützten Flak-Leitstand oberhalb der Brücke. Er band sich eine Schwimmweste um die Brust, legte Stahlhelm und Doppelglas zurecht – ein deutsches Zeiss, das er vor dem Krieg in Österreich gekauft hatte. Dann setzte er sich in einen Lehnsessel und versuchte, Ruhe zu finden.

Doch so sehr er sich auch bemühte, es wollte ihm nicht gelingen, die kommende Schlacht aus seinen Gedanken zu verbannen. „Aus allen Ecken des Schiffes flüsterte mir dauernd ein kleines Stimmchen zu, daß wir schon in wenigen Stunden einen schweren Kampf führen würden und daß wir ihm nicht mehr entrinnen könnten.“ Das ungewohnte Knirschen und Ächzen des Schiffes erschien ihm von schicksalshafter Vorbedeutung. Sollte es so enden? Ein Kamerad steckte den Kopf in die Tür. Er könne einfach nicht stillsitzen, meinte er. Wollte mal hinaufgehen und sehen, was es Neues gäbe. Esmond döste weiter vor sich hin.

Im Geschwader ging man auf Gefechtsstation, und die Männer schlossen sich zusammen: in Sturm und Gischt auf dem Oberdeck, in der stickigen Luft des Maschinenraums, in der klaustrophobischen Kühle von Granat- und Kartuschkammer. Wasserdichte Schotte wurden geschlossen, Munitionsaufzüge kontrolliert, Fernmeldeeinrichtungen überprüft, Höhen- und Seitenrichtmaschinen der Geschütze kontrolliert, in jedem der Geschütztürme der *Prince of Wales* hielten sich zivile Techniker von Vickers-Armstrong klar, um das gute Funktionieren der Geschütze zu gewährleisten. Sie hatten nie damit gerechnet, an einer Seeschlacht teilnehmen zu müssen, und wären weit lieber daheim im warmen Bett gelegen. Unten im Bauch des Schiffes behielten die Männer die Temperatur- und Druckmesser sorgfältiger als sonst im Auge und hörten aufmerksam auf Befehle von der Brücke und auf Funksprüche aus dem Äther. Die Köche löschten das Feuer in den Kombüsen, und im Schiffslazarett und am Notverbandsplatz waren Ärzte und Sanitäter damit beschäftigt, Instrumente zu sterilisieren, Morphium und andere Narkotika vorzubereiten.

Ständig trafen neue Meldungen von der *Norfolk* und der *Suffolk* ein, und um Mitternacht ergaben Berechnungen, daß der Feind noch etwas über 100 Meilen entfernt war. Wenn Admiral Holland Kurs und Geschwindigkeit beibehielt und der Feind das gleiche tat, würde er gegen halb drei Uhr früh, etwa 60 Meilen vor den Deutschen deren Kurs kreuzen und ihnen damit den Weg in den Atlantik versperren. Das hieß aber auch, daß er mit hoher Fahrt und im tiefsten Dunkel der Nacht operieren und die aus dieser Konstellation resultierende Unsicherheit und Verwirrung in Kauf nehmen mußte. Drehte er aber jetzt nach Norden ab, um auf die *Bismarck* zuzuhalten, würde er den Angriff aus einer vorteilhaften Position eröffnen können. Die zwei Geschwader würden mit einer mittleren Geschwindigkeit von 50 Knoten aufeinander zufahren und gegen zwei Uhr früh zusammentreffen. In dieser Breite ging die Sonne um 1.51 Uhr unter; *Bismarck* und *Prinz Eugen* würden sich als Silhouetten gegen das Abendrot abheben, die britischen Schiffe jedoch im Dunkel verbleiben und so die Möglichkeit haben, sich schnell und unbemerkt zu nähern und von einer Gefechtsstellung, bei der die Granaten der *Bismarck* der *Hood* größten Schaden zufügen konnten, in eine solche zu gelangen, aus der die *Hood* unter ausgeglicheneren Bedingungen kämpfen würde können. Die Deutschen würden keinen Angriff aus dieser Richtung erwarten, und Holland würde somit den Vorteil der Überraschung für sich buchen[2].

Dieser Überlegung folgend, wies Holland sein Geschwader um zwölf Minuten nach Mitternacht an, um 45° nach Steuerbord zu drehen, das heißt einen nordnordwestlichen statt einem westnordwestlichen Kurs zu steuern und die Geschwindigkeit auf 25 Knoten zu reduzieren. Fünf Minuten später – vermutlich nachdem er den von Captain Ellis um 00.09 Uhr des 24. Mai ausgesandten Funkspruch erhalten hatte, daß die *Bismarck* in einem Schneesturm verschwunden war, und daß die *Suffolk* von Südsüdwest auf Süd herumgeholt hatte – setzte Holland seinen Kurs um weitere 15° nach Norden ab, um der Möglichkeit Rechnung zu tragen, daß auch die *Bismarck* nach Süden abgedreht haben könnte. Das bedeutete, daß die beiden Geschwader jetzt mit entgegengesetzten Kursen aufeinander zuhielten. Holland wies das Geschwader auch an, die weißen

Gefechtskriegsflaggen zu setzen und sich auf Feindberührung für 1.40 Uhr oder kurz danach vorzubereiten. Die *Hood* und die *Prince of Wales* sollten die *Bismarck* angreifen, die *Norfolk* und *Suffolk* es mit der *Prinz Eugen* aufnehmen (von der Holland immer noch glaubte, daß sie die Nachhut bildete); aber er gab Wake-Walker kein Funksignal über seine Absichten durch, weil er seine Position nicht offenbaren wollte. Aus dem gleichen Grund ordnete er Radarstille an.

Es war ein kühner Plan, dem möglicherweise Erfolg beschieden gewesen wäre, wenn die *Suffolk* nicht vorübergehend die Fühlung verloren hätte. Ihre erste Meldung, die auf diese Wendung hindeutete (sie enthielt keine Angaben über die Bewegungen des Feindes) traf um 0.28 Uhr ein, und etwa zur gleichen Zeit teilte Holland mit, daß er, so sie den Feind bis 2.10 Uhr nicht gesichtet haben sollten, nach Süden laufen würde, bis die Kreuzer den Kontakt wiederhergestellt hatten. Er traf diese Entscheidung aus der Erwägung heraus, daß er der *Bismarck*, selbst wenn sie ihren südlichen Kurs beibehalten hatte, immer noch voraus sein würde. Eineinhalb Stunden vergingen, ohne daß der Feind gesichtet worden oder eine weitere Meldung von der *Norfolk* oder *Suffolk* eingetroffen wäre, und so wendete Holland, wenn auch widerwillig, mit seinen Schiffen und ließ das Geschwader auf einen Kurs von 200° gehen oder Südsüdwest, den gleichen Kurs, den die *Bismarck* steuerte, als die Kreuzer die Fühlung verloren hatten. Aber er wies die Zerstörer an, die Suche nach Norden fortzusetzen. Tatsächlich verfehlte er Lütjens um Haaresbreite. Die englischen Schiffe steuerten einen nahezu perfekten Abfangkurs und befanden sich in nur 20 Meilen Entfernung, als die deutschen Schiffe um 1.41 Uhr ein wenig nach Westen drehten, um der Linie des grönländischen Packeises zu folgen. Sie passierten nur zehn Meilen nordwestlich von Admiral Hollands Zerstörern, und wäre die Sicht nicht auf drei bis fünf Meilen beschränkt gewesen, sie würden ganz sicher bemerkt worden sein.

Die Männer der *Hood* und der *Prince of Wales* waren jetzt bereits mehr als vier Stunden auf Gefechtsstation, und alle jene, die nicht regulären Dienst hatten, erhielten die Erlaubnis, dort, wo sie sich gerade befanden, ein wenig zu schlafen. Manche legten den Kopf in die Arme, andere lehnten sich müde auf Schwimmwesten und Backen, doch die meisten waren zu aufgedreht, um schlafen zu können. Von Anfang an nicht auf Kampf erpicht, hatten sie sich dennoch für ihn gerüstet. Nun, da er ihnen versagt blieb, fühlten sie sich zurückgesetzt, in gewisser Weise enttäuscht und verärgert, weil sie gezwungen waren, eine abermalige psychologische Anpassung vorzunehmen. Dazu kam ein Gefühl der Erleichterung, der plötzlich aufbrechenden Freude, daß es ihnen zumindest noch in dieser Nacht erspart bleiben würde, ihr Blut zu vergießen, ihr Leben hinzugeben. Die, die ihre Befürchtungen nicht hatten laut werden lassen, konnten sich nun, da die Gefahr gebannt schien, ein paar Späße erlauben. „Wie schade, mit meinem Viktoriakreuz ist es jetzt Essig!" Und: „Diese Hundesöhne auf der *Bismarck* wissen ja gar nicht, was sie für Schwein gehabt haben!" witzelten sie.

Es war kurz vor drei, als die *Suffolk*, die mit 30 Knoten nach Süden dampfte, meldete, daß sie wieder Kontakt mit dem Feind hatte. Auf der Karte der *Hood* zeigte dies, daß sich die *Bismarck* 35 Meilen im Nordwesten befand, was für die Briten einen geringen Vorsprung ergab. Während der letzten Stunde waren die zwei Geschwader leicht divergierende Kurse gesteuert – Lütjens 220°, Holland 200° –, was die jetzt größere Entfernung zwischen ihnen erklärte.

Holland wies sein Geschwader an, ein wenig westlicher zu steuern, das heißt den Kurs von *Bismarck* und *Prinz Eugen* zu schneiden und in der Folge die Geschwindigkeit auf 28 Knoten zu erhöhen. Die Schlacht war jetzt so sicher wie nur etwas, wenngleich die Kursänderung der *Bismarck* nach Westen, und der Umstand, daß die *Suffolk* den Kontakt verloren hatte, die Engländer ins Hintertreffen brachte: Die deutschen Schiffe waren nun so weit voran, daß statt des zu schneller Annäherung führenden Begegnungsgefechtes, wie Holland es geplant hatte, er sich nun in stumpfem Winkel und wesentlich langsamer würde nähern müssen. Die Lage verschlimmerte sich noch, als die *Suffolk* meldete, daß der Feind eine weitere leichte Kursänderung nach Westen vorgenommen habe, wodurch die zwei Geschwader nun nahezu querab voneinander liefen. Demnach würde die *Hood* über eine sehr lange Zeitspanne hinweg den steil einfallenden Granaten der *Bismarck* ausgesetzt sein.

Für die Offiziere und Männer an den Gefechtsstationen bedeutete die Meldung, daß die *Bismarck* geortet worden war, einen neuerlichen psychologischen Streß. Aber sie waren jetzt seelisch und körperlich schon zu erschöpft, die Operation stand zu unmittelbar bevor, als daß diese Umstellung sie noch hätte belasten können. In gewisser Hinsicht begrüßten sie die Nachricht, denn sie setzte allem Zweifel ein Ende. Wenn es sein mußte, dann lieber gleich. Die Minuten verstrichen, und aus den Meldungen der *Suffolk* und *Norfolk* war zu ersehen, daß der Abstand sich ständig verringerte. Um vier Uhr befand sich das feindliche Geschwader nur mehr 20 Meilen im Nordwesten, eine Stunde später 15 Meilen. Um 5.10 Uhr ordnete Holland „Klar Schiff zum Gefecht" an, und auf der

Prince of Wales gab Captain Leach über Lautsprecher bekannt, daß sie in einer Viertelstunde im Kampf stehen würden. Darauf folgte die flache, metallische Stimme des Schiffskaplans: „Du weißt, o Herr, wie rührig wir heute sein müssen. Wenn wir Deiner vergessen, vergiß unser nicht."

Esmond Knight saß in seinem Flakleitstand oberhalb der Brücke der *Prince of Wales* und trug, wie auch die anderen ringsum, einen Stahlhelm über seiner „Anti-Flash"-Kapuze, eine Kombination, die er etwas komisch fand. Vor ihm, weit vor dem Bug der *Prince of Wales*, zog die *Hood* in die Schlacht. Ihre Schrauben wühlten ein gewaltiges Kielwasser auf, und ihre große weiße Kriegsflagge flatterte und bauschte sich im Wind. Nach achtern, jenseits des Dunstschleiers der Rauchfänge, außer Sichtweite, folgten die vier Zerstörer. Die Wendung nach Süden hatte sie zurückgeworfen, und nun versuchten sie vergeblich aufzuschließen. Unten auf der Brücke hielten der Kommandant, die Offiziere und die Bordwachen ihre Doppelgläser auf den klaren, aber noch leeren Horizont gerichtet.

Captain Leach gab einen Befehl, und der achtzehnjährige Knocker White erhielt ein Fernglas, einen zweiten Mantel und den Auftrag, sogleich den schwankenden Mast hinauf in den Vortopp zu steigen, den Blick fest nach Steuerbord querab zu richten und laut und deutlich herauszuschreien, sobald er die Masten des Feindes sichtete. Die Minuten verstrichen verzweifelt langsam; jeden Augenblick, jetzt, dachte Esmond Knight, würden sie das große Schiff sehen, das für sie alle bisher nur ein Name gewesen war. Keiner auf der Brücke sprach ein Wort; alle Augen, alle Gläser waren nach Steuerbord gerichtet; kein Laut war zu hören, außer dem Geräusch, mit dem der Bug das Wasser zerschnitt, und dem Wind, der an den Fallen riß und zerrte. Dann kam von oben eine Stimme, eine dünne quäkende Stimme, deren Eindringlichkeit jedoch nicht zu verkennen war: „Feind in Sicht!" Alle blickten auf und sahen Knocker White, der sich aus dem Vortopp beugte und aufgeregt nach Steuerbord zeigte. „Feind in Sicht!" rief er noch einmal, um jeden Irrtum auszuschalten. Auf der Brücke sahen alle durch ihre Doppelgläser in die Richtung, in die der Arm des Jungen zeigte, und auch die 35,6 cm-Geschütze in ihren riesigen Türmen, der Artillerieleitstand und der Entfernungsmesser begannen herumzuschwenken. Einige Augenblicke lang war nichts zu sehen, denn die Brücke lag ja viel tiefer als das Vortopp; bald aber tauchten zwei Maste am fernen Horizont auf, dann die Decksaufbauten und schließlich die Schiffe selbst. Pechschwarz erschienen sie Esmond Knight im trüben Licht der Dämmerung, pechschwarz, unheilvoll und gewaltig.

Dies war der Feind, der aus seiner Höhle kam, und für alle hier lag etwas Böses und Düsteres in der Art, wie diese Einheiten lautlos und zielbewußt nach Süden jagten, um zu vernichten und zu töten, so, als ob der Atlantik plötzlich ihr ureigenster Besitz wäre.

Die optische Sichtweite betrug etwas über 30 Kilometer, und das war zu weit, um ein präzises Feuer zu eröffnen. Wie schnell würde Holland die Distanz verringern können? Während die meisten Offiziere auf der Brücke der *Prince of Wales* wie hypnotisiert auf die feindlichen Schiffe starrten, hatte ein Mann sein Teleskop auf die Rahnock des Flaggschiffes gerichtet. Es war der Erste Signalmaat, und als er die kleinen bunten Fähnchen die Signalleinen hinaufwandern sah, war die Reihe an ihm, das Wort zu ergreifen. „Von der *Hood*, Sir", schrie er gegen den Wind, „blau vier. Ändert Kurs 40° nach Steuerbord."

Das war eine große Drehung, und der neue Kurs bedeutete, daß der Feind in so spitzem Winkel angelaufen werden mußte, daß die achteren Türme der *Hood* und der *Prince of Wales* nicht zum Tragen kommen würden – „Mit einer Hand in die Schlacht ziehen, wenn man zwei hat", nannte dies später der Erste Seelord. Anderseits bedeutete es aber auch, daß das verwundbare Oberdeck der *Hood* den feindlichen schweren Geschützen über die kürzestmögliche Zeitspanne hin ausgesetzt sein würde. Captain Leach gab die Befehle an den Rudergänger weiter, *Hood* und *Prince of Wales* drehten an und lagen bald genau quer zur Fahrtrichtung der *Bismarck* und der *Prinz Eugen*. Die Distanz verringerte sich schnell: die Schlacht würde in wenigen Minuten beginnen.

In Unkenntnis der Bewegungen der *Hood* und der *Prince of Wales* hatten die Besatzungen der *Bismarck* und der *Prinz Eugen* eine wesentlich weniger hektische Nacht verbracht. Ein am späten Abend des 23. empfangener Funkspruch der Gruppe Nord, wonach aus der Funkaufklärung immer noch keine feindliche Einsatztätigkeit erkennbar sei, muß Lütjens zu denken gegeben haben. Schließlich wurde er seit Stunden von zwei feindlichen Schiffen verfolgt, deren eines nach Angaben seiner Kryptographen das Rufzeichen der *King George V* benutzte. Anderseits konnte das alles Teil einer Patrouillenfahrt sein, wie die Engländer sie in diesen Gewässern durchzuführen pflegten. Bestand diese Annahme zu Recht und traf die Meldung der Gruppe Nord zu, sollte es weiter keine Schwierigkeiten geben. Wohl wahr, daß alle bisherigen Versuche, die Verfolger abzuschütteln – Rauchschleier, jähe Kursänderungen – fehlgeschlagen waren, aber im Atlantik, wo er mit rauherem Wetter und längeren Nächten rechnen konnte, sollte es doch möglich sein, die Fühlunghalter abzuschütteln.

Nachdem Jasper und Albrecht ihr Bier getrunken und sich zurückgezogen hatten, legte sich Korvettenkapitän Busch in der Kammer des Sanitätsoffiziers für ein paar Stunden voll angekleidet auf die kalte Lederbank. Kurz vor Mitternacht stand er wieder auf, um sich auf die Mittelwache vorzubereiten. Er zog sich Halstuch und Lederzeug über und hängte sich sein Doppelglas um. Dann durchquerte er den Vorraum, der zu der jetzt unbesetzten Kommandantenmesse führte, und ging am Wachmeisterbüro vorbei, vor deren Tür ein Posten Wache stand. Geschickt wich er im Durchgang den Hängematten aus, in welchen die Männer schliefen, deren Gefechtsstationen sich in der Nähe befanden, und erreichte schließlich das schwere Stahlschott, das zum Oberdeck führte. Er riegelte es auf. Dicke, große Schneeflocken klatschten ihm ins Gesicht und nahmen ihm jede Sicht. In diesem Schneegestöber geschah es, daß *Bismarck* und *Prinz Eugen* wenige Minuten später ihre Geschwindigkeit auf 30 Knoten erhöhten, und *Norfolk* und *Suffolk* sie aus den Augen verloren. Busch zog den Kopf ein, tastete sich über das Oberdeck und kletterte die Stahlleiter zur Brücke hinauf.

Jasper war schon da, und Paul Schmalenbach, der zweite Artillerieoffizier, übergab die Wache. Er hatte nicht viel zu berichten. Die *Bismarck* befand sich in der gleichen Position, eine Meile nach achtern, und etwas weiter zurück folgten die *Norfolk* und die *Suffolk*, deren Funksprüche an die Admiralität innerhalb von Minuten entschlüsselt und auf die Brücke hinaufgeschickt wurden; von hier wurden sie mit dem Signalscheinwerfer an die *Bismarck* übermittelt, deren eigener Funkraum Schwierigkeiten mit dem Empfang hatte. Von ein paar Echos von kleineren Eisbergen abgesehen, die natürlich gelegentliche Kurskorrekturen bedingten, gab das Funkmeßgerät in der Fahrtrichtung keine Echos. Der Kommandant saß auf seinem Armsessel im hinteren Teil der Brücke.

Schmalenbach und der Rest der ersten Wache zogen ab, um vier Stunden Schlaf zu kassieren. Busch blickte über den Rand der geschwungenen Brückenbrüstung. Es schneite nicht mehr, aber der Wind hatte aufgefrischt, und die Wellen brachen über den vorderen Geschützturm, schwappten den Gischt auf und über die Brücke. Die ablösenden Befehlsübermittler mit Kopfhörern auf dem Kopf hatten ihre Plätze auf der hölzernen Gräting neben dem wachhabenden Artillerieoffizier eingenommen. „Wie Hühner auf der Stange", meinte Busch. Von den

Kopfhörern führten dünne Kabel zu einer Schalttafel an einer Seitenwand der Brücke. Im gepanzerten Kommandoturm ließ der Rudergänger seine Hände leicht auf den Knöpfen des elektrischen Steuergeräts ruhen, während er aufmerksam den matt erleuchteten Ruderlageanzeiger und den Kompaß beobachtete.

Friebe, der Läufer für die Brücke, brachte Suppe und Kaffee, um Erleichterung gegen die bitterste Kälte zu verschaffen. Kapitän Brinkmann im hinteren Teil der Brücke nippte an seinem Becher, spuckte und fluchte. „Verdammt noch mal! Da hat jemand Zigarettenstummel in die Suppenterrine geschmissen, und ich habe einen erwischt. Friebe, Sie werden im Morgengrauen standrechtlich erschossen!" Der Kommandant liebte solche Scherze und wurde dafür allgemein geschätzt. Die Wache zog sich, und auf dem ganzen Schiff – aber auch auf der *Bismarck* und den britischen Einheiten – waren die Männer mit ihren Gedanken bei dem, wonach sie sich am meisten sehnten: Noch vor wenigen Tagen mochte das ein saftiger Braten gewesen sein oder ein heiterer Bierabend, oder der Körper eines hübschen Mädchens, aber jetzt gab es für die meisten nichts, was ihnen verlockender erschienen wäre als acht Stunden Schlaf in einem warmen, weichen Bett.

Diese heimatlichen Träumereien wurden durch die Stimme von Maat Hertel unterbrochen, der eine Meldung vom Vormars wiederholte. „Flugzeug an Backbord!", worauf eine andere Stimme bekanntgab, „Fliegeralarm auf der *Bismarck!*" Die Fliegeralarmglocke schrillte kurz, kurz, lang, kurz (Frieder*üü*ke) – und die Männer der ersten Wache, die sich vor einer knappen Stunde niedergelegt hatten, eilten zu ihren Gefechtsstationen. Es war ein „Catalina"-Flugboot, die Maschine „L" der 269. Squadron, eine von mehreren Maschinen des „Coastal Command", die von Island ausgeschickt worden waren, um nach den deutschen Schiffen zu suchen. Obwohl die Männer auf der *Bismarck* und der *Prinz Eugen* das Flugzeug deutlich am Himmel sahen, verschmolzen die Schiffe selbst seltsamerweise mit dem bleigrauen Meer und dem herrschenden Halblicht, so daß sie der Aufmerksamkeit sowohl des Piloten als auch des Beobachters entgingen. Die Maschine flog an Backbord entlang und verschwand; die erste Wache kehrte in ihre Hängematten zurück.

Um drei Uhr früh fing der Funker der *Prinz Eugen* die ersten Meldungen der *Suffolk* nach fast drei Stunden auf und ließ sie an die *Bismarck* weiterleiten. Lütjens und sein Stab hatten bemerkt, daß *Suffolk* und *Norfolk* seit Mitternacht in ihren Berichten keine Angaben über die feindlichen Positionen machten und sich auf solche beschränkten, die ihren eigenen Kurs und ihre eigene Geschwindigkeit betrafen, doch da die Funksprüche laut und kräftig hereinkamen, lag die Annahme nahe, daß die Engländer ihnen immer noch auf den Fersen waren. Hätte Admiral Lütjens gewußt, daß er die Kreuzer abgeschüttelt hatte, er würde seinen Kurs vermutlich drastisch geändert haben, um darüber Gewißtheit zu erlangen.

Um vier Uhr früh erschien ein erfrischter Schmalenbach, um Jasper und die Steuerbordwache abzulösen. Der Neuigkeiten gab es nicht viele. *Suffolk* und *Norfolk* sandten regelmäßige Fühlunghaltersignale aus, der Funkmeßschirm war klar, der Kommandant schlief in seiner Brückenkammer. Schmalenbach machte sich auf weitere vier Stunden Fahrt mit hoher Geschwindigkeit gefaßt. Leutnant Hane von der Luftwaffe, der Ranghöchste der drei Flugzeugpiloten an Bord, kam auf die Brücke. Er wollte wissen, wie die Chancen für einen Aufklärungsflug am Morgen standen. „Gut, denke ich", meinte Schmalenbach. „Wir wissen, was wir hinter uns haben, aber wer kann sagen, was vor uns liegt?" Hane gab der Hoffnung Ausdruck, fliegen zu können. Er war der Witze überdrüssig, die man in der Messe über die Extraportion Spiegeleier machte, die den Fliegern zum Frühstück serviert wurde.

Etwa eine Stunde später war es, daß der Horchraum das Geräusch von Schiffsschrauben zweier schneller Schiffe meldete, die Backbord voraus näherkamen. Um die Richtigkeit der Meldung nachzuprüfen, fragte die Brücke beim Funkmeßgerät am Vormars an, aber die hatten nichts. Nicht überraschend, denn *Hood* und *Prince of Wales* waren immer noch über 37 Kilometer entfernt und standen jenseits des Horizonts[3]. Es war der Dritte Artillerieoffizier, der, hoch oben im Vormars, in seinem großen Entfernungsmesser weit im Südosten Rauch sah. Wieder schrillte die Alarmglocke – diesmal eine Folge von langen Trillern, die Überwassergefecht ankündigte – und abermals sprangen die Männer aus Hängematten und Schlafkojen und rasten zu ihren Gefechtsstationen. Kapitän Brinkmann war im Nu auf der Brücke und ließ eine Feindmeldung an die *Bismarck* hinübermachen. Schmalenbach, ein Experte in Schiffstypenkunde, griff eilig nach Weyers „Taschenbuch der Kriegsflotten" und eilte zum Artillerieleitstand im Vormars. Dort fanden sich auch Jasper ein, und Oberleutnant zur See Graf Matuschka, der junge E-Meß-Offizier, der später, in der Schlußphase des Krieges, als U-Boot-Kommandant bedeutende Erfolge erringen sollte. Im Maschinenraum schaltete der Leitende Ingenieur, Fregattenkapitän Graser, Motore und Energieversorgung auf Gefechtsstellung und überprüfte die Notbeleuchtung. Aus dem ganzen

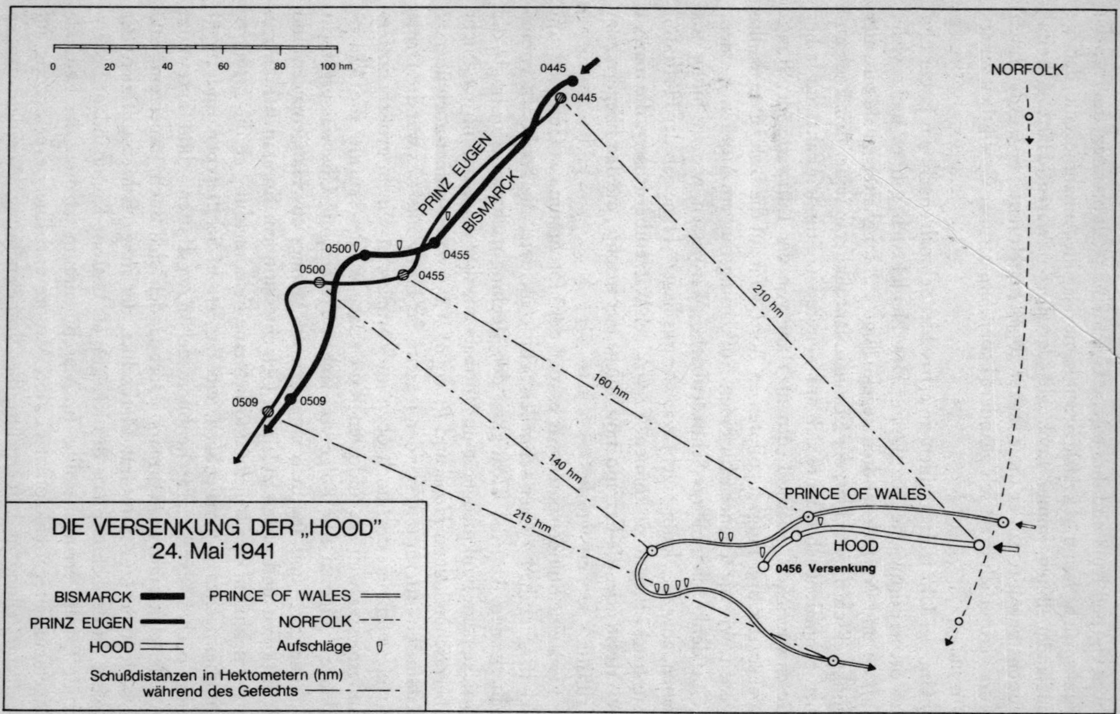
DIE VERSENKUNG DER „HOOD"
24. Mai 1941
BISMARCK
PRINZ EUGEN
HOOD
PRINCE OF WALES
NORFOLK
Aufschläge
Schußdistanzen in Hektometern (hm)
während des Gefechts
0
20
40
60
80
100 hm
0445
0455
0500
0509
210 hm
160 hm
140 hm
215 hm
0456 Versenkung

Schiff meldeten die Abschnittsleiter an Brücke oder Vormars, daß ihre Stationen gefechtsbereit waren.

Im Artillerieleitstand beobachteten die Offiziere durch die Entfernungsmesser, wie aus dem Rauch Maste und aus den Masten Schiffe wurden.

„Haben Sie eine Ahnung, mit wem wir es da zu tun haben?", fragte Jasper.

Schmalenbach ließ sich mit der Antwort Zeit.

„Der Rechte erscheint größer als der Linke, er hat eine enorme Bugwelle. Der Linke ist offensichtlich moderner Bauart." Er überlegte. „Ich glaube, der Rechte ist die *Hood.*"

Im Leitstand wurde diese Behauptung mit ungläubigem Staunen aufgenommen. Die *Hood?* Unmöglich. Jasper lachte laut heraus. „Unsinn!", sagte er. „Das ist entweder ein Kreuzer oder ein Zerstörer."

„Ich wette mit Ihnen um eine Flasche Champagner", entgegnete Schmalenbach. „Das ist die *Hood.*"

„Einverstanden", sagte Jasper, in der Annahme, das Spiel schon gewonnen zu haben. „Sprenggranaten mit Aufschlagzündern laden."

Diese Granaten eigneten sich ideal dazu, auf ungeschützten Aufbauten nur leicht gepanzerter Kreuzer oder Zerstörer zu explodieren und Verluste unter der Besatzung zu verursachen. Hätte Jasper Schmalenbach geglaubt, er würde Panzersprenggranaten mit Verzögerungszündern geladen haben, die dazu bestimmt waren, Panzerdecks zu durchschlagen und im Inneren des Schiffes zu explodieren. Und hätte Brinkmann früher und sicher gewußt, daß es sich bei den Schiffen um die *Hood* und die *Prince of Wales* handelte, er hätte abdrehen müssen, denn nach den Operationsbefehlen der deutschen Flotte hatten Kreuzer Gefechte mit Großkampfschiffen unbedingt zu vermeiden. Lütjens erteilte ihm keine diesbezüglichen Befehle, weil man sich auch auf der *Bismarck* über die Identität der britischen Schiffe nicht im klaren war; der Artillerieoffizier, Korvettenkapitän Schneider, hielt sie beide für Kreuzer.

Auch bei den Briten herrschte Verwirrung, hervorgerufen durch die Ähnlichkeit der Konturen der *Bismarck* und der *Prinz Eugen.* Im Glauben, daß die *Bismarck* die feindliche Linie anführen mußte, signalisierte Holland der *Prince of Wales:* „Klar zur Feuereröffnung. Ziel ist das linke Schiff."

4

Und so kamen die zwei Admirale Lütjens und Holland auf ihren gewaltigen Streitrossen gleich mittelalterlichen Rittern aufeinander zu. Sie hatten Kanonen statt Lanzen, gepanzerte Brücken als Visiere, und ihre Wimpel flatterten im Wind. Unter ihren Füßen, auf den luftigen Decks und in den warmen Bäuchen ihrer Stahlrosse befanden sich je dreitausend Mitkämpfer, die einander in keiner Weise übel wollten, die unter anderen Umständen zusammen gespielt, gelacht, gesungen, die Schwestern der anderen geküßt und sich gegenseitig besucht hätten. Jetzt und hier aber waren sie begierig darauf, einer dem anderen an die Kehle zu fahren, als erste zu töten, mit ihren Turnierlanzen die Gegner aus dem Sattel zu heben.

Die ersten Granaten und Kartuschen mit den Treibladungen waren aus den tief unten gelegenen Munitionskammern der vier Schiffe mit den Munitionsaufzügen in die Geschütztürme hinaufbefördert worden und wurden jetzt bereits nacheinander in die Kanonenrohre geschoben und angesetzt. Die Verschlußblöcke waren geschlossen und verkeilt, die Feuerbereitschaftslampen brannten. Die Geschütze der *Hood* und der *Bismarck* waren über 20 Yards lang und 100 Tonnen schwer. Die Richtkanoniere stützten ihre Augenhöhlen auf die gummigepolsterten Okulare der Zielfernrohre. Die Deutschen hatten Raumbild-Entfernungsmesser; die kleine gelbe Wandermarke mußte auf die Basis des Decksaufbaus des Feindschiffes zentriert werden. Die Engländer verfügten über Schnittbild-Entfernungsmesser, die das feindliche Schiff in zwei Bildern zeigten, die zu einem einzigen zu vereinigen waren. Nach dem Ersten Weltkrieg hatte die britische Marine stereoskopische Geräte in Erwägung gezogen, die, insbesondere im Nahbereich, mit tödlicher Genauigkeit arbeiteten, doch bedurfte es zu ihrer Bedienung besonderer Eignung und eines kühlen Kopfes, den in der Hitze des Gefechtes zu bewahren nicht immer leicht war. Daher kam man schließlich davon ab. Elektrische Schaltkreise fütterten die Vorhaltrechner in tief unter den Brücken gelegenen Feuerleitzentralen mit den optischen und durch Radar ermittelten Entfernungen, mit Kurs und Geschwindigkeit des eigenen Schiffes, Kurs und Geschwindigkeit des Feindes, mit Windgeschwindigkeit, Luftdichte und den Lagewinkeln. Auf diese Weise programmiert, lieferten die Rechner den Geschütztürmen eine Flut ständig wechselnder Werte für die Seiten- und Höheneinrichtung der Geschütze. In den vier Artillerieleitständen oberhalb der Brücken sahen die vier Artillerieoffiziere – Schneider, McMullen, Moultrie und Jasper – die Feuerbereitschaftslampen der einzelnen Rohre brennen und standen bereit, das Feuer zu eröffnen.

Während die zwei Geschwader nun in dieser kalten, fahlen Morgendämmerung unter einem dunstig blauen Himmel und rötlichvioletten Federwolken aufeinander zurasten, herrschte minutenlang auf allen Schiffen tiefes Schweigen, verstärkt durch das Wissen um die kommende Auseinandersetzung. Was es an Vorbereitungen zu treffen gab, das hatten die Männer mit Befehlen und Ausführung getan; der Bug, der das Wasser zerschnitt, der pfeifende Wind und der Gischt, das waren die einzigen Geräusche, die man jetzt noch hörte.

Auf der Brücke der *Hood* fing ein Mann mit Kopfhörern an, mit singender Stimme, fast wie ein Auktionator, die sich verringernden Distanzen anzusagen, wie er sie vom Artillerieleitstand erhielt. Und etwa zur gleichen Zeit, da Admiral Hollands Signalmeister für die *Prince of Wales* das Ankündigungssignal für die Feuereröffnung setzte, wies Admiral Lütjens seinen Signalmeister an, für die *Prinz Eugen* „Jot Dora" aufzuziehen, das gleiche Signal. Als die Distanz nur mehr 13 Meilen (24 Kilometer) betrug, befahl Admiral Holland: „Ausführen!" Der Signalmeister rief zum Flaggdeck hinauf: „Nieder Flagge 5!", die Signalgasten holten die Flaggen schnell nieder. Captain Kerr befahl: „Feuer eröffnen", und im Kommandoturm rief der Artillerieoffizier: „Feuer*!"

Dann kam das dünne, klingelnde, lächerliche Bimbam der Salvenglocke, wie eine Ouvertüre für Solo-Triangel. Einen Augenblick lang stand die Welt still. Dann erhoben die Geschütze ihre gewaltigen, entsetzlichen Stimmen. Die Detonationen nahmen einem fast die Besinnung, dichte Wolken schwarzen, bitter schmeckenden Pulverrauches legten sich an den Gaumen, verätzten einem die Augen – und vier Granaten, jede eine Tonne

* Die Übermittlung von Flaggensignalen ging in der Weise vor sich: Die betreffenden Befehle und Weisungen waren in einem Signalbuch mit aus 1–4 Buchstaben bestehenden Codebegriffen versehen worden. Jeder dieser Buchstaben konnte mit einer Signalflagge ausgedrückt werden. Wenn ein bestimmter Befehl kam, wurden die entsprechenden Signalflaggen „vorgeheißt", d. h. sie wurden an der Signalleine bis zur Signalrahe hochgezogen, so daß sie von den folgenden Schiffen gelesen werden konnten. Dieses „Vorheißen" war das sog. Ankündigungssignal. Die Ausführung des Signals wurde durch das Niederholen dieses Flaggensignals befohlen. „Nieder Jot Dora" bedeutete in der deutschen Marine dasselbe wie in der britischen „nieder Flagge 5", nämlich: „Feuer eröffnen."

schwer, schossen mit 2500 Kilometer Stundengeschwindigkeit aus den Rohren. Busch auf der *Prinz Eugen* sah das Mündungsfeuer der Geschütze der *Hood* als „große, feurige Ringe, wie Sonnen", und Jasper neben ihm rief: „Verdammt noch mal, das sind keine Kreuzer, das sind Schlachtschiffe!" Zur selben Zeit machte der Zweite Artillerieoffizier der *Bismarck*, Oberleutnant Albrecht, zu Schneider die gleiche Äußerung. Jetzt war die *Prince of Wales* an der Reihe. Esmond Knight in seinem Flakleitstand bekam sekundenlang keine Luft und war vom Krachen der vorderen Geschütztürme wie betäubt, vom vielen Rauch geblendet. Erst nachdem dieser sich verzogen hatte, sah er eine orangefarbene Feuerwelle die ganze Länge der *Bismarck* und dann auch der *Prinz Eugen* hinunterlaufen.

Im fest verschlossenen, gepanzerten Kommandoturm auf der Brücke der *Bismarck* taumelten Lütjens und sein Stab, als ihr eigenes Schiff das Feuer eröffnete. Er hatte diese Schlacht nicht gewollt, denn seine Instruktionen lauteten dahin, Kampfhandlungen mit feindlichen Einheiten, wenn sie keinen Konvoi eskortierten, zu vermeiden. Darum hatte er die Erlaubnis zur Feuereröffnung so lange Zeit hinausgezögert, daß manche Leute auf der *Bismarck* und der *Prinz Eugen* die Vermutung äußerten, er hoffe, sich drücken zu können. Doch mit dem Packeis im Westen, den zwei Kreuzern im Norden und Hollands Geschwader im Osten gab es kein Entrinnen; und die Weisung für eine solche Situation war, den Kampf aufzunehmen.

Nun waren die Granaten in der Luft, und auf beiden Seiten zählten die Männer die Sekunden bis zu ihrer Ankunft und fragten sich besorgt, wo sie wohl einschlagen würden. Manche glaubten, die Geschosse wären auf sie persönlich gerichtet, hätten, wie man damals sagte, ihre Namen eingeritzt. Schon gab es die ersten Regungen von Furcht. „Sie schießen auf uns", stieß ein Maat auf der Brücke der *Prinz Eugen* aufgeregt hervor. „Immer mit der Ruhe, Mann", sagte Kapitän Brinkmann. „Natürlich schießen sie auf uns. Jetzt wollen wir erst mal sehen, was sie damit erreichen." Heulend und krachend fielen die Granaten, mächtige Wassergeiser erhoben sich, hoch wie Wolkenkratzer, weiß wie Waschpulverschaum. Die Granaten lagen in der Nähe, aber nicht in gefährlicher Nähe der *Prinz Eugen*, und die der *Prince of Wales* fielen Hunderte Meter vor der *Bismarck* in die See; aber die Treffsicherheit der deutschen Granaten war von tödlicher Präzision. Sie richteten eine Wand von aufgepeitschtem Wasser rings um die *Hood* auf, wie die Männer auf der *Prince of Wales* mit Entsetzen und Erleichterung beobachteten.

Hätte Admiral Holland seinen Plan vom Abend zuvor verwirklichen, hätte er sich unbemerkt an Lütjens heranmachen können, es hätte vielleicht mit einem großen Sieg geendet. Aber nun lag er schief, und die Umstände waren gänzlich gegen ihn. Dadurch, daß er den Feind in diesem Winkel ansteuerte, nahm er seinem Geschwader das Maximum an Feuerkraft und bot dem Feind gleichzeitig eine zwar schmale Silhouette, aber eine größere Tiefe des Ziels. Er hatte seine ursprüngliche Überlegenheit an schweren Geschützen dadurch von achtzehn zu acht auf zehn zu acht reduziert – und sie würde bald auf neun zu acht sinken, denn eines der vorderen Geschütze der *Prince of Wales* hatte einen Defekt, der es nach der ersten Salve funktionsunfähig machen würde. Dazu kam, daß sich das Feuer der Briten auf *Bismarck* und *Prinz Eugen* verteilte, das der Deutschen jedoch sich auf die *Hood* konzentrierte. Es wäre von Vorteil gewesen, hätten *Norfolk* und *Suffolk* zur *Bismarck* aufgeschlossen, ihr von achtern zugesetzt und das Feuer aus ihren achteren Türmen auf sich gezogen. Das war Hollands Absicht gewesen, und Lütjens erwartete das auch, wie aus seinen Anweisungen an Müllenheim-Rechberg im achteren Artillerieleitstand der *Bismarck*, ein Auge auf die zwei Kreuzer zu haben, hervorgeht. Holland aber hatte es verabsäumt, Wake-Walker die entsprechenden Befehle zu erteilen. Nun war die Chance vertan.

Die Engländer waren auch noch in anderer Hinsicht benachteiligt. Die Deutschen hatten, was Seeleute den Vorteil des Windes nennen: Die britischen Schiffe feuerten nach Luv, und der Gischt besprühte die Linsen der zwei 9,15-m-Entfernungsmesser der vorderen Geschütztürme, so daß man sich stattdessen der kleineren Entfernungsmesser im Artillerieleitstand bedienen mußte. Indem er die *Prince of Wales* nahe bei sich behielt und sie dazu nötigte, sich seinen Bewegungen anzupassen, statt ihr die Möglichkeit zu geben, Kurs und Geschwindigkeit zu variieren, machte Holland es den Deutschen leichter, die Entfernungen zu messen, und den englischen Schiffen schwerer, die Aufschläge zu beobachten.

Nach Ost und West flogen die Granaten. Eine Granate von der *Hood* schlug knapp vor der *Prinz Eugen* ein. Das Wasser schoß in einer hohen weißen Säule empor, überschwemmte herabstürzend Back und Aufbauten und besprühte die Linsen der Periskope und Teleskope, die aus dem gepanzerten Kommandoturm auf der Brücke hinausragten. Weitere Wassersäulen erhoben sich Steuerbord voraus, und Kapitän Brinkmann befahl dem Rudergänger, auf sie zuzuhalten, denn er wußte aus Erfahrung, daß Salven nie auf der gleichen Stelle einschlugen. Dann stieß er die schwere Stahltür auf und ging mit Friebe hinaus, um durch ein trockenes

Doppelglas zu schauen. Die erste Salve der *Prinz Eugen* hatte ihr Ziel nicht erreicht, jetzt feuerte sie die zweite ab. Zwanzig Sekunden vergingen, Brinkmann sah die weißen Fontänen aufschießen – die einen zu nah, über das Ziel hinaus die anderen – also „deckend*" – und dann loderte eine Flamme mitschiffs auf dem Bootsdeck der *Hood* auf. „Das war ein Treffer!" rief aufgeregt ein Matrose aus Jaspers Gruppe, „der Feind hat Feuer an Bord!" Busch beschrieb das Feuer als „ein gleißendes blutrotes Rechteck, das dichte Rauchschwaden auszuwerfen begann", Captain Leach auf der *Prince of Wales* als „eine riesige Lötlampenflamme", und Captain Phillips auf der *Norfolk* als „eine pulsierende Glut, wie die sinkende Tropensonne".

Eine Sprenggranate war zwischen der 10,2-cm-Flak-Bereitschaftsmunition explodiert, meldete der Torpedooffizier an die Brücke der *Hood;* sie hatte das Feuer verursacht. Zusammen mit anderen erhielt Vollmatrose Tilburn, einer der Männer, die die 10,2-cm-Geschütze bedienten, den Auftrag, das Feuer zu löschen. Als er sich daran machte, den Befehl auszuführen, fing die Munition im Bereitschaftsbehälter an zu explodieren, und alle warfen sich zu Boden. Dann traf eine weitere Granate – vielleicht waren es auch zwei – die *Hood* und tötete einen Großteil der Fla-Geschützbedienungen, die im Flugzeughangar Schutz gesucht hatten. Teile eines menschlichen Körpers stürzten herab und fielen dem Vollmatrosen Tilburn auf die Beine.

Holland kam jetzt zu dem Schluß, daß, wie hoch das Risiko für die *Hood* auch sein mochte, er es sich nicht mehr leisten könne, die Hälfte seiner Feuerkraft außer Gefecht zu halten. Er hatte bereits eine kleine Kursänderung nach Backbord vorgenommen und zog, um nun die achteren Gefechtstürme beider Schiffe zum Einsatz zu bringen, das Signal für weitere Kurskorrektur auf. Während einige auf der Brücke der *Prince of Wales* wie gebannt auf das Feuer an Bord der *Hood,* andere aber wieder auf den Feind hinüber starrten, war das Teleskop eines Mannes trotz Rauch und Schlachtenlärm unentwegt auf die Rahnock des Flaggschiffes gerichtet geblieben. „Von der *Hood,* Sir!" rief der erste Signalmaat, als die Wimpel aufgezogen wurden: „Nach Backbord abdrehen!" Erfreut hörten Captain Leach und Lieutenant Commander McMullen die Meldung: Endlich würde der mit vier Geschützen bestückte achtere Panzerturm in das Gefecht eingreifen können.

* Als „deckend" bezeichnet man Geschoßaufschläge einer Salve, die das anvisierte Ziel kurz und weit eindecken, so daß das Schiff innerhalb der Streuung einer Salve liegt.

Das Ausführungssignal wurde eingeholt, und die zwei Schiffe begannen abzudrehen. Dann geschah das Unglaubliche. Als Schneider auf der *Bismarck* das Feuer auf dem Bootsdeck der *Hood* sah, ließ er sofort eine Breitseite feuern: Zum fünften Mal in vier Minuten verschwand die *Hood* hinter einem Vorhang von Einschlagfontänen. Aber zumindest eine Panzergranate dieser Breitseite ließ keine Wassersäule aufschießen; sie stürzte wie eine Rakete herab, traf das alte Schiff voll zwischen Mitte und Heck, durchschnitt Stahl und Holz, durchbohrte das Deck, das hätte verstärkt werden sollen und niemals verstärkt worden war, drang in die Eingeweide des schwimmenden Kolosses tief unter der Wasserlinie ein, explodierte und ließ die 10,2-cm-Munitionskammer detonieren, die ihrerseits die achtere 38,1-cm-Munitionskammer hochgehen ließ. Vor den Augen der entsetzten Briten und der ungläubig zusehenden Deutschen schoß eine riesige Flammensäule aus der Mitte des Schiffes empor. Ein Beobachter auf der *Norfolk* meinte, sie wäre viermal so hoch wie der Großmast gewesen, ein anderer, daß sie „bis zum Himmel gereicht habe". Für Busch war sie eine rote und weiße, trichterförmige Glut, für Esmond Knight eine lange, blaßrote Zunge, für Lieutenant-Commander Havers auf der *Suffolk* eine ungeheure rote Rübe, und für Leutnant Schmitz, den Schlachtenmaler auf der *Prinz Eugen*, ein düsterer Tannenbaum. Aus der Feuersäule wurde eine dichte, pilzförmige Rauchwolke, die für Lieutenant-Commander Towell aus Dampf zu bestehen schien, während Esmond Knight sie als „dunkelgelb, wie der Rauch, wenn man Stechginster verbrennt" beschrieb. Das Kurioseste an der Explosion war die Tatsache, daß sie völlig lautlos zu erfolgen schien. Leutnant zur See Dundas und Signalgast Briggs hörten nichts Ungewöhnliches auf der Brücke der *Hood*. „Ich entsinne mich", sagte Esmond Knight, „daß ich genau aufpaßte, weil ich ja eine gewaltige Explosion erwartete, aber ich hörte sie einfach nicht." Als der Rauch sich seitlich und nach oben verzog, sah man Splitter und Stücke der *Hood* durch die Luft fliegen – den Teil eines 38,1-cm-Geschützturms, den Großmast, den Hauptladebaum. Kapitän Brinkmann sah die Granaten des Schiffes hoch oben im Rauch explodieren, zerplatzen, wie weiße Sterne. Esmond Knight schien es, als würde das berühmteste Kriegsschiff der Welt wie ein riesenhafter Feuerwerkskörper abbrennen[1].

So unerwartet und dramatisch eine Katastrophe hereinbrechen mag, es gibt oft einen Augenblick, vielleicht nicht mehr als den Bruchteil einer Sekunde, da jene, die den Tod vor Augen sehen, undeutlich begreifen, daß etwas Ungewöhnliches geschehen ist, daß die Dinge nicht sind, wie sie sein sollten. Auf der Brücke der *Hood* war für Signalgast Briggs die Zeit gekommen – die Flammen loderten noch zum Himmel –, als der Wachoffizier den Ausfall eines Kompasses, der Steuermannsmaat den Ausfall der Ruderanlage meldete und der Kommandant die Inbetriebnahme der Notsteuerung anordnete; dann legte sich das Schiff wie ein zusammenstürzendes Haus zur Seite. Vollmatrose Tilburn verspürte Vibrationen wie noch nie zuvor. Neben sich sah er einen Kameraden sterben, und einen anderen, dem ein Granatsplitter den Bauch aufgerissen hatte, so daß seine Eingeweide herausquollen; als er zur Reling ging, um sich zu erbrechen, merkte Tilburn, daß das Deck in gleicher Höhe wie die Wasseroberfläche war. Aber überall auf dem Schiff gab es Menschen, die in aller Ruhe Skalen beobachteten und Hebel betätigten und plötzlich gewahr wurden, daß ihnen etwas sehr Seltsames begegnete. Noch während sie von unsichtbaren Kräften in die Luft geschleudert oder unter Stahlplatten und Panzerschotts begraben wurden, erkannten sie einen kurzen, entsetzlichen Augenblick lang, daß der Tod gekommen war.

Nur eine Handvoll Männer auf der *Prince of Wales*, der *Bismarck* und der *Prinz Eugen* sahen das Ende der *Hood* mit eigenen Augen: Die überwiegende Mehrheit befand sich unter Deck und erfuhr die unglaubliche Nachricht nur über Gegensprechanlage und Telephon, aus zweiter Hand sozusagen. Manche glaubten es einfach nicht. „Da oben hat einer völlig den Kopf verloren“, meinte der Erste Offizier, Fregattenkapitän Stooß, der in der unteren Zentrale seine Gefechtsstation hatte, als er die Neuigkeit erfuhr. Aus dem achteren Funkraum hörte der Matrosengefreite Eich Korvettenkapitän Schneiders Jubelruf: „Sie fliegt in die Luft!“ Er sollte sich den Rest seines Lebens an das langgezogene „Luuuft“ erinnern. Auch Müllenheim-Rechberg im achteren Artillerieleitstand hörte es und konnte, trotz seines strikten Befehls, sich auf die zwei Kreuzer zu konzentrieren, der Versuchung nicht widerstehen, den Kopf herumzudrehen, und sich selbst zu überzeugen. Der Rauch verzog sich und gab den Blick auf die in zwei Teile gebrochene *Hood* frei; Bug und Heck ragten zum Himmel. Während er noch hinsah, löste sich aus den zwei vorderen Geschütztürmen der *Hood* plötzlich eine letzte Salve; es war ein Zufall, die Stromkreise mußten sich durch die Explosion geschlossen haben, aber ihren Feinden erschien sie wie eine letzte, mutige, trotzige Geste.

Die *Prince of Wales*, die, um Hollands Befehle auszuführen, nach Backbord abdrehte, mußte nun hart nach Steuerbord wenden, um dem vor ihr liegenden Wrack auszuweichen. Durch den großen Entfernungsmesser der *Prinz Eugen* bot sich Jasper ein unheimlicher Anblick: Das ganze Vorderteil der *Hood*, das sich wie ein gigantischer Kirchturm aus dem Wasser erhob, ragte über das Oberdeck der vorbeidampfenden *Prince of Wales* hinaus. In diesem Vorderteil, in der Düsternis von Munitionskammern und Vorratsräumen, waren mehrere hundert Mann, ein wirres Durcheinander von Menschen, gefangen. Dann glitt die *Prince of Wales* vorbei, beide Teile der *Hood* versanken schnell in den Wellen und nahmen 1400 Mann mit sich in die Tiefe. Nur Rauchschleier blieben auf der Oberfläche zurück. „Arme Teufel!" sagte Jasper und drückte damit die Empfindungen aller aus, die um ihn herum standen, denn als Seeleute hatten sie eben bewiesen, worauf Seeleute üblicherweise nicht eben erpicht sind: daß kein Schiff, nicht einmal eines wie die *Hood*, vor dem Untergang gefeit ist – und dies galt auch für die *Bismarck* und die *Prinz Eugen*.

Doch weder Freude noch ehrfürchtige Trauer hielt an, denn die Schlacht ging weiter. Schon vor der Versenkung der *Hood* war an die *Prinz Eugen* der Befehl ergangen, ihr Feuer auf die *Prince of Wales* zu verlegen, und nun sah man die schwarzen Pulverwolken auf der *Bismarck*, das orangefarben aufflammende Mündungsfeuer ihrer Geschütze, und konnte diesmal nicht daran zweifeln, worauf sie gerichtet und welchen Schaden anzurichten sie imstande waren. Doch Captain Leach war nicht verzagt. Mit der sechsten Salve lagen auch seine Aufschläge deckend bei der *Bismarck*, und es wurden Treffer beobachtet. Wenn alle einen kühlen Kopf behielten, war der Sieg vielleicht doch noch möglich.

Die Salve fand ihr Ziel, und Chaos brach aus. Eine 38-cm-Granate durchschlug die Brücke, explodierte, als sie auf der anderen Seite austrat, und tötete alle, außer dem Kommandanten, dem Signalmeister und dem Navigationsoffizier, der verwundet wurde. Unter den Toten war auch der achtzehnjährige Fähnrich zur See, Midshipman Ince, einer der vielversprechendsten Zöglinge der Vorbereitungsschule. Der Koppeloffizier auf dem Deck darunter, der zwischen den Treffern der *Bismarck* und dem Abschuß der eigenen Geschütze nicht unterscheiden konnte, merkte nicht, was geschehen war, bis Blut aus dem zur Brücke führenden Sprechrohr rieselte und auf seine Karte tropfte.

Dieselbe Granate führte auch in Esmond Knights Leben eine Veränderung herbei. Er erinnerte sich noch, die Salve wie einen heransausenden Wirbelsturm gehört zu haben, dann verschwamm alles vor seinen Augen, und er träumte von einer Kapelle, die im Hyde-Park spielte. Ein Dröhnen war in seinem Kopf, und er kam wieder zu sich; er hatte das Gefühl, sterben zu müssen, und war ein bißchen traurig darüber, aber nicht mehr.

Er hörte noch eine Salve und Rufe wie „Krankenträger!“ und „Macht Platz da!“. Das Gewicht toter Männer lastete auf ihm, Schreie gellten in seinen Ohren, der Geruch von Blut stieg ihm in die Nase. Er hörte das dünne Winseln sterbender Menschen um sich. „Holt mich hier ’raus!“, rief er mit schwacher Stimme. Unsanfte Hände stellten ihn auf die Beine. „Was ist denn mit Ihnen los?“, fragte eine Stimme, und Esmond wandte sich um und sah nichts. Knight, dessen größte Freude die wahrnehmbaren Dinge gewesen waren, der so gerne Bilder gemalt und Vögel beobachtet hatte, zählte bereits zu den Kriegsblinden. Nie wieder würde er die Harlekinsente oder den Geierfalken sehen oder sonst etwas, nur noch verschwommene Umrisse.

Der Horchraum der *Prinz Eugen* meldete jetzt lauterwerdende Geräusche von Torpedos, beide Schiffe drehten auf einen den Torpedos parallel laufenden Kurs ab. Kapitän Brinkmann behauptete sogar, die Laufbahnen gesehen zu haben, aber das war wohl Einbildung, denn nur die *Hood* besaß Torpedos, und selbst wenn sie sie vor ihrem Untergang abgeschossen hätte, würden sie die Entfernung in dieser kurzen Zeit nicht zurückgelegt haben. Während die *Prinz Eugen* abdrehte, blendete der Rauch aus dem Schornstein Jasper im Artillerieleitstand, und so sah sich der Zivilist Albrecht, der Ingenieur von Siemens, der die Abfeuerungsanlage für die Geschütze konstruiert hatte, genötigt, selbst die achteren Geschütztürme in Betrieb zu halten. Selbstsicher, des Erfolges gewiß, drehten die zwei deutschen Schiffe jetzt wieder heran, steuerten zwischen den Aufschlägen der *Prince of Wales* durch, tänzelnd wie Boxer, die den Sieg schon in greifbarer Nähe wähnen. Die Salven der *Bismarck* krachten alle zwanzig Sekunden, die der *Prinz Eugen* alle zehn, und die Fontänen schossen wie weißgetünchte Pappelbäume rund um die *Prince of Wales* auf. Nun befand sich das britische Schlachtschiff im Schußbereich der Torpedos der *Prinz Eugen*, doch gerade als Leutnant Reimann feuern wollte, drehte sie ab.

Denn nach nur zwölf Minuten währender Schlacht hatte die *Prince of Wales* genug. Sie war von vier Granaten der *Bismarck* und drei der *Prinz Eugen* getroffen worden. Die Kompaßplattform, das Echolot, die Radarstation, der Flugzeugkran, der vordere Flakleitstand, alle Boote und mehrere Kammern waren zerstört. Die Granate, die den Kran demolierte, traf in dem Augenblick, da eine „Walrus“ gestartet werden sollte, um die Aufschläge zu beobachten. Die Hand des Katapultoffiziers war schon erhoben, als die Flügel mit Granatsplittern wie zersiebt wurden. Pilot und Beobachter kletterten eilig hinaus und stießen die Maschine über Bord, weil sie Feuer befürchteten. Die gleichen Splitter, die Esmond Knight blendeten, durchbohrten auch einen Süßwassertank; eine Flut heißen Wassers ergoß sich auf die Überlebenden auf der Brücke und auf die Männer auf dem darunterliegenden Signaldeck. Eine 38-cm-Granate und zwei 20,3-cm-Granaten trafen das Schiff unterhalb der Wasserlinie und ließen 400 Tonnen Seewasser eindringen. Eine weitere 20,3-cm-Granate drang in einen Granat-Umladeraum und schwirrte mehrere Male umher, ohne zu detonieren oder jemanden zu verletzen. Zwei Männer konnten sie über Bord werfen.

Zu allem Überfluß war die Artillerie der *Prince of Wales* auch nicht ganz zureichend. Wenngleich Lieutenant-Commander Skipwith, der Aufschlagbeobachter, bei der neunten und dreizehnten Salve deckende Aufschläge auf der *Bismarck* festgestellt hatte, erfolgten nur wenige Salven aus mehr als drei Geschützen, obwohl sie aus fünf hätten kommen sollen. Bei den neu installierten Geschützen machten sich ständig mechanische Defekte bemerkbar, und obwohl die Leute von Vickers-Armstrong wahre Wundertaten in den Geschütztürmen vollbrachten, hatten sie doch kaum einen Fehler behoben, als schon ein anderer auftrat. Es dämmerte Captain Leach, daß er nicht nur in einen ungleichen Kampf verwickelt war, sondern auch, wenn er noch länger so weitermachte, das Risiko einging, die Flotte um ein wertvolles Schiff mehr zu bringen, ohne dem Feind noch weiteren Schaden zufügen zu können. Er wußte, daß sich sein Oberbefehlshaber mit *King George V* und *Repulse* 400 Meilen im Südosten befand und, wenn die *Bismarck* und die *Prinz Eugen* ihren Kurs beibehielten, früh am nächsten Morgen mit ihnen in Berührung kommen würde. Wenn er die Operation jetzt abbrach und sich den verfolgenden Kreuzern anschloß, die Geschütze überholte und die Schäden ausbesserte, würde er gut plaziert sein, um die *Bismarck* von hinten anzugreifen, sobald Tovey aus dem Osten kam, und so eine Konzentration der Feuerkraft herbeiführen, die den Feind dazu zwingen mußte, die seine auf mehrere Ziele zu verteilen.

So drehte die *Prince of Wales*, nachdem sie fünfzehn Salven abgefeuert hatte, hinter einem Rauchschleier ab und setzte sich nach Südosten ab. Als sie abdrehte, verklemmten sich die Kugellager des achteren Geschützturmes und setzten damit seine vier Geschütze außer Betrieb. Die Verluste der *Prince of Wales* betrugen zwei Offiziere und elf Mann; ein Offizier und acht Mann waren verwundet. Die Uhr zeigte 6.13 Uhr am Morgen; es waren genau einundzwanzig Minuten vergangen, seit Admiral Holland auf der *Hood* sein Geschwader so stolz in die Schlacht geführt hatte.

Die *Hood* war ein so integrierender Teil des Gefüges Großbritanniens und seines Empires gewesen, daß die Nachricht von ihrem Untergang für die meisten Engländer ein traumatisches Erlegnis darstellte – so, als ob der Buckingham Palace eingeäschert oder der Premierminister ermordet worden wäre. Admiral Wake-Walker, der die Admiralität und die übrige militärische Welt mit seiner lakonischen Botschaft „Die *Hood* ist explodiert“ von der Tragödie benachrichtigte, fühlte sich genötigt, sie als „geheim“ abzusenden, so, als ob er damit verhindern könnte, daß das entsetzliche Geschehnis Hitler zu Ohren kam. Viele Leute glaubten es einfach nicht. Cain, der 30 Meilen nördlich auf der *Electra* Wache hatte, glaubte, der Signalmaat wolle sich einen Spaß mit ihm erlauben, und schalt ihn heftig aus. „Mein Gott, Sir, es ist doch wahr!“, entgegnete der Mann, und seine Augen füllten sich mit Tränen. Weiter südlich, auf dem Zerstörer *Bulldog*, hielt Commander Baker-Creswell, der erst vor vierzehn Tagen das U-Boot *U 110* aufgebracht und seine Chiffriermaschine erbeutet hatte, das ganze für eine Verwechslung. Er hatte die *Hood* gekannt, seit er in der Marine diente, hatte noch vor zwei oder drei Wochen in Hvalfjord in ihrer Offiziersmesse zu Abend gegessen. Auch Herbert Wohlfarth, auf *U 556* mit Kurs auf die französische Küste, dachte an einen Irrtum und ersuchte die Funkleitstelle, die Meldung zu wiederholen. Der im gleichen Gebiet kreuzende Captain Vian, der Held der *Altmark*-Affäre, dessen Vierte Zerstörer-Flottille bald eine eigene Rolle in der Operation *Bismarck* spielen sollte, erklärte später, kein Ereignis im ganzen Krieg hätte seine Gefühle so in Aufruhr gebracht – und das von einem Mann, von dem viele glaubten, er habe keine Gefühle. Captain Phillips von der *Norfolk*, der einst ihr Artillerieoffizier gewesen war, zeigte sich zutiefst erschüttert, Admiral Somerville, dessen Flagge sie erst vor kurzem geführt hatte, nicht weniger. Lofty Earl, der als Junge auf ihr gedient hatte und der jetzt als Steuermann der *Glenroy* an der Schlacht um Kreta teilnahm, brach zusammen und weinte wie ein Kind.

Ungläubig und entgeistert wurde die Schreckensnachricht auch im Ausland, im ganzen Empire, in den Vereinigten Staaten und Südamerika aufgenommen. Señor Gomez von der London-Bar in Gibraltar, der in der Zwischenkriegszeit so oft ihre Wäsche zum Waschen übernommen hatte, saß in einer Kneipe in der Londoner Fulham Road und hörte es im Radio. „Ich denke, die Welt geht unter. Wirklich und wahrhaftig, ich denke, wir sind erledigt, Señor. Wenn die Deutschen imstande sind, die *Hood* zu versenken, sage ich mir, dann haben wir keine Hoffnung mehr.“ In ganz Europa gab es viele, die seine Befürchtungen teilten. Wenn die *Hood* die

Bismarck nicht hatte stoppen können, wer sollte es denn tun? Wie sollte Großbritannien in Zukunft seine Geleitzüge im Atlantik schützen?

Und die Überlebenden der *Hood?* Admiral Wake-Walker konnte weder die *Suffolk* noch die *Norfolk* zur Verfügung stellen, um nach ihnen zu suchen, doch die Zerstörer der *Hood* waren nicht weit weg und wurden an die Unglücksstelle beordert. Ein von Oberleutnant Pinhorn gesteuertes Flugzeug des Typs „Hudson", eine der zwei Maschinen des „Coastal Command" aus Island, die die Schlacht beobachtet hatten, nahm Verbindung mit einem der Zerstörer auf und gab ihm den einzuhaltenden Kurs bekannt. Alle vier Zerstörer trafen die nötigen Vorbereitungen zum Empfang der erschöpften, verängstigten, eiswasserdurchnäßten Männer: Decken und warme Kleidung wurden aus den Lasten geholt, in den Kombüsen heiße Suppe gekocht, für die Verwundeten Betten in den Krankenstationen vorbereitet.

In Dwarslinie mit jeweils ein paar Meilen Abstand nahmen die Schiffe Kurs nach Süden. Nach zwei Stunden schneller Fahrt war es den Männern auf der *Electra* klar, daß sie den Schauplatz der Schlacht erreicht hatten. Ölflecke auf dem Wasser, eine Schublade mit Personaldokumenten, Holztrümmer, nicht viel mehr. Sie fuhren langsam weiter und sichteten schließlich drei Carley-Flöße mit je einem Mann darauf: Leutnant zur See Dundas, Vollmatrose Tilburn, Signalmaat Briggs. War das alles, waren das alle Überlebenden des großen Schiffes? Mr. Cain erinnerte sich, wie die *Hood* bei Divisionsmusterung am Sonntag ausgesehen hatte, wie die Männer „gleich einer kleinen Armee" in dichten Reihen auf ihren oberen Decks angetreten waren. „Es *müssen* mehr sein", meinte der Leitende Ingenieur. „Es können doch nicht nur *drei* sein." Aber es waren nicht mehr. Sie suchten lange Zeit, fanden noch mehr Wrackteile, die Mütze eines Marineinfanteristen mit der Nummer RMB X 738, aber nichts Menschliches, nicht einmal Leichen. Der Rest der „kleinen Armee", Admiral Holland, Captain Kerr und weitere 90 Offiziere und mehr als 1400 Mann lagen, im Inneren ihres Schiffes begraben, in 1850 Meter Tiefe[2].

Die drei Überlebenden wurden an Bord der *Electra* gehievt. Man zog ihnen die nassen Kleider aus und wickelte sie in Decken. Sie hatten nicht viel zu berichten, und wußten auch nicht, warum gerade sie davongekommen waren und andere nicht. Dundas erinnerte sich, aus dem Fenster der oberen Brücke geklettert zu sein, als das Schiff gekentert war, Briggs entkam durch die Steuerbordtür der Kompaßplattform hinter dem Navigations- und dem Geschwaderartillerieoffizier, wobei er bemerkte, daß Admiral Holland keinen Versuch unternahm, sich zu retten. Tilburn hatte noch Zeit, sich des Stahlhelms und der Gasmaske zu entledigen, bevor er über Bord sprang; als er schon im Wasser war und das Schiff sich auf die Seite legte, wickelte sich ein Antennenkabel um seine Seestiefel und drohte, ihn in die Tiefe zu ziehen. Er holte ein Federmesser aus der Tasche und schnitt sich unter Wasser die Stiefel herunter. Alle drei gaben übereinstimmend an, daß ihnen nach dem Lärm und Getöse der Schlacht als erstes die tiefe Stille auffiel. Sie blickten auf und sahen den Bug der *Hood* bis zum Turm A senkrecht aus dem Wasser ragen, und schwammen davon, so schnell sie konnten. Nicht weit von ihm entfernt sah Briggs brennendes Öl und machte sich Sorgen, weil rund um ihn Öl auf der Oberfläche schwamm, doch dann ging das Feuer aus. Jeder von ihnen fand ein Carley-Floß, kletterte hinauf und paddelte auf die anderen zu. Ein weiteres Flugzeug, das die Schlacht beobachtet hatte, eine von Oberleutnant Vaughan gesteuerte „Sunderland", flog über sie hinweg; sie winkten und schlugen ins Wasser, um Vaughans Aufmerksamkeit zu erregen, aber er sah sie nicht und dreht ab. Sie versuchten, die Flöße zusammenzuhalten, aber es war zu kalt, ihre Finger erstarrten, und sie trieben auseinander. Tilburn sah den Tod vor Augen; er erinnerte sich, gelesen zu haben, daß die Menschen bei großer Kälte die Augen schlossen und nicht mehr aufwachten. Das schien ihm eine angenehme Art, aus dem Leben zu scheiden; er schloß die Augen, blieb aber trotzdem wach. Zwei Stunden vergingen, und dann kam die *Electra.*

Um 9.00 Uhr vormittags gaben die Zerstörer die Suche auf, drehten nach Norden ab und nahmen Kurs auf Island. Und 100 Meilen von ihnen entfernt, jagten *Bismarck* und *Prinz Eugen,* von *Norfolk* und *Suffolk* und der angeschlagenen *Prince of Wales* verfolgt, weiter nach Süden.

Teil 2

FLUCHT

Kein Raum ist hier für Tränen; klage nicht.
Schlag nicht an deine Brust, zeig dich nicht schwach.
Nichts gibt's zu tadeln, zu verachten.
Lob gebührt und Ruhm einem so edlen Tod.

MILTON: SAMSON AGONISTES

5

Als die Besatzungen der *Bismarck* und der *Prinz Eugen* erfuhren, daß die *Prince of Wales* (die sie für die *King George V* hielten; sie wußten nicht, daß die *Prince of Wales* schon im Einsatz war), das Gefecht abgebrochen und abgedreht hatte, gab es viel Geschrei und großen Jubel, Freude über den Sieg und Erleichterung darüber, daß man die Schlacht überlebt hatte. Einige verließen ihre Stationen und kamen an Deck, um sich selbst umzusehen. Den zwei Artillerieoffizieren wurde hohes Lob gezollt: In der Offiziersmesse der *Bismarck* stand Schneider im Mittelpunkt des Interesses, und auf der *Prinz Eugen* wurde Jasper vom Turm A ans Telephon gerufen, um zu hören, wie man ihm seinen Lieblingsschlager auf dem Grammophon vorspielte. Auf beiden Schiffen gab es eine Sonderausgabe von Zigaretten und Schokolade, und allgemein hieß es, daß der Sieg ein Geburtstagsgeschenk für Admiral Lütjens war, der am folgenden Tag 52 Jahre alt wurde. „Treffer und Verluste melden", forderte Lütjens die *Prinz Eugen* auf, und Brinkmann war glücklich, mit „Keine" antworten zu können. (Die Abschüsse der eigenen Kanonen hatten auf allen Schiffen, den deutschen wie den britischen, doch geringfügige Schäden angerichtet – Kapitän Busch fand seine Kajüte in einen Trümmerhaufen verwandelt; zerbrochene Gläser, Kleidungsstücke und Papierreste auf dem Boden, die Schreibtischlampe und die Wasserflasche in Scherben – nur die Bilder seines Sohnes und seiner englischen Gattin waren unversehrt geblieben.) Der große ausgezackte Splitter einer Granate von der *Hood*, der auf dem Panzerrost am Grund des Schornsteins der *Prinz Eugen* gefunden wurde, brachte der Besatzung zum Bewußtsein, was für ein unwahrscheinliches Glück sie gehabt hatten: Wäre, so stellte Brinkmann nüchtern fest, eine solche Granate durch die schwache Panzerung der *Prinz Eugen* gedrungen und im Kesselraum explodiert, hätte sie das Schiff schnell zum Stehen gebracht[1].

Die *Bismarck* hatte weniger Glück gehabt. Insgesamt drei Treffer wurden verzeichnet, obwohl Müllenheim-Rechberg und die anderen das erst merkten, als die Schlacht schon geschlagen war. Einer hatte das mittschiffs befindliche Motorboot des Kommandanten zerstört, das Flugzeugkatapult beschädigt und war, ohne zu detonieren, im Meer gelandet. Auch der zweite hatte mittschiffs eingeschlagen, die Seite unterhalb des Panzergürtels durchbohrt und war auf dem Torpedoschott detoniert, das Dampf-E-Werk IV lief voll, ebenso der Kesselraum II und der Kesselhilfsmaschinenraum, so daß seine zwei Kessel außer Betrieb gesetzt wurden. Dabei erlitten fünf Mann Verbrennungen. Der dritte und folgenschwerste Treffer hatte Backbord vorn, oberhalb der Wasserlinie, eingeschlagen, zwei Öltanks aufgerissen und war auf der Steuerbordseite, ohne zu explodieren, wieder ausgetreten. Dieser Treffer ließ nicht nur Seewasser in die Heizölbunker ein- und eine Menge Öl in die See ausfließen, er verklemmte auch die Schieber der Heizölförderleitung, wodurch den Kesseln weitere 1000 Tonnen Heizöl verlorengingen. Jetzt hatte Lütjens zum ersten Mal Grund zu bedauern, daß er davon abgekommen war, von der *Weissenburg* oder der *Wollin* Treibstoff zu übernehmen.

Es war dieser Umstand, der, in Verbindung mit anderen Faktoren, den von der *Bismarck* einzuschlagenden Kurs bestimmte. Es liegen Aussagen vor, daß es nach dem Abdrehen der *Prince of Wales* zu Meinungsverschiedenheiten zwischen Lindemann – der dem beschädigten Schlachtschiff den Rest geben wollte – und Lütjens kam, der entschlossen war, die Fahrt nach Süden fortzusetzen[2]. Über diese Frage gab es später noch lange Diskussionen, aber viele – darunter auch Hitler – hielten Lütjens' Entscheidung unter den gegebenen Umständen für die einzig richtige. Es ist anzunehmen, daß Lindemann auf die Fortsetzung der Aktion drängte, denn schließlich hatten seine Geschütze innerhalb von fünf Minuten das (nach der *Bismarck*) größte Kriegsschiff der Welt versenkt und ein zweites schwer beschädigt. Welch ein Triumph, auch dieses zu versenken und dann mit seinem siegreichen Schiff und seiner tapferen Besatzung heimzukehren! Lütjens' Befehle aber sahen diese vom Zufall herbeigeführte Möglichkeit nicht vor. Ein so spektakulärer Erfolg gegen die feindliche Flotte war einfach nicht ins Kalkül gezogen worden. Er mußte sich also an seinen Operationsbefehl halten, und der lautete, Handelsschiffe zu versenken und Begegnungen mit feindlichen Kriegsschiffen aus dem Weg zu gehen. Seine Entscheidung wäre nicht anders ausgefallen, wenn er gewußt hätte, daß es nicht die *King George V* war, sondern die noch in Erprobung stehende und nicht voll eingefahrene *Prince of Wales*, gegen die er gekämpft hatte. Denn zu wenden und ihr zu folgen hätte bedeutet, daß er seine Kampfgruppe ihrem Geschützfeuer sowie der Artillerie und den Torpedoangriffen der *Norfolk* und der *Suffolk* (und möglicherweise auch noch anderer, jenseits des Horizonts kreuzender Schiffe) aussetzen und das Leben seiner Schiffe und Besatzungen für ein Unternehmen riskieren würde, das ihm ausdrücklich untersagt worden war[3].

Überdies gab ihm der angerichtete Schaden genug zu denken. Durch den Wassereinbruch vorn lag der Bug um zwei bis drei Grad tiefer, die Backbordschlagseite betrug neun Grad, und die Steuerbordschraube hob sich aus dem Wasser. Lütjens ordnete Gegenfluten achtern an, um den Trimm wiederherzustellen, und die Höchstgeschwindigkeit wurde auf 28 Knoten reduziert. Das Öl aus den aufgerissenen Tanks strömte immer noch ins Meer, und daher wies Lütjens die *Prinz Eugen* an, hinter der *Bismarck* zurückzubleiben, um zu sehen, wie breit die Ölspur war. Als der Kreuzer zurückfiel und das Schlachtschiff nahe an seiner Backbordseite vorzog, konnten die Männer der *Prinz Eugen* ihre Kameraden auf der *Bismarck* deutlich erkennen – aber sie sahen auch den großen klaffenden Riß auf ihrer Steuerbordseite, wo die Granate von der *Prince of Wales* ausgetreten war. Hinter der *Bismarck* erstreckte sich ein breiter Ölteppich, der deutlich zu riechen war und in allen Regenbogenfarben schillerte: eine nicht zu übersehende Spur, ein untrügliches Anzeichen für ihre Anwesenheit. Brinkmann meldete, die *Bismarck* drehe scharf nach Westen ab, und Lütjens befahl der *Prinz Eugen*, abermals die Führung zu übernehmen.

Jetzt verringerte die *Bismarck* ein wenig die Geschwindigkeit, man versuchte, die zwei Löcher am Bug mit Lecksegeln abzudecken, und schickte Taucher in die überfluteten Abteilungen. Bald verhinderten die Lecksegel das weitere Eindringen von Wasser in das Schiff, wenngleich immer noch Öl ausströmte. Einige Offiziere schlugen eine beträchtliche Verringerung der Geschwindigkeit und zusätzliches Gegenfluten vor, um das Vorschiff so weit aus dem Wasser zu bekommen, daß die Löcher geschweißt werden konnten, doch Lütjens war nicht gewillt, sich der Gefahr auszusetzen, die eine Verzögerung mit sich bringen mochte. Marinebaurat Schlüter schlug vor, das Vorschiff zu leichtern, indem man die Anker und Ankerketten slippte und ausrauschen ließ, doch auch diese Empfehlung wurde abgelehnt. Der überlebende Matrose Manthey berichtete, daß die Taucher bei ihrer Arbeit in den überfluteten Abteilungen auf große Schwierigkeiten stießen, daß es ihnen aber schließlich gelang, provisorische Reparaturen durchzuführen und einen Teil des Wassers auszupumpen, so daß das Vorschiff sich zu heben begann.

Doch wie erfolgreich die Reparaturen auch sein mochten, für Lütjens und seinen Stab gab es keinen Zweifel, daß die *Bismarck* unter den gegebenen Umständen – ein Kesselraum ausgefallen, Höchstgeschwindigkeit auf 28 Knoten beschränkt, gefährlicher Wassereinbruch, Treibstoffverlust und die Tatsache, daß das Schiff eine Ölspur zurückließ, die über viele Meilen zu sehen war – ihre Aufgabe nicht ohne vorherige Reparatur in einer Werft erfüllen konnte. Aber welche Werft sollte sie anlaufen? In Richtung Heimat waren Bergen oder Trondheim die nächsten eigenen Häfen, und bis zu beiden betrug die Entfernung etwas über 1000 Meilen. Dies aber bedeutete die Rückkehr durch die gefahrvollen Passagen nördlich oder südlich von Island, wobei Lütjens damit rechnen mußte, daß die feindlichen Luftstreitkräfte jetzt alarmiert waren und daß sich weitere britische Einheiten zwischen ihm und Scapa Flow befanden. (Das Auftauchen der *Hood*, die den Meldungen der Gruppe Nord zufolge an der westafrikanischen Küste kreuzte, und eines Schlachtschiffes der *King-George*-Klasse hatte ihm bewiesen, wie wenig er sich auf seinen eigenen Nachrichtendienst verlassen konnte.) Bis zur französischen Küste waren es 600 Meilen mehr, doch versprach diese Route längere Nächte und wesentlich mehr Spielraum, um seine Verfolger abzuschütteln, sie vielleicht gar über einen Vorpostenstreifen von U-Booten zu locken, von einem der wartenden Tanker Treibstoff aufzunehmen und dann unbelästigt Kurs auf das große Trockendock in St. Nazaire zu nehmen. Ein weiterer Vorteil lag darin, daß die *Bismarck* nach Beendigung ihrer Reparaturarbeiten (vielleicht zusammen mit der *Scharnhorst* und der *Gneisenau*) schon sprungbereit in der Nähe der atlantischen Handelsstraßen postiert sein würde, ohne die Gefahren eines zweiten Ausbruchs aus deutschen Häfen auf sich nehmen zu müssen. Aufgrund dieser Überlegungen übermittelte Lütjens der Gruppe Nord drei Stunden nach der Versenkung der *Hood* einen Bericht über die an der *Bismarck* zu verzeichnenden Schäden und die Wirksamkeit der britischen Radaranlagen, setzte sie anschließend von seiner Absicht in Kenntnis, die *Prinz Eugen* zur Handelskriegsführung aus seinem Verband zu entlassen und mit der *Bismarck* St. Nazaire anzulaufen.

Eine defekte Antenne oder mangelnde Erfahrung des Funkpersonals mag Schuld gewesen sein, aber sowohl Lütjens' Bericht über die Versenkung der *Hood* wie auch seine Meldung bezüglich St. Nazaire erreichten Deutschland erst am frühen Nachmittag. Dort wurde die Nachricht vom

Untergang der *Hood* von Dr. Goebbels' Propagandaministerium freudig aufgegriffen und, eingeleitet von „Wir fahren gegen Engelland“ und mit Marschmusik verbrämt, noch am gleichen Abend als Sondermeldung über den Rundfunk ausgestrahlt. Sie weckte bei den Deutschen (einem Volk, das bereits den Sieg der Luftwaffe gegen die Royal Navy vor Kreta bejubelte) nicht weniger Begeisterung, als sie Trauer in Großbritannien hervorrief. In der Seekriegsleitung in Berlin allerdings wurde die Freude über Lütjens' Erfolg durch seinen Bericht über die von der *Bismarck* erlittenen Schäden und seinen Entschluß, Kurs auf Frankreich zu nehmen, einigermaßen getrübt. Es war Raeder nicht klar, ob Lütjens unverzüglich St. Nazaire ansteuern wollte, oder erst, nachdem er seine Verfolger abgeschüttelt und im Atlantik Treibstoff aufgenommen hatte. Konteradmiral Schniewind, Chef des Stabes der Seekriegsleitung, rief Admiral Carls an, der die Gruppe Nord in Wilhelmshaven befehligte, und erfuhr, das Carls bereits einen Funkspruch konzipiert hatte, in dem er Lütjens aufforderte, einen deutschen Hafen anzulaufen. Schniewind wies darauf hin, daß Lütjens zu Mittag bereits die Linie Nördliche Hebriden–Südgrönland überquert hatte und somit nicht mehr der Befehlsgewalt der Marinegruppe Nord, sondern der der Marinegruppe West in Paris unterstand. Die Entscheidung lag daher nicht mehr bei ihm. Marinegruppenbefehlshaber West war Admiral Saalwächter, im Ersten Weltkrieg ein erfolgreicher U-Boot-Kommandant, ein kluger Mann von gewinnendem Wesen, der später in Rußland als Kriegsgefangener starb. Er erklärte Schniewind, daß er nicht gesonnen wäre, Lütjens zurückzurufen, worauf dann Schniewind und Raeder hin- und herüberlegten, ob sie es tun sollten. Schließlich entschied Raeder dagegen. „Wir wissen nicht genug über die tatsächliche Lage“, sagte er zu Schniewind. „Der Mann, der sie am besten beurteilen kann, ist Lütjens. Daher müssen wir die Sache ihm überlassen.“ Diese Ansicht – wonach der Mann an Ort und Stelle die Lage am besten beurteilen kann – stand (wie wir sehen werden) in scharfem Gegensatz zu der von Raeders Gegenspieler in der Britischen Marine, dem Ersten Seelord, Admiral of the Fleet Sir Dudley Pound.

Maßnahmen wurden ergriffen, um für alle Eventualitäten gerüstet zu sein. In Norwegen wurden Schulze-Hinrichs und seine Zerstörer von Trondheim nach Bergen beordert. Die Gruppe Nord erbat beim Befehlshaber der U-Boote die Aufstellung von U-Booten in einer Wartestellung im Raum Färöer–Shetland–Norwegen. (Tatsächlich standen jedoch für eine solche Aufgabe keine U-Boote zur Verfügung.) Die Gruppe Nord erbat außerdem bei der Luftflotte V die Bereithaltung von Luftkampf- und

Aufklärungsstreitkräften sowie die notwendigen Luftaufklärungsmaßnahmen. In St. Nazaire wurden Sperrballons, Scheinwerfer, schwere und leichte Flak in das „Normandie“-Dock verlegt, und in anderen Häfen der französischen Westküste Sicherungsfahrzeuge in kurzfristige Bereitschaft verlegt. In Alarmbereitschaft versetzt wurden auch die Luftflotte 3 und der Fliegerführer Atlantik sowie der B.d.U.-Stab in Lorient, wo Lütjens' alter Freund, Karl Dönitz, sich bereiterklärte, alle Operationen im Atlantik zeitweilig einzustellen und seine U-Boote zur Verfügung der *Bismarck* zu halten. Schon im April hatte Lütjens in Paris mit Dönitz die Möglichkeit erörtert, feindliche Einheiten durch die *Bismarck* über eine U-Boot-Aufstellung locken zu lassen, und nun, mit den zwei Kreuzern und der *Prince of Wales* dicht auf den Fersen, forderte Lütjens von Saalwächter eine solche Konzentration für den folgenden Tag südlich von Grönland an. Dönitz zog einen Vorpostenstreifen von sieben U-Booten quer vor den gemeldeten Kurs der *Bismarck*.

Mittlerweile traf auch die britische Admiralität, die sich rasch von dem Schock erholte, den sie durch den Verlust der *Hood* erlitten hatte, ihre Vorbereitungen. Nicht zum ersten, aber fast zum letzten Mal in der langen und glänzenden Geschichte der Royal Navy übte sie die Macht aus, die ihr durch ihre globale Seestärke gegeben war. 136 Jahre war es her, daß der bejahrte Erste Lord der Admiralität, Lord Barham, die umfassenden Verfügungen getroffen hatte, die zur Schlacht von Trafalgar und der Niederlage des französischen Admirals Villeneuve führen sollten; nun trafen seine Nachfolger noch umfassendere Vorkehrungen, mit dem Ziel, die *Bismarck* in die Enge zu treiben und Lütjens eine Niederlage zu bereiten. Das alte Schlachtschiff *Revenge* in Halifax in Neuschottland, das alte Schlachtschiff *Ramillies* im Osten von Neufundland, die Kreuzer *London* und *Edinburgh*, die im Nordosten der Azoren kreuzten, das Schlachtschiff *Rodney* und seine Zerstörer, die sich westlich des Clyde aufhielten – alle diese Schiffe erhielten Befehl, ihre Patrouillen- oder Geleitfahrten oder womit sie sonst beschäftigt waren, unverzüglich abzubrechen und einen Kurs mit dem Ziel zu nehmen, das deutsche Geschwader abzufangen. Aus Portsmouth lief ein Unterseeboot aus, um vor den Häfen im Golf von Biskaya in Position zu gehen. Für so lebenswichtig erachtete es die Admiralität, die *Bismarck* nicht aus den Augen zu verlieren, daß sie Wake-Walker anwies, die Verfolgung selbst dann aufrechtzuerhalten, wenn ihm der Treibstoff ausgehen sollte; Commodore Blackmann, der auf der *Edinburgh* mit 25 Knoten Geschwindigkeit nach Norden dampfte, erhielt den gleichen Befehl. Und

Washington meldete, daß eine Staffel auf Neufundland stationierter amerikanischer Marineflugzeuge am nächsten Morgen die Gewässer südlich von Cape Farewell durchkämmen würde.

Die für Lütjens jetzt nächste britische Kampfgruppe war die des Oberbefehlshabers, Admiral Tovey, der sich mit der *King George V*, der *Repulse*, der *Victorious* und fünf Kreuzern etwa 360 Meilen weiter südöstlich aufhielt. Commander Jacob, der Flottennachrichtenoffizier, war es gewesen, der Tovey mit erregter Stimme vom Ende der *Hood* in Kenntnis gesetzt hatte. „Schon recht, Jacob", erwiderte Tovey ruhig, „Sie brauchen darum nicht zu schreien[4]." Jetzt saßen er und Brind mit Commander Robertson, dem Operationsoffizier, am Auswertetisch auf der Admiralsbrücke und überlegten, was zu tun war. Würde der deutsche Admiral seine Fahrt nach Süden fortsetzen, nach Einbruch der Dunkelheit nach Westen ausbrechen, oder kehrtmachen und nördlich oder südlich an Island vorbei nach Deutschland zurückkehren? Tovey vertrat die Meinung, daß er einen Kurs steuern müsse, der es ihm erlauben würde, in jedem dieser drei Fälle die entsprechenden Maßnahmen treffen zu können. Daher drehte er um acht Uhr früh, während er dicht vor dem nach England laufenden Konvoi HX 126 dessen Kurs kreuzte – dem Konvoi war vor vier Tagen von Wohlfarth, Kuppisch und anderen so übel mitgespielt worden –, von Westnordwest nach Westsüdwest ab. Etwa drei Stunden später drehte er weitere 20 Grad nach Backbord, um in der Folge einen reinen Südwestkurs zu halten. Da die *Bismarck* ihren südsüdwestlichen Kurs beibehielt, erschien es Brind immer unwahrscheinlicher, daß sie kehrtmachen würde, und er drängte Tovey, einen südlicheren Kurs zu steuern. Tovey aber, der einen Ausbruch nach Westen nicht weniger fürchtete als eine Rückkehr nach Norden, behielt den Kurs der Flotte bei.

Dank der Beharrlichkeit der Radartechniker der *Suffolk* und der Ausgucks auf der *Norfolk* ging die Verfolgung und Beobachtung des deutschen Verbandes weiter. Auch Flugzeuge des „Coastal Command" auf Island hatten nach der Schlacht mit der *Hood* Fühlung gehalten (eines war minutenlang neben der *Prinz Eugen* hergeflogen, hatte ihr Feuer jedoch bald als zu genau gefunden und sie „eindeutig" als die *Admiral Scheer* identifiziert) und Wake-Walker in der ersten Tageshälfte brauchbare Berichte geliefert. Im Laufe des Vormittags verringerte die *Bismarck* allmählich ihre Geschwindigkeit, zuerst auf 26, dann auf 24 Knoten, und die Backbord achtern laufende *Norfolk* sah sich langsam Raum gewinnen, bis sie querab stand. Die *Prince of Wales* hingegen benützte die Geschwindigkeitsabnahme der *Bismarck*, um ihre Distanz zur *Norfolk* zu verringern. Wake-Walker wies Leach an, eine Position achteraus einzunehmen, und erkundigte sich nach dem Stand der Dinge. Leach erwiderte, daß er wieder gefechtsbereit, wenn auch noch damit beschäftigt war, die Brücke zu waschen, und die Leichen der dort Getöteten zu entfernen.

Bald verschlechterte sich die Sicht, die *Bismarck* verschwand im Nebel, und die *Suffolk* verlor vorübergehend Radarkontakt. Gefolgt von der *Prince of Wales* eilte die *Norfolk*, die jede Verbindung mit dem Feind verloren hatte, eine Zeitlang in der gleichen Richtung weiter. Plötzlich kam Wake-Walker der Verdacht, nicht mehr als ein Verdacht, die *Bismarck* könnte in Richtung auf seinen Kurs nach Backbord gedreht haben, wodurch sich die Entfernung zwischen ihnen sehr schnell verringern müßte. Er wies Captain Phillips an, 360° nach Backbord zu drehen – einen vollständigen Kreis – und seinen bisherigen Kurs erst dann wieder aufzunehmen, ließ der *Prince of Wales* signalisieren, ihm zu folgen, und vergrößerte damit die Distanz zur *Bismarck* um drei bis vier Meilen. 40 Minuten später verzog sich der Nebel und ließ die *Bismarck*, nur acht Meilen entfernt, direkt vor ihnen sichtbar werden. Sie hatte tatsächlich genau Kurs Süd genommen – eine Änderung nach Backbord um 30° – und das nur Minuten, nachdem die *Norfolk* zu ihrem Kreis zugedreht hatte. Nur Wake-Walkers Eingebung war es zu verdanken, daß die zwei Schiffe sich nicht, das eine vom anderen unbemerkt, im Nebel genähert und im Abstand von nur ein oder zwei Meilen querab passiert hatten, wo die *Bismarck* die *Norfolk* mit großer Wahrscheinlichkeit hinweggepustet haben würde.

Für Tovey war die Nachricht von der Kursänderung der *Bismarck* nach Süden – und somit ein wenig auf ihn zu – sehr ermutigend. Zusammen mit Brind nahm er Berechnungen auf der Seekarte vor, wobei sie zu dem Schluß kamen, daß, wenn die *Bismarck* diesen Kurs und diese Geschwindigkeit beibehielt, sie früh am nächsten Morgen mit ihr und der *Prinz Eugen* im Gefecht stehen würden. Was aber, wenn die Deutschen in der Nacht plötzlich ihre Geschwindigkeit jäh steigerten, einen wilden Zickzackkurs einschlugen und nach Westen oder Norden ausbrachen? Tovey hatte nur eine einzige Waffe, mit der er die *Bismarck* aufhalten und die Operation besser absichern konnte: den Flugzeugträger *Victorious* mit seinen Torpedoflugzeugen des Typs „Swordfish“. Captain Bovell hatte ihn vor dem Auslaufen darauf aufmerksam gemacht, daß die größte Entfernung, über die er einen Angriff führen und seine Maschinen wieder zurückbringen konnte, 100 Meilen betrug. Wenn die *Victorious* jetzt entlassen würde und einen direkten Abfangkurs auf den Feind zu steuerte, sollte sie gegen Abend 100 Meilen von der *Bismarck* entfernt sein. Er blickte durch das Brückenfenster hinaus auf ihr Flugdeck, das sich in der langen Dünung hob und senkte, auf den Vorhang aus schäumendem Gischt, der sich an ihrem Bug hochrankte, und dachte an ihre jungen Flieger, von denen einige noch nie an Operationen auf hoher See teilgenommen hatten. War es fair von ihm, ihnen bei einem solchen Einsatz die Feuertaufe zu bereiten? Hatten sie auch nur die geringste Chance, ihre Mission erfolgreich abzuschließen? Doch dann dachte er auch an die *Hood* und ihre 1400 Toten, und wie es im Atlantik zugehen würde, wenn die *Bismarck* entkam. Und er wußte, wie er es von Anfang an gewußt hatte, daß ihm keine andere Wahl blieb. Kurz nach drei Uhr nachmittag setzte Tovey ein Signal für Rear-Admiral Alban Curteis auf der *Galatea*, die *Victorious* und ihre vier Kreuzer um sich zu sammeln und die ihm vorher erteilten Befehle auszuführen. „Viel Glück", signalisierte er Bovell, und vielleicht wußte nur Bovell, wie sehr sie es brauchen würden. Dann gab er der *King George V* und der *Repulse* Order, 40° nach Backbord abzudrehen und einen leicht südsüdwestlichen Kurs einzuschlagen. Wenn nun die *Bismarck* auch weiterhin genau nach Süden fuhr, bestand keine Gefahr des „loose bearing", wie die Seeleute es nennen, des Zurückfallens. Zusammen mit Brind sah er die *Victorious*, beschützt von Curteis' Kreuzern, in einem Sprühregen von Gischt Kurs auf den noch fernen Feind nehmen, zu einem schwarzen Punkt am südwestlichen Horizont werden und am Ende der Welt untertauchen und verschwinden. Von diesem Augenblick an kreisten seine Gedanken fast ständig um die *Victorious* und ihre jungen Flieger.

Das Wetter war den ganzen Tag über unbeständig: der Nebel kam und löste sich wieder auf, zeitweilig war die *Bismarck* in Sicht der *Norfolk* und der *Prince of Wales*, dann wieder verschwunden. Doch Steuerbord achtern hatte die *Suffolk* den Radarkontakt wiederhergestellt und hielt eisern daran fest.

Auf der *Bismarck* herrschte am Vormittag auch weiterhin gute Stimmung. Wohl war es trotz häufiger Kursänderungen nicht gelungen, die verfolgenden Kreuzer abzuschütteln, aber das war nur eine Frage der Zeit; und sobald Verstärkungen eintrafen, würde man mit ihnen genauso verfahren, wie man mit der *Hood* und der *Prince of Wales* verfahren war. Die aus Island kommenden, immer wieder auftauchenden Aufklärungsflugzeuge wurden als lästig empfunden, aber solange die Kreuzer Fühlung hielten, war nichts anderes zu erwarten. Nur wenige zweifelten daran, daß es ihnen gelingen würde, in der Nacht den Feind abzuschütteln, von einem der wartenden Tanker Treibstoff aufzunehmen, die Schäden zu reparieren, und dann, wie geplant, alliierte Handelsschiffe anzugreifen. Auf großen Einheiten dauert es eine gewisse Zeit, bis Informationen weitergegeben werden; und so kam die Nachricht, daß die *Bismarck* St. Nazaire anlaufen und die *Prinz Eugen* selbständig operieren sollte, für Müllenheim-Rechberg und andere völlig überraschend.

Am frühen Nachmittag machte Lütjens Brinkmann von seiner Absicht Mitteilung, ihn aus dem Verband zu entlassen. Im Schutze eines Regensturmes würde die *Bismarck* nach Westen abdrehen; die *Prinz Eugen* sollte ihren gegenwärtigen Kurs drei Stunden lang beibehalten, dann entweder auf den Tanker *Belchen* oder den Tanker *Lothringen* südwestlich von Grönland zuhalten, Treibstoff übernehmen und selbständig Handelskrieg führen. Als Ausführungsstichwort für die Operation wurde – eine Pikanterie am Rande – „Hood" festgesetzt.

Auf diese Weise erfuhr Brinkmann zum ersten Mal, daß die zwei Schiffe sich trennen sollten. Lütjens hatte ihn über seine Beweggründe für die Absicht, St. Nazaire anzulaufen, nicht informiert. Brinkmann war verwundert. Nach seiner Vorstellung hatte das Manöver das Ziel, eines der beiden Schiffe von der Überwachung durch die verfolgenden Kreuzer zu befreien (vermutlich die *Bismarck*, da die *Prinz Eugen* dank ihrer höheren Geschwindigkeit bessere Chancen hatte, sie zu einem späteren Zeitpunkt abzuschütteln). Welche Absichten er in bezug auf die *Bismarck* verfolgte, nachdem er die Bewacher losgeworden war, ob er auch mit ihr selbständig operieren oder aufgrund der erlittenen Schäden einen deutschen oder französischen Hafen anlaufen wollte, darüber ließ Lütjens Brinkmann völlig im ungewissen. Die mitgelesenen Funksprüche der *Bismarck* an die Gruppe West boten jedenfalls keine ausreichende Information über die Absichten. Ein mitteilsamerer Admiral hätte sie leicht mit Winkspruch ohne Gefahr übermitteln können.

Bevor Brinkmann noch Zeit hatte, die Lage eingehender zu untersuchen, gab es Fliegeralarm, als sich wieder ein Flugzeug aus Island am Himmel zeigte. Bald danach zog ein Regensturm auf, die *Bismarck* signalisierte „Hood" und scherte nach Westen aus. 20 Minuten später war sie wieder zurück, da sie in 13 Meilen Entfernung über Funkmeß an Steuerbord achtern die *Suffolk* geortet hatte (und von ihr geortet worden war).

So ging die Jagd nach Süden weiter, und etwa um diese Zeit erhielt

Admiral Wake-Walker, der zehn Meilen weiter hinten auf der *Norfolk* daherbrauste, einen höchst beunruhigenden Funkspruch von der britischen Admiralität.

Der Lageraum der Admiralität befand sich in einem großen, neuen, häßlichen Betonbau, „Citadel" genannt, neben der alten Admiralität im Londoner Bezirk Whitehall, in nächster Nähe des Heeresministeriums und der Nelson-Säule auf dem Trafalgar Square, nur wenige Schritte von der Downing Street und dem Parlament entfernt. Dies war das Nervenzentrum der britischen Seekriegführung. An einer Wand hing eine große Weltkarte, an einer anderen eine des Atlantik, darauf bezeichneten Nadeln und Fähnchen die sich stets verändernden Positionen der britischen Kriegsschiffe und Konvois, aber auch der feindlichen Überwasserfahrzeuge und U-Boote, die von Flugzeugen gesichtet, vom Nachrichtendienst oder durch Funkpeilung geortet worden waren. Mit diesem Lageraum sprach Tovey über das grüne Telefon von seinem Flaggschiff in Scapa Flow aus. Hier wurden Informationen und Nachrichten aller Art von Schiffen, Küstenstationen, Botschaften, Funkhorchstellen und Agenten in der genzen Welt empfangen; von hier gingen Einsatzanweisungen, Befehle, Ratschläge und Lageberichte an die Schiffe auf See aus. Der Lageraum war von 15 bis 20 Offizieren und Mannschaften besetzt, die, seitdem sie Captain Denhams Meldung vom Auslaufen der *Bismarck* erhalten hatten, kaum zur Ruhe gekommen waren. Zu den Offizieren, die wichtige Entscheidungen zu treffen hatten, gehörte damals Captain Edwards, als Director of Operations*, Captain Daniel als Director of Plans, Rear-Admiral Clayton, Commander Denning und Lieutenant-Commander Kemp vom Marine-Nachrichtendienst. Nach der Marinehierarchie ihnen übergeordnet waren Rear-Admiral Power, Assistant Chief of the Naval Staff**, Vice-Admiral Sir Tom Phillips, Vice Chief of the Naval Staff, und der Erste Seelord, Flottenadmiral Sir Dudley Pound. Wichtige Einsatzbefehle, die von der Admiralität an die Flotte auf See erlassen wurden, gingen von Pound aus oder waren von ihm gebilligt.

Mehr als alle anderen Admirale, die an der Operation *Bismarck* beteiligt waren, stand Dudley Pound im Scheinwerferlicht der Kritik[5]. Er hatte eine bemerkenswerte Karriere hinter sich, war aber jetzt ein kranker

* Director of Operations: Chef der Operationsabteilung.
** Naval Staff: entspricht der deutschen Seekriegsleitung.

Mann. Seinerzeit Kommandant des Schlachtschiffes *Colossus* am Skagerrak, hatte er die Position des Ersten Seelords nur erreicht, weil ranghöhere Offiziere noch kränker waren als er. Er hatte einen Gehirntumor, dem er im Oktober 1943 erliegen sollte, und ein Hüftleiden, das ihm große Schmerzen verursachte und ihm den Schlaf nahm. Vor dem Krieg hatte man ihn als Oberbefehlshaber im Mittelmeer manchmal mitten in der Nacht auf dem Deck seines Flaggschiffes auf und ab wandern sehen: der Flottenarzt hielt ihn für ungeeignet, in Kriegszeiten das Kommando zu führen, brachte es aber nicht über sich, die Admiralität von seiner Diagnose in Kenntnis zu setzen. Er war tatsächlich nicht geeignet, das so verantwortungsvolle Amt eines Ersten Seelords in Kriegszeiten zu versehen: Schmerzen und Schlaflosigkeit hatten zur Folge, daß er bei Besprechungen manchmal einschlief. Doch das Vertrauen, das der Premierminister in ihn setzte, schmeichelte ihm; Churchill wieder fand Gefallen an ihm, weil er sich seinen Wünschen oft gefügig zeigte.

Alle, die damals mit Pound in der Admiralität zusammenarbeiteten, sprechen noch heute mit Zuneigung von ihm und erinnern sich seiner Höflichkeit und Geduld und seiner langen Arbeitsstunden. Aber bei jenen, die auf See oder im Ausland unter ihm dienten, sieht die Sache anders aus. Es mag an der durch seinen schlechten Gesundheitszustand bedingten Reizbarkeit gelegen haben oder an seiner Nachgiebigkeit gegenüber Churchill, daß er im Amt den starken Mann markierte, aber es sind zu viele Fälle bekannt, wo er ranghohe Offiziere wegen angeblicher Pflichtverletzung bestrafte oder zu bestrafen drohte – wie etwa die unüberlegt angeordnete Untersuchung von Admiral Somervilles Verhalten bei der Operation vor Kap Spartivento und die brüske Entlassung Admiral North' in Gibraltar, als er es verabsäumt hatte, ein französisches Geschwader am Passieren der Meerenge zu hindern – ein Fehler, an dem North überhaupt keine Schuld trug und der einzig und allein Whitehall anzulasten war.

Doch was ihm mehr als alles andere zum Vorwurf gemacht wird, das ist, was Seeleute „back seat driving", das Befehlen vom grünen Tisch aus, nennen: das ständige Übergehen ordnungsgemäß bestellter Admirale, sein Hang, Operationen von Whitehall aus lenken zu wollen, und seine Überzeugung, daß keiner so viel davon verstand wie er. Toveys Stabsoffiziere, wie Brind und Bingley und Lloyd, sprechen mit gemischten Gefühlen von der Flut von Instruktionen, die sich aus London über sie ergoß, wenn die Flotte im Hafen lag, und die ihre Arbeit, statt sie zu erleichtern, noch erschwerte.

Während die deutsche Kampfgruppe an diesem 24. Mai – es war mittlerweile Nachmittag geworden – ihre Fahrt unbehelligt nach Süden fortsetzte und sich mit jeder Meile näher an die Handelsstraßen und im besonderen an den Truppengeleitzug WS8B heranarbeitete, empfanden Churchill und andere Persönlichkeiten in hohen Positionen es als seltsam, daß Wake-Walker sich damit begnügte, die *Prince of Wales* müde hinter der *Bismarck* herdampfen zu lassen und keinen Versuch zu unternehmen, sie aufzuhalten oder abermals anzugreifen. Nun mußte gerade Pound im Lageraum mit den Karten vor sich die tatsächliche Situation kennen – hatte sein Stab doch sogar am Morgen einen sehr nützlichen Lagebericht ausgesandt, in dem die britischen Schiffe in dieser Gegend über ihre respektiven Positionen informiert wurden. Er wußte, daß die *Victorious* auf dem Weg war, einen Torpedoangriff vorzutragen, daß auch die *King George V* und die *Repulse* auf den Feind zusteuerten und vermutlich am nächsten Morgen mit ihm in Berührung kommen würden. Und er wußte auch – weil es seine Pflicht war, das zu wissen – von den Vorzügen der Konzentration, er kannte Nelsons berühmten Ausspruch: „Nur die Zahl bringt die Entscheidung"; er hatte sogar schon daran gedacht, die *Ramillies* anzuweisen, die *Bismarck* nur dann anzugreifen, wenn sie bereits mit anderen Schiffen im Gefecht stand. Dennoch, und zweifellos auf Churchills Drängen hin, richtete er über Funk die Frage an Wake-Walker, „was er davon halte, die *Prince of Wales* neuerlich angreifen zu lassen."

Wake-Walker erhielt die Botschaft am späten Nachmittag und mit großer Bestürzung. Je länger er darüber nachdachte, desto klarer wurde ihm die eigentliche Bedeutung: daß die Admiralität ihm die Frage nicht gestellt hätte, wenn sie nicht der Meinung gewesen wäre, daß er angreifen sollte, und daß es ihm, da er es nicht getan hatte, an Kampfgeist ermangle – ein Vorwurf, auf den ein Befehlshaber in Kriegszeiten verständlicherweise besonders empfindlich reagiert. Nachdem er verschiedene Antworten überdacht und wieder verworfen hatte, erwiderte er schließlich, daß er nicht der Meinung sei, die *Prince of Wales* sollte abermals angreifen, bevor nicht andere schwere Schiffe Fühlung gewonnen hätten; überdies zweifle er daran, daß die *Prince of Wales* genügend Geschwindigkeit erreichen könnte, um ein Gefecht zu erzwingen. Tovey, der diesen Meinungsaustausch auf der *King George V* mitanhörte, war mit Wake-Walkers Entgegnung ebenso zufrieden, wie er über die Anfrage der Admiralität verärgert war. Wenn Wake-Walker weiterhin Fühlung hielt, sich mit seinem Schiff jedoch bis zu seinem, Toveys, Eintreffen auf kein Gefecht einließ, tat er genau das Richtige. Tovey verspürte keinen Wunsch, weitere Schäden auf der *Prince of Wales* zu riskieren; um so mehr lag ihm daran, daß die Kreuzer den Deutschen auf der Spur blieben. Er beschloß, seine eigene Funkstille zu brechen, wenn die Admiralität noch mehr solche versteckte Hinweise vom Stapel ließ, und London davon in Kenntnis zu setzen, daß Wake-Walkers Verhalten durchaus seinen Wünschen entsprach.

Später dann schickte die Admiralität den Kommandanten der *Norfolk* und der *Suffolk* eine Botschaft, in der sie ihnen gratulierte, daß sie den Deutschen so geschickt auf den Fersen blieben, und sie aufforderte, in ihren Bemühungen nicht nachzulassen, doch nun war der Schaden schon angerichtet. Wake-Walker teilte seinem Stab mit, daß er die Absicht habe, die *Prince of Wales* vor die *Norfolk* zu setzen und den Abstand der *Suffolk* in westlicher Richtung von zwölf auf fünf Meilen zu verringern, um seine Schiffe als Kampfgruppe einsetzen zu können. Sowohl sein Flag-Lieutenant David Kelburn als auch der Navigationsoffizier der *Norfolk*, Norman Todd, beschworen ihn, die *Suffolk* auf ihrem Kurs zu belassen, da sich die Beschattung des Feindes sonst schwieriger gestalten würde. Doch der Admiral blieb hart. Er war entschlossen, sich mit der *Prince of Wales* von Backbord achtern an die *Bismarck* heranzuschieben, sie von achtern anzugreifen und sich dann mit seiner Kampfgruppe, in der Hoffnung, die *Bismarck* in einen Kurs hineinlocken zu können, der sie seinem Oberbefehlshaber näher brachte, nach Osten zurückzuziehen. Was die *Bismarck* bewegen sollte, nach Osten abzudrehen, war ihm noch unklar, aber das war sein Plan, und er hielt daran fest; die Admiralität würde es sich überlegen, ihm noch einmal mangelnden Kampfgeist zu unterstellen.

Auf der *Prinz Eugen*, die sich, zwei Meilen vor der *Bismarck*, außer Sichtweite des britischen Geschwaders befand, erwachte mittlerweile Kapitän Busch in der Kammer des Arztes aus einem Nachmittagsschläfchen. Die Alarmglocken hatte er überhört; was ihn weckte, war das Donnern der Flak über seinem Kopf. Als er auf Deck kam, schwiegen die Kanonen bereits wieder. Das Flugzeug war ein Aufklärer aus Island gewesen, der sich ein wenig zu nahe herangewagt hatte. Auf dem Rückweg in seine Kammer wechselte Busch ein paar Worte mit einem Matrosen, der nicht im Dienst war und sich auf Stapeln von Hängematten ausruhte, und bat ihn zu wecken, wenn wieder Alarm gegeben werden sollte. Er erzählte ihm die Geschichte von dem Zahlmeister auf einem Kreuzer im Ersten Weltkrieg, der den Großteil einer Schlacht in der Nordsee verschlief, erst erwachte, als das Schiff achtern getroffen wurde, und dann zornig hinausschrie: „Ja, verdammt noch mal, komm 'rein!"

Als Busch wieder auf Deck kam, war die See stürmischer als am Morgen. Auf der grauen Dünung tanzten kleine Schaumkronen, und außer der *Bismarck*, die schwarz und massig hinter ihnen lief, war nichts zu sehen. Er stieg auf die Brücke hinauf und fand dort Beck, den Navigationsoffizier, mit einem Stoß von Berichten in der Hand, die Mütze unter dem Arm, das rote Haar vom Wind zerzaust. Jasper lutschte an einem Bonbon aus einer Tüte, die der Wachoffizier ringsum anbot. Brinkmann, der in seiner blauen Uniform eine gute Figur machte, rauchte wie üblich seine Zigarre.

Sie berichteten ihm von den erfolglosen Versuchen der *Bismarck*, ihren Verfolgern zu entkommen, und da er die nächste Wache hatte, ging er in die Offiziersmesse hinunter, um ein frühes Abendessen einzunehmen. Die normale Beleuchtung war nicht eingeschaltet, es war trüb und dunkel im Saal, düster wie ein Rembrandt-Gemälde. An einem Ende war das Deck mit den Hängematten der Mannschaft der achteren Türme vollgeräumt, und hinten an den Spieltischen tranken einige Offiziere Bier, klopften Skat und spielten Doppelkopf. Am anderen Ende verzehrte ein halbes Dutzend Offiziere am hufeisenförmigen Eßtisch ihr Abendbrot. Ein oder zwei Neuankömmlinge hatten weiße Messejacketts angelegt, die meisten aber ihre blauen Uniformen oder Drillich-Päckchen anbehalten, um bereit zu sein, wenn die Alarmglocken läuteten. Die meisten aßen schweigend und stocherten nur in ihrem Essen herum: Pökelheringe und Bratkartoffeln mit Speck und Zwiebelsoße. Es herrschte eine gedrückte Stimmung. Die Leute waren alle müde und befanden sich in einem Zustand der Spannung. Seit nahezu 24 Stunden wurden sie verfolgt, und es schien, als ob die Kreuzer nicht abzuschütteln wären. Ohne sich dessen bewußt zu sein, warteten sie auf die Alarmglocken, die mit Unterbrechungen den ganzen Tag über schrill und fordernd geläutet, an überreizten Nerven gezerrt und vor weiß Gott was gewarnt hatten. Die ganze britische Flotte war hinter ihnen her, um blutige Rache zu nehmen; bald würden andere Schiffe dazukommen, und selbst wenn sie mit diesen fertig wurden und entwischen konnten, ohne Schaden zu nehmen, so würden doch wieder andere kommen und noch einmal andere aufkreuzen, um an ihre Stelle zu treten. Das Heulen und Poltern der von den Turbinen betriebenen Wellen im Schiffsinneren, das Vibrieren der Stahldecks und Panzerschotts, das Klappern von Geschirr und Klirren von Gläsern, die einen Marathontanz auf dem Tisch aufführten, das alles schienen Anzeichen einer mit jeder

Minute und mit jedem Meter wachsenden Bedrohung. „Wenn jetzt ein Alarm kommt", sagte einer der mitreisenden Werftbeamten – sie wurden wegen ihrer Dienstgradabzeichen „Silberlinge" genannt –, „dann ist es kein Flugzeug. Dann ist es etwas anderes, und darauf können wir uns jetzt schon freuen." Damit hatte er den vielen unausgesprochenen Gedanken Ausdruck verliehen.

Um 18 Uhr übernahm Busch abermals die Wache. Er meldete sich bei Jasper auf der Brücke und sah, daß es neblig wurde. Brinkmann, der von Lütjens nichts mehr über die Aktion „Hood" gehört hatte, arbeitete emsig an seinen eigenen Plänen. „An Flottenchef von *Prinz Eugen*", diktierte er dem Signalmaat. „Vorschlage entweder (a) *Bismarck* und *Prinz Eugen* ziehen Feind über eigene U-Boote. Wenn Fühlung abreißt, auf Tanker *Belchen* zuhalten. Wenn Fühlunghalter nicht abzuschütteln, Fahrt südwärts fortsetzen und *Esso Hamburg* und *Spichern* nordwärts beordern. Wenn von Feind genötigt, Kampf aufnehmen. Andernfalls auftanken. Der Moment muß kommen, da Treibstoffsituation auch für Feind kritisch wird. Oder (b) gemeinsam *Belchen* oder *Lothringen* ansteuern und trotz feindlicher Beobachter auftanken. Wenn Feind Schlacht beginnt, Kampf aufnehmen."

Schon wollte er diese Botschaft an die *Bismarck* übermitteln lassen, als die Signallampe des Flaggschiffes aufzublitzen begann. „An *Prinz Eugen* von Flotte", rief der Signalmaat. Die Botschaft war kurz und bestand aus nur vier Buchstaben. „Hood", rief der Signalmaat, und während sie noch hinüberblickten, drehte die *Bismarck* nach Steuerbord ab. Schon schwenkten ihre Geschütztürme zum Feind hinüber, wie Borsten starrten ihre Luftabwehrkanonen zum Himmel – oder gleich gezogenen Schwertern, so sah es für Busch aus –, und langsam verschluckte sie der Nebel. Bis auf den Vormars sank alles unter den Horizont, und bald verschwand auch dieser.

So verging eine lange Zeit. Die *Prinz Eugen* setzte ihre Fahrt nach Süden fort, und der Nebel begann sich zu verziehen. Von achtern her hörten sie das Dröhnen der Geschütze der *Bismarck*, sahen den gelben und orangefarbenen Feuerschein, den braunen Pulverdampf emporwallen. Aus Decks und Waschräumen, aus Kajüten und Kombüsen kamen die Männer und drängten sich an der Reling, um es mit eigenen Augen zu sehen. Immer noch feuernd – stolz und angriffslustig, so schien es Busch – kam die *Bismarck* noch einmal am nordwestlichen Horizont in Sicht. Wie Glorienscheine lagen die Rauchringe von den Salven um ihre Türme. „Da fährt unser großer Bruder", sagte Jasper auf der Brücke. „Er wird uns wirklich sehr fehlen." So wie Tovey vor nur drei Tagen die *Hood* aus

Scapa Flow auslaufen gesehen hatte, so suchten Jasper und die Mannschaft der *Prinz Eugen* (die jetzt aus diesem Bericht ausscheiden) mit ihren Blicken zum letzten Mal die *Bismarck*, Deutschlands größtes Kriegsschiff.

6

So war es also Lütjens auf der *Bismarck*, der die Kampfhandlungen eröffnete, und nicht Wake-Walker. Als sie im Nebel verschwand, befand sich die *Suffolk* 13 Meilen Steuerbord achtern aus und schloß eben langsam zur *Norfolk* und zur *Prince of Wales* auf. Captain Ellis hatte dem erschöpften Radarpersonal Ruhe gegönnt; jetzt ließ er wieder einschalten – und nicht eine Minute zu früh, denn die Entfernung begann schnell abzunehmen. Als sie nur mehr zehn Meilen betrug, ließ Ellis nach Backbord abdrehen und erhöhte die Geschwindigkeit. Die *Bismarck* tauchte aus dem Nebel auf, hielt geradewegs auf die *Suffolk* zu und feuerte eine erste Salve. Die weißen Geiser stiegen geräuschlos fast tausend Meter achteraus hoch, weitere kamen nahe genug heran, um Nieten in der hinteren Rumpfbeplankung zu lockern. Die *Suffolk* antwortete mit neun Breitseiten, die zum Großteil ihr Ziel nicht erreichten, und zog sich hinter einen Rauchschleier zurück, als Wake-Walker ihr signalisierte: „Verschwenden Sie keine Munition!" Die Abschüsse vom Turm B, der achteraus feuerte, hatten alle Brückenfenster zerschmettert, so daß die Offiziere auf der früher geschlossenen, dampfgeheizten Brücke jetzt dem Gischt und den eisigen Winden ausgesetzt waren. *Norfolk* und *Prince of Wales* eilten herbei, um Hilfe zu leisten, und eröffneten aus 15 Meilen Entfernung das Feuer auf die *Bismarck*. Die *Bismarck* feuerte drei Salven, die *Prince of Wales* zwölf, bevor zwei ihrer Geschütze abermals ausfielen. „Ich bin sicher, daß diese Chance, den Kampf ein zweites Mal aufzunehmen, außerordentlichen Eindruck auf sie macht", schrieb Wake-Walker später in seiner forschen Art. Gewiß hoffte er, daß die Aktion auch außerordentlichen Eindruck auf die Admiralität machen würde.

Die *Bismarck* schwenkte nach Westen und dann nach Süden. Indem er der *Prinz Eugen* Gelegenheit gab, zu entwischen, hatte Lütjens eines seiner Ziele erreicht, doch wenn er die Hoffnung hegte, auch die *Bismarck* vom Gegner zu lösen, mußte er sie bald aufgeben: das argusäugige Radar der *Suffolk* ließ ihn nie aus dem Griff. Wake-Walker formierte das Geschwader in Kiellinie: *Suffolk* an der Spitze, die *Prince of Wales* zu ihrer Unterstützung in der Mitte, die *Norfolk* als Nachhut. Zuerst dachte er daran, seine Einheiten Steuerbord achteraus der *Bismarck* zu setzen, „um sie", wie er meinte, „in östliche Richtung abzudrängen" (wie und aufgrund welcher Überlegungen er dies zu bewerkstelligen hoffte, hat er nie erklärt). Aber dann entschloß er sich für Backbord achteraus, jene Seite, von der aus die *King George V* und die *Repulse* allenfalls angreifen sollten. Diese Kiellinienformation – David Kelburn und andere wurden nicht müde, darauf hinzuweisen – war für das Fühlunghalten nicht eben ideal, weil nun keine Schiffe auf der anderen Seite der *Bismarck* verblieben, doch er, der die *Bismarck* hatte angreifen wollen und selbst angegriffen worden war, hielt es für nötig, seine Einheiten als Kampfgruppe zusammenzuhalten – auch wenn die Wirksamkeit der Beschattung darunter litt. Er gab jedoch die Versicherung ab, daß die *Prince of Wales* die *Bismarck* bis zum Eintreffen Toveys am nächsten Morgen nicht mehr angreifen würde. So ging alles weiter wie zuvor, bis die Admiralität einen Funkspruch aussandte, in dem sie vor U-Booten warnte, und Wake-Walker einen Zickzackkurs für alle Schiffe anordnete, wobei die Backbord-Schläge sie von der *Bismarck* entfernten, die Steuerbord-Schläge sie wieder heranführten. Auf der *Bismarck* zeigte man sich sehr befriedigt, daß die *Prinz Eugen* so glatt entwischt und bereits 40 Meilen weiter jenseits des südlichen Horizontes war; jetzt galt es nur noch, auch das Flaggschiff im Laufe der Nacht in Sicherheit zu bringen. Die gute Stimmung steigerte sich noch, als eine Botschaft von Saalwächter eintraf, in der er seine Glückwünsche zur Versenkung der *Hood* aussprach und mitteilte, daß in St. Nazaire und Brest die Vorbereitungen für den Empfang der *Bismarck* schon in vollem Gange waren. Er riet Lütjens, den Feind dadurch abzuschütteln, daß er sich vorübergehend in eine entlegene Zone zurückzog. Doch eben das tat Lütjens bereits, denn er steuerte einen südwestlichen Kurs in Richtung auf den Vorpostenstreifen der U-Boote, der zwischen Grönland und Neufundland gebildet worden war.

Und dann, nicht viel später, wurde im Anschluß an den Mittagsbericht des OKW, der sich mit den Luftlandungen auf Kreta befaßte, eine Sondermeldung angekündigt. Sie wußten, daß es sich hierbei um einen neuerlichen Erfolg von Dönitz' U-Booten handeln mußte, was sonst? Der Funkraum erhielt Auftrag, das Schiffslautsprechersystem auf Rundfunkempfang zu schalten und scharf einzustellen, um die Nebengeräusche auf ein Minimum zu beschränken, denn sie waren weit weg von der Heimat.

Und wo immer sich die Männer der *Bismarck* und der *Prinz Eugen* befanden, ob in den Decks oder im Turm, im Maschinenraum oder in einer Schaltzentrale, sie legten die Spielkarten nieder, stiegen aus ihren Hängematten und drängten sich um die Lautsprecher, um ja kein Wort zu versäumen. Zuerst kam die vertraute Stimme des Sprechers: „Der Großdeutsche Rundfunk bringt in Kürze eine Sondermeldung des Oberkommandos der Wehrmacht", und jene, die Berlin kannten, wie Busch, dachten an die Stadt; die sie nicht kannten, sahen sie im Geist, tapfer und prächtig. Dann gab es einige Takte Franz Liszt, eine schon an sich aufrüttelnde Melodie, doch in diesem Zusammenhang, als Auftakt sozusagen, war es schlechthin überwältigend. Auf die Musik folgte eine kurze Pause, und dann las der Sprecher die Meldung des Oberkommandos, daß das auf Kriegsfahrt befindliche Schlachtschiff *Bismarck* im Atlantik den großen Schlachtkreuzer *Hood*, den Stolz der britischen Flotte, versenkt habe und jetzt seine Operationen fortsetze.

Später, beim abendlichen Wunschkonzert in der großen Halle des Deutschlandsenders, in der sich Kriegsverletzte, Arbeiter aus der Rüstungsindustrie und Krankenschwestern drängten, hörten sie Heinz Gödeckes vertraute Stimme, der einen Aufruf an die *Bismarck* richtete: „Komm zurück!" Auf der *Prinz Eugen* machte sich Enttäuschung breit, daß sie (vielleicht aus Sicherheitsgründen) bei keiner dieser Gelegenheiten erwähnt worden war, und daß ihre Familien nichts von ihrem Anteil an der Schlacht wußten. „Schon wahr", meinte einer, „aber wenigstens brauchen sie sich keine Sorgen um uns zu machen."

Doch das war für lange Zeit die letzte gute Nachricht für die *Bismarck*. Denn der Flotteningenieur, Fregattenkapitän Thannemann, und der Leitende Ingenieur, Korvettenkapitän Lehmann, hatten Berechnungen angestellt und berichteten nun Lütjens über die ernste Lage betreffend den Treibstoff. Und so stellte sich das Problem dar: Wenn die *Bismarck* den gegenwärtigen Kurs beibehielt und die Fühlunghalter über die U-Boot-Linie lockte, würde sie genügend Treibstoff haben, um die *Belchen* oder die *Lothringen*, ja sogar die *Spichern* oder die *Esso Hamburg* zu erreichen, die bei den Azoren kreuzten. Doch angenommen, sie wäre, aus welchen Gründen auch immer, nicht imstande, einen Tanker zu erreichen, angenommen, es gelänge den U-Booten nicht, die britischen Verfolger zu treffen und ihr selbst nicht, sie abzuschütteln (denn schließlich hatten sich die Engländer in den vergangenen 24 Stunden, in Schnee- und Regenstürmen, bei Tag und bei Nacht, als überraschend hartnäckige Verfolger erwiesen), dann würde die *Bismarck* hilflos und ohne genügend Treibstoff, um einen französischen Hafen anzulaufen, im Atlantik festsitzen. Zugegeben, auch die Engländer mochten in Bälde Treibstoffsorgen haben, aber darauf konnte man sich nicht verlassen, und selbst dann mußte man mit der Möglichkeit rechnen, daß andere Einheiten an ihre Stelle traten. Wenn sie aber den U-Boot-Vorpostenstreifen links liegen ließen und jetzt Frankreich ansteuerten, würden sie, so keine unvorhergesehenen Schwierigkeiten auftraten, über ausreichende Reserven verfügen. So gesehen gab es gar keine andere Wahl. Kurz vor 22 Uhr meldete Lütjens der Gruppe West: „Wegen Funkmeß unmöglich, den Feind abzuschütteln. Treibstoff nötigt mich, direkt Brest anzulaufen." Er wies Lindemann an, mit dem Kurs Südsüdwest auf Süd zu gehen. Zwar gab es in Brest kein Trockendock, das groß genug für die *Bismarck* gewesen wäre, aber es war hundert Meilen näher als St. Nazaire, und sie würde dort entsprechend schneller Öl für ihre Tanks und auf dem Festland stationierte Luftsicherung finden.

Mittlerweise näherten sich, was Lütjens nicht ahnen konnte, die *Victorious* und ihre Kreuzer langsam aus dem Osten. Captain Bovell hatte gehofft, gegen 21 Uhr bis auf 100 Meilen an die *Bismarck* herangekommen zu sein, um dann seinen Flugzeugverband ausschicken zu können, doch Lütjens' Ablenkungsmanöver nach Westen, um der *Prinz Eugen* Gelegenheit zu geben, zu entwischen, hatte die Lücke erweitert, und um 22 Uhr war Bovell immer noch einhundertzwanzig Meilen von seinem Ziel entfernt. Das ging über die von ihm festgelegte Einsatzdistanz hinaus, und außerdem verschlechterte sich das Wetter stündlich – tiefhängende Wolken, Gewitter, ein aufkommender Sturm aus Nordwest –, und obwohl es bis Mitternacht hell bleiben würde (die Schiffsuhren waren der Ortszeit um vier Stunden voraus), wurde der Start verschoben. Zu hoch schätzte Captain Bovell die Schwierigkeiten für die Flugzeuge ein, den Feind zu finden, zu groß die Gefahren für eine sichere Rückkehr auf das Schiff.

Neun Maschinen sollten den Angriff ausführen. Es waren alte Doppeldecker des Typs „Swordfish" („Einkaufsnetze" nannte man sie in der Marine), ihrem Aussehen nach Veteranen aus Richthofens Geschwader, mit einer Marschgeschwindigkeit von höchstens 175 km/h. Die Maschinen hatten drei Mann Besatzung – Pilot, Beobachter, Heckschütze – und einen 45,6-cm-Torpedo unter dem Bauch hängen. Die Staffel war in drei Rotten eingeteilt, die von Eugene Esmonde, dem Staffelführer Percy Gick, einem früheren Ausbilder an der Torpedoschule, und von „Dreigang" Pollard (seiner lethargischen Wesensart wegen so benannt) geführt wurden; alle drei Offiziere der Royal Navy und die einzigen mit

Erfahrung; der Rest bestand aus Reservisten, die zum Teil noch nie den Fuß auf ein Flugdeck gesetzt hatten. Zuvor waren alle 27 noch von Commander Ranald, dem Flugeinsatzoffizier, instruiert worden, der ihnen Silhouetten der gewaltigen *Bismarck* gezeigt und ihnen die Art, wie sie angreifen sollten, erklärt hatte. In dicke Fliegerkombinationen gekleidet, an welchen kleine rote Lämpchen und Pfeifchen befestigt waren, saßen sie jetzt im Mannschaftsraum, rauchten und blätterten in abgegriffenen Zeitschriften. Bald würden sie von dieser schwankenden Plattform aufsteigen, bei miserabler Sicht über 100 Meilen weit fliegen, ein sich bewegendes Ziel suchen, das jeden Augenblick seine Richtung ändern konnte, es angreifen, seiner zerstörenden Feuerkraft zu entgehen suchen, und im Dunkeln auf die *Victorious* zurückkehren und auf ihr landen müssen. Sie schätzten ihre Überlebenschancen kaum höher als Null ein.

Kurz nach 22 Uhr, etwa um die Zeit, da Lütjens sich entschloß, Brest anzusteuern, kam von der Brücke der Befehl zum Start. Die neun Flugzeuge hockten wie ein Schwarm nasser Rebhühner auf dem schlüpfrigen Flugdeck. Das Deckpersonal ließ die Motoren an, die Besatzungen kletterten hinein und schnallten sich an. Die *Victorious* drehte nach Steuerbord in den Nordwestwind und verringerte die Geschwindigkeit von 28 auf 15 Knoten. Die erste Maschine trudelte über das Flugdeck und stieg auf, gleich dahinter die zweite, und wenige Minuten später war die ganze Staffel in der Luft. Sie formierten sich, mit Esmonde an der Spitze, zum Staffelkeil, drehten vom Schiff ab und nahmen südwestlichen Kurs.

Etwa dreißig Meilen vor der *Bismarck*, die schon ihren neuen Kurs hielt, dampfte ein weißes Schiff mit grauen Aufbauten und einem gelben Mast einsam und langsam durch abendliche Regenschauer und Dünung. Es war der 1780-Tonnen-Kutter *Modoc* der Coast Guard der Vereinigten Staaten, der von 1922 bis zum Krieg der Internationalen Eispatrouille im Nordatlantik zugeteilt gewesen war. Seit drei Tagen suchte die *Modoc* nach Rettungsbooten und Überlebenden der torpedierten Schiffe des Geleitzuges H.X.126, der am 20. Mai von Wohlfarth und anderen U-Boot-Kommandanten angegriffen worden war.

Zwar sollte es noch weitere sieben Monate dauern, bis die USA in den Krieg eintraten, doch hatten die Vereinigten Staaten bereits klar erkennen lassen, wo ihre Sympathien lagen: auf der Seite jenes Landes, dessen Teil sie einst gewesen waren, dessen Sprache sie sprachen und dessen Institutionen ihnen als Vorbilder gedient hatten. Im März hatte Präsident

Roosevelt die Verteidigung Großbritanniens als lebensnotwendig für die Verteidigung der Vereinigten Staaten erklärt und das Leih- und Pacht-Gesetz unterzeichnet, das die Lieferung von Millionen Tonnen von dringendst benötigten Waffen und Nahrungsmitteln an Großbritannien ermöglichte. Als im April die ersten Lebensmittelschiffe ausliefen, bekundete er das Interesse Amerikas an der Verteidigung Grönlands, und als die *Modoc*, befehligt von Lieutenant-Commander H. Belford von der Coast Guard der Vereinigten Staaten, am 12. Mai aus Boston auslief, geschah dies, um ihr Schwesterschiff *Northland*, das an der Grönland-Vermessungsexpedition teilnahm, abzulösen.

Acht Tage später trafen sich die beiden Schiffe und tauschten Post miteinander aus. Die beiden Kommandanten hielten eine lange Besprechung ab, die *Northland* setzte ihre Fahrt nach Boston fort, erhielt jedoch wenige Stunden später über Funk den Befehl, die Rückkehr nach Boston abzubrechen und gemeinsam mit der *Modoc* nach Überlebenden des Geleitzuges H.X.126 zu suchen. Die *Northland* steuerte in die Richtung, wo die Versenkungen erfolgt waren, und sichtete bereits zwei Tage später im Wasser treibende Leichen, drei Rettungsboote und ein Floß, alle unbesetzt, und stieß kurze Zeit später auf einen britischen Zerstörer und einen bewaffneten Trawler, die beide dem Konvoi Geleitschutz gegeben und bereits 120 Überlebende aufgenommen hatten. Die ganze Zeit über blies eine steife Westbrise, was die *Modoc* dazu veranlaßte, eine lange Schleife nach Osten zu ziehen, um nach Booten zu suchen, die vom Sturm abgetrieben worden waren. Unterwegs sichtete sie auch noch zwei Flöße und ein Boot, die alle erkennen ließen, daß sich noch vor kurzem Menschen darauf befunden hatten.

Am 24. Mai gegen 18.30 Uhr Schiffszeit (eine Stunde hinter Ortszeit und fünf Stunden hinter der der britischen Flotte), dampfte die *Modoc* gemächlich nach Nordwesten. Die Besatzung hatte schon Stunden zuvor im Radio von der Versenkung der *Hood* gehört und erfuhr bei einem zufälligen Zusammentreffen zwischen der *Northland* und der britischen Korvette *Arabis* (die die Berichte der *Norfolk* über die Verfolgung der Deutschen auffing), daß die *Bismarck* ihre Fahrt nach Süden fortsetzte. Daß sie der Jagd in die Quere kommen könnten, erschien ihnen wenig wahrscheinlich, aber um mögliche Mißverständnisse zu vermeiden, hatten sowohl die *Modoc* als auch die *Northland* beim Erreichen des Kriegsgebietes übergroße Flaggen der Coast Guard der Vereinigten Staaten gesetzt, die Nacht über volle Beleuchtung eingeschaltet und über Funk ständig ihre Positionen angegeben.

Es war ein langweiliger, grauer Abend. Sie liefen gegen die Dünung, der Wind kam fast frontal, und wie leichter Regen sprühte der Gischt auf die Back. Lieutenant Bacchus, der Wachoffizier, und die Bordwachen auf der Brücke der *Modoc* ließen ihre Doppelgläser von einer Seite zur anderen wandern. Seit Tagen schon sahen sie nichts anderes als stümische See und tiefhängende, graue Wolken, ertrugen geduldig das langsame Rollen des Schiffes und litten entsetzlich unter Müdigkeit und Langeweile. Anderen wieder, mit Namen wie Krankel und Bledroth oder Untermeyer, die aus Kansas oder Milwaukee oder aus den sonnigen Städten der Pazifischen Küste kamen, erschien diese Kreuzfahrt als ein etwas ausgefallener Einsatz. Ihr Krieg sollte noch kommen.

Und dann war die Langeweile mit einem Mal vorbei. So, wie am Abend zuvor plötzlich etwas im Fadenkreuz der Optik des Vollmatrosen Newell aufgetaucht war, tauchte nun im Doppelglas des Ausgucks an Backbord voraus die Silhouette eines riesigen Schlachtschiffes auf – die *Bismarck* auf schneller Fahrt nach Süden. Das deutsche Schiff mußte die *Modoc* etwa zur gleichen Zeit gesichtet haben, tat aber daraufhin nichts. Da sie von der Gruppe Nord mehrfach über die Bewegungen der *Modoc* informiert worden war, kam die Begegnung nicht unerwartet.

Vom Unterdeck schwärmten die Männer der *Modoc* nach oben, um die *Bismarck* mit eigenen Augen zu sehen. Wie schon andere vor ihnen waren auch sie von ihrer Schönheit, ihren riesigen Ausmaßen und ihrer geballten Kraft beeindruckt. Sie hatten schon früher von der *Hood* gehört – welchem Seemann war der Name nicht geläufig? –, einige von ihnen hatten sie sogar selbst gesehen, und dieses Schiff da vor ihnen mit seinen vor- und achteraus gezurrten gewaltigen Geschützen hatte die *Hood* heute morgen in nur fünf Minuten versenkt! Wieviele andere Schiffe würde die *Bismarck* noch auf Grund schicken? Sie selbst konnte nicht versenkt werden, hatte man ihnen erzählt, und als sie sie jetzt mit eigenen Augen sahen, erschien das durchaus glaubhaft.

Der Anblick der *Bismarck*, die nun am Tag ihres Triumphs an ihnen vorbeizog, unterbrach die graue Eintönigkeit ihrer Fahrt. Diese Begegnung war ein Ereignis, über das sie bis zu ihrer Heimkehr reden und diskutieren, von dem sie später ihren Familien und Freunden erzählen konnten. Bei Gott, das genügte ihnen, mehr wollten sie gar nicht haben, aber es sollte nicht dabei bleiben. Denn aus dem von dicken Wolken bedeckten Himmel schwebten nun gleich herbstlichen Blättern acht Flugmaschinen von höchst absonderlichem Aussehen herab, zwei Flügel hatte jede, Streben, ein fixes Fahrwerk und einen einzigen Propeller –

Kisten, wie sie die Brüder Wright oder Blériot vor undenklichen Zeiten geflogen haben mußten. Die Flugzeuge rasten auf die *Bismarck* zu, und aus den gewaltigen Aufbauten des Schlachtschiffes spritzte, einem abbrennenden Feuerwerk gleich, gelbe und orangefarbene Leuchtspurmunition, die zum Teil, so Belford in seinem Bericht, „gefährlich nahe an unserem Bug vorbeipfiff". Als nächste schlossen sich zwei Kreuzer und ein weiteres Schlachtschiff der wilden Jagd auf die *Bismarck* an. Die Männer auf der *Modoc* sahen die Verfolger herankommen und merkten mit Entsetzen, daß die Kanonen des Schlachtschiffes auf sie gerichtet waren: Wake-Walker, weniger genau unterrichtet als Lütjens, hatte die *Modoc* für die *Bismarck* gehalten und das Signal zur Feuereröffnung gesetzt. Glücklicherweise verklemmte sich die Signalleine der *Prince of Wales*, mit der das „Verstanden"-Signal gesetzt werden sollte, und als die Leine klariert war, hatte man den Irrtum bemerkt. Die Kanonen schwenkten zur *Bismarck* über, und eine nicht wenig aus der Fassung gebrachte *Modoc* verkroch sich eilig im Nebel, um weiter nach den Landsleuten jener zu suchen, die sie um ein Haar ins Jenseits befördert hätten.

Doch wenn die *Modoc* vom Auftauchen Esmondes und seiner fliegenden Herde überrascht worden war, so waren es diese (acht Maschinen, denn eine hatte sich verflogen) nicht weniger von ihr. Nachdem sie mit 135 km/h die *Victorious* verließen, hatten sie die *Bismarck* durch Radar eineinviertel Stunden später aufgespürt. Sie waren wieder in die Wolkendecke aufgestiegen, um ihren Angriff vorzubereiten, doch gelang es ihnen nicht mehr, sie wiederzufinden. Sie flogen die *Norfolk* an, um sich zu orientieren. Von da brausten sie in die falsche Richtung ab, und David Kelburn griff nach einem Brückensignalscheinwerfer, um sie umzudirigieren. Esmonde signalisierte zurück, daß er verstanden hatte. Wieder stiegen sie in die Wolken auf, bekamen bald ein Radarecho, setzten im Sturzflug zu einem Angriff auf die *Bismarck* an und fanden zu ihrer Überraschung die *Modoc* an ihrer Stelle. Es war dies ein bedauerlicher Fehler, denn damit alarmierten sie die *Bismarck*, und das Überraschungsmoment ging verloren: Esmondes Querruder wurden getroffen, als er noch vier Meilen von seinem Ziel entfernt war.

Auf der *Bismarck* beobachtete man das Herannahen der „Swordfish" mit Staunen und Bewunderung. „Wir konnten es einfach nicht glauben", sagte Müllenheim-Rechberg. „Diese alten Kisten hatten den Mut, einen feuerspeienden Berg wie die *Bismarck* anzugreifen." Aber sie griffen an. Esmondes Kette kam im Tiefflug Backbord querab heran und warf ihre Torpedos aus einer halben Meile Entfernung; eine Minute später griffen

Gicks drei Flugzeuge von Backbord voraus an. Gick selbst war mit einem Anflug nicht zufrieden, wendete und wagte sich ein zweites Mal in die Feuerhölle. Das Getöse auf der *Bismarck* war betäubend: in ununterbrochener Folge feuerten fünfzig Geschütze einschließlich der Schweren Artillerie. Eine Kanone erhitzte sich so sehr, daß sie mit einem Feuerwehrschlauch gekühlt werden mußte.

Der Rudergänger, Hauptgefreiter Hansen, war vom Lärm so betäubt, daß er Lindemanns Ruderbefehle nicht hören konnte und aufs Geratewohl den Bahnen der Lufttorpedos auswich. Bisher war er erfolgreich gewesen und hatte die Luftblasenspuren, die die Torpedos im Wasser hinterließen, rechtzeitig bemerkt – bis auf eine. Während Esmonde und Gick von der Backbordseite her angriffen, stahl sich Oberleutnant d. R. Lawson unbemerkt nach Steuerbord. Die Silhouette seiner „Swordfish" hob sich gegen die untergehende Sonne deutlich ab. Lawson ließ seinen Torpedo fallen und riß seine Maschine gleich wieder hoch. Noch einmal warf Hansen das Ruder herum, diesmal jedoch zu spät. Sekunden später beobachtete einer der fühlunghaltenden „Fulmar"-Eindecker, die nach den „Swordfish" von der *Victorious* abgeflogen waren, wie eine gewaltige Wassersäule mitschiffs auf der Steuerbordseite der *Bismarck* aufschoß und der Schornstein eine schwarze Rauchwolke ausstieß.

Wie durch ein Wunder wurde keiner der Doppeldecker abgeschossen oder auch nur mehr als leicht beschädigt. Das lag unter anderem daran, daß die *Bismarck* ständig ihren Kurs änderte und dabei stark krängte, womit es ihren leichten Geschützen außerordentlich erschwert wurde, ihr Feuer ins Ziel zu bringen. Und Gick, der die Granaten in einiger Entfernung vor sich platzen sah, gewann den Eindruck, daß die deutschen Artilleristen es nicht für möglich hielten, daß ein Kriegsflugzeug so langsam fliegen konnte, und daher zuviel Seitenvorhalt berechneten.

Nun aber mußten sie zur *Victorious* zurückfinden, die immer noch an die 100 Meilen entfernt war. Sorgenvoll warteten Captain Bovell und Commander Ranald auf der Brücke des Flugzeugträgers und musterten den nächtlichen Himmel. Es war wesentlich dunkler als in der Nacht zuvor, denn mittlerweile standen sie 500 Meilen weiter südlich und befanden sich jetzt in der Höhe von Aberdeen; zu alledem kam noch, daß das Anflugfunkfeuer ausgefallen war. Gegen 1 Uhr morgens, als die Flugzeuge bereits zurück sein sollten, ließ Captain Bovell einen Signalscheinwerfer einschalten und schwenkte ihn langsam in alle Windrichtungen. Doch nun geriet das Schiff in einen Regensturm, und die Sicht betrug weniger als 20 Meter. Die Flugzeuge sahen den Scheinwerferstrahl nicht und flogen vorbei. Es wurde 1.15 Uhr, 1.30 Uhr – dann 1.45 Uhr. Jetzt begann Bovell, sich ernstlich Sorgen zu machen, denn bald würde den Maschinen der Treibstoff ausgehen. Es war schon fast 2 Uhr, als Esmonde eine rote Signallampe auf der Brücke von Admiral Curteis ausmachte, und mit unendlicher Erleichterung hörten Bovell und Ranald das Dröhnen näherkommender Motoren. Die *Victorious* drehte in den Wind, und einer nach dem anderen erreichten die Piloten, von denen drei noch nie zuvor eine Nachtlandung durchgeführt hatten, mit mehr oder weniger Eleganz das rettende Deck. Den Treibstoff bis auf den letzten Tropfen verbraucht, fiel der Motor eines der Flugzeuge in dem Moment aus, da es von den Fangkabeln aufgehalten wurde. Gicks Heckschütze, Maat Sayer, wurde halberfroren herausgeholt: Die Wassersäule eines Aufschlags der 38-cm-Geschosse der *Bismarck* hatte die Bodenbeplankung unter ihm weggerissen, so daß er mehr oder minder frei über der Wasseroberfläche schwebte. „Verdammt zugig da hinten", hatte er sich während des Rückfluges immer wieder über die Gegensprechanlage beklagt.

Von zwei der „Fulmars" war nichts zu sehen, und darum ließ Bovell seinen Signalscheinwerfer auch weiterhin hoffnungsvoll kreisen. Doch da er sich damit auch U-Booten verraten konnte, ordnete Admiral Curteis eine Stunde später an, sie abzuschalten. Bovell, der sich nur um seine verlaufenen Kinder sorgte, tat, als ob er nicht verstanden hätte, und ließ den Schweinwerfer brennen. Ein zweiter und energischerer Befehl folgte, und es blieb Bovell, der kein Kriegsgerichtsverfahren riskieren wollte nichts anderes übrig, als zu gehorchen. Erst später erfuhr er, daß beide Maschinen auf dem Meer niedergegangen waren; glücklicherweise konnten beide Besatzungen von vorüberkommenden Schiffen aufgenommen werden.

Die Nacht hielt noch an, und die schweren Kampfgruppen kamen einander langsam näher. Von der *King George V*, die zusammen mit der *Repulse* und einigen Zerstörern mit 28 Knoten nach Südwesten steuerte, teilte Tovey Wake-Walker über Funk mit, daß er gegen 9 Uhr auf den Feind zu stoßen hoffte. Die *Repulse*, deren Panzerung noch schwächer war als die der *Hood*, wies er an, 4500 Meter in Feuerlee zu bleiben und nicht anzugreifen, bevor das Flaggschiff nicht das Feuer eröffnet hatte. Für die Männer auf diesen Schiffen waren es nur mehr einige wenige Stunden bis zur Schlacht – und ihre Empfindungen glichen jenen, die in der Nacht zuvor die Mannschaften der *Hood* und *Prince of Wales* bewegt hatten. Auch ihnen griff die Angst mit kalten Fingern ans Herz, und sie fragten sich, wie es ihnen ergehen würde, wenn es soweit war. Aber es gab einen

Unterschied: Gestern noch war die *Bismarck* eine unbekannte Größe gewesen, und die britischen Matrosen hatten geglaubt, alles mit gleicher Münze zurückzahlen zu können; heute aber legten die 1400 Toten der *Hood* und die arg mitgenommene *Prince of Wales* beredtes Zeugnis darüber ab, was die *Bismarck* anzurichten imstande war.

Die Begegnung mit der *Modoc* war schuld daran, daß Wake-Walker vorübergehend die Fühlung mit der *Bismarck* verlor und sie erst eine Stunde nach dem Torpedoangriff wieder sichtete, als sie in acht Meilen Entfernung auftauchte. Die *Prince of Wales* feuerte zwei Salven, die *Bismarck* tat das gleiche, aber keine erreichte ihr Ziel. Dann ging die optische Fühlung in der zunehmenden Dunkelheit abermals verloren. Die *Suffolk* allerdings hielt die *Bismarck* auch weiterhin über Radar fest.

Um den Kampfgeist zu stärken und die Haufen von leeren Patronenhülsen zu rechtfertigen, die hochgetürmt auf dem ganzen Schiff zu finden waren, stellte man auf der *Bismarck* die übertriebensten Behauptungen im Hinblick auf die den „Swordfish" zugefügten Schäden auf. Mantheys Divisionsoffizier, Leutnant Doelker, erzählte ihm, daß insgesamt 27 Maschinen, zwei Wellen von Torpedoflugzeugen und eine von Bombern, angegriffen hätten, und daß fünf abgeschossen worden waren. Die Lautsprecher bestätigten diese Angaben und fügten hinzu, das Dechifrierpersonal hätte feindliche Funksprüche entschlüsselt, aus denen hervorging, daß nur ein einziges der angreifenden Flugzeuge wieder auf seinem Flugzeugträger gelandet war. Ob man diese Berichte einfach erfand oder ob sie reinem Wunschdenken entsprangen, läßt sich heute nicht mehr feststellen. In Situationen wie dieser glauben die Menschen, was sie glauben wollen, und sehen, was sie sehen wollen.

Der Torpedo hatte wenig Schaden angerichtet. Obwohl er auf einen Tiefenlauf von 9,5 Meter eingestellt war, um dem Schiff gleichsam die Eingeweide herauszureißen, ihm den größtmöglichen Schaden zuzufügen, war er doch zu einem Oberflächenläufer geworden. Er traf auf den Panzergürtel knapp unterhalb der Wasserlinie und „kratzte nur eben die Farbe ab", wie der Matrose Manthey sich ausdrückte. Er explodierte nach oben statt nach innen, und die Detonation warf einige Männer, die beim Katapult standen, zu Boden, schleuderte Oberbootsmann Kirchberg mit dem Schädel gegen den Hangar und tötete ihn und brach drei Fliegern die Beine. Kirchberg war das erste Opfer auf der *Bismarck*, und sein Tod rief große Bestürzung unter der Mannschaft hervor, weil er einer der älteren

Seeleute und sehr beliebt gewesen war. Sie nähten seine Leiche in Segeltuch ein und legten sie in eines der Boote. Die drei Piloten wurden ins Lazarett getragen, wo man ihnen die Beine eingipste. So lagen sie dann zusammen mit den Heizern des zweiten Kesselraums, die schwere Verbrühungen erlitten hatten, nachdem eine Granate der *Prince of Wales* dort explodiert war.

Wenn der Torpedo auch nur geringfügigen Schaden angerichtet hatte, so herrschte doch große Sorge über den zweiten Kesselraum und die vorderen Öltanks. Durch das Drehen und Wenden bei hoher Geschwindigkeit, während Hansen den Laufbahnen auszuweichen suchte, hatte der frühere Schaden noch bedrohlichere Ausmaße angenommen. Der zweite Kesselraum war nun ganz vollgelaufen und mußte aufgegeben werden. Die mit Werg abgedichteten Lecksegel hatten sich verschoben, die *Bismarck* nahm Wasser, und der Bug des Schiffes tauchte abermals ein. Die Geschwindigkeit wurde auf 16 Knoten verringert, um es den Tauchern zu ermöglichen, die Lecksegel wieder an ihren Platz zu bringen und mehr Pumpen einzusetzen. Eine Stunde später waren die Reparaturarbeiten genügend weit fortgeschritten, um die Geschwindigkeit wieder auf 20 Knoten erhöhen zu können. Dies entsprach ungefähr der „wirtschaftlichsten" Geschwindigkeit, also jener, bei der der kostbare Treibstoff am längsten reichen würde.

Zwei Dinge waren nun für Lütjens und seinen Stab von größter Bedeutung: erstens den etwas gemächlichen Kurs, den sie jetzt steuerten (er schwankte zwischen Süd und Südost) aufzugeben und sobald als möglich direkt auf Frankreich zuzuhalten; zweitens, und das war noch wichtiger, den verfolgenden Kreuzern zu entkommen. Der Angriff der „Swordfishs" bedeutete, daß sich ein feindlicher Flugzeugträger im Umkreis von 100 Meilen befand. Es bestand kein Zweifel, daß am Morgen andere Flugzeuge kommen würden, und wenn die *Bismarck* auch mit Glück dem ersten Angriff standgehalten hatte, ein zweiter mochte nicht so gut ausgehen. Überdies war Lütjens bereits vor einigen Stunden von der Gruppe West in Kenntnis gesetzt worden, daß die „Force H" „mit unbekanntem Ziel" aus Gibraltar ausgelaufen war. Und er nahm an, daß es nur eine Frage der Zeit war, bis auch die Flugzeuge der *Ark Royal* ihn entdecken würden – wenn es ihm nicht gelang, den verfolgenden Kreuzern zu entkommen.

Zu seinem Glück bot sich ihm jetzt ein Fluchtweg an. Aufgrund der Informationen, die ihm der Unterwasserhorchraum (der die Stärke und Peilung der Schiffsschrauben der Verfolger aufnahm), die Entfernungsmesser und vielleicht auch das Radar lieferten, wurde Lütjens und seinem Stab im Laufe der Nacht klar, daß sich keine englischen Schiffe auf der Steuerbordseite befanden, und daß die auf der Backbordseite den schon früher beobachteten Zickzackkurs fuhren, wobei sie zuweilen bis auf zwölf Meilen an die *Bismarck* herankamen, dann wieder die Distanz erheblich vergrößerten. Wenn nun die *Bismarck* in der Zeit, da die englischen Schiffe sich von ihr entfernten, scharf nach Westen abdrehte und die Geschwindigkeit um ein paar Knoten erhöhte: würde dann die außergewöhnlich starke Antenne, mit der sie ausgerüstet zu sein schienen, diese Bewegung feststellen, würde der Feind folgen, wie er das bis jetzt noch immer getan hatte, wenn die *Bismarck* ihm zu entkommen versuchte?

Er hatte nichts zu verlieren und alles zu gewinnen, und so wies Lindemann den Rudergänger kurz nach drei Uhr an, das Ruder hart Steuerbord zu legen. Langsam begann das Schiff, eine große Schleife zu ziehen – über West und Nordwest nach Nord, über Nord und Nordost nach Ost. Drei Stunden später kreuzte sie ihre eigene Spur und die ihrer Jäger und hielt in der Folge einen Kurs von 130°, fast genau südöstlich, in Richtung auf den nordwestlichen Zipfel Spaniens, auf das südwestliche Ende der Biscaya, und – was Lütjens nicht ahnen konnte – auf die Schiffe der „Force H" in 1300 Meilen Entfernung, die sich durch einen aus Nordwesten kommenden Sturm nach Norden kämpften und in eben diesem Augenblick einen Funkspruch der Admiralität empfingen: „Streicht den Signalbefehl an ‚Force H', Konvoi WS8B zu eskortieren. Steuert Abfangkurs *Bismarck*."

Das von Wake-Walker anbefohlene Zickzack beinhaltete Kursänderungen bis zu 30° nach beiden Seiten vom Generalkurs. Hätte man daran in der Form festgehalten, daß die *Bismarck* auf dem Backbord-, dem äußeren Schlag blieb, würde das Geschwader, wenn es sich auf dem Steuerbord-, dem inneren Schlag befand, gefährlich nahe an sie herangekommen sein. Es wurde daher vereinbart, daß die *Suffolk*, wenn sie sich auf dem äußeren Schlag befand, den Radarkontakt vorübergehend verlieren und ihn zehn oder fünfzehn Minuten später auf dem inneren Schlag wieder aufnehmen sollte. Wie sich später herausstellte, wäre es besser gewesen, wenn Wake-Walker das Risiko der U-Boote auf sich genommen und den Zickzackkurs auf wenige Grade zu beiden Seiten des Generalkurses beschränkt hätte. Noch besser wäre es gewesen, wenn er die *Suffolk* an ihren bewährten Platz an Steuerbord achteraus der *Bismarck* zurückbeordert hätte, doch Pounds Funkspruch wurmte ihn noch immer, und er hielt es für unerläßlich, seine Schiffe zusammenzuhalten.

Die Mannschaften der *Norfolk* und der *Suffolk*, insbesondere die Kommandanten und Brückenoffiziere, waren der Erschöpfung nahe. Wake-Walker und Captain Phillips auf der *Norfolk* waren nur noch auf den Beinen, weil der Schiffsarzt sie laufend mit Benzedrin und schwarzem Kaffee versorgte; jetzt einigten sie sich darauf, sich in den Nachtwachen abzulösen. Captain Ellis auf der *Suffolk* hatte niemand, dem er die Befehlsgewalt hätte übertragen können, und so verbrachte er schon die vierte Nacht auf der Brücke, ohne daß ihm, von gelegentlichen Nickerchen abgesehen, Schlaf gegönnt gewesen wäre. Dazu kam noch der Sturm, der durch die zerschmetterten Fenster der Brücke peitschte, und der Gischt, der ihn bis auf die Haut durchnäßte. Die Radartechniker, auch sie hundemüde, rezitierten die Peilungen und Entfernungen des Feindes mit der monotonen Stimme eines Priesters, der die Messe liest. Es schien, als ob sie das schon seit undenklichen Zeiten täten und es in alle Ewigkeit tun würden. Müdigkeit, dauernde Wiederholung, dazu allzu große Selbstsicherheit, hatten sie zu Automaten gemacht, hatten sie so abgestumpft, daß sie nicht mehr fähig waren, wesentliche Veränderungen zu registrieren: Sie wußten nicht, daß die *Prinz Eugen* schon weit fort war, und meldeten Echos *zweier* feindlicher Schiffe*. Als sie dann gegen 3.30 Uhr die *Bismarck* aus ihrem Einwärtsschlag nicht mehr auf den Schirm bekamen, machte sich zunächst niemand Gedanken darüber. Sie hatten sie in den letzten 33 Stunden mehrmals verloren und wiedergefunden und würden sie auch dieses Mal bald wiederfinden. Aber die Zeit verging, und obwohl die *Suffolk* die Geschwindigkeit erhöhte und den Kurs nach Westen, wo sie die *Bismarck* vermutete, fortsetzte, war nichts mehr von ihr zu sehen oder zu hören. Sie war verschwunden, als ob es sie nie gegeben hätte, und um fünf Uhr übermittelte Captain Ellis einen Funkspruch an Wake-Walker: „Haben Kontakt mit dem Feind verloren."

* Diese Meldungen wurden von den deutschen Dechiffreuren an der Küste entschlüsselt und veranlaßten die Gruppe West zu der Annahme, die *Bismarck* und die *Prinz Eugen* wären noch beisammen.

7

Die Nachricht, daß die *Suffolk* den Kontakt verloren hatte, traf Bovell auf der *Victorious* besonders hart, denn hätten die drei anderen nachts von ihm ausgesandten „Fulmars" gute Arbeit geleistet, würden sie die Fühlung aufrechterhalten haben. Er hatte einen zweiten „Swordfish"-Angriff für fünf Uhr geplant, aber den Beobachtern auf den „Fulmars" fehlte es einfach an Erfahrung: Sie konnten weder richtig navigieren noch die Funkgeräte bedienen, und ihre Meldungen, so Bovell, „offenbarten einen erschreckenden Mangel an Kenntnissen in der Feindberichterstattung". Er mußte sich glücklich schätzen, daß die Maschinen aufs Schiff zurückgefunden hatten.

Aber noch war nicht alles verloren. Nach letzten Beobachtermeldungen steuerte die *Bismarck* einen Kurs von 160°, also Südsüdost, was Bovell als deutlichen Hinweis dafür nahm, daß Frankreich ihr Ziel sein mußte. Traf seine Annahme zu, hatte sie entweder nach Westen und anschließend nach Südosten gedreht, oder aber eine Schleife gezogen und ihre eigene Spur gekreuzt. Über Funk ersuchte er Curteis um Erlaubnis, bei Tagesanbruch sieben „Swordfish" ausschicken zu dürfen, um im Osten und Südosten zu suchen. Curteis, der die Lage ähnlich einschätzte, willigte ein. Die Flugzeuge wurden einsatzbereit gemacht und auf dem Flugdeck aufgestellt. Der Abflug wurde für 7.30 Uhr angesetzt, aber um 7.16 Uhr traf eine Botschaft von Tovey ein, in der die Flugzeuge und die begleitenden Kreuzer der *Victorious* angewiesen wurden, die Suche nicht nach Osten und Nordosten, sondern nach Westen und Norden vorzunehmen.

Tovey hatte in seiner Brückenkammer geschlafen, als die Nachricht von der *Suffolk* eingetroffen war, daß sie den Kontakt mit der *Bismarck* verloren hatte. Er begab sich sogleich in den Koppelraum, wo er mit Commodore Brind zusammentraf. Nun wußte Tovey so gut wie jeder andere, daß die *Bismarck*, wenn sie immer noch die französische Küste ansteuerte, zwischen dem östlichen und dem südlichen Sektor zu finden war. Daß sie Kurs auf Frankreich hielt, war eine plausible Annahme, aber dafür hatte man keine Beweise. Es gab auch noch andere Möglichkeiten: Die erlittenen Schäden konnten so groß sein, daß sie durch eine der nördlichen Passagen nach Deutschland zurückkehrte; oder so geringfügig, daß sie, nachdem sie die verfolgenden Kreuzer abgeschüttelt hatte, in nordwestlicher Richtung Kurs auf Grönland nahm, um sie dort auszubessern, von einem wartenden Tanker Treibstoff aufzunehmen und weiterhin alliierte Handelsschiffe anzugreifen. Die ideale Lösung für Tovey wäre gewesen, alle Himmelsrichtungen abzudecken, doch dazu fehlte es ihm an Schiffen und Flugzeugen. Wenn eine der drei Möglichkeiten auszuklammern war, so offenbar die eines französischen Hafens: die *Bismarck* in Brest oder St. Nazaire würde zwar bedeuten, daß es ihm nicht gelungen war, sie zu versenken, anderseits aber auch, daß sie dort, gleich der *Gneisenau* und der *Scharnhorst*, eingeschlossen war und, ein lohnendes Ziel für Bomber, zumindest bis auf weiteres keinen Schaden anrichten konnte; sie jedoch ungehindert auf atlantischen Handelsstraßen zu wissen, war ein geradezu unerträglicher Gedanke. Er ordnete daher eine Suche zwischen Südwesten und Nordosten in einer Tiefe von 100 Meilen an; damit sollte einem Ausbruch nach Westen oder einer Rückkehr nach Deutschland durch die Dänemarkstraße ein Riegel vorgeschoben sein.

Dies war nun die Lage um acht Uhr: die *Bismarck* befand sich im Osten aller drei britischen Verbände: nordöstlich von Admiral Toveys Geschwader (das ihren Kurs gegen vier Uhr etwa 100 Meilen vor ihr gekreuzt hatte), südöstlich der Kampfgruppe von Admiral Curteis (der ihren Kurs gegen sechs Uhr gekreuzt hatte) und genau im Osten von Wake-Walkers Verband. Sie steuerte mit einer Geschwindigkeit von 22 Knoten nach Südosten, während alle britischen Schiffe nach Westen, d. h. von ihr fort liefen. Die *Prince of Wales*, die jetzt nicht mehr gebraucht wurde, um die *Norfolk* und die *Suffolk* zu schützen, war auf dem Weg, sich dem Oberbefehlshaber anzuschließen; sie sollte den Platz der *Repulse* einnehmen, die sich nach Neufundland begeben würde, um dort aufzutanken. Ein Gefecht stand nicht unmittelbar bevor, und sie konnte diesen Bereich auf dem Weg absuchen.

400 Meilen weiter südlich schlug Captain Read auf der *Ramillies*, der die *Bismarck* unterwegs zu einem Tanker in der Nähe der Azoren vermutete, einen Kurs nach Nordwesten ein. Commodore Blackman, der mit seinem Kreuzer *Edinburgh* östlich von der *Ramillies* kreuzte, steuerte ebenfalls nach Nordwest, entlang der Spur, auf der die *Bismarck* zuletzt gesichtet worden war. Diese beiden Schiffe lagen auf Parallelkurs zur *Bismarck* und würden (wenn alle drei ihren Kurs beibehielten) ein gutes Stück westlich von ihr vorbeifahren.

Doch 350 Meilen südöstlich der *Bismarck*, auf einem Kurs, der den ihren kreuzen mußte, befand sich das alte Schlachtschiff *Rodney*, das, wie erinnerlich, zusammen mit vier Zerstörern den Truppentransporter *Britannic* zum Südatlantik geleitete, bevor es zu Ausbesserungsarbeiten Boston anlief. Am Tag zuvor hatte die *Rodney* einen Zerstörer, die *Eskimo*, detachiert, um die *Britannic* allein weiterzubegleiten; die anderen drei, *Somali*, *Tartar* und *Mashona*, waren des Wetters wegen achteraus zurückgeblieben, holten aber das Flaggschiff jetzt wieder ein. Die *Rodney*, die ihren Namen einem berühmten Admiral verdankte, der 1782 eine französische Flotte vor Dominica vernichtet hatte, war auch schon ein älteres Schiff. Es war 1927 gebaut und mit neun 40,6-cm-Geschützen in drei Türmen ausgerüstet. Um Raum und damit Panzergewicht zu sparen, waren auf der *Rodney* und ihrem Schwesterschiff *Nelson* die Geschütztürme und der Decksaufbau derart zusammengedrängt, daß sie verstümmelt aussahen, so, als ob der Konstrukteur vergessen hätte, ein richtiges Heck anzubauen. Die *Rodney* hatte Reparaturen gerade jetzt dringend nötig. Ein Maschinenraum war vor kurzem zweimal ausgefallen und hatte sie dazu genötigt, mit einer einzigen Schiffsschraube auszukommen. Ihre Höchstgeschwindigkeit betrug offiziell 23 Knoten, aber das hatte sie schon seit Jahren nicht mehr geschafft. Das Schiff, mit einer Wasserverdrängung von 33.950 ts, hatte 500 Passagiere an Bord – Ersatztruppen für Westindien, die Falklandinseln und Halifax – und auf ihrem Oberdeck lagerten Kisten mit Ersatzteilen für die Reparaturen.

Der Kommandant der *Rodney* war Frederick Dalrymple-Hamilton, ein stämmiger, großgewachsener Schotte, ein Gutsbesitzer aus Wigtownshire. Als er erfuhr, daß die *Bismarck* entwischt war, bildete er sogleich einen kleinen Operationsstab, bestehend aus ihm selbst, dem Navigationsoffizier, einem Captain Coppinger, der auf dem Weg nach Amerika war, und einem amerikanischen Korvettenkapitän namens Wellings, der nach Beendigung seiner Dienstzeit als Assistent des Marineattachés in London in seine Heimat zurückkehrte. Er selbst führte den Vorsitz. Sie setzten sich zwei- oder dreimal am Tag im Kartenraum zusammen, besprachen die letzten Entwicklungen und Meldungen und legten den Kurs fest, den die *Rodney* halten sollte. Sie kamen darin überein, daß sie, wenn die *Bismarck* auf Frankreich zusteuerte, sich in einer ausgezeichneten Lage befanden, um sie abzufangen, und daß sie nichts Besseres tun konnten, als an Ort und Stelle zu bleiben und abzuwarten.

Nur noch eines blieb Dalrymple-Hamilton zu tun übrig: Tovey und die Admiralität über seinen Standort zu informieren. Es ging ihm gegen den Strich, einen Funkspruch auszusenden, der von deutschen Peilstationen aufgefangen und an die *Bismarck* weitergegeben werden konnte, doch das war nicht zu vermeiden. Schon früh am Tag hatte ein Funkspruch der Admiralität ihn angewiesen, einen bestimmten Kurs zu steuern, um an den Feind heranzukommen. Der Funkspruch erschien ihm aber so hirnrissig, daß er ihn einfach ignorierte. Die Folge war, daß der zuletzt von der Admiralität ausgestrahlte Lagebericht die *Rodney* in einer Position auswies, die 200 Meilen von jener entfernt war, an der sie sich tatsächlich befand. So gab also die *Rodney* zum ersten und zum einzigen Mal während der ganzen Operation in einem kurzen Funksignal ihre Position, die ihrer Begleitschiffe und ihre Absichten kund.

Von den sieben „Swordfish", die Captain Bovell um 7.30 Uhr hatte abfliegen lassen, um den Norden und Westen abzusuchen, kehrten sechs vier Stunden später auf die *Victorious* zurück. Doch die 5H, die von Sub-Lieutenant Jackson gesteuert wurde, mit Sub-Lieutenant Berrill als Beobachter sowie Leading Airman (Hauptgefreiter) Sparkes als Heckschütze an Bord, gab kein Lebenszeichen. Lange Zeit rief die *Victorious* nach ihnen, die Ausgucks suchten den Horizont ab, aber niemand antwortete, und keine Maschine erschien am Himmel. Der Verlust traf Bovell schwer, denn die 5H war mit einigen seiner besten Männer besetzt gewesen. Zur Person des Beobachters schrieb er später an die Admiralität:

„Nur wenige Stunden, nachdem er an einem Angriff auf die *Bismarck* teilgenommen hatte, kehrte Sub-Lieutenant David Berrill nicht mehr auf die *Victorious* zurück. Vor einem Jahr nahm er als Beobachter an einem bei Tageslicht durchgeführten Bombardement von feindlichen Geschützstellungen hinter Dünkirchen teil. Von den zehn Maschinen, die diese Operation durchführten, wurden fünf abgeschossen, und die, die zurückkehrten, waren böse zugerichtet. Als er einen Monat später von einem Bombenangriff zurückkehrte, landete er in der Nacht in seiner ‚Swordfish' kopfüber auf einem Feld. Einige Monate später stürzte er aus dem Rücksitz einer ‚Swordfish' von H.M.S. *Furious* ins Meer und tat dies später auch noch ein zweites Mal. Gleichgültig, in welchen Umständen er sich befand, ich habe nie erlebt, daß er vor einer Aufgabe zurückgeschreckt wäre . . ."

Captain Dalrymple-Hamilton und sein Einsatzstab hatten sich entschlossen, die Ereignisse abzuwarten; tatsächlich ging es wirklich bald los, aber alles kam anders als erwartet. Lütjens auf der *Bismarck* war an diesem

Morgen immer noch der Meinung, er werde verfolgt. „Ein Schlachtschiff und zwei Schwere Kreuzer halten Fühlung“, meldete er der Gruppe Nord um sieben Uhr früh, obwohl die Briten vor vier Stunden das letzte Mal Berührung mit ihm gehabt hatten. Warum Lütjens so dachte, ist schwer zu sagen. Es könnte sein, daß die Stärke der von Wake-Walker zu diesem Zeitpunkt ausgesandten Funksignale in ihm den Eindruck entstehen ließen, daß sich der Feind wesentlich näher von ihm befand, als dies tatsächlich der Fall war.

Es wäre auch denkbar, daß die Radarimpulse von den britischen Schiffen, wenn sie auch viel zu weit weg waren, um die Antennen wieder zu erreichen, als Echo von der *Bismarck* dennoch Überlagerungen der Funkmeßausstrahlungen der *Bismarck* hervorriefen (vorausgesetzt, daß sie wieder funktionierten)[1]. Was immer der Grund war, es geschah aus dieser Überzeugung heraus, daß er um 6.54 Uhr und dann wieder um 7.48 Uhr einen langen Funkspruch über die Wirkung des englischen Radars, über die Schlacht mit der *Hood,* über die Schäden an den Öltanks und die Unzuverlässigkeit des eigenen Funkmeßgeräts nach Deutschland durchgab. Hätte er sich allein geglaubt, er würde nicht im Traum daran gedacht haben, das zu tun, denn vor nur zwei Tagen hatte die Gruppe Nord ihn in einem Funkspruch ausdrücklich auf die Leistungsfähigkeit der britischen Funkpeilung hingewiesen.

Und tatsächlich wurde diese Ausstrahlung der *Bismarck* von verschiedenen, über ganz Großbritannien verstreuten Peilstationen empfangen, und die Peilungen an den Lageraum der Admiralität weitergeleitet. Sie konnten es gar nicht glauben, es kam ihnen wie ein Wunder vor, auf das sie nicht zu hoffen gewagt hatten, denn diese Information mußte ihnen die Position der *Bismarck* verraten und ihnen angeben, welchen Kurs sie steuerte. In der Admiralität trug Lieutenant-Commander Peter Kemp die Peilungen auf einer gnomonischen Karte ein (die für Radiowellen besonders geeignet ist, weil auf ihr die kürzesten Verbindungen zwischen zwei Punkten auf der Erdoberfläche, also die Großkreise, als gerade Linien dargestellt sind). Infolge der großen Nähe der Peilstationen zueinander und ihrer bedeutenden Entfernung zur *Bismarck* – es hätte einiger Peilungen aus Gibraltar oder Island bedurft, um eine anständige Kreuzpeilung zu erzielen – ergaben sich nahezu parallele Linien und somit ein recht wirres Bild, aus dem jedoch deutlich hervorging, daß sich die *Bismarck* südlich und östlich der zuletzt gemeldeten Position befand.

Kemp zeigte die Karte seinem unmittelbaren Vorgesetzten, Rear-Admiral Jock Clayton, und schlug vor, Tovey unverzüglich von der neuen

Position der *Bismarck* in Kenntnis zu setzen. Clayton wies ihn an, nur die Peilungen zu senden, nicht aber die ausgewertete Position. Dem hielt Kemp entgegen, daß man es doch dem Oberbefehlshaber nicht zumuten könne, mitten in einer wichtigen Operation Fleißaufgaben für die Admiralität zu machen, doch Clayton erklärte ihm, daß sowohl Tovey als auch sein Funkoffizier, Lieutenant-Commander Guernsey, ihn jeder für sich vor dem Auslaufen ausdrücklich ersucht hatte, nur die Peilungen, aber keine ausgewerteten Positionen zu senden. Tovey hatte zwei seit kurzem mit Kurzwellenfunkpeilgeräten (HF, DF) ausgerüstete Zerstörer bei sich, womit zu hoffen stand, daß der eine oder beide imstande sein würden, eine Kreuzpeilung zu liefern, mit deren Hilfe er die Position der *Bismarck* genau festlegen konnte.

Kemp ließ daher nur die Peilungen übermitteln. Sie lagen auf dem Flaggschiff kurz nach 10 Uhr vor. Was aber Kemp und die Admiralität nicht wußten: Tovey hatte keine Zerstörer mehr bei sich – keine mit und keine ohne HF/DF-Station. Wegen Treibstoffknappheit hatten sie alle um Mitternacht Kurs auf Island genommen. (Von den zwei mit HF/DF ausgerüsteten Zerstörern hatte der eine bald nach der Ausfahrt aus Scapa Flow einen Maschinenschaden erlitten und war in seinen Heimathafen zurückgekehrt. Die HF/DF-Station des anderen war ausgefallen.) Auf dem Flaggschiff wurden die Peilungen um 180° verkehrt eingezeichnet; die Folge war, daß die *Bismarck* nördlich ihrer zuletzt gemeldeten Position erschien, und nicht südlich, wo Kemp sie geortet hatte und wo sie sich tatsächlich befand. Daraus aber ließ sich nur der Schluß ziehen, daß das deutsche Schiff kehrtgemacht hatte und im Begriff war, über die Färöer-Enge in die Heimat zurückzukehren[2]. Folgerichtig setzte Tovey die Flotte um 10.47 Uhr von dieser Position in Kenntnis, und alle, die *King George V*, die *Prince of Wales*, die *Victorious*, Curteis' Kreuzer und die *Suffolk* drehten nach Nordosten ab. Wake-Walker auf der *Norfolk* hielt nach Süden. Er wußte, daß andere Kreuzer die Island-Färöer-Enge überwachten, jedoch außer der *Sheffield* keiner den Süden, und steuerte daher sein Schiff so, als ob die *Bismarck* versuchte, einen französischen Hafen anzulaufen. Die *Edinburgh* und die *Rodney* folgten seinem Beispiel. Mit vollen 19 Knoten drehte auch die *Ramillies* nach Nordosten ab, doch da sie die anderen nie würde einholen können, erhielt sie bald den Befehl von der Admiralität, auf die *Britannic* zuzuhalten und sie nach Halifax zu eskortieren.

Als die Operationsabteilung der Admiralität erfuhr, wie Tovey da disponierte, wußte man nicht recht, was man davon halten sollte. Schon vorher waren Captain Charles Daniel, Director of Plans, und Captain Ralph Edwards, Director of Operations, beauftragt worden, unabhängig voneinander eine Einschätzung der vermutlichen Fahrtrichtung der *Bismarck* vorzunehmen. Eine Stunde später kamen beide mit der gleichen Antwort zurück: Frankreich. So erhielten Tovey, Somerville und Wake-Walker um 10.23 Uhr, und die *Rodney* um 11.08 Uhr über Funk den Befehl, bei ihren Entschlüssen von dieser Annahme auszugehen, und um 12.44 Uhr wurde der Befehlshaber der Unterseeboote angewiesen, in der Biskaya einen aus sechs Unterseebooten bestehenden Vorpostenstreifen zu bilden. Und doch war sich die Admiralität ihrer Sache keineswegs sicher. Tovey, so dachte man in London, würde seine Flotte nicht ohne guten Grund zur Island-Färöer-Enge dirigiert haben – und der beste Grund war offenbar der, daß einer seiner mit HF/DF ausgerüsteten Zerstörer ihm eine Kreuzpeilung geliefert hatte, die die Position der *Bismarck* präziser festlegte, als ihnen das mit ihren eigenen, eher gegißten Bestecken möglich gewesen war. Abwarten und Tee trinken, hieß jetzt die Parole. Alle in Frage kommenden Routen wurden überwacht, und zusätzlich schickte das „Coastal Command" auch noch drei Flugboote des Typs „Catalina" auf die Suche, die sich vom Südosten allmählich nach Norden verlagerte, und alle jene Bereiche umfaßte, die die *Bismarck* auf ihrem Weg nach Frankreich oder aber zur Island-Färöer-Enge durchfahren mußte.

Um 10.54 jedoch erhielt die Admiralität eine neue Funkpeilung der *Bismarck*, die ihre Bewegung in Richtung auf die französische Küste im allgemeinen bestätigte. Diesmal wurde die eingezeichnete Position ausgesandt und von der *King George V* um 14.01 Uhr empfangen. Um 13.20 Uhr erhielt die Admiralität eine neue Kreuzpeilung eines feindlichen Funkspruches, der zwar auf einer U-Boot-Frequenz, doch mit der Sendeleistung eines Überwasserschiffes abgegeben worden war: Auch dieses untermauerte die Annahme, daß die *Bismarck* nach Frankreich unterwegs war. Tovey fand es zwar seltsam, daß die *Bismarck* jetzt auf einer U-Boot-Frequenz funkte (er hatte völlig recht: das sendende Schiff war ein U-Boot), aber, wenn es zutraf, war es ein weiterer Beweis dafür, daß der Feind auf Frankreich zuhielt.

Tovey ließ daher das Flaggschiff um 15.48 Uhr auf Ostsüdostkurs gehen, fing aber kurz danach ein Signal der Admiralität an die *Rodney* auf, mit dem der frühere Befehl, mit der Annahme eines Kurses auf Frankreich zu operieren, widerrufen und sie angewiesen wurde, im Einvernehmen mit Tovey die Island-Färöer-Enge anzusteuern. Wie es dazu kam, daß dieses

Signal ausgesendet wurde, wo sich doch in der Admiralität in den letzten Stunden immer deutlicher die Meinung durchgesetzt hatte, daß das Ziel der *Bismarck* Frankreich war, ist ein Rätsel. Ein Journalist[3] gibt an, Captain Edwards hätte ihm erzählt, es wäre auf Drängen Winston Churchills geschehen, der persönlich der Meinung war, daß die *Bismarck* nach Deutschland zurückkehrte. Eine andere Erklärung wäre, daß man es für nötig hielt, die *Rodney* und die *King George V* zusammenzuführen, um ihnen örtliche Überlegenheit zu sichern[4]. Für die *Rodney* war dieses Signal ohne Bedeutung, da ihr nordöstlicher Kurs auf jeden Fall stimmte, was immer die *Bismarck* vorhatte. Auf Tovey jedoch wirkte sie verwirrend. Einerseits mußte er den Schluß daraus ziehen, daß die Admiralität jetzt der Island-Färöer-Enge in ihren Überlegungen breiteren Raum gab, anderseits wiesen alle Informationen auf Frankreich hin . . . Als Kompromißlösung ließ er die *King George V* nach Backbord drehen und einen Kurs von 080° halten.

Und so steuerten Tovey und Lütjens den ganzen Vormittag und einen Teil des Nachmittags voneinander fort, der eine nach Ostnordost, der eine nach Südost – und die Distanz zwischen ihnen wurde immer größer.

An eben diesem Sonntag, dem 25. Mai, war Lieutenant Jean Philippon von der französischen Marine in die gemeinsame deutsch-französische Marinedienststelle in der Werft von Brest unterwegs, wo er die Vormittagswache zu halten hatte. Er war ein magerer, schwarzhaariger Mann, mit einem markanten Falkengesicht und scharfen Augen. Bei Kriegsausbruch war er Erster Wachoffizier auf dem Unterseeboot *Ouessant* gewesen, das im Februar 1940 zu längeren Ausbesserungsarbeiten in Brest eintraf. Das Boot war nicht im Einsatz, und Philippon und seine Kameraden versenkten es, als die Deutschen Frankreich überrannten und deutsche Panzer in die Stadt rollten.

Brest war für die deutsche Flotte ein unbezahlbares Juwel, eine vorgeschobene Operationsbasis für U-Boote und Überwasserschiffe am Rand des atlantischen Schlachtfeldes. Und als Hafenkommandant traf unmittelbar nach den Besatzungstruppen ein Vizeadmiral in Brest ein: der berühmteste deutsche U-Boot-Held des Ersten Weltkriegs, der legendäre Lothar von Arnauld de la Perière, Träger des Pour le Mérite, der höchsten Tapferkeitsauszeichnung, die der Kaiser zu verleihen hatte, einer alten hugenottischen Familie entstammend, ein Mann von umgänglicher Wesensart und ausgezeichneten Französischkenntnissen. Seine Aufgabe

Die „Bismarck" im September 1940 in der Kieler Bucht. Die Entfernungsmeß-geräte mit ihren Drehhauben sind noch nicht installiert.

Oben: Die „Bismarck" an der Ausrüstungspier der Bauwerft Blohm & Voss in Hamburg. Photo etwa zwischen Mai und Juni 1940, die vordere Aufbautengruppe ist bereits fast vollständig installiert.

Unten: Die „Bismarck" etwa im August 1940 kurz vor der Indienststellung. Die Artillerie- und Flak-Leitstände sind noch nicht installiert.

Oben: Der schwere Kreuzer „Prinz Eugen“ mit Tarnanstrich in der Ostsee. Wegen seiner Ähnlichkeit mit der „Bismarck“ wurde er von den Engländern oft mit dieser verwechselt.

Unten: Dieses berühmte Propagandaphoto zeigt die „Bismarck“ bei Übungen in der Ostsee. Im Vordergrund ein Signalgast.

Oben: Am 21. Mai 1940 ankerte die „Bismarck" im Korsfjord bei Bergen. Aufnahme von „Prinz Eugen" aus. Kurze Zeit später wurde auf beiden Schiffen der Tarnanstrich mit den schrägen grau-weißen Streifen entfernt.

Unten: Bereits am Nachmittag des 21., wenige Stunden nach der Ankerung wurde die „Bismarck" von Aufklärungsflugzeugen des RAF Coastal Command aus 12.000 m Höhe im Grimstadtfjord fotografiert. Das Schlachtschiff ist links im Bild, weiter rechts drei Frachtschiffe.

Oben: Bordgestütztes Mehrzweckflugzeug Fairly Swordfish. Von diesem Typ wurden ca. 2400 Stück gebaut und während des ganzen Krieges als Torpedo-, Bomben-, Aufklärungs-, Nebel- und Beleuchtungsflugzeug eingesetzt.

Unten: Die neun „Swordfish"-Torpedobomber der 825. Squadron auf dem regennassen Flugdeck der „Victorious". Die Flügel sind noch beigeklappt, der Start zum Angriffsflug steht kurz bevor.

Oben: Der Stolz der britischen Flotte, der Schlachtkreuzer „Hood", war jahrzehntelang das größte Kriegsschiff der Welt. Im Feuer der „Bismarck" und der „Prinz Eugen" flog das Schiff nach vier Minuten in die Luft.

Unten: Fünf britische Zerstörer der Tribal-Klasse. Vorne das Boot „Nubian" (G 36), dahinter „Tartar" (G 43), auf dem der Autor fuhr. Diese Flottille kam nicht in Kontakt mit der „Bismarck".

Oben: Die kampfstarke „Force H“ wurde sogar aus dem Mittelmeer herbeibeordert, um an der Jagd auf die „Bismarck“ teilzunehmen, kam aber zu spät. Oben der leichte Kreuzer „Sheffield“, in der Mitte der berühmte Flugzeugträger „Ark Royal“, unten der Schlachtkreuzer „Renown“.

Unten: Das Vorschiff des leichten Kreuzers „Sheffield“ mit den vorderen 15-cm-Drillingstürmen. Rauhe See in der Dänemark-Straße.

Der Kommandant der „Bismarck", Kapitän zur See Ernst Lindemann, geb. 28. März 1894 in Altenkirchen/ Rheinland, gef. 27. Mai 1941 an Bord der „Bismarck".

Der deutsche Flottenchef Admiral Günther Lütjens, geb. 25. Mai 1889 in Wiesbaden, gef. 27. Mai 1941 an Bord der „Bismarck".

Der Befehlshaber der britischen Flotte, Admiral of the Fleet Lord John Cronyn Tovey, of Langton Maltravers, geb. 7. März 1885, gest. 11. Jänner 1971 (i. R.).

Der Chef des Schlachtkreuzerverbandes der britischen Home Fleet Vice-Admiral Lancelot Ernest Holland, geb. 1887, gef. 24. Mai 1941 an Bord der „Hood".

war, die französische Marine, gemäß den Bestimmungen des französisch-deutschen Waffenstillstands vom 24. Juni 1940, dazu zu überreden, bei der Verwaltung und dem Betrieb der Werft mit ihm zusammenzuarbeiten. Er hatte Glück. Die zwei Admirale in Brest, Traub und Brohan, waren bereits mit unbekanntem Ziel versetzt worden. Der nach ihnen ranghöchste Offizier war Capitaine Le Normand, ein alter Freund de la Perières. Im Ersten Weltkrieg hatten sie beide in den gleichen Gewässern Unterseeboote geführt und sich später als Kreuzerkommandanten kennengelernt. Le Normand war von dem Gedanken, als Kollaborateur die Werft zu leiten, nicht gerade begeistert, doch da er in seiner Tätigkeit die Möglichkeit sah, die Einrichtungen für Frankreich zu erhalten, aber auch viele Seeleute von dem Elend eines Kriegsgefangenenlagers zu bewahren, nahm er de la Perières Vorschlag an. Die französische Marinedienststelle in der Werft wurde so in die deutsche Oberwerftdirektion integriert, wobei der Stab des Oberwerftdirektors in den oberen Geschossen, und der Le Normands im Erdgeschoß residierte. Lieutenant Philippon wurde von Le Normand seinem Stab zugeteilt, weigerte sich aber, unmittelbar für die Deutschen zu arbeiten, und erhielt daher den Auftrag, die Gärten der Werft zu pflegen.

Den ganzen späten Sommer und auch den frühen Winter des Jahres 1940 hindurch pflegte Philippon emsig die Gärten der Werft, empfand aber seine Pflichten, oder besser den Mangel an solchen, als das Jahr zu Ende ging, als es keine Blumen zu gießen und kein Gemüse anzubauen mehr gab, in zunehmendem Maße als lästig. Auch fiel es ihm nicht gerade leicht, den Anblick deutscher Marineoffiziere und Mannschaften zu verkraften, die in der Werft herumstolzierten, und Tag für Tag deutsche Schiffe und U-Boote zu sehen, wie sie in den Hafen einliefen und ihn wieder verließen. Gelegentlich eines Neujahrsaufenthaltes in seinem Haus in Puynormand vertraute er dem Hausarzt, einem alten Freund, seine Kümmernisse an und verhehlte ihm auch seinen Wunsch nicht, etwas für Frankreich tun zu können. Der Arzt hörte aufmerksam zu und machte, bevor er sich verabschiedete, eine dunkle Andeutung, daß Philippon möglicherweise bald einen Besuch erhalten würde. Wenige Tage später erschien dann tatsächlich ein Besucher, der berühmte „Oberst Rémy“, der später die erfolgreichste aller französischen Widerstandsgruppen anführen sollte. Würde Philippon als Agent für die britische Admiralität arbeiten wollen?, wollte er wissen. Würde er, soweit ihm das möglich war, beobachten, was in der Werft vor sich ging: Schiffsbewegungen, Stärke der Garnison, neue Bauten, Bombenschäden? Philippon befand sich in einem

Dilemma: Er haßte die britische Marine wegen ihres Angriffes auf die französische Flotte vor Oran, doch erlaubten ihm seine Pflichten in den Gärten, überall hinzugehen, ohne Verdacht zu erwecken, und schließlich würde seine Tätigkeit nicht nur den Engländern, sondern auch seinen Landsleuten helfen, die sich jenseits des Kanals und in Übersee unter dem Lothringischen Kreuz zusammengefunden hatten, um Frankreich zu dienen. Er nahm an. *Bien,* sagte Oberst Rémy, und wüßte er vielleicht einen guten Funker, der seine Nachrichten weitergeben würde, einen Mann, auf den man sich verlassen konnte? Philippon erinnerte sich an Bernard Anquetil, einen früheren Steuermannsmaat auf der *Ouessant,* der jetzt zurückgezogen in Saumur lebte, 250 Meilen von Brest entfernt, und gab Rémy seinen Namen.

Und so kam es, daß Lieutenant Jean Philippon von der französischen Marine sich den Decknamen „Hilarion" zulegte und fortan für Frankreich spionierte. Er gab seine Berichte an einen tapferen jungen Mann namens Paul Mauger weiter, der den Decknamen „Mimi" trug, und den Rémy persönlich in Nantes rekrutiert hatte. „Mimi" fuhr mit dem Zug nach Saumur, von wo Anquetil die Nachrichten über Funk nach England weitergab[5].

Anfangs schickte Philippon nur Routineinformationen, aber das änderte sich, als im März die *Scharnhorst* und die *Gneisenau* einliefen. Er beobachtete, wie die abgenutzten Kesselrohre der *Scharnhorst* aus dem Schiffsinneren gehoben und auf dem Kai gelagert wurden. Er wußte, daß die Reparaturarbeiten drei Monate dauern würden, und meldete dies. Er verpaßte die Verlegung der *Gneisenau* aus Dock 8, als sie am 4. April von einer Bombe getroffen wurde, die nicht explodierte, aber 48 Stunden nach dem zwei Tage später erfolgten tollkühnen Angriff von Flying Officer Campbell auf das Schiff traf sein Bericht über diese Operation in London ein. Und schon eine Woche darauf konnte er seine Meldung dahingehend ergänzen, daß die *Gneisenau* für sechs Monate außer Gefecht gesetzt war. Woche für Woche berichtete er über die durch britische Luftangriffe auf Schiffen, in der Werft und in der Stadt angerichteten Schäden.

Anfang Mai erfuhr Philippon, daß die Deutschen in Lanvèoc nahe der Ile Longue Duckdalben, große durch Torpedonetze geschützte Festmacher, aufstellten. Er sah sie sich an und kam zu der Überzeugung, daß sie für Schiffe von 35.000 oder mehr Tonnen bestimmt sein mußten: für die *Bismarck* oder die *Tirpitz* oder vielleicht für beide, dachte er, und wieder setzte sich „Mimi" in den Zug nach Saumur.

So betrat Philippon nun an diesem Morgen des 25. Mai die Oberwerftdirektion, um von seinem Freund Jan den Wachdienst zu übernehmen. Da er in der vergangenen Nacht im Radio von der Versenkung der *Hood* gehört hatte, wußte er, daß die *Bismarck* auf See war.

„Sei vorsichtig", warnte ihn Jan. „Die Boches sind schlechter Laune."

„Warum denn?"

„Ich weiß es nicht, aber etwas ist los. Sie sind nervös."

Ein deutscher Leutnant der Oberwerftdirektion trat ins Zimmer und ersuchte Jan, die Hafenschlepper anzuweisen, sofort Dampf aufzumachen. Sie wurden in Lanvèoc und auf der Ile Longue gebraucht, erklärte er, um die Torpedonetze zu inspizieren.

Es folgte ein kurzes Gespräch, dem Philippon nicht beiwohnte. Dann ging der Deutsche wieder.

„Was ist los?", fragte Philippon.

„Für Mittwoch wird die *Bismarck* erwartet. Der ganze Hafen steht Kopf. Es herrscht eine richtige Panikstimmung."

Bemüht, sein großes Interesse an dieser Neuigkeit zu verbergen, ersuchte Philippon seinen Freund Jan, noch eine kleine Weile Dienst zu tun, weil er zu Hause etwas vergessen hätte. Er wußte, daß in Kürze ein Expreßzug nach Paris abfahren würde, und eilte zum Bahnhof. Es blieb ihm keine Zeit, nach „Mimi" zu suchen, und so kritzelte er in einem Code, den Rémy für Notfälle vorbereitet hatte, *Bismarck Mittwoch in Brest erwartet,* steckte den Zettel in einen Umschlag und versah diesen mit einer Pariser Adresse. Er übergab ihn einem erstaunten Fahrgast und erklärte ihm, daß es sich um ein erkranktes Kind handle und daß es um Tod und Leben ginge. Der Reisende zeigte sich bereit, zu Diensten zu sein, und versprach, den Brief persönlich abzugeben[6].

Und an ebendemselben 25. Mai, einem Sonntag, waren auch Herbert Wohlfarth und die Besatzung von *U 556,* wenn auch noch weit draußen im Atlantik, auf dem Weg nach Frankreich.

Sie hatten am 10. Mai den Konvoi OB 318 und am 20. Mai den Konvoi HX 126 angegriffen und ihre Torpedos bis auf einen verschossen. Kaum eine Stunde nach dem letzten Angriff sichteten sie noch einen Nachzügler aus dem Konvoi, den 5000-Tonnen-Frachter *Darlington Court.* Wohlfahrt setzte zum Anlauf an, doch als sie sich der Schußposition näherten, meinte sein Wachoffizier, Oberleutnant Souvad: „Wozu unseren letzten Torpedo auf dieses kleine Schiff verschwenden? Wollen wir uns den nicht für ein lohnenderes Ziel aufheben?" Wohlfarth aber fand, ein Spatz in der

Hand sei besser als eine Taube auf dem Dach. Doch als sie die Schußposition erreichten, gab es eine Panne, und sie mußten einen neuen Anlauf fahren. Souvad wies wieder darauf hin, daß sie gut daran täten, den Torpedo zu behalten, aber Wohlfarth ließ sich nicht beirren. Als er ein zweites Mal in Schußposition war, ließ er feuern.

Der Torpedo traf den Nachzügler mittschiffs, und die *Darlington Court* begann zu sinken. Souvad steuerte auf Frankreich zu.

Zusammen mit seiner Erfolgsmeldung – insgesamt acht Schiffe mit 48.000 BRT versenkt – gab Wohlfahrt Dönitz über Funk Position, Kurs und vermutliche Ankunftszeit bekannt. Die Anerkennung ließ nicht lange auf sich warten. Am 23. Mai meldete der Bericht des Oberkommandos der Wehrmacht: „Unterseeboote versenkten aus einem für England bestimmten Geleitzug neun feindliche Handelsschiffe mit zusammen 70.900 BRT, darunter befanden sich drei Tanker von 8000, 10.000 und 13.000 BRT sowie ein schwerbeladener Munitionsdampfer von 7500 BRT ... Bei Angriffen gegen den erwähnten feindlichen Geleitzug zeichneten sich die von Kapitänleutnant Wohlfarth und Kapitänleutnant Gysae geführten Unterseeboote besonders aus."

Und an diesem Sonntagvormittag erhielt nun Wohlfahrth eine Botschaft von Dönitz, eine Botschaft, die alle glücklich stimmte und ihren Kampfgeist stärkte. „Herzliche Glückwünsche zu Ihren Erfolgen", hieß es da. „Der Führer hat Ihnen das Ritterkreuz des Eisernen Kreuzes verliehen!"

In drei Tagen, dachte Wohlfarth, würden sie an ihrer Pier in Lorient liegen. Und dann würden sie feiern.

Kurz nachdem sie jenen Funkspruch ausgesandt hatte, der die britischen Seestreitkräfte veranlaßt haben müßte, mit äußerster Kraft auf sie zuzusteuern, jedoch paradoxerweise das Gegenteil bewirkte, erhielt die *Bismarck* an diesem ereignisreichen Sonntag, dem 25. Mai, eine Botschaft von der Gruppe West: „08.46 Uhr. Letzte Fühlunghaltermeldung 03.13 Uhr von K3G. Anschließend dreistellige taktische Signale, aber keine offenen Standortangaben. Hier Eindruck, daß Fühlung verloren. Operationsfunksprüche für Bermudas und Halifax wiederholt, aber nicht für Gibraltar oder ‚Force H', die im Ostatlantik vermutet wird." Damit erlangten Lütjens und sein Stab endlich Gewißheit, die Meute, die sie hetzte, hatte die Fährte verloren; die *Bismarck* befand sich allein auf dem Ozean. Offiziere und Mannschaften waren seit 36 Stunden auf Gefechtsstation gewesen; die allgegenwärtige Furcht vor dem Feindradar, die ihre Sinne schon abgestumpft hatte, fiel von ihnen ab. Nun konnten sie sich dehnen und strecken, durften abwechselnd ihre Messen aufsuchen, sich waschen und rasieren und ein wenig warme Nahrung zu sich nehmen. Müllenheim-Rechberg nutzte die Gelegenheit, um, wie er das nannte, „ein bißchen 'rumzulaufen", auf die Brücke zu gehen, um Informationen zu sammeln, sich mit anderen Offizieren zu unterhalten, Standpunkte zu vergleichen und Meinungen auszutauschen. Am späteren Vormittag fand auch noch eine kleine Feier statt, als Lütjens Hauptgefreiten Hansen für die außergewöhnliche Geschicklichkeit, mit der er das Schiff während des Angriffs der „Swordfish" der *Victorious* gesteuert hatte, das Eiserne Kreuz anheftete.

Es gab auf der *Bismarck* an jenem Morgen auch einen anderen Grund zum Feiern, einen, der nichts mit dem gegenwärtigen Einsatz zu tun hatte, nämlich den Geburtstag des Admirals, der 52 Jahre alt war. Seine Stabsoffiziere und, in Vertretung der Besatzung, Fregattenkapitän Oels gratulierten ihm. Raeder sandte einen Funkspruch: „Herzlichste Glückwünsche zu Ihrem Geburtstag. Mögen Sie in Ihrem nächsten Lebensjahr die gleichen großen Erfolge erringen." Die Botschaft des Führers war kürzer, denn er machte sich Sorgen über die Schäden, die die *Bismarck* erlitten hatte, und fürchtete, das Reich könne dadurch an Ansehen verlieren: „Beste Wünsche zu Ihrem Geburtstag. Adolf Hitler."

Der Admiral selbst aber teilte die allgemeine Fröhlichkeit nicht und machte sich auch keinerlei Illusionen. Sie hatten noch fast 1000 Meilen vor sich, und Dr. Externbrink und seine Kollegen stellten ihm kein trübes oder nebliges Wetter für die Strecke nach Frankreich in Aussicht. Der rege feindliche Funkverkehr, der von seiner Funkzentrale mitgehört wurde, aber auch die Meldungen der Gruppe West deuteten unverkennbar darauf hin, daß die englische Flotte alle verfügbaren Mittel einsetzte, um ihn zu finden, und daß das Schlimmste noch bevorstand. In trüber Stimmung wandte er sich am Mittag zum ersten Mal seit der Ausfahrt aus der Ostsee über das Lautsprechersystem an die Besatzung. Mit kurzen, nüchternen Worten dankte er ihnen für ihre Geburtstagswünsche und für ihren Anteil am Sieg über die *Hood*. Und weil es gegen seine Natur gewesen wäre, anders zu handeln, sprach er auch von den Gefahren und Schwierigkeiten, die sie erwarteten. „Die Briten ziehen ihre Einheiten zusammen, um uns zu vernichten. Bevor wir die Heimat erreichen, werden wir noch eine Schlacht schlagen müssen. Es ist nicht auszuschließen, daß die Parole Sieg oder Tod lauten wird. Aber wenn wir sterben müssen, wollen wir so viele Feinde wie nur möglich mit uns nehmen."

Ein phantasiebegabterer Admiral würde über die Wirkung nachgedacht haben, die solche Worte auf den Kampfgeist seiner Männer haben mußten. Fast könnte man meinen, Lütjens wollte die Besatzung mit seinem eigenen Fatalismus anstecken und die Euphorie eines wahrhaft Wagnerschen Weltuntergangs mit ihnen teilen. Kapitän Lindemann sprach anschließend einige Worte und versuchte, den schlechten Eindruck zu verwischen, indem er auf Flugzeuge und U-Boote hinwies, die der *Bismarck* zu Hilfe eilen würden, aber es war schon zu spät. „Ich war auf meiner Gefechtsstation im achteren Leitstand", erinnert sich Müllenheim-Rechberg, „und hörte die Ansprache nicht selbst. Einer meiner Maate kam zu mir und erzählte mir davon. ‚Der Admiral sagt, uns bleibt keine Hoffnung. Die ganze englische Flotte ist hinter uns her, und sie werden uns bestimmt aufspüren.' Die jüngeren Matrosen zeigten sich sehr betroffen." Kapitänleutnant Junack begab sich nach einem frühen Mittagessen nach unten, um seine Wache anzutreten. Dort erfuhr auch er von Lütjens' Ansprache und sah, mit welcher Bestürzung die Männer darauf reagierten. Theo Kläs, der einer der Flakbatterien als Ladekanonier zugeteilt war, hörte einige ältere Kameraden die Meinung äußern, es müsse wirklich schlimm um das Schiff stehen, wenn sich der sonst so schweigsame Lütjens zu solchen Äußerungen hinreißen ließ. Der Anblick einiger Offiziere, unter ihnen auch solcher aus dem Stab des Admirals, die Schwimmwesten unter ihren Uniformen trugen – die nach den Bestimmungen des Schiffsreglements in ihren Behältern aufzubewahren waren – ließ, nach Junacks Auffassung, die Moral weiter sinken.

Mittlerweile machte die Besatzung Dienst nach der Kriegswachrolle: vier Stunden Gefechtsstation, vier Stunden leichtere Verrichtungen, vier Stunden Ruhe. Dies war ein anstrengender Dienst, aber er lastete die Leute aus, und es blieb ihnen keine Zeit zum Grübeln. Unter Kapitän Lehmann war das Kesselraumpersonal, wie schon am Vortag, ständig damit beschäftigt, das Kesselspeisewasser auszutauschen. Der Wassereinbruch im Kesselraum II mochte zur Folge gehabt haben, daß Salzwasser in den Speisewasserkreislauf eingedrungen war und in der Folge die Kessel anfressen würde. Das war eine so ernste Sache, daß alle vier Frischwasserbehälter und ein zusätzlicher Kessel in Verwendung genommen werden mußten, und erst Sonntag abend erschien die Gefahr endgültig gebannt.

Lehmann hatte an diesem Tag sicher kaum eine ruhige Minute gehabt, denn er überwachte auch die Errichtung einer Schornsteinattrappe. Irgend jemand äußerte die Meinung, die britischen Piloten würden, in Unkenntnis der Tatsache, daß sich die *Prinz Eugen* von der *Bismarck* getrennt hatte, nicht nach einem einzelnen Schiff suchen; ein zweiter Schornstein mochte sie zu der Annahme verleiten, sie hätten es mit einem amerikanischen oder gar einem englischen Kriegsschiff zu tun – insbesondere wenn sie englische Signale vorbereiteten. Die Attrappe, von den Schiffszimmerleuten aus Holz gefertigt, mit einer Metallauflage versehen, erwies sich als völlig unbrauchbar. Hätte man sie aufgestellt, so hätte sie den achteren Schiffsführungsstand und die achteren Flakleitstände behindert; überdies würde sie ein stärkerer Wind oder ein heftiges Manöver bald umgeworfen haben. Als sie fertig war, meinte Lehmann scherzend, man sollte sie mit Pfeifenrauchern besetzen, die den nötigen Rauch erzeugen würden. Und Manthey schlug vor, die dienstfreie Wache sollte zusammengepfiffen werden, um sich für das Pfeifenrauchen innerhalb der Attrappe bereitzuhalten. Als das Wetter sich dann im weiteren Tagesverlauf verschlechterte, gab man die Idee schweren Herzens wieder auf. Aber dieser Scherz gab der Kampfmoral der Besatzung neuen Auftrieb – und mehr war von Anfang an nicht beabsichtigt gewesen.

Die Stunden verstrichen, der Wind nahm an Stärke zu, der Seegang wurde schwerer, und die See kam aus Nordwesten auf. Es war eine See, die die *Bismarck* mit sich fortriß, ihr Heck einmal auf diese, dann wieder auf jene Seite warf, und eine entsetzliche, korkenzieherartige Bewegung auslöste, die bewirkte, daß vielen der jüngeren Mitglieder der Besatzung, von denen einige ihre Landausbildung erst vor sechs Wochen abgeschlossen hatten, fürchterlich übel wurde. Aber sie wurden auch für ihre Leiden entschädigt. Als es Abend und schließlich Nacht wurde, ohne daß der Feind sich hätte blicken lassen, begannen die von der vormittägigen Ansprache des Admirals immer noch deprimierten Männer neue Hoffnung zu fassen. Auf den Decks war man sich einig, daß der Admiral diesmal unrecht hatte, und daß sie es am Ende doch schaffen würden.

In zunehmendem Maße durch die einander widersprechenden Signale verwundert, die ihn erreichten, in zunehmendem Maße aber auch von der Frage bewegt, wohin die *Bismarck* sich verkrochen hatte, behielt Tovey mittlerweile seinen ostnordöstlichen Kurs bei. Im Laufe des Nachmittags war der Irrtum bei der Einzeichnung der am Morgen erhaltenen Peilungen entdeckt worden, so daß jetzt, abgesehen von dem Befehl der Admiralität an die *Rodney*, ihre Bewegungen den seinen anzupassen, alle Anzeichen darauf hindeuteten, daß die *Bismarck* auf die französische Küste zuhielt. Wenn das auch die Ansicht der Admiralität war, warum hatte man ihm das nicht mitgeteilt? Um 16.30 Uhr konnte er sein Unbehagen nicht länger unterdrücken und fragte bei der Admiralität an: „Sind Sie der Meinung, daß der Feind die Färöer-Inseln ansteuert?“ Er hoffte auf eine sofortige Antwort, doch in jenen Tagen brauchte es seine Zeit, bis Funksprüche verschlüsselt, gesendet, empfangen, entschlüsselt, beantwortet, verschlüsselt, ausgestrahlt und abermals entschlüsselt wurden. So vergingen eineinhalb Stunden, und Tovey beschloß, nicht länger zuzuwarten. Er wies Captain Patterson an, nach Südosten abzudrehen, und setzte Whitehall pflichtgemäß von seiner Entscheidung in Kenntnis[7].

Aber er führte das Manöver allein durch, denn die meisten seiner Schiffe waren verzweifelt knapp an Treibstoff. Die *Norfolk* hatte bereits Kurs auf Island genommen und dabei die *Prince of Wales* überholt, die auf die Färöer-Enge zuhielt. Die *Prince of Wales* hielt noch ein oder zwei Stunden durch und nahm dann ebenfalls Kurs auf Island. Die *Suffolk* (die den ganzen Tag über den Südwesten abgesucht hatte) wandte sich kurz nach Südosten, überlegte es sich aber sehr bald und dampfte nach Scapa Flow ab. Die *Victorious* hatte genügend Treibstoff, um ihre Fahrt fortzusetzen, aber auf Admiral Curteis' Kreuzern wurde das Heizöl schon gefährlich knapp, und angesichts der regen U-Boot-Tätigkeit wagte er es nicht, mit seinem Schiff allein zu bleiben. In der Nacht stiegen ihre Flugzeuge zu einer letzten Suche nach Südosten auf, konnten jedoch nichts sichten.

In der Admiralität setzte sich mittlerweile in zunehmendem Maß die Meinung durch, daß die *Bismarck* die französische Küste ansteuerte, und es sah mehr und mehr so aus, als ob das Flaggschiff am Morgen die Peilstrahlen falsch eingetragen hätte. Zu etwa der gleichen Zeit, da Tovey meldete, daß er nach Südosten abdrehte, wurde die *Rodney* zum zweiten Mal an diesem Tag angewiesen, von der Voraussetzung auszugehen, daß die *Bismarck* einen französischen Hafen anzulaufen beabsichtigte. Auch diesmal tat sie nichts anderes als ihren Kurs beizubehalten, der immer noch auf beide Eventualitäten abgestimmt war.

Jetzt, da es an der Zielsetzung der *Bismarck* nichts mehr zu deuteln gab, war Wake-Walkers Haltung von qualvoller Unschlüssigkeit gekennzeichnet; denn die *Norfolk* hielt Kurs auf Island. Einerseits drängte es ihn, seinem Instinkt nachzugeben und die Jagd fortzusetzen, anderseits bewegte ihn die Sorge, seine Reserven an Treibstoff könnten sich erschöpfen. Am Ende trug der Instinkt den Sieg davon. Er wies Captain Phillips an, nach Südosten abzudrehen und auf 26 Knoten zu gehen. Kurz darauf sichtete er abermals die *Prince of Wales*, die immer noch Kurs auf Island hielt, und signalisierte, „Ich laufe nach Brest.“

Nun hielten die zwei großen Gegner, die *Bismarck* und die *King George V*, mehr oder minder den gleichen Kurs, Südost in Richtung auf die Biskaya, wobei die *Bismarck* dem Engländer allerdings etwa 150 Meilen voraus war. Die *Rodney* dampfte langsam weiter nach Nordosten und hoffte, den Feind zu sichten, sobald sie seinen mutmaßlichen Kurs kreuzte. Als sie diesen erreicht zu haben glaubte, ohne etwas zu sichten, schlug auch sie die Richtung nach der Biskaya ein. Keiner der beiden Gegner wußte, wo der andere steckte, und auf beiden Seiten wurden, während man auf Nachrichten wartete, alle nötigen Anstalten getroffen, um Unterstützung gewähren zu können.

Die Gruppe West in Paris informierte die *Bismarck* über diese Vorbereitungen. Die *Schiffe 13* und *24* – ehemalige Fischdampfer, jetzt als Vorpostenboote verwendet und speziell als U-Boot-Fallen ausgerüstet – wurden für acht Tage verproviantiert und aufgetankt und konnten sogleich in See stechen; drei Zerstörer würden der *Bismarck* auf ihrem letzten Stück Weg quer durch die Biskaya Geleitschutz geben. Die Luftflotte 3 war angewiesen, sich zur Verfügung der Marine zu halten; Langstreckenflugzeuge würden bis zu 25° West operieren, Aufklärer bis zu 15° West, Bomberformationen bis zu 14° West. Die Festmacher in St. Nazaire befanden sich in Position, die Leuchtfeuer funktionierten, und für Lotsen war gesorgt. Auf der Reede von La Pallice bereitete man eben jetzt einen Liegeplatz vor, doch sollte Lütjens, wenn die Lage es erforderte, allenfalls einen spanischen Hafen anlaufen. Man stellte einen weiteren U-Boot-Vorpostenstreifen zusammen, aber *U 74* war wegen eines Schadens tauchunklar, und *U 556* fehlte es an Torpedos. Sobald sie sich dieser Zone näherte, sollte die *Bismarck* einen blauen Wimpel setzen, um zu vermeiden, daß ein U-Boot sie für ein britisches Schiff hielt. Als Dönitz diese Befehle an seine U-Boote weitergab, fügte er hinzu, daß die *Bismarck* vermutlich mit einem Tarnanstrich versehen war (anscheinend hatte niemand daran gedacht, ihn von der Tatsache in Kenntnis zu setzen, daß der Tarnanstrich bereits in Bergen aufgebracht worden war). Hielten die Verfolger noch Fühlung, sollte Lütjens unverzüglich Position und Fahrtgeschwindigkeit bekanntgeben (worauf er klugerweise nicht reagierte), auf jeden Fall aber melden, wenn er den 10. Grad westlicher Länge passierte. Raeder und Schniewind vertraten immer noch die Meinung, Lütjens täte besser daran, sich vorübergehend in den Atlantik zurückzuziehen. Sie beratschlagten, ob sie dem Admiral befehlen sollten, den Kurs in diesem Sinne zu ändern, kamen aber schließlich zu der Überzeugung, daß nur Lütjens selbst entscheiden könne.

Auch die Briten trafen ihre Vorkehrungen. Um für den unwahrschinlichen Fall gerüstet zu sein, daß die *Bismarck* auf das Mittelmeer zuhielt, wurde die *Nelson*, das Schwesterschiff der *Rodney*, angewiesen, von Freetown Kurs auf Gibraltar zu nehmen. Das Unterseeboot *Severn* erhielt den Befehl, in der Straße von Gibraltar eine Sperrposition einzunehmen: So wie Lütjens wurde auch dem Kommandanten der *Severn* anheimgestellt, in spanische Gewässer einzudringen, wenn es ihm nötig erschien. Das „Coastal Command" arbeitete Pläne für die Luftaufklärung aus, die von den ersten Morgenstunden an entlang der Kurse geflogen werden sollte, auf welchen die *Bismarck* voraussichtlich Brest ansteuern würde, und die Royal Air Force führte den ersten von vielen Luftminenwürfen auf die Reeden von Brest und St. Nazaire durch. Was Tovey aber am dringendsten brauchte – und davon machte er auch der Admiralität Mitteilung –, das waren Zerstörer. Mit jeder Meile, die die *King George V* schutzlos weiter nach Südosten steuerte, geriet sie tiefer in von U-Booten unsicher gemachte Gewässer. Im Lageraum der Admiralität studierte man die Karte und stellte fest, daß die einzigen Zerstörer in Reichweite jene waren, die den Truppenkonvoi WS8B geleiteten: *Cossack, Zulu, Sikh, Maori* und die polnische *Piorun*. Schon früher hatte man diesem wertvollen Konvoi die *Victorious* und die *Repulse* genommen; entblößte man ihn jetzt auch noch seiner Zerstörer, so blieb nur noch ein einziges Kriegsschiff, der Fla-Kreuzer *Cairo*, zu seinem Schutz zurück. Aber es waren keine U-Boote in der Nähe, und unter den gegebenen Umständen mußte das Risiko eingegangen werden.

Der Offizier, der diese Zerstörer befehligte, war Captain Philip Vian, ein harter, kaltschnäuziger, außerordentlich tüchtiger Seemann (in seinem Privatleben bescheiden und zurückhaltend), der, wie alle großen Kommandeure, es nie verabsäumte, eine ihm dargebotene Gelegenheit beim Schopf zu packen. Im Vorjahr war er zum Nationalhelden geworden, als er die *Cossack* in einen Fjord des damals noch neutralen Norwegen gesteuert und 300 britische Seeleute der Handelsmarine von dem deutschen Versorgungsschiff *Altmark* heruntergeholt hatte. Sie waren von dem Panzerschiff *Admiral Graf Spee* gefangengenommen worden und sollten nun nach Deutschland gebracht werden. In jener ereignislosen Periode des Krieges fand der Ruf der Entermannschaft: „Die Navy ist da!" ein begeistertes Echo im ganzen Land.

Mitten in der Nacht erhielt Vian seine Befehle von der Admiralität: *Cossack, Sikh* und *Zulu* sollten sich gemeinsam der *King George V*, die *Maori* und die *Piorun* der *Rodney* anschließen. Vian formierte seinen

Verband in Dwarslinie und ging mit 27 Knoten auf ostnordöstlichen Kurs. Die gleiche nordwestliche See, die die *King George V* und die *Bismarck* auf Brest zutrieb, traf Vians Zerstörer von querab, ließ sie heftig gieren und so weit zur Seite neigen, daß es manchmal schien, als wollten sie nicht mehr zurückschwingen. Der Gischt flutete in Wellen über Back und Brücke, klatschte gegen Ölzeug und Südwester, blendete Ausgucks und Wachoffiziere und floß gurgelnd und glucksend durch die Speigatts der Brücken ab. Die Männer mußten sich an Stützen und Reling klammern, um nicht zu Schaden zu kommen; zwei der Schiffe wurden so stark vom Kurs abgetrieben, daß sie unabsichtlich ihre Plätze in der Formation wechselten. Ihre Kommandanten konnten von Glück sagen, daß sie nicht zusammengestoßen waren. „Ich habe Berichte erhalten", schrieb Vian lakonisch, „daß Matrosen verletzt und in einem Fall sogar über Bord gespült wurden, aber es war nicht zu verhindern."

Auf den behaglich geheizten, geschlossenen, weiträumigen Brücken der *King George V*, der *Rodney* und der *Bismarck* standen die Offiziere auf den Grätings der Kompaßplattformen. Ihre Gesichter spiegelten sich im matten Licht der Kompaßkessel, ihre müden Körper machten die Bewegungen des Schiffes mit, und jeder von ihnen beobachtete aufmerksam die Aufbauten seines eigenen Schiffes, lauschte dem besinnlichen Ticken des Tochterkompasses, hörte ihn verstummen, wenn das Schiff auf Ruderanschläge ansprach, und von neuem anfangen, sobald der Bug den langen Schwung zum Kurs zurück begann. Andere suchten mit Doppelgläsern stumm den Horizont ab, ohne etwas zu sehen. In Abständen wurde heißer Kakao oder Suppe gereicht. Hin und wieder ertönte eine Glocke oder ein Summer: Die Funkstation hatte eine Meldung, das Radar mußte einer Reparatur wegen vorübergehend abgeschaltet werden, der Maschinenraum wünschte die Drehzahl zu überprüfen. Befehlsübermittler mit angeschnallten Kopfhörern, die nichts zu tun hatten, vertrieben sich den Schlaf durch häufiges Testen. „Brücke: Turm Anton", riefen sie, und „Turm Anton: Brücke", kam die Antwort zurück. „Kontrolle. Eins, zwo, drei, vier, fünf. Fünf, vier, drei, zwo, eins." Auf der *Bismarck* lautete das Testwort „Bismarck". „Bismarck" wurde angefragt und geantwortet.

Den meisten, Briten wie Deutschen, schien es jetzt, daß die Nacht dieses langen Tages fast zu Ende, daß die große Jagd so gut wie vorüber war. Kurz vor Mitternacht teilte Tovey der Admiralität mit, daß er möglicherweise die Geschwindigkeit würde herabsetzen müssen, um Treibstoff zu sparen. Die *Bismarck*, die mit 20 Knoten unterwegs war, hatte genügend, um Brest zu erreichen. Und nun begannen die Männer, wie Seeleute das am Ende einer Reise zu tun pflegen, sich in Gedanken damit zu beschäftigen, was sie wohl im Hafen erwarten mochte. In wenig mehr als 48 Stunden würde sich die jugendliche Besatzung der *Bismarck*, von der ein Großteil noch nie außerhalb Deutschlands gewesen waren, in Frankreich befinden und wegen der Reparaturarbeiten auch längere Zeit dort bleiben. Welches Leben würden sie in Brest oder St. Nazaire führen? Würden sie an Bord verbleiben oder an Land wohnen? Würde ihnen die Bevölkerung freundschaftlich oder feindselig begegnen? War die französische Küche wirklich so vorzüglich, wie allgemein behauptet wurde? Und wie sah es mit den Frauen aus?

Die Besatzung der *Rodney* hing ähnlichen Gedanken nach. Bald würden sie die unterbrochene Fahrt nach Boston fortsetzen, wo die seit langem vorgesehenen Reparaturarbeiten durchgeführt werden sollten. Anders als die Männer auf der *Bismarck*, brauchten sie sich um das Willkommen, das sie dort erwartete, nicht zu sorgen. Die Gastfreundschaft, mit der die Amerikaner Angehörige der britischen Streitkräfte aufnahmen, war bereits legendär (es war, so meinten viele Amerikaner, das mindeste, was sie für die Männer tun konnten, die in der vordersten Kampflinie standen). Es würde Einladungen geben, bei amerikanischen Familien zu wohnen, Ausflüge nach New York und aufs Land; man würde ihnen Dinge vorsetzen, die sie seit Monaten nicht mehr gesehen hatten: Steaks, die über den Teller hingen, rauhe Mengen von Butter und Sahne. In den Läden würden sie Parfüms und Seidenstrümpfe für ihre Freundinnen kaufen können. Vor allem aber würden sie Lichter sehen: Straßenbeleuchtung, Autoscheinwerfer, beleuchtete Wohnungs- und Schaufenster.

Selbst auf der *King George V* konnten sich die Männer ein paar Luftschlösser bauen. Normalerweise hätten sie die lange Rückfahrt nach Scapa Flow antreten müssen, wo es stetig regnete und der Wind wehte und wo Schafe und Seevögel ihre einzigen Gefährten waren. Nun lag aber die Bedeutung von Scapa Flow als Flottenbasis darin, daß es den Seeweg von Deutschland in den Atlantik kontrollierte. Aber jetzt, da die *Bismarck* ausgebrochen und in diesem Augenblick vielleicht schon dabei war, sich mit der *Scharnhorst* und der *Gneisenau* in Frankreich zu vereinigen, würde da die *King George V* nicht eher in der Nähe der Biskaya-Häfen gebraucht werden? In Plymouth zum Beispiel, wo es Kneipen und Kinos und Mädchen gab, und von wo aus man in ein paar Stunden in London sein konnte. Es sprach vieles für Plymouth.

Und dann zog die Dämmerung herauf, an einem trüben, grauen Himmel ohne feindliche Flugzeuge und über einer stürmischen, grauen

See ohne fremde Schiffe. Auf der *Bismarck* waren es nun schon nahezu 24 Stunden her, daß Lütjens seine Ansprache – Sieg oder Untergang – gehalten hatte. Das Schiff war dem rettenden Hafen nun bereits um 400 Meilen näher, und der Feind ließ sich noch immer nicht blicken.

Für viele erreichten die Hoffnungen, die im Laufe der Nacht angestiegen waren, einen neuen Höhepunkt – und vielleicht zählte insgeheim sogar Lütjens zu ihnen. Doch sie sollten bald enttäuscht werden. Mitten in der Nacht, etwa zu der Zeit, da sich Captain Vian und seine Zerstörer vom Konvoi WS8B verabschiedeten, um sich dem Schlachtschiffverband anzuschließen, raste das „Catalina"-Flugboot „Z" der Squadron 209 des „Coastal Command" durch die Dunkelheit über die forellenreichen Gewässer des Loch Erne im Westen Nordirlands. Der Kopilot war ein Angehöriger der amerikanischen Streitkräfte, Leutnant zur See Leonard B. Smith, in der Uniform der Marine der Vereinigten Staaten – was damals nicht viele wußten. Das Flugboot hob sich fast schwerelos, zog eine Schleife über der stillen Landschaft und ging auf südwestlichen Kurs – quer durch die Donegal-Bucht und über Eagle Island, hinaus auf die offene See.

Teil 3

NIEDERLAGE

Es bleibt der abgrundtiefe Schmerz, und dieser endet.
Dein schlimmster Freund und Feind ist niemand als der Tod.

RUPERT BROOKE

8

Als der Operationsstab der Admiralität am Spätnachmittag des 25. Mai zusammentrat, um die Luftaufklärung für den folgenden Tag festzulegen, herrschte eine ziemlich gedrückte Stimmung. Trotz ausgedehnter Suchaktionen einer großen Anzahl von Flugzeugen entlang der Kurse, von denen angenommen werden konnte, daß die *Bismarck* sie einschlagen würde, um entweder Frankreich oder die Färöer-Inseln zu erreichen, war sie nicht gesichtet worden. Schuld daran war nicht etwa mangelndes fliegerisches Können, sondern eher die verschwindende Größe eines Schiffes in der Unendlichkeit des Ozeans. Bei dem Wetter, das jetzt im Nordatlantik herrschte, konnte ein Flugzeug die *Bismarck* in nur fünf Meilen Entfernung passieren, ohne sie auszumachen.

Der Stab hatte seine Pläne ausgearbeitet, und der diensthabende Captain gab sie telephonisch an Captain Charles Meynell, den Verbindungsoffizier der Marine im Hauptquartier des „Coastal Command" in Northwood, durch. Meynell überbrachte sie Air Marshal Sir Frederick Bowhill, dem Oberbefehlshaber des „Coastal Command". Die Pläne, so urteilte Bowhill, waren durchaus ausreichend, soweit sie von der Voraussetzung ausgingen, daß die *Bismarck* direkten Kurs auf einen französischen Hafen hielt. Aber würde die *Bismarck* einen solchen Kurs steuern? Bowhill war selbst Seemann gewesen und hatte 22 Jahre in der Handelsmarine und in der Royal Navy gedient. Er hatte Kap Hoorn mit einem Segelschiff umfahren und im Ersten Weltkrieg das Flugzeugmutterschiff *Empress* befehligt. Der geschulte Verstand des Seemanns sagte ihm (was den Admiralen Pound und Phillips keineswegs einleuchtend erschien), daß ein direkter Kurs auf einen französischen Hafen höchst unwahrscheinlich war, da er die *Bismarck* unnötig nahe an englische Luftstützpunkte heranführen und zur Folge haben würde, daß sie einen nächtlichen Landfall an einer felsigen, trügerischen Küste vornehmen müßte. Wäre er der deutsche Admiral, äußerte er zu Meynell, er würde einen südlicheren

Kurs steuern, auf Nordspanien zuhalten und erst nach Erreichen des Breitengrades der französischen Häfen nach Osten abdrehen. Eine zusätzliche Patrouille sollte diesen Raum überwachen. Meynell teilte seine Meinung, rief in der Admiralität an und erbat sich die Zustimmung des Operationsstabes. Die Zustimmung wurde unter der Voraussetzung erteilt, daß die zusätzliche Patrouille die im Norden bereits eingeteilten nicht störte; und die „Catalina Z" der 209. Squadron war das Flugboot, das ausgesucht wurde, um Bowhill seinen Wunsch zu erfüllen.

Leutnant zur See Leonard („Tuck") Smith war 26 Jahre alt, ein Bauernsohn aus Higginsville im Bundesstaat Missouri. Schon als Junge wollte er immer fliegen, und er hatte Modellflugzeuge gebastelt, die mit Gummischnüren angetrieben wurden. Nach seiner Graduierung und einem höchst langweiligen Jahr bei einer Versicherungsfirma in Chicago trat er 1938 in das Marinereservekorps ein und wurde in Pensacola, Florida, zum Piloten ausgebildet. Als in Europa der Krieg ausbrach, war er Kopilot und Navigator in einem auf dem Marineluftstützpunkt Sand Point in Seattle stationierten Geschwader von „Catalinas" oder PBY*.

Anfang 1941 rief Smith' Kommandeur einige Piloten zusammen und teilte ihnen mit, daß die amerikanische Regierung den Engländern PBY's in Leihpacht überließ und daß Freiwillige gesucht wurden, die nach England gehen und die britischen Piloten instruieren sollten, wie diese Maschinen zu fliegen waren. Smith meldete sich freiwillig und wurde nach Washington geschickt, wo er und 16 andere Piloten in einer wesentlich anderen Tonart unterwiesen wurden: „Jungs", sagte der Chief of Naval Operations, „es wird bald Krieg mit Deutschland und Japan geben. Aber wir haben das Datum noch nicht festgelegt, und darum sollt ihr 'rüberfahren, um das Geschäft zu lernen." Die Freiwilligen flogen nach den Bermudas, wo die Consolidated Aircraft Company, die die „Catalinas" baute, sie den Piloten des britischen Überführungskommandos

* Bei der U.S. Navy waren für die Bezeichnung der einzelnen Flugzeugtypen Kombinationen von Buchstaben und Zahlen gebräuchlich. In diesem Falle bedeutet P = Patrol, B = Bomber. Diese beiden Buchstaben sind die allgemeine Klassifizierung des Flugzeugtyps. Der letzte Buchstabe bezeichnet jeweils die Flugzeugfirma, welche den Typ entworfen bzw. gebaut hat. Y ist die Bezeichnung für die Firma Consolidated. Sofern von einer Firma mehrere Flugzeugtypen in der gleichen Kategorie gebaut worden waren, wurde dann, durch einen Bindestrich getrennt, eine Ziffer hinter den letzten Buchstaben gesetzt. Diese bezeichnete dann jeweils die Zahl der von dieser Firma gebauten Typen. Variationen des Typs konnten darüber hinaus dann durch an die Ziffer angefügte weitere Buchstaben bezeichnet werden.

anvertraute. Am Morgen des 4. Mai gingen sie an Bord eines Flugbootes: Außer Smith waren auch noch Leutnant zur See Carl Rinehart, der in Pensacola zusammen mit ihm seine Ausbildung erhalten, sowie Leutnant Jimmy Johnson, der bereits 1500 Flugstunden hinter sich hatte, mit von der Partie. 3000 Meilen und 24 Stunden später, etwa zu der Zeit, da Hitler in Gotenhafen die *Bismarck* und die *Tirpitz* inspizierte, wasserten sie vor Greenock in Schottland.

Die Amerikaner fuhren auf ein paar Tage nach London, um sich zu akklimatisieren; anschließend flogen neun von ihnen, darunter Smith und Johnson, an den Loch Erne, wo sie als „Sonderbeobachter“ zum „Coastal Command“ stießen. „Der Kommandeur“, erzählt Johnson, „teilte uns mit, daß er neun seiner Kopiloten auf Urlaub geschickt hatte, womit wir automatisch zu wirklichen Mannschaftsangehörigen wurden, was nicht wenig lustig war.“ Johnson wurde Kopilot der „Catalina M“ aus der Squadron 240, Smith Kopilot der „Catalina Z“ aus der Squadron 209. Die übrigen acht Amerikaner, darunter Carl Rinehart, gingen als „Sonderbeobachter“ zur Squadron 210 in Oban in Westschottland.

Smith' Kameraden in der Z/209 kamen aus allen Teilen Englands, aus Sussex, Newcastle, New Barnet und Liverpool. Der Kommandant war Flying Officer Dennis Briggs, der vor kurzem die erste „Catalina“ geflogen hatte, die an der Schlacht im Atlantik teilnahm. Er hatte sogar einen Absturz mit ihr überlebt. „Typischer Fall eines Blinden, der sich von einem Blinden führen läßt“, lautete Smith' Kommentar. „Briggs hatte schon eine Menge Einsätze geflogen, besaß aber nicht viel Erfahrung mit ‚Catalinas‘. Ich verstand etwas von ‚Catalinas‘, hatte aber keine Erfahrung im Fliegen von Einsätzen.“

Smith fand die Patrouillenflüge ähnlich jenen, die er in Seattle durchgeführt hatte, aber länger und anstrengender. Das Flugzeug nahm 1750 Gallonen Treibstoff auf und konnte daher bis zu 28 Stunden in der Luft bleiben. Die Mahlzeiten – Fleisch und Eier und Gemüse – wurden unterwegs auf einem kleinen Spirituskocher zubereitet und gemeinsam mit der Mannschaft eingenommen. Man hatte sehr wenig Platz und litt unter dem ständigen Lärm und der Vibration; viele stopften sich Watte in die Ohren. Die Besatzungsmitglieder machten drei Stunden ununterbrochenen Dienst und ruhten dann für eine Stunde in einer der vier achtern gelegenen Kojen. Zwei Wochen nach Smith' Eintreffen hatten sie einen sehr aufregenden Flug: Kurz nachdem sie abgehoben hatten, wären sie beinahe in einen Berg hineingerast, und beim Rückflug mußten sie auch noch ein kleines Feuer an Bord löschen.

Das geschah am 24. Mai, dem Tag, an welchem die *Hood* versenkt wurde. Am Abend darauf erfuhren sie, daß die *Bismarck* entwischt war, und erhielten den Befehl, sich an der Suche nach dem deutschen Schiff zu beteiligen. Sie gingen früh zu Bett, wurden am 26. Mai um zwei Uhr geweckt und mit schweren Fliegerjacken und pelzgefütterten Stiefeln eingekleidet. Bei der Einsatzbesprechung war die Begeisterung nur sehr gering, und keiner glaubte an einen Erfolg ihrer Mission; das Patrouillieren über einem Geleitzug nahm wenigstens ständig ihre Aufmerksamkeit in Anspruch, dies aber versprach ein langer Flug zu werden, bei dem es, wie es so schön in einem Liedchen hieß, „Ich seh' nichts außer See" gab. In der Kanzel wettete ein Offizier mit einem Sergeant um zwanzig Zigaretten, daß die Z/209 die *Bismarck* nicht finden würde.

Drei Stunden lang flog die Maschine stetig nach Südwesten. Dann zog die Dämmerung herauf, und den Männern, die Wachdienst hatten, stieg der verführerische Duft von Eiern und gebratenem Speck in die Nase. Von denen, die ihr Frühstück verzehrt hatten, wünschten viele, sie müßten nicht so lange bis zum Mittagessen warten. Sie flogen noch weitere drei Stunden in der gleichen Richtung und erreichten um 9.45 Uhr das Suchgebiet. Hier wurde die Maschine auf automatische Steuerung umgestellt, Smith rutschte auf Briggs' Platz, und Briggs übernahm die Funktion des Kopiloten. Es war ein diesiger Tag mit starkem Seegang und schlechter Sicht. Als sie eine halbe Stunde später in 150 Meter Höhe unter einer Wolkendecke dahinflogen, deutete Smith plötzlich nach vorn und fragte: „Was ist das?" Briggs blickte hinaus und sah an der Grenze der Sicht in etwa acht Meilen Entfernung eine massige, dunkle Kontur, die sich allmählich zur Silhouette eines großen Kriegschiffs wandelte. Kaum imstande, seine Erregung zu zügeln, wies er Smith an, das Objekt näher in Augenschein zu nehmen, und ging zum Funkschapp, um eine Meldung an den Stützpunkt abzufassen. Mit der Absicht, in einer weiten Kurve achteraus an die *Bismarck* zu gelangen, kippte Smith nach Steuerbord und stieg in die Wolken auf, setzte aber das Manöver nicht ganz richtig an. Wenige Minuten später, in 600 Meter Höhe, teilten sich die Wolken, und in einer Distanz von weniger als 150 Meter lag die *Bismarck* quer vor ihnen. Ihre Identität war nun nicht mehr zweifelhaft; sie offenbarte sie unmißverständlich. Ringsum platzten die Granaten, und die Sprengstücke knallten mit häßlichem Rasseln gegen den Rumpf. Das Sperrfeuer war so heftig, daß ein dienstfreies Mitglied der Besatzung aus seiner Koje geworfen wurde, und der Bordmechaniker, der in der Kombüse gerade das Frühstücksgeschirr spülte, zwei Teller fallen ließ. Smith führte ein wildes Ausweichmanöver durch, warf seine vier Wasserbomben ab, um Höhe zu gewinnen, und gab Vollgas. „In meinem ganzen Leben hatte ich noch nie solche Angst", gab er später zu[1].

Während Briggs verzweifelt versuchte, mit seinem Funkspruch zu Ende zu kommen und ihn zu senden, bevor sie abgeschossen wurden, sah er die *Bismarck* aus den Augenwinkeln als eine einzige große, pulsierende Flamme und beobachtete, wie sie, um nicht getroffen zu werden, nach Backbord überholte, während sie, Ruder hart Steuerbord, abdrehte.

„Ein Schlachtschiff Peilung 240° fünf Meilen, Kurs 150°, meine Position 40° 33′ Nord, 21° 47′ West. Uhrzeitgruppe 1030/26."

Das war das Signal, auf das die Flotten zweier Nationen, die einen voller Hoffnung, die anderen voller Furcht, gewartet hatten. In Deutschland wurde es innerhalb weniger Minuten entschlüsselt und an Raeder nach Berlin sowie an Saalwächter nach Paris weitergegeben. Sie mußten das Unvermeidliche hinnehmen, hatten aber zumindest die Genugtuung, daß sie jetzt wußten, wo sich die *Bismarck* befand (690 Meilen von Brest entfernt – wenngleich sich, als sie Lütjens' eigenen Funkspruch erhielten, eine Diskrepanz von 70 Meilen in den Positionsmeldungen ergab – Briggs hatte sich um 25, Neuendorff, der schon seit Tagen kein astronomisches Besteck mehr hatte nehmen können, um 80 Meilen verrechnet). Auf der Seekarte im Lageraum der britischen Admiralität zeigte sich, wie knapp die *Rodney* und ihre Zerstörer die *Bismarck* am Tag zuvor verfehlt hatten – die *Rodney* und ihre Zerstörer um 50, die *Edinburgh* um 45 Meilen – während Vians Flottille ihr Kielwasser noch an diesem Morgen nur 30 Meilen achteraus gekreuzt hatte. Doch die Freude, mit der man die Wiederentdeckung der *Bismarck* sowohl in der Admiralität als auch in der Flotte auf See (und auch im „Coastal Command", wo Bowhill sich im Geist anerkennend auf die Schulter klopfte) aufnahm, wurde durch die Erkenntnis getrübt, daß weder die 135 Meilen im Norden stehende *King George V* noch die 125 Meilen im Nordosten kreuzende *Rodney* imstande sein würden, sie einzuholen, wenn es nicht irgendwie gelang, sie dazu zu bringen, ihre Geschwindigkeit zu verringern.

Aber vielleicht ließ sie sich dazu bringen! Vian mit seinen fünf Zerstörern und 26 Torpedos kannte seine Pflicht. Ohne um Erlaubnis zu fragen, änderte er seinen Kurs und steuerte mit äußerster Kraft auf den Feind zu. Captain Benjamin Martin auf dem mit acht Torpedos bestückten Kreuzer *Dorsetshire*, der 600 Meilen weiter südlich einen Konvoi eskortierte, überließ – ebenfalls ohne Erlaubnis – den Geleitschutz dem Hilfskreuzer *Bulolo* und dampfte mit 26 Knoten los, um sich zwischen den Feind und Brest zu schieben. Vielleicht entsannen sich beide der Maxime Admiral Nelsons: Es kann nie ein großer Fehler sein, wenn ein Kommandant sein Schiff neben ein feindliches setzt.

Doch der Mann, der am ungeduldigsten auf die Wiederentdeckung der *Bismarck* gewartet hatte und der die besten Möglichkeiten besaß, sie aufzuhalten, war der Befehlshaber jenes Verbandes, der ihr am nächsten kreuzte. Vice-Admiral Sir James Somerville, der mit der *Renown*, der *Ark Royal* und der *Sheffield* nordwärts steuerte und schon vor Stunden den Kurs der *Bismarck* vor ihr gekreuzt hatte, war jetzt nur knapp 100 Meilen entfernt und stand zwischen ihr und Brest.

Vice-Admiral Sir James Somerville war eines der Originale der Marine, ein großgewachsener, humorvoller Mann von lebhaftem und gewinnendem Wesen. Er strebte nicht nach intellektuellen Höhen, würzte seine Sprache mit derben Ausdrücken und liebte zweideutige Witze. „In allen Dingen", sagt sein Biograph, „bestand seine Einstellung aus einer Mischung von jugendlicher Begeisterung, Humor und größter Schlichtheit des Ausdrucks ... Es drängte ihn, ohne daß er sich dessen bewußt gewesen wäre, im Mittelpunkt zu stehen und den unkonventionellen Admiral in allen Lebenslagen zu spielen ... Das waren wichtige Bestandteile seiner Führerpersönlichkeit ... die ihm nicht weniger Feinde als Freunde einbrachte."

Zur Zeit des Spanischen Bürgerkriegs war Somerville Konteradmiral gewesen und hatte die Zerstörer im Mittelmeer befehligt. Sein Flaggschiff *Galatea* lag vor Palma de Mallorca, zusammen mit dem italienischen Zerstörer *Malocello* und dem deutschen Panzerschiff *Deutschland*, das die Flagge von Konteradmiral Carls führte. Die drei Schiffe waren anwesend, um die Interessen ihrer Landsleute zu wahren, doch als die Republikaner ihre Absicht bekanntgaben, den Hafen zu bombardieren, wurden sie ersucht, auszulaufen. Als ranghöchster Offizier nahm Somerville die drei Schiffe auf See und manövrierte sie als Geschwader. Am Ende bombardierten die Republikaner Palma dann doch nicht, und nach ihrer Rückkehr signalisierte Somerville dem „Internationalen Geschwader", daß ihr Positionshalten und Manövrieren seine aufrichtige Bewunderung erregt hatten. „Wenn sich alle Schiffe dieser drei Nationen zu einem solchen Geschwader zusammenfinden könnten", erwiderte Konteradmiral Carls in stockendem Englisch, „wäre das in vieler Hinsicht eine sehr gute Sache." Jetzt, fünf Jahre später, war Carls, der die Gruppe Nord in

Wilhelmshaven befehligte, der Admiral, der die *Bismarck* in Marsch gesetzt hatte.

Als Oberbefehlshaber in Ostindien erkrankte Somerville 1938 an Tuberkulose, wurde heimgeschickt und mußte wegen Invalidität aus dem Dienst ausscheiden. Bei Kriegsausbruch ließ er sich von einem Spezialisten aus der Harley Street für gesund erklären und klopfte schon am nächsten Tag wieder bei der Admiralität an. Da er Radiospezialist war, wurde ihm eine Position in der Fernmeldeabteilung der Admiralität angewiesen, wo die Entwicklung des Schiffsradars sein Arbeitsgebiet darstellte. „Die Folge war", sagt sein Biograph, „daß unsere Kriegsschiffe viele Monate, wenn nicht Jahre früher über ein wirksames Überwasserwarnsystem verfügten, als dies sonst der Fall gewesen wäre." So hatte also die *Suffolk* ihren Erfolg bei der Beschattung der *Bismarck* und der *Prinz Eugen* zum Teil Somerville zu verdanken.

Sein nächster Auftrag rief ihn zu Admiral Ramsay nach Dover, dem er bei der Evakuierung der britischen Armee aus Dünkirchen assistierte. Dazu gehörte auch ein höchst strapaziöser Ausflug nach Frankreich, wo Admiral Wake-Walker die Evakuierung von den Stränden organisierte. Er kam kaum zum Schlafen, aber seine Gesundheit hielt den Anstrengungen stand, und das überzeugte die Admiralität, daß er wieder fit genug war, um auf See Dienst zu tun. Als dann im Juni 1940 die „Force H" zusammengestellt wurde, um das durch die Niederlage Frankreichs im westlichen Mittelmeer entstandene Vakuum zu füllen, wurde ihm das Kommando übertragen. Rückgrat dieses Verbandes waren der Flugzeugträger *Ark Royal* und der Schlachtkreuzer *Hood,* auf dem er in Gibraltar seine Flagge setzte.

Die erste der „Force H" gestellte Aufgabe, noch dazu eine höchst unerfreuliche, war die Ausschaltung der französischen Flotte vor Oran. In der Folge wurde „Force H" zu diversen Einsätzen im Mittelmeer herangezogen; sie mußte das vom Feind bedrängte Malta mit Proviant und Flugzeugen versorgen und Operationen gegen die italienische Flotte durchführen. Bei einer solchen Gelegenheit – der Aktion von Kap Spartivento, bei der Admiral Holland sich so besonders ausgezeichnet hatte – brachte Churchill sein Unbehagen über den seiner Meinung nach allzu geringen Kampfgeist Somervilles zum Ausdruck, und Pound, wie immer ein treuer Diener seines Herrn, bildete einen Untersuchungsausschuß, noch bevor Somerville nach Gibraltar zurückgekehrt war. Doch das war schnell wieder vergessen, als Somerville einen Bombenangriff im Morgengrauen auf die Docks von Genua vorschlug und dann auch brillant durchführte. Zu verschiedenen Gelegenheiten stieg er zusammen mit den Piloten der *Ark Royal* auf, etwas, das nur wenige Admirale getan haben würden oder auch nur zu tun gedachten. „Wie ich es hasse, sie abfliegen zu sehen und mich gleichzeitig zu fragen, wieviele von diesen tapferen Burschen wieder zurückkehren werden", schrieb er. „Und da denke ich mir eben, sie wissen das zu schätzen, wenn ich mit ihnen aufsteige und selbst sehe, wie es oben zugeht."

Am 23. Mai kehrte „Force H" nach Gibraltar zurück, nachdem sie 48 „Hurricanes" von der *Ark Royal* und der *Furious* sicher nach Malta auf den Weg gebracht hatte.

Schon zeitig am nächsten Morgen war die „Force H" nach Norden unterwegs. Am 25., um vier Uhr, etwa zur gleichen Zeit, als es der *Bismarck* gelang, aus dem Radarbereich der *Suffolk* zu verschwinden, detachierte Somerville seine Zerstörer nach Gibraltar; die lange Fahrt mit Höchstgeschwindigkeit hatte ihre Treibstoffvorräte erschöpft. Der älteste Kommandant erhielt den Befehl, der Admiralität die Position der „Force H" zu melden, sobald er 150 Meilen klar war. Gleichzeitig sollte er anfragen, wie sich die Lage in bezug auf die *Scharnhorst* und die *Gneisenau* darstellte. Im März hatte Somerville mit der „Force H" den Auftrag erhalten, im Atlantik diese Schiffe zu suchen. Jetzt dachte er mit Sorge an die Möglichkeit, daß sie der *Bismarck* zu Hilfe kommen könnten. Vor zwei Tagen hatte die Admiralität ihn wissen lassen, daß beide Schiffe in Brest lagen. Doch in seinem Einsatzbefehl hieß es ausdrücklich, daß er weitere Instruktionen erhalten würde, wenn neue Aufklärungsflüge erkennen lassen sollten, daß eines oder beide ausgelaufen waren[2]. Seitdem hatte er in dieser Sache nichts mehr von der Admiralität gehört, und darum ordnete Somerville einen von einer „Swordfish" durchzuführenden Aufklärungsflug in Richtung Brest für Tagesanbruch an. Für den Rest dieses von quälender Unruhe erfüllten Tages waren Besprechungen mit den Leuten von der *Ark Royal* angesetzt, in deren Verlauf die Zonen festgelegt wurden, in welchen am nächsten Tag nach der *Bismarck* gesucht werden sollte. Man kam überein, die erste Patrouille im Morgengrauen starten zu lassen.

Der Sturm, der in dieser Nacht die *Bismarck* auf ihrem Südostkurs vorantrieb, machte der „Force H" schwer zu schaffen. Um 11.15 Uhr mußten sie auf 23 Knoten, um 11.40 Uhr auf 21, und um 1.12 Uhr früh des 26. Mai gar auf 17 Knoten heruntergehen. Die von der deutschen Propaganda schon so oft „versenkte", aber immer noch flotte, alte *Ark*, ächzte und knarrte an allen Enden, und ihr Kommandant, Captain Loben

Maund, fragte sich besorgt, wie lange sie noch durchhalten würde. Es verging kaum ein Tag, daß der Erste Schiffszimmermann nicht hinuntersteigen mußte, um die durch einen Nahdetonierer vor einigen Monaten gelockerten Nieten festzuziehen oder Undichtheiten zu reparieren, denn auf den letzten 100.000 Meilen waren keine größeren Ausbesserungsarbeiten an dem Schiff mehr vorgenommen worden. Vor kurzem war die Heckstopfbuchse der mittleren Welle bereits zweimal ausgebrochen; dies war weder die Zeit noch der Ort für neues Ungemach dieser Art.

Die Dämmerung kam herauf über einer sturmzerzausten See mit von weißem Schaum gekrönten Wellen. Zwar befand sich das Flugdeck der *Ark Royal* 19 Meter oberhalb der Wasserlinie, doch wurde es von dem Gischt überschwemmt, und es gab Augenblicke, da der Bug, wie bei einem Zerstörer, in die grüne See tauchte. Captain Maund beauftragte zwei Offiziere, unabhängig voneinander mit dem Sextanten das Steigen und Fallen des Hecks zu messen; das Ergebnis ihrer Untersuchung lautete 16 Meter und 17 Meter. Die Windgeschwindigkeit über Deck betrug 50 Stundenmeilen. Nur wenige auf Flugzeugträgern stationierte Maschinen hatten je unter solchen Umständen operieren müssen.

Aber es waren ja auch ungewöhnliche Zeiten. Von den Flugzeugen der *Ark Royal* hing es nun ab, ob es gelingen würde, die *Bismarck* zu einer weiteren Verringerung ihrer Geschwindigkeit zu nötigen. Die zur Überwachung der Route nach Brest eingesetzte „Swordfish" wurde sicher abgefertigt; anschließend wurden zwei weitere Maschinen heraufgebracht und bereitgestellt. Da das Schiff bis zu 30° nach Steuerbord krängte, hatte das Flugdeckpersonal die größten Schwierigkeiten, um zu verhindern, daß die Maschinen über das Deck rutschten. Es war beabsichtigt gewesen, die Flugzeuge um sieben Uhr zu starten, doch da sie infolge der verringerten Geschwindigkeit die für diesen Zeitpunkt vorgesehene Position nicht erreicht hatten, wurde der Abflug jetzt für neun Uhr festgelegt. Kurz vor 8.45 Uhr drehte Captain Maund das Schiff in den Wind und setzte die Geschwindigkeit auf zehn Knoten herab: Aus dem Schlingern wurde ein Stampfen, der Sturm brauste wie ein Hurrikan einher, und die heftigen Böen rissen der Deckmannschaft die nicht übermäßig stabilen Flugzeuge fast aus den Händen. Über die stürmische See hinweg hielt Admiral Somerville von der Brücke der *Renown* aus sein Doppelglas auf sie gerichtet. Von der Brücke der *Ark Royal* aus blickte Commander Traill, der Flugeinsatzoffizier, auf die erste Maschine hinab, die abfliegen sollte, und hob seine grüne Flagge. Er wartete vergeblich auf eine kurze Windstille und ließ schließlich den Arm sinken. Langsam – unendlich langsam schien es den Zuschauern – wurde das in den Wind startende Flugzeug schneller. Während es an ihm vorüberrumpelte, sah Traill, wie der Beobachter durch seine Schutzbrille mühsam den Windmesser an der Brücke ablas, und streckte einen behandschuhten Daumen nach oben. Und während das Schiff jetzt die nächste Welle erklomm, strebte das Flugzeug himmelwärts, um sich, da die Woge verebbte, talab der See entgegenzustürzen. Alles hielt den Atem an, die Maschine hob ab, ihr Fahrgestell durchfurchte die Wellenkämme, um schließlich frei durch die Luft zu schweben. Zögernd, ruckweise, folgten die anderen; viele berührten die Wasseroberfläche, alle starteten sicher. Na ja, dachte Maund (so wie Bovell vor zwei Tagen gedacht hatte), wir haben sie auf den Weg gebracht, aber wie bekommen wir sie wieder zurück?

Eineinhalb Stunden später traf Flying Officer Briggs' Fühlunghaltersignal ein, und nur kurze Zeit darauf die Meldung, daß er den Kontakt verloren hatte. Ein Blick auf die Karte ließ erkennen, daß die *Bismarck* geradewegs auf das Zentrum des Aufklärungssektors der „Swordfish"-Maschinen zusteuerte, und nur 20 Minuten später berichtete Sub-Lieutenant Hartley von der „Swordfish 2 H", daß er sie gesichtet hatte. Dabei beging er den gleichen Fehler wie Admiral Holland; er verwechselte sie mit der *Prinz Eugen* und meldete einen Kreuzer. Nach weiteren sieben Minuten kam ein Funkspruch von Lieutenant Callander im Flugzeug „2 F" und bestätigte Briggs' Meldung eines Schlachtschiffs. Welche Meldung war nun die richtige? Es war sehr wichtig, das zu wissen, denn ein Torpedoangriff auf einen Kreuzer erfordert eine geringere Tiefeneinstellung. Somerville ließ zwei weitere mit Zusatztanks ausgestattete „Swordfish" von der *Ark Royal* aufsteigen, um „2 H" und „2 F" abzulösen.

Somerville hatte die acht anderen „Swordfish" mittlerweile zum Schiff zurückbeordert, um sie mit Torpedos ausrüsten zu lassen. Die *Ark Royal* steuerte jetzt mit Volldampf einen Parallelkurs zur *Bismarck* (und etwa 50 Meilen von ihr entfernt), um das Terrain aufzuholen, das sie verloren hatte, als sie nach Nordwesten geschwenkt war, um die Flugzeuge zu starten. Nun drehte sie abermals nach Nordwesten, um sie landen zu lassen. Das Heck stieg und fiel immer wieder, manchmal hob es sich bis zur Höhe eines vierstöckigen Hauses, doch Piloten und Landeoffizier ergänzten sich auf das vortrefflichste und schafften es irgendwie, die Maschinen heil auf das glatte, rutschige Deck herunterzubringen. Nur einer schätzte die Distanzen völlig falsch ein: das Heck sauste in dem Moment nach oben, als er gerade aufsetzen wollte, und zerschmetterte das

Flugzeug; die Besatzung blieb wie durch ein Wunder unverletzt. Weitere Landungen unterblieben, bis die Trümmer von Bord geschafft waren.

Während dieser Luftoperationen hielt sich die *Renown* im Osten der *Ark Royal* – und wegen des Nebels zuweilen außer Sicht –, um zwischen der *Bismarck* und Brest zu bleiben. Sollte er den Befehl erhalten, mit der *Renown* anzugreifen, plante Somerville dies von achtern und im Aufwind zu tun. Damit würde er die *Bismarck* zwingen, zu wenden und ihren Rückzug zu verlangsamen; außerdem würde er den Vorteil haben, Rauchschleier legen zu können. Nun war aber die *Renown* etwa zur gleichen Zeit wie die *Hood* von Stapel gelaufen und noch weniger geschützt als diese, und weil die Admiralität fürchtete, Somerville könnte etwas Unüberlegtes tun und die Geschichte könnte sich wiederholen, wies sie ihn an, nur dann anzugreifen, wenn die *King George V* oder die *Rodney* bereits in ein schweres Gefecht verwickelt wären. Da anderseits die *Sheffield* im Moment keinen besonderen Zweck erfüllte, beauftragte Somerville ihren Kommandanten, auf die jetzt 40 Meilen entfernte *Bismarck* zuzusteuern und sie von achtern zu beschatten. Von diesem Befehl setzte er die Admiralität und Tovey über Funk in Kenntnis – aber auch die *Ark Royal,* die zu diesem Zeitpunkt keinen Sichtkontakt mit dem Flaggschiff hatte.

Der verschlüsselte Funkspruch erreichte die *Ark Royal* wenige Minuten später, doch da er nicht an die *Ark Royal* direkt gerichtet war, sondern ihr nur durchgegeben wurde, und weil andere wichtige Meldungen darauf warteten, entschlüsselt zu werden (insbesondere jene der fühlunghaltenden Flugzeuge), legte man ihn fürs erste zur Seite. Die Folge war, daß die Besatzungen des Angriffsverbandes, als sie sich nach dem Mittagessen zur Einsatzbesprechung im Bereitschaftsraum versammelten, nicht davon informiert wurden, daß sich die *Sheffield* auf dem Weg zur *Bismarck* befand und zu dem Zeitpunkt, da sie auf der Bildfläche erschienen sollten, in ihrer nächsten Nähe kreuzen würde. Man informierte sie dahingehend, daß die *Bismarck* völlig allein war, von keinem anderen Schiff begleitet oder verfolgt.

Um 2.15 Uhr brachten die Aufzüge die ersten „Swordfish" auf Deck. Da immer noch ein leiser Zweifel über die Frage bestand, ob der Feind die *Bismarck* oder die *Prinz Eugen* war, wurden die Torpedos auf eine Tiefe von neun Meter statt zehn Meter eingestellt und überdies mit Magnetpistolen ausgerüstet, die den Zweck hatten, eine Explosion unter dem Rumpf des feindlichen Schiffes auszulösen. Um 2.40 Uhr wurden die Motoren angeworfen, und um 2.50 Uhr startete Lieutenant-Commander

Stewart-Moore, der Angriffsführer, in der „Swordfish 4 A". 14 weitere Flugzeuge folgten ihm, ohne daß es Pannen gegeben hätte, formierten sich und wandten sich nach Süden, dem Feind entgegen.

Eine Stunde verging. Nervös warteten Maund und Traill und alle anderen auf der *Ark Royal* auf Neuigkeiten. Dann stürzte plötzlich ein abgehetzter Fernmeldeoffizier auf die Brücke, in der Hand eine soeben erst entschlüsselte Kopie von Somervilles Meldung in bezug auf die *Sheffield*.

Maund, ein stiller Mann, las die Meldung. „An den Angriffsverband", sagte er zu dem Fernmeldeoffizier. „‚Passen Sie auf die *Sheffield* auf!' Nein, zum Verschlüsseln haben wir jetzt keine Zeit. Senden Sie das offen, und zwar sofort!"

9

Den ganzen Morgen und auch den frühen Nachmittag über setzte die *King George V* ihre korkenzieherartige Fahrt nach Südosten fort, wobei sie einen mit der *Bismarck* leicht konvergierenden Kurs in Richtung Brest steuerte und dabei eine Ecke abzuschneiden vermochte. Für Tovey und seine Stabsoffiziere Brind, Bingley, Lloyd und einige andere, die sich rund um den Koppeltisch in einem Raum neben der Brücke versammelt hatten, stand es nach den Meldungen der fühlunghaltenden „Swordfish" fest, daß sie allmählich aufholten. Nur leider nicht schnell genug. Morgen um diese Zeit würde sich die *Bismarck* innerhalb des Bereiches der landgestützten Luftsicherung befinden, und die *King George V* wegen Treibstoffmangel umkehren müssen. Wenn der geplante Angriff der „Swordfish" nicht ausreichte, die *Bismarck* aufzuhalten, dann mußten alle die Heimfahrt antreten, ohne den Tod der *Hood* gerächt zu haben. Und trotz aller für diese Operation zur Verfügung stehenden Schiffe und Flugzeuge würde die *Bismarck* unbehelligt entkommen.

Den ganzen Tag über lieferten die „Catalinas" des „Coastal Command" und die „Swordfish" der *Ark Royal* eine Fülle von Meldungen über die Position der *Bismarck* – die letzteren wesentlich genauer als die ersteren. Nachdem Briggs und sein Bordmechaniker in der Z/209 den Kontakt verloren hatten, gingen sie daran, die von der Flak der *Bismarck* verursachten Löcher zu stopfen – die großen mit Gummipfropfen, die kleinen mit Margarine aus ihren Rationen. Briggs verwendete ein paar Stunden mit vergeblichen Versuchen, die *Bismarck* wiederzufinden, fing aber gegen 13.30 Uhr ein Signal von Jimmy Johnsons Flugboot auf – „M" von der Squadron 240 –, in dem dieser mitteilte, daß er wieder Fühlung gewonnen hatte. Johnson in der M/240 war eine Stunde nach der Z/209 vom Loch Erne abgeflogen und hatte Vians Zerstörer zu Mittag, die *Bismarck* eineinhalb Stunden später gesichtet. Bald sah Briggs die M/240 kreisen, gebrauchte aber keine Aldislampe, weil er fürchtete, die Aufmerksamkeit der *Bismarck* zu erregen. Jimmy Johnson saß am Steuer und deutete in die Richtung, die die *Bismarck* einhielt. Briggs bestätigte.

Bald darauf mußte die Z/209 die Patrouille abbrechen, weil Briggs noch vor Einbruch der Dunkelheit wassern wollte[1], doch Jimmy Johnson und Flying Officer Goolden in der M/240 blieben den ganzen Nachmittag mit dem Feind in Fühlung. Dreimal fanden und verloren sie die *Bismarck* und wurden immer wieder von der deutschen Flak empfangen – das letzte Mal gegen 17.30 Uhr, kurz nachdem sie die *Sheffield* gesichtet hatten. „Die lauten Explosionen und die Rauchwölkchen schienen mir ganz nahe zu sein", schrieb Jimmy Johnson. „Ich glaubte, den beißenden Rauch riechen zu können, aber wahrscheinlich bildete ich mir das nur ein." Um 18.06 Uhr mußten auch sie zum Loch Erne zurückkehren, doch mittlerweile hielten die „Swordfish" der *Ark Royal* ständig Fühlung.

Inzwischen hatte Somerville Tovey auf der *King George V* in mehreren Funksprüchen davon unterrichtet, daß die „Swordfish" zurückgerufen und als Angriffsverband ausgerüstet worden waren; er hatte ihm die voraussichtliche Abflugzeit und den erfolgten Start bekanntgegeben. Jetzt hieß es warten. Es waren quälende Stunden, aber zum Grübeln blieb Tovey nicht viel Zeit. „Schiff in rot sieben null", rief einer der Ausguckposten an Backbord. Auf der Brücke richteten sich aller Augen nach Backbord: Am Horizont erschienen die unverwechselbaren Umrisse des Turmmastes eines Kriegsschiffes. Konnte das die *Prinz Eugen* sein? Die Alarmglocken tönten, das Geschützpersonal eilte zu den Türmen, und die großen Kanonen schwenkten herum. Doch jetzt kamen die Aufbauten des Schiffes in Sicht, und nun war ein Irrtum nicht mehr möglich. Es war die *Rodney*, für Tovey und seinen Stab ein wahrhaft herrlicher Anblick. Sie hatte seit 30 Stunden keine Signale ausgesandt und auf Anweisung der Admiralität eine Vielfalt von Kursen gesteuert, bis sie jetzt gleich Aphrodite aus der See auftauchte, um zu seiner Zeit, da sie dringend benötigt wurde, ihren Platz auf der Bühne einzunehmen.

Der Kurs der *Rodney* und der zwei ihr noch verbliebenen Zerstörer (die

Somali hatte wegen Brennstoffmangels nach Hause entlassen werden müssen) wich nur um wenige Grade von dem der *King George V* ab, und darum dauerte es lange, bis sich die beiden Schiffe einander näherten. „Was ist Ihre Höchstgeschwindigkeit?", fragte Tovey an, und Dalrymple-Hamilton antwortete: „22 Knoten." Und weil Tovey ohnehin die Geschwindigkeit herabsetzen wollte, um Treibstoff zu sparen, setzte er das Signal: „Geschwindigkeit des Verbandes 22 Knoten." Die *Rodney* reihte sich achtern von der *King George V* ein, doch bald erweiterte sich der Abstand zwischen den beiden Schiffen. Die Männer im Maschinenraum vollbrachten wahre Wunder mit den ausgeleierten Maschinen der *Rodney*, einige verloren das Bewußtsein, aber das langte immer noch nicht. „Ich fürchte", signalisierte Dalrymple-Hamilton bedauernd an Tovey, „Ihre 22 Knoten sind eine Kleinigkeit schneller als unsere."

Es war 18 Uhr vorüber, und die Entfernung zwischen der „Force H" und der *Bismarck* betrug nur mehr 90 Meilen. Immer noch gab es keine Neuigkeiten bezüglich des „Swordfish"-Angriffs, obwohl es schon drei Stunden her war, daß die Flugzeuge vom Träger abgehoben hatten, dabei hätten sie nicht länger als eineinhalb Stunden brauchen dürfen, um den Angriff durchzuführen. Was war geschehen, warum gab es keine Meldungen? Um 18.21 Uhr teilte Tovey der Admiralität und Somerville mit, daß er wegen Treibstoffmangels einen Hafen anlaufen müsse, wenn es bis Mitternacht nicht gelungen sein sollte, die *Bismarck* zu einer Verringerung ihrer Geschwindigkeit zu veranlassen. Die *Rodney* konnte noch bis zum nächsten Tag acht Uhr ohne ihre Zerstörer im Einsatz bleiben; dann würde auch sie die Rückfahrt antreten müssen. Und in Beantwortung von Somervilles Angebot, sich ihm mit der *Renown* anzuschließen, riet er ihm, bei der *Ark Royal* zu verbleiben.

Weitere zehn Minuten vergingen, und dann kam die große Enttäuschung. Von Somerville traf der kürzeste aller Funksprüche ein, der Funkspruch, auf den sie alle gewartet hatten – aber nicht mit der erhofften Nachricht. „Von Flagg-Offizier ‚Force H' an Oberbefehlshaber Home Fleet", lautete der Text. „Nach unserer Schätzung keine Treffer." Das war alles. Wieso keine Treffer? War das Wetter daran schuld, oder ein geschicktes Ausweichmanöver, oder die Flak der *Bismarck* – oder alles zusammen? Nicht, daß es noch wichtig gewesen wäre; die Verfolgung war zu Ende, die Aktion fehlgeschlagen. Auf der Brücke sprach keiner ein Wort. Es gab nichts mehr zu sagen.

Nachdem Stewart-Moores Angriffsverband um 14.30 Uhr von der *Ark Royal* abgehoben hatte, stiegen sie in die tiefhängenden Wolken und gingen auf einen Kurs, der sie zum Feind bringen sollte. Mehrere Maschinen waren vor kurzem mit dem ASV-II-Radar ausgerüstet worden, und nach etwa 40 Minuten Flugzeit faßten sie ein Schiff rechts voraus auf: Die Piloten hatten nicht erwartet, schon so bald auf die *Bismarck* zu stoßen, doch da ihnen bei der Einsatzbesprechung gesagt worden war, daß sich keine anderen Schiffe in der Nähe befanden, wußten sie, daß es sich um die *Bismarck* handeln mußte. Sie tauchten durch die Wolken hinab, sahen die Silhouette eines Kriegsschiffes unmittelbar vor sich und kehrten in die Wolken zurück, um ihre Position für den Zangenangriff einzunehmen.

Zehn Minuten später sah Captain Charles Larcom auf der Brücke der *Sheffield* die „Swordfish" herankommen. Er erwartete sie, da er soeben die Meldung von Somerville erhalten hatte, daß sie von der *Ark Royal* abgeflogen waren. Doch die Art, wie sie sich der *Sheffield* näherten, war ihm auf entsetzliche Weise vertraut. Statt an ihm vorbei und auf den Feind zuzufliegen, kamen sie aus verschiedenen Richtungen heran, wie er sie das oft tun gesehen hatte, wenn sie mit seinem Schiff als Ziel Torpedoangriffe übten. Er begriff sofort, daß die Piloten die *Sheffield* für die *Bismarck* hielten, ließ den Maschinentelegraphen auf „Äußerste Kraft voraus" legen und befahl den Geschützbedienungen, das Feuer nicht zu eröffnen. Das erste Flugzeug warf seinen Torpedo ab, und Larcom ließ das Ruder herumwerfen, um der Laufbahn auszuweichen. Als der zweite Torpedo abgeworfen wurde, geschah etwas Außergewöhnliches: Er schlug auf das Wasser auf und explodierte innerhalb einer großen Wassersäule. Der dritte Torpedo tat das gleiche: Die Magnetpistolen zündeten beim Aufschlag, und drei andere Torpedos detonierten im Kielwasser der *Sheffield.* Aber fünf oder sechs weitere wurden erfolgversprechend abgeworfen und rasten durch das Wasser auf das Schiff zu. Auf der Brücke empfing Larcom die Meldungen, aus welchen Richtungen sie kamen, und ließ das Ruder hart nach Back- oder Steuerbord legen. Angsterfüllt starrten die Männer auf das Wasser und beobachteten, wie sich das Schiff langsam drehte, um sich parallel zu den Blasenbahnen zu legen. Voll Ungewißheit, ob sie es schaffen würden, hielten sie sich mit klammen Fingern an der Reling fest. Dank Larcoms meisterhafter Führung des Schiffes schafften sie es; kein einziger Torpedo erreichte sein Ziel.

Nur drei Piloten erkannten die *Sheffield* und setzten keine Torpedos ab. Die anderen merkten ihren Irrtum erst, als sie über das Schiff hinwegzogen und feststellten, daß kein Abwehrfeuer erfolgt war. Einer der Piloten signalisierte reumütig mit der Signallampe an Larcom: „Verzeihen Sie den Patzer!" Daß sie die *Sheffield* nicht früher erkannten, beweist nur die Macht der Suggestion, denn die *Sheffield* hatte zwei Schornsteine und nicht, wie die *Bismarck*, nur einen, und ihr Aussehen war ihnen nicht weniger bekannt als das der *Ark Royal.* Sie hatten erwartet, auf die *Bismarck* zu stoßen, und so war das Schiff, das sie sahen, eben die *Bismarck*.

Die Flugzeuge nahmen Kurs auf die *Ark Royal.* Erst jetzt erhielten sie Maunds Funkspruch: „Passen Sie auf die *Sheffield* auf!" In weiter Ferne sahen sie Vians graue Zerstörer, die aus Westen herangejagt kamen. Um Unfälle zu vermeiden, mußten die drei Maschinen, die noch ihre Torpedos hatten, diese abwerfen, als sie in die Nähe des Flugzeugträgers kamen. Es gab noch einige bedrohliche Situationen, aber am Ende landeten alle Flugzeuge sicher. In gedrückter Stimmung kletterten Piloten und Beobachter aus den Maschinen und begaben sich auf die Brücke, um ihr Mißgeschick zu beichten. Aber Maund zeigte Verständnis, versicherte ihnen, daß sie keine Schuld hatten, und wies sie an, in die Messe hinunterzugehen, etwas zu essen und sich für einen zweiten Angriff bereitzuhalten, der in einer Stunde erfolgen sollte. In einer Hinsicht erwies sich der Angriff auf die *Sheffield* als Segen, denn er zeigte, daß die Magnetpistolen unzuverlässig waren; an ihrer Stelle wurden nun Aufschlagpistolen und eine Tiefeneinstellung von 7 m befohlen. Diese würden erst explodieren, nachdem sie auf dem Schiffsrumpf aufgeschlagen hatten. Maund hielt Somerville mit dem Signalscheinwerfer über seine Anordnungen auf dem laufenden, und Somerville meldete Tovey und der Admiralität: „Zweiter Angriffsverband wird *Ark Royal* gegen 18.30 Uhr verlassen."

Aber Tovey und sein Stab waren von dieser Meldung nicht sehr beglückt. Da sie von dem Zwischenfall mit der *Sheffield* nichts wußten (klugerweise hielt Somerville den Moment nicht für geeignet, ihn publik zu machen), hatten sie wenig Grund zu der Annahme, daß ein zweiter Angriff auf die *Bismarck* wesentlich erfolgreicher verlaufen würde als der erste. Es blieb nicht mehr viel Zeit; um die *Bismarck* in den fünf Stunden bis Mitternacht noch zu veranlassen, ihre Geschwindigkeit herabzusetzen, bedurfte es jetzt schon eines Wunders.

Vom Wetter abgesehen, das den noch immer nicht so recht seefesten jungen Männern ständiges Unbehagen verursachte, war es ein Tag wechselnden Geschicks für die *Bismarck* gewesen. Um 8 Uhr hatten sie eine ungemütliche Viertelstunde erlebt, als ein Ausguckposten hoch oben im Vormars die Stengen mehrerer Kriegsschiffe beobachtete, die am nördlichen Horizont von links nach rechts zogen. Das war Vians Flottille, unterwegs, um sich mit ihrem Oberbefehlshaber zu vereinigen; mit Erleichterung wurde von den Deutschen vermerkt, daß sie bald wieder aus ihrem Gesichtskreis verschwanden. Das Auftauchen von Briggs' „Catalina" und anschließend der „Swordfish" trübte die Stimmung, denn es bedeutete, daß der Feind sie wiedergefunden hatte und daß ein anderer Flugzeugträger, vermutlich die *Ark Royal*, nicht weit von hier operierte. Doch als die Stunden verrannen, als der Nachmittag auf den Morgen und der Abend auf den Nachmittag folgte, ohne daß ein Angriff stattgefunden hätte, verbreitete sich die Hoffnung, daß es möglicherweise gar nicht dazu kommen würde. Vielleicht war der Flugzeugträger wohl nahe genug, um Aufklärer mit Zusatztanks auszuschicken, nicht aber nahe genug, um Flugzeuge mit Torpedos auf den Weg zu bringen. Und selbst wenn die „Swordfish" angreifen sollte, war das noch kein Grund zu ernster Sorge. Was war es doch, was Lütjens über von Flugzeugen abgeworfene Torpedos gesagt hatte? Bienenstiche, die wehtaten, aber keinen Schaden anrichteten. Und hatten sie nicht vor zwei Tagen den Beweis dafür erhalten, als der Torpedo auf dem Panzergürtel explodiert war, ohne mehr als eine Delle zurückzulassen?

Den ganzen Tag über trafen Funksprüche von der Gruppe West auf dem Schiff ein, in welchen von den Vorbereitungen die Rede war, die zu ihrem Empfang getroffen wurden. Ihre Ankunft wurde für den Mittag des nächsten Tages erwartet[2], doch wegen des Wetters empfahl es sich, Brest und nicht St. Nazaire oder La Pallice anzulaufen. Minenräumer und U-Jagd-Flottillen würden im Vorfeld operieren. Reichsmarschall Göring hatte Oberst Harlinghausen, den Fliegerführer Atlantik, angewiesen, der *Bismarck* jede nur mögliche Unterstützung angedeihen zu lassen. Auf dem Marsch befindliche U-Boote hatten von Admiral Dönitz die gleichen Instruktionen erhalten. Gruppe Nord gab auch bekannt, daß die Luftwaffe am Nachmittag die *Rodney* und drei Zerstörer „an die 200 Meilen achteraus" gesichtet hatte – ein überzeugender Beweis dafür, daß sie die Jagd aufgegeben hatten. Alle diese Nachrichten erfüllten die Mannschaft mit Zuversicht und gaben ihr das Gefühl, schon so gut wie daheim zu sein – was sie praktisch auch waren, denn in wenigen Stunden würde es Nacht werden, und morgen bei Tagesanbruch würden sie bereits unter dem Schutz der deutschen Luftsicherung stehen und sich fast in Rufweite der französischen Küste befinden.

Und dann fiel ein Schatten über den Sonnenuntergang, denn hinter der *Bismarck*, wo seit fast zwei Tagen nur leere See gewesen war, erschienen jetzt die verschwommenen Umrisse eines verfolgenden Kreuzers. Mit Hilfe des Entfernungsmessers wurde er als ein Schiff der *Southampton*-Klasse identifiziert. Fast sicher die *Sheffield*, dachte Lütjens, und wenn das so war, konnte auch der Rest der „Force H", die *Ark Royal* und die *Renown*, nicht fern sein. Würden *Renown* und *Sheffield* nach Anbruch der Dunkelheit angreifen? In Anbetracht der Emsigkeit, mit der die Briten sich bemühten, ihn zu fangen, muß Lütjens das für wahrscheinlich gehalten haben. Um ihr Vorhaben auszuführen, würden sie sogar die Versenkung ihrer eigenen Schiffe riskieren. Wartete die *Ark Royal* auf das Hereinbrechen der Dämmerung, um einen Torpedoangriff zu starten? In beiden Fällen half nur blitzschnelles Manövrieren, und dafür hatte die *Bismarck* kaum den nötigen Treibstoff; wie die Dinge lagen, hatte sie bei einer Fahrtgeschwindigkeit von 20 Knoten gerade noch genug, um Brest zu erreichen. Wie sehr mußte Lütjens bedauern, in Bergen oder im Nordmeer nicht aufgetankt zu haben! Hätte er es getan, er wäre imstande gewesen, in den letzten 36 Stunden vier oder fünf Knoten schneller zu laufen und er würde sich jetzt um 160 Meilen näher der Küste und so gut wie außer Gefahr befinden. Nun, er konnte immer noch ein Gefecht mit hohen Fahrtstufen führen, vorausgesetzt, daß ihn am Morgen ein Tanker erwartete. „Lösung Treibstoffproblem dringlich", funkte er an Gruppe West. „Wann kann ich Treibstoff erwarten?"

Saalwächter in Paris war verwundert. Er wußte, daß die *Bismarck* knapp an Treibstoff war, aber doch nicht gar so knapp? Er ließ die Meldung an Lütjens zurückgehen und fügte hinzu: „Text Ihrer Botschaft scheint unvollständig, da ich annehme, daß Sie genügend Treibstoff haben?" Nichtsdestoweniger ordnete er an, den Tanker *Ermland* sofort auslaufen zu lassen.

Ob Lütjens die Absicht hatte, darauf zu antworten, werden wir nie erfahren, denn jetzt kam, was er schon den ganzen Tag erwartet hatte. „Frederiiicke, Frederiiicke, Frederiiicke", schrillten die Alarmglocken. „Feindlicher Luftangriff unmittelbar bevorstehend."

Somervilles Hoffnungen, den zweiten Angriff von der *Ark Royal* um 18.30 Uhr starten zu können, erwiesen sich als zu optimistisch. Das Schiff fuhr mit 25 Knoten, um das Terrain aufzuholen, das es verloren hatte, als es zu Start und Landung in den Wind gedreht hatte. Die von achtern auflaufende See warf Bug und Heck von einer Seite zur anderen, so daß es zuweilen den Anschein hatte, als ob das Schiff außer Kontrolle geraten wäre. 15 Flugzeuge unter diesen Umständen unter Deck zu bringen, aufzutanken, neu zu munitionieren und auf Deck zu bringen, das ließ sich nicht im Handumdrehen durchführen. Zu Maunds Sorgen gesellte sich überdies noch eine weitere: Das Schmieröl der mittleren Hauptumwälzpumpe fing Feuer. Als Tony Oliver, der Leitende Ingenieur, in seiner Kammer der Schaden gemeldet wurde, war seine erste Reaktion: „Nur nicht abstellen!" Denn das hätte den Ausfall einer Maschine bedeutet und die verschwindend geringe Chance, die *Bismarck* zu erreichen, vollständig zunichte gemacht. Ganze Flaschen Olivenöl wurden auf die rotglühenden Teile gegossen, man bespülte das Motorengehäuse mit Salzwasser aus Schläuchen und stellte drei erfahrene Leute zur ständigen Überwachung der Umwälzpumpe ab.

Der Führer des Angriffsverbandes war diesmal Lieutenant-Commander Tim Coode, mit Stewart-Moore als Stellvertreter. Sie und die anderen 43 – Piloten, Beobachter und Bordschützen – machten sich über das, was ihnen bevorstand, keine Illusionen. Aber der irrtümliche Angriff auf die *Sheffield* war nützlich gewesen, hatte er ihnen doch gezeigt, daß das Abheben und Landen in solchem Wetter nicht so viele Schrecken barg, wie ursprünglich angenommen. Auch drängte es sie, die Schande, die alle empfanden, die die *Sheffield* nicht erkannt, die eines ihrer eigenen Schiffe angegriffen hatten, zu tilgen. Auf sie vereinigten sich jetzt alle Hoffnungen der Flotte und ganz Englands, denn wenn es ihnen nicht gelang, die *Bismarck* aufzuhalten, dann gelang es keinem mehr. Sie sahen dem, was ihnen bevorstand, mit Sorge, aber auch mit freudiger Erregung entgegen, betrachteten sie es doch als eine Gelegenheit, sich zu bewähren und zu zeigen, was die Flottenluftwaffe zu leisten imstande war.

Das Wetter war rauh wie schon zuvor: eine aufgewühlte See, Wolken in 200 m Höhe, häufige Regenschauer, die ihnen zuweilen völlig die Sicht nahmen. Man hatte davon gesprochen, auch die „Fulmar"-Jagdflugzeuge einzusetzen, um während des Angriffs Ablenkungsmanöver auszuführen, aber bei diesen Wetterverhältnissen war das unmöglich. Ironischerweise waren nur die langsamen, plumpen, veralteten „Swordfish" einsatzfähig. Um 19 Uhr, als die *Bismarck* in 167° noch 50 km entfernt war, drehte Captain Maund die *Ark* in den Wind und ging auf zwölf Knoten herunter; nun vergrößerte sich der Abstand zwischen ihr und dem Gegner um mehr als 30 Knoten. Commander Traill stand mit seiner grünen Flagge auf der Brücke und blickte auf die 15 Flugzeuge hinab – sämtliche „Swordfish", die sich, die Aufklärer ausgenommen, auf dem Schiff befanden – die mit dröhnenden Motoren auf dem Flugdeck aufgereiht waren. Um 19.10 Uhr senkte sich die grüne Flagge, Coode betätigte den Gashebel, das Flugdeckpersonal, die Hosen vom Luftschraubenstrahl aufgebläht, schob die Hemmkeile zur Seite, und die „Swordfish" 5 A rollte zum zweiten Mal an diesem Tag über das glatte Deck. Coode stieg sicher in einen sturmbewegten Himmel auf, und einer nach dem anderen folgten ihm seine Kameraden.

Die Maschinen formierten sich in einer Reihe hintereinander und teilten sich in sechs Rotten und Ketten von zwei oder drei Maschinen. Diesmal sollte es keine Fehler geben, und deshalb waren die Piloten angewiesen worden, auf die *Sheffield* zuzuhalten und sich bei ihr über die genaue Position des Feindes zu informieren. Sie sichteten die *Sheffield* noch vor 20 Uhr, verloren sie aber gleich wieder aus den Augen und fanden sie erst um 20.35 Uhr wieder. „Der Feind steht genau 12 Meilen vor Ihnen", signalisierte Captain Larcom an Coode (so wie Captain Blackwood vor 136 Jahren, den Blick auf Cadiz gerichtet, Nelson gemeldet hatte: „Der Feind läuft aus dem Hafen aus").

Die Wetterverhältnisse über der *Sheffield* waren für einen Angriff günstig; die Wolkenuntergrenze erstreckte sich von 600 m bis 1500 m. Coode führte den Angriffsverband mit der Absicht nach oben, sich über den Wolken mit ihnen zu treffen und sich dort aufzuteilen, um die *Bismarck* aus verschiedenen Richtungen anzugreifen und es ihr dadurch zu erschweren, den Torpedos auszuweichen. Er wußte jedoch nicht, daß die *Bismarck*, wie die Meteorologen das nennen, unter einer „Front" lief, einer Wolkenwand von über 3000 m Höhe, die fast zum Meeresspiegel hinunterreichte. Die kleinen Flugzeuge kletterten 1800 m, 2000 m, 2400 m durch das neblige Grau, und immer noch war kein Ende abzusehen. Es war Coode klar, daß keine Chance bestand, einen koordinierten Angriff auszuführen, und daß jede Rotte und Kette nach eigenem Ermessen angreifen mußte. Er gab den anderen die entsprechenden Anweisungen.

Als Führer des Verbandes griff seine eigene Kette als erste an. Mit schrillem Pfeifen stürzten sie sich durch den düsteren Nebel und hielten dabei auf eine Position achtern und in Luv der *Bismarck*. Während der Höhenmesser in schneller Folge von 2400 m auf 1500 m, auf 1000 m und 300 m wechselte, ohne daß die Wolken sich aufgelöst hätten, fragte sich Coode, wie lange er den Sturzflug noch fortsetzen konnte, ohne daß ihm, wie er sich ausdrückte, die Höhe ausging. In 200 m Höhe brachen die drei Flugzeuge zusammen mit einem aus der dritten Kette, das zufällig dazugekommen war, durch die Wolken und fanden sich nicht wie erhofft achtern der *Bismarck*, sondern vier Meilen vor ihr, und die große Masse des Schiffes schwankte drohend auf sie zu. In diesem Wetter und bei Gegenwind anzugreifen, wäre glatter Selbstmord gewesen, und so ging die Kette nach Backbord in die Kurve und stieg wieder in die Wolken auf, um die *Bismarck* von Backbord her anzugreifen.

Wenige Minuten später sahen die Männer auf der Brücke der *Sheffield*, die zwölf Meilen achteraus lag, Feuerschein und die braunen Wölkchen explodierender Granaten auf der Backbordseite der *Bismarck*. Es war 20.53 Uhr abends. Der letzte Angriff hatte begonnen.

Den ganzen Tag über hatte *U 556* so wie die *Bismarck* nach Südosten gesteuert und, gleich ihr knapp an Treibstoff, Kurs auf die französische Küste gehalten. Wohlfarth, der vom B. d. U. laufend über die Position der *Bismarck* informiert worden war, erkannte, daß sich die Verfolgungsjagd allmählich auf ihn zu bewegte. Jede neue Meldung wurde mit zunehmendem Interesse registriert, denn die *Bismarck* war das Baby von *U 556*, ihr Lieblingskind. Immer noch hing ein Bild in der Offiziersmesse des mächtigen Kriegsschiffes, das *U 556* zeigte, wie sie Torpedos von der *Bismarck* ablenkte – ein Versprechen, mit Wohlfarths Daumenabdruck besiegelt, sie auf allen Meeren und Ozeanen, Seen, Teichen und Pfützen der Welt zu bewachen und zu beschützen.

Und dann bot sich urplötzlich, ohne sich in irgendeiner Weise angekündigt zu haben, die Gelegenheit, dieses Versprechen zu erfüllen. Nach dem Abendessen meldete ein Ausguckposten auf der Brücke zwei Kriegsschiffe rechts voraus. Der Wachoffizier ließ die Alarmglocken ertönen, die Brückenwache begab sich eilig nach unten, und *U 556* tauchte nach dem Einsteuern auf Sehrohrtiefe. Wohlfarth befahl: „Sehrohr aus!" Nachdem dies geschehen war, sah er durch, dann ein zweites Mal durch, und konnte seinen Augen nicht trauen. Die legendäre *Ark Royal*, Flugzeuge des Typs „Swordfish" auf Deck, rollte geradewegs auf ihn zu. Sie war nicht von Zerstörern begleitet und fuhr keinen Zickzackkurs. Das Schlachtschiff querab von ihr (das er für die *King George V* hielt – ein bei diesem Wetter und der Ähnlichkeit der Silhouetten verzeihlicher Irrtum) war ebenfalls unbegleitet und fuhr auch keinen Zickzackkurs. Es war eine Situation, von der U-Boot-Kommandanten nur zu träumen wagten. „Ich könnte mich dazwischen legen und beide gleichzeitig erledigen", schrieb er in sein Kriegstagebuch, und das war kein leeres Prahlen, zählte er doch zu den erfahrensten U-Boot-Kommandanten, „*wenn ich doch jetzt noch Torpedos hätte!*“

Aber er hatte sie alle für die Schiffe der Geleitzüge OB 318 und HX 126 verbraucht. Warum bloß hatte er nicht auf Souvads dringendes Ersuchen gehört, den letzten Torpedo nicht an den Nachzügler zu verschwenden? Als er sich entschlossen hatte, den Spatzen anzugreifen, warum war ihm von keiner guten Fee bedeutet worden, daß ihm zwei Adler begegnen würden? Hilflos stand er am Periskop, während die riesigen Schiffe an seinen Torpedorohren vorüberfuhren. Laut tönten ihre Schrauben in seinen Ohren, und er sah ihnen nach, bis sie aus seinem Gesichtskreis verschwunden waren.

Auf der Admiralsbrücke der *King George V* und im danebenliegenden Kartenraum warteten Tovey und seine Offiziere wieder auf Nachrichten. Diesmal gab es keine *Rodney*, die sie hätte ablenken können; auch war es nicht mehr nötig, die Positionen des Feindes oder die eigene durchzurechnen. Alle Fragen betreffend Treibstoff und die ihnen maximal noch mögliche Fahrtdauer waren längst entschieden: Sie wußten, daß sie in weniger als drei Stunden, wenn kein Wunder geschah, die Operation abbrechen und in die Heimat zurückkehren mußten. Sie alle fühlten sich müde, körperlich wie geistig, und die Bewegungen des Schiffes waren auch nicht dazu angetan, sie aufzumuntern. In der langen, von achtern auflaufenden See gierte der Bug wie ein schleuderndes Auto, das vom Gischt besprühte Achterdeck, auf dem Tovey und Brind in Scapa Flow so oft auf und ab geschritten waren, hob und senkte sich wie ein Baggereimer, das Schiff neigte sich wuchtig nach Steuerbord und blieb wie ein angeschlagener Säufer in dieser Lage, bis es der Rudergänger, das Ruder hart nach Backbord, langsam wieder auf den vorgesehenen Kurs zurückbrachte. Achteraus im allmählich schwindenden Licht des scheidenden Tages, die lange Schnauze wie die eines Riesendachshundes schnuppernd vorgereckt, als fürchtete sie, zurückgelassen zu werden, folgte ihnen die *Rodney*. Auch *Tartar* und *Mashona*, im Gischt und Sturzsee fast verloren, ihre Brücken gleich sich bäumenden Rossen, ihre vorderen Mannschaftsdecks unter Wasser, kämpften stampfend, um Schritt zu halten.

In Toveys Kartenraum standen die Offiziere schweigsam um die Seekarte; sie hielten sich an Sprachrohren und Tischkanten fest und spannten Bauchmuskeln und Knie, um die Bewegungen des Schiffes abzufangen. Der Koppeltisch war leer. Lineale, Stechzirkel und Radiergummi waren weggeräumt worden; man würde sie erst wieder hervorholen, wenn es nötig sein sollte, die Position des Feindes zum vielleicht hundertsten Mal einzuzeichnen. Doch trotz ihrer Müdigkeit, trotz der Anstrengung, die es ihnen bedeutete, aufrecht zu stehen, waren diese Männer zu unruhig, um still zu bleiben; sie wanderten zur Kompaß-Plattform hinauf, um mit dem Kommandanten oder dem Wachoffizier zu plaudern, zündeten Zigaretten an und drückten sie wieder aus, sogen an ihren kaltgewordenen Pfeifen und begannen Gespräche, die sich bald erschöpften. Nur der Admiral schien einen kühlen Kopf zu bewahren; er beherrschte die Situation und sich selbst, strahlte Zuversicht und Gelassenheit aus. Es war eine Zuversicht, die Lütjens bei all seinem Mut nicht besaß, denn sie entsprang Toveys extrovertierter Wesensart; sie verbreitete sich über das ganze Schiff und erfaßte auch den bänglichsten Matrosen. Die jungen Männer an ihren Gefechtsstationen, die nie mit ihm gesprochen, ihn kaum je gesehen hatten, glaubten fest, daß unter seiner Führung alles in Ordnung ging, daß der von ihm gewiesene Weg der richtige war, und daß, was immer auch kam, es nichts zu bedauern geben würde. So war es vor 150 Jahren auch mit ihren Vorfahren und Nelson gewesen.

Und nun tönte der Summer aus der Funkkabine: eine neue Meldung war eingetroffen. Der Fernmeldeoffizier entfaltete das Blatt und las: „Vom Führer des Angriffsverbandes. Nach meiner Schätzung keine Treffer!“ Das war der letzte Schlag, auch wenn sie nichts anderes erwartet hatten; es gab schließlich keine Wunder mehr. Und doch: so weit gekommen zu sein, sich in letzter Minute ihrer Chance beraubt zu sehen, das war eine bittere Pille. Tovey sagte nichts. Er lächelte trotzdem, wenn auch das Match in letzter Minute verloren schien.

Auf der *Rodney* war die Enttäuschung besonders groß. Die Männer waren überreizt; nach ihren großen Anstrengungen hatten sie fest damit gerechnet, daß ihnen der Feind am Ende doch in die Hände fallen würde. Captain Dalrymple-Hamilton, der dafür eintrat, seine Leute über die Entwicklungen auf dem laufenden zu halten, wandte sich über die Lautsprecher an die Mannschaft: „Ich bedaure sehr, Ihnen mitteilen zu müssen, daß wir soeben eine Meldung erhalten haben, daß der zweite ‚Swordfish‘-Angriff durchgeführt wurde, ohne daß Treffer erzielt worden wären. Damit haben wir unsere letzte Chance verloren, den Feind zu stoppen und ihn in ein Gefecht zu verwickeln.“ Der Kommandant ersuchte, von Gefechtsstationen auf Verteidigungsstationen gehen zu dürfen; die Erlaubnis wurde ihm erteilt. Die Männer, die jetzt wegtraten, waren völlig erschöpft – jeder einzelne fühlte sich wie ein Langstreckenläufer, der, das Zielband in Sicht, seinen nächsten Gegner an sich vorbeipreschen sieht.

Zwar war nun alle Hoffnung geschwunden, aber das Geschwader setzte seine Fahrt vor; was hätte es anderes tun sollen? Doch wenig später traf eine neue Meldung auf der Admiralsbrücke ein, diesmal von der *Sheffield:* „Feindkurs 340°." Verdutzt studierte Tovey das Blatt: 340° bedeutete Nordnordwest oder geradewegs auf ihn zu. Dann begriff er: „Ich fürchte, Larcom ist in den Verwechselklub eingetreten", sagte er sarkastisch. Damit meinte er, Larcom hätte fälschlich angenommen, die *Bismarck* bewege sich von rechts nach links, statt umgekehrt. Das war kein ungewöhnlicher Irrtum, insbesondere bei weiter Entfernung und unter schlechten Sichtverhältnissen. Armer alter Larcom, dachten alle, gerade jetzt mit einem solchen Unsinn daherzukommen.

Aber ein paar Minuten danach langte neuerlich eine Meldung ein, diesmal von einem beobachtenden „Swordfish": „Feind steuert geradeaus nach Norden!" Das war noch verwirrender. Auf der *King George V* herrschte die Ansicht vor, die *Bismarck* müsse, um den Torpedos auszuweichen, einen kompletten Kreis gezogen haben und schwenke jetzt nach Steuerbord auf ihren ursprünglichen Kurs zurück. Wieder vergingen ein paar Minuten, keiner wußte so recht, was er denken sollte, und dann bestätigte eine weitere Meldung einer „Swordfish" den von der *Sheffield* angegebenen Nordnordwestkurs der *Bismarck.* Schließlich funkte die *Sheffield* abermals und meldete einen Kurs nach Norden.

Nun war nicht mehr daran zu zweifeln, daß sich auf der *Bismarck* etwas Ernstes, etwas außerordentlich Ernstes zugetragen haben mußte. Ungläubig, aber in freudiger Erregung blickten Tovey und seine Offiziere sich an.

Coode und seine vier Flugzeuge stürzten sich auf der Backbordseite der *Bismarck* aus den Wolken herab, fingen ab und visierten den Bug des Feindes an, um den nötigen Seitenvorhalt einzurechnen. Sämtliche Fla-Geschütze auf der Backbordseite der *Bismarck* eröffneten das Feuer, Leuchtspurgeschosse kamen wie rote, grüne, weiße, orangefarbene Billardkugeln in langen, langsamen Bogen auf sie zu, und Granaten der leichten Flak explodierten rund um sie herum. Sie versuchten, sich an die einfachen Angriffsregeln zu erinnern, die sie in der Fliegerschule gelernt hatten – Torpedo bei einer Geschwindigkeit von 90 Knoten aus 30 m Höhe in einer Entfernung von 300 m abwerfen – aber in dieser Feuerhölle war es schwer, überhaupt etwas zu denken. Sub-Lieutenant Dixon-Childs

Maschine wurde von Splittern getroffen, flog aber dennoch weiter und drehte mit dem Wind nach Backbord ab. Der Beobachter eines Flugzeuges der dritten Kette, das ein wenig später angriff, glaubte hinter dem Schornstein der *Bismarck* eine Wassersäule aufsteigen zu sehen, war aber nicht ganz sicher; Edmond Carver, Beobachter in Coodes Maschine, der eine Position an Backbord voraus der *Bismarck* erreicht hatte, sah nichts. Zusammen mit Coode verweilte er noch eine Zeit in den tiefhängenden Wolken, sah keine weiteren Angriffe und nahm daher an, daß sie die einzigen waren, die ihr Ziel gefunden hatten. Bevor sie zur *Ark Royal* zurückkehrten, funkten sie: „Meiner Schätzung nach keine Treffer", die Meldung, die an Tovey durchgegeben wurde.

Doch jetzt kamen die drei Maschinen der zweiten Kette von Steuerbord. Geführt von Lieutenant Godfrey-Faussett, wegen seines enormen Gewichts „Feather" genannt, waren sie auf 3000 m hochgestiegen, ohne daß die Wolken ein Ende nahmen. Als sie feststellten, daß ihre Flügel zu vereisen begannen, starteten sie ihren Angriff. Godfry-Faussett stürzte in Richtung auf ein deutliches Radar-Echo hinab, kam an Steuerbord querab der *Bismarck* aus den Wolken und stellte fest, daß nur eine Maschine, nämlich die von Sub-Lieutenant Kenneth Pattisson, mitgehalten hatte; die dritte, von Sub-Lieutenant Tony Beale gesteuert, war nirgends zu sehen. Er und Pattisson gingen zum Angriff über: Sie sahen die Steuerbordseite der *Bismarck* in Rauch und Feuer aufblitzen, die farbigen Bogen der Leuchtspurgeschosse auf sich zukommen und hörten, wie die Granatsplitter die dünne Segeltuchbespannung aufrissen, die das Rumpfgerippe bedeckte. Doch sie setzten den Angriff unbekümmert fort, und als die *Bismarck* in die Torpedolaufbahnen eindrehte, glaubten sie, einen Treffer gesehen zu haben.

Während dieser Angriff im Gang war, kamen vier der fünf Flugzeuge der dritten und vierten Rotte hinter der *Bismarck* aus den Wolken und griffen Backbord achtern an. Jetzt eröffnete die Flak auf der Backbordseite das Feuer. In dichte Lagen von Sprengwolken gehüllt, wurde eines der Flugzeuge von Splittern durchlöchert. Pilot und Heckschütze waren verwundet, aber die Maschine setzte ihren Flug fort und warf gemeinsam mit den anderen ihren Torpedo ab, wenngleich keine einen Treffer für sich buchen konnte.

Mittlerweile hatte Tony Beale oberhalb der Wolken freien Himmel erreicht, kehrte aber, weil er hier niemand vorfand, zur *Sheffield* zurück, um sich neu einweisen zu lassen. „Wo ist das Ziel?" fragte sein Beobachter, Sub-Lieutenant Friend, mit der Signallampe an, wie er das bei

Übungen schon oft getan hatte. „Feind in 340°, 15 Meilen", lautete Larcoms Antwort – ein deutlicher Wink, schien es Friend, daß auch er das Wort „Feind" und nicht das Wort „Ziel" hätte gebrauchen sollen – denn das war keine Übung, das war blutiger Ernst.

Beale stieg abermals zu den Wolken auf, doch bevor er sie noch erreicht hatte, entdeckte er die *Bismarck* und zog eine Schleife, um nach Backbord voraus zu gelangen. Wie böse und gefährlich sie doch aussah, mit ihrer riesigen buckligen Silhouette, dachte Friend; keine klare Unterbrechung in den Aufbauten, wie auf britischen Schiffen. Beale wendete und unternahm einen langen, tapferen Gegenwindangriff in 15 m Höhe und warf seinen Torpedo aus einer Entfernung von 250 m ab. Sonderbarerweise feuerte die *Bismarck* erst, als er abgedreht hatte; dann aber, berichtete Friend, „schienen knisternde Flammen auf ihren Decks aufzuleuchten, und Geschosse und Splitter peitschten über die See". Leading Airman Pimlott, der Heckschütze, erwiderte das Feuer; er tat es weniger in der Hoffnung, auf der *Bismarck* Schaden anzurichten, als aus reiner unsinniger Freude am Schießen. Friend hielt nach Anzeichen eines Treffers Ausschau und wurde froh erregt einer Wasserfontäne gewahr, die mitschiffs an der Backbordseite aufschoß. „Pimlott führte einen kleinen Freudentanz auf, während ich ganz aufgeregt Beale darauf hinwies. Indem er die ‚Swordfish' schnell wendete, konnte auch er den sich schon senkenden Schwall beobachten. So hatten wir alle drei Gelegenheit, unseren Treffer zu sehen[3]." Eines der beobachtenden Flugzeuge war ebenfalls Zeuge.

Die zwei Maschinen der fünften Rotte verloren einander, während sie hinabtauchten. Ihr Führer, Lieutenant Owen-Smith, der in 1000 m Höhe in seiner Nähe Granaten explodieren sah, kam bei 200 m aus den Wolken und fand sich ein gutes Stück hinter der *Bismarck*. Während er sich in eine günstigere Position querab manövrierte und Godfrey-Faussett und Pattisson abdrehten, glaubte er eine große Wassersäule achteraus auf der Steuerbordseite der *Bismarck* aufsteigen zu sehen. Er ging mit seiner Maschine auf fünf Meilen Abstand zurück und flog genau und sehr niedrig an; während sein Fahrgestell beinahe die Wellenkämme streifte, warf er seinen Torpedo aus etwas mehr als 300 m Entfernung ab. Sein Beobachter sah keinen Treffer und beanspruchte auch keinen. Das andere Flugzeug der 5. Rotte unternahm zwei Versuche, von der Steuerbordseite aus anzugreifen, geriet jedoch in so mörderisches Abwehrfeuer, daß es seinen Torpedo im Notwurf warf und sich zurückzog.

Auch die zwei Flugzeuge der 6. Rotte verloren einander. Ihr Führer, Sub-Lieutenant Willcocks, griff aus 1800 m Entfernung erfolglos von

Steuerbord querab an. Das andere kehrte zur *Sheffield* zurück, um eine neue Einweisung zu erhalten. Es flog die *Bismarck* in Seehöhe an, doch auch sein Angriff aus der gleichen Richtung blieb erfolglos. Die Attacke der „Swordfisch" hatte kurz vor 21.00 Uhr begonnen und war kurz vor 21.30 Uhr zu Ende. Auf ihrem Rückflug zur *Ark Royal* kamen einige Flugzeuge an der *Sheffield* vorbei. Die Piloten winkten und wippten mit den Flügeln. Die Männer auf der Brücke der *Sheffield* winkten zurück und begrüßten sie mit Hochrufen – weniger ihrer Erfolge wegen, als aus Erleichterung, daß ihnen nichts passiert war.

Kaum war die letzte Maschine aus der Sicht der *Sheffield* verschwunden, als beobachtet wurde, wie die *Bismarck* aus einem Nebelfeld auftauchte und nach Backbord drehte. Während die Männer auf der Brücke der *Sheffield* hinüberblickten, lief eine Feuerwelle, gefolgt von schwarzem Rauch, ihre Backbordseite entlang. Die Engländer waren zunächst nur überrascht. Es war, so berichtete ein Augenzeuge, als ob die *Bismarck*, durch den Torpedoangriff in Wut gebracht, sich jetzt an dem einzigen britischen Schiff in Sehweite rächen wollte. Die Salve verfehlte ihr Ziel um mehr als eine Meile, und einer der Offiziere machte eine abfällige Bemerkung über die Schießkunst der Deutschen. Aber die *Bismarck* hatte die *Hood* nicht aus Versehen in sechs Minuten versenkt. Noch einmal tanzten die orangefarbenen Blitze die Seite der *Bismarck* entlang, noch einmal trug der Wind die schwarzen Wölkchen des Pulverdampfs davon. Captain Larcom nahm eine drastische Kursänderung vor, um den Granaten auszuweichen, die jetzt unterwegs zu ihm waren, und das Schiff gehorchte dem Ruder. Die Männer auf der Brücke und die Bedienungen der Flak in exponierten Positionen auf dem Oberdeck, sie alle warteten: Zehn Sekunden vergingen, 20, und jede einzelne erschien ihnen wie eine Ewigkeit. Nach 30 Sekunden explodierte die See zu beiden Seiten des Schiffes mit donnerndem Krachen, und riesige weiße Fontänen stiegen neben ihnen auf – so hoch wie die Nelson-Säule, schien es manchen. Die Salve lag deckend: die Splitter einer Granate durchlöcherten die Aufbauten der *Sheffield* und fügten den Flakbedienungen entsetzliche Verwundungen zu. Zwölf Mann wurden getroffen, fünf schwer; drei von ihnen erlagen später ihren Verletzungen. Wieder warf Larcom das Ruder herum und befahl „Äußerste Kraft" und künstlichen Nebel. Weitere vier Salven gingen in gefährlicher Nähe nieder, bevor der Rauch die *Bismarck* ihren Blicken entzog. Larcom bemerkte, daß der Feind in dieser ganzen Zeit seinen Kurs beibehalten hatte, und sandte das Signal aus, über das Tovey sich so wundern sollte, „Feindkurs 340°".

Die *Sheffield* holte nach Westen aus, um den Abstand zu vergrößern. Als der Rauch sich verzog, sah Larcom die *Bismarck* in weiter Ferne und immer noch auf Nordkurs; er sandte Tovey ein weiteres Signal. Dann verlor er sie aus den Augen. Das Radargerät sollte Entfernung und Peilung feststellen, doch nun kam die Meldung, daß ein Granatsplitter das Radargerät außer Betrieb gesetzt hatte. Das bedeutete, daß die *Sheffield*, selbst wenn sie den Feind neuerlich sichtete, nicht imstande sein würde, ihn nach Einbruch der Dunkelheit zu beschatten. Aber auch die letzte der fühlunghaltenden „Swordfish" würde ihre Mission bald beenden müssen, und die Flotte, ihrer Augen beraubt, jeden Kontakt mit der *Bismarck* verlieren. In der Nacht würde sich das Schiff unbemerkt davonmachen und bei Tagesanbruch unter dem Schutz der deutschen Luftwaffe sein.

Das waren Larcoms Überlegungen, aber schon wenige Minuten später griff eine gütige Vorsehung ein. „Schiffe in rot eins fünf!" rief ein Ausguckposten, und just in dem Augenblick, da sie am dringendsten gebraucht wurden, erschienen Vians fünf Zerstörer auf der Bildfläche. Sie boten einen prächtigen Anblick, wie sie mit hoher Fahrt ostwärts dampften. Für einen kurzen Augenblick ritten sie auf den Kämmen der langen Dünung, dann wieder versanken sie bis zu den Stengen in den Wellentälern. Sie gierten und schlingerten, als ob sie im nächsten Moment kentern würden, und der Gischt fiel wie Regen auf sie herab. „Wo ist der Feind?" signalisierte Vian, und Larcom gab ihm die geschätzte Peilung und Entfernung. Die kleinen Schiffe hielten in ihrer Verfolgung nicht inne: ausschwärmend rauschten sie an der *Sheffield* vorbei und verschwanden im Osten. 40 Minuten später, und kurz nachdem die letzte „Swordfish" den Rückflug zur *Ark Royal* angetreten hatte, signalisierte die polnische *Piorun* am Backbordflügel: „Feind in Sicht!"

Mittlerweile war der Angriffverband der *Ark Royal* sicher gelandet, obwohl er mehr als eine Stunde dazu gebraucht und mehrere vergebliche Versuche unternommen hatte. Drei Flugzeuge hatten Bruchlandungen gemacht und waren abzuschreiben. In Swantons 4 C wurden insgesamt 175 Löcher gezählt, aber sowohl er wie auch sein verletzter Heckschütze überlebten ihr Abenteuer. Die übrigen Flugzeuge wurden nach unten gebracht, um dort aufgetankt und für einen Angriff am nächsten Morgen ausgerüstet zu werden. Somerville ordnete an, daß danach alle Torpedos aufzubrauchen waren. Die Besatzungen wurden unabhängig voneinander zu ihren Einsätzen vernommen. „Annehme einen Treffer mitschiffs", meldete Maund an Somerville und Tovey, und eine halbe Stunde später: „Möglicherweise zweiter Treffer an Steuerbord achtern."

Soweit man das heute beurteilen kann, waren diese Angaben richtig. Der Treffer mittschiffs befand sich auf der Backbordseite; der Torpedo war, wie der von der *Victorious* stammende, am Panzergürtel explodiert, hatte einige oberhalb stehende Männer verletzt, aber sonst keinen Schaden angerichtet. Vermutlich war es der von Sub-Lieutenant Beale geworfene Torpedo gewesen.

Anders stand es mit dem Treffer Steuerbord achtern. Der Matrosengefreite Herzog, Ladekanonier an einer der 37-mm-Fla-Kanonen auf der Steuerbordseite achtern, sah zwei Flugzeuge auf sich zukommen (höchstwahrscheinlich die von Godfrey-Faussett und Pattisson gesteuerten). Es fiel ihm auf, wie niedrig sie anflogen – ihr Fahrgestell berührte fast die Wellen –, und wie tapfer sie ihren Angriff vortrugen. Sie kamen so nah, daß sie unterhalb des Schußwinkels der 37-mm-Kanone gerieten. Die *Bismarck* drehte mit Höchstgeschwindigkeit nach Backbord ab. Wie es Herzog schien, zielte eine der Maschinen mittschiffs, die andere weiter nach achtern. Sie warfen ihre Torpedos ab, Herzog sah sie ganz deutlich, und drehten ab. Die *Bismarck* drehte weiter nach Backbord.

Dann kam die Explosion. Sie schleuderte Herzog gegen einige Kameraden des Flakpersonals, und während er noch zu Boden ging, sah er eine riesige Wassersäule Steuerbord achtern hochschießen. Ein Matrose in der Munitionskammer des Turmes „Bruno“ fühlte das ganze Schiff erbeben, „so, als ob sie rückwärts gestoßen worden wäre“. Im Maschinenraum sah Gerhard Junack, wie sich die Deckplatten „mindestens einen Meter hoch“ hoben und senkten, während der Mechaniker Klotzsche, der bei der Leckwehr Dienst machte, den Eindruck hatte, das Schiff mache „eine Bewegung wie eine Ziehharmonika“.

Das Schiff drehte mit Höchstgeschwindigkeit nach Backbord, als der Treffer erfolgte, und auf der Brücke befahl Lindemann „Ruder mittschiffs!“ Doch die *Bismarck* sprach nicht darauf an, drehte weiter nach Backbord und fing an, stark nach Steuerbord zu krängen. In dem achteren Schiffsführungsstand sah der Matrose Alfred Eich auf dem Umdrehungsanzeiger, daß das Schiff 28 Knoten lief, während die Windrose im Tochterkompaß schnell einmal um 360° drehte und dadurch anzeigte, daß das Schiff im Kreis fuhr. Müllenheim-Rechberg im achteren Leitstand warf einen Blick auf den Ruderlageanzeiger und sah, daß das Ruder bei 15° Backbord klemmte. Mehr und mehr krängte die *Bismarck* nach Steuerbord, stärker als je zuvor, und manche dachten schon, sie würde kentern. Ungläubig und angstvoll sahen sie sich an, und einer von ihnen faßte ihrer aller Befürchtungen in die Worte: „Sie sinkt.“

Aber Lindemann befahl, die Geschwindigkeit herabzusetzen, und obwohl das Schiff immer noch im Kreis lief, kam es allmählich mehr oder minder auf ebenen Kiel zurück und steuerte in den Wind. An Backbord kam die *Sheffield* in Sicht, und Schneider ließ die Schwere Artillerie Salven feuern. Er sah sie deckend liegen und die *Sheffield* hinter künstlichem Nebel verschwinden. Bald darauf traf ein Bericht über den von dem Torpedo angerichteten Schaden auf der Brücke ein. Der Torpedo hatte genau achtern getroffen, mindestens sechs Meter unter der Wasserlinie, hatte die Abteilungen, in denen die Rudergestänge lagen, leckgeschlagen und sie überflutet; die drei Schrauben waren unbeschädigt, doch die Ruder klemmten bei 15° Backbord. Wasser drang auch an der Stelle in das Schiff ein, wo die achteren Horchgeräte zerstört worden waren, sowie durch den Wellentunnel in den Backbord-Maschinenraum. Der Matrose Blum, der ebenfalls in der Leckwehr Dienst machte, erinnerte sich noch, wie sie erst vor wenigen Tagen in der Ostsee Schadensbekämpfung in der Rudergestängs-Abteilung geübt hatten, und er sich dabei totstellte. Und er entsann sich auch noch der Worte seines Leutnants: „Die Chancen für einen solchen Treffer stehen hunderttausend zu eins."

Zunächst mußte versucht werden, die verklemmten Ruder freizubekommen. Dazu war es nötig, in die überfluteten Abteilungen einzudringen. Das Schiff wurde daher bei niedriger Geschwindigkeit auf einen Kurs zwischen Nord und Nordwest in den Wind gebracht, einen Kurs, der ihm angesichts der stürmischen See die möglichst ruhigste Lage gab. Über die Lautsprecher kam der Befehl: „Alle Taucher achtern melden!" Es würde eine schwierige und langwierige Geschichte werden, denn zuerst mußte man in dem überfluteten Rudermaschinenraum den Motor auskuppeln, dann in dem überfluteten Handruderraum das Gestänge wieder einkuppeln.

Doch noch bevor die Arbeit begann, tat Admiral Lütjens etwas sehr Ungewöhnliches. In der Annahme, die Ruder könnten nicht mehr instandgesetzt werden und das Schicksal des Schiffes sei besiegelt, und vom Wunsche beseelt, sich seinen eigenen Reisepaß nach Walhalla zu besorgen, ließ er eine Meldung, mit der für ihn typischen Kürze, nach Berlin durchgeben: „Schiff nicht mehr manövrierfähig. Wir kämpfen bis zur letzten Granate. Lang lebe der Führer[4]." Ein so heldisches Hochgefühl kann zu diesem Zeitpunkt dem Kampfgeist seiner Offiziere nicht zuträglich gewesen sein, und auch nicht dem der Funker, die auf Grund von Frequenzproblemen volle zwei Stunden brauchten, um die Meldung an Gruppe West durchzugeben. Unter der Besatzung war der Kampfgeist im allgemeinen hoch. „Wir setzten großes Vertrauen in unseren Kommandanten und seine Tüchtigkeit", sagte ein Matrose, „und dachten daher gar nicht daran, die Hoffnung aufzugeben."

Bald kamen zwei Ingenieuroffiziere, die Leutnants Giese und Richter, mit den Schiffszimmerleuten nach achtern. Sie stützten das Schott über den Ruderabteilungen ab, dichteten das durch die zerstörte Unterwasserhorchanlage entstandene Leck ab und pumpten das Wasser aus dem Backbordmaschinenraum aus. Mittlerweile hatte sich Kapitän Lehmann mit zwei Heizern in Tauchanzügen bei dem gepanzerten Lukengatter eingefunden, das zum Rudermaschinenraum führte. Sie öffneten es. Sofort strömte das Meerwasser heraus und ergoß sich sprudelnd in den Durchgang; doch als sich das Heck hob und der Wasserspiegel jäh zurückfiel, wurde es in die See zurückgesaugt. Als dann das Heck wie ein außer Kontrolle geratener Aufzug nach unten stürzte und gegen das Wellental knallte, schoß das Wasser wieder nach oben. Schnell wurde die Luke wieder verschlossen und verkeilt. Kein Taucher konnte da hinuntersteigen, geschweige denn sich unten bewegen oder arbeiten.

Die kleine Gruppe kam auf das Achterdeck herauf. Von seiner Station bei der 37-mm-Flak aus sah Herzog den Kommandanten und zwei Leutnants auf sie zutreten. Der Kommandant blieb nicht lange, und die anderen begannen zu diskutieren. Von allen, sagte Herzog, war Lehmann der einzige, der die Ruhe weg hatte. Einer von ihnen schlug vor, ein Taucher sollte über das Heck klettern, um auf diese Weise zu den Rudern zu gelangen, doch diese befanden sich unmittelbar unter dem ausfallenden Heck, und es gab nichts, woran ein Taucher sich hätte festhalten können. Bei diesem Seegang wäre er unweigerlich in die Tiefe gerissen oder gegen den Schiffsrumpf geschmettert worden. Andere machten sich erbötig, die Ruder – unter Einsatz ihres Lebens – freizusprengen, aber selbst wenn es einem mutigen Mann gelingen sollte, in ihre Nähe zu gelangen, würde er mit größter Wahrscheinlichkeit auch die Schrauben zerstören – und waren diese einmal nicht mehr zu gebrauchen, würde das Schiff in jeder Beziehung hilflos sein.

Es blieb also nichts anderes übrig, als den Versuch zu unternehmen, das Schiff mit den Schrauben allein nach Südosten zu steuern. Auf die Brücke zurückgekehrt, wo es schon fast dunkel war, exerzierte Lindemann alle nur erdenklichen Kombinationen von Maschinentelegraphen-Befehlen durch: Backbordmaschine halbe Kraft voraus, Mittelmaschine und Steuerbordmaschine stop; Backbord und Mitte halbe Fahrt voraus, Steuerbord langsame Fahrt zurück; Backbord Äußerste Kraft voraus, Mitte halbe

Fahrt, Steuerbord stop. Doch was immer er versuchte, das Ergebnis war immer das gleiche: für eine Weile zeigte der Bug des Schiffes mehr oder weniger in die von ihm gewünschte Richtung; dann aber brachten die 15° Backbordruderlage den Bug allmählich wieder in den Wind, in nordwestliche Richtung, wo die Gefahr lag, und fort von der Sicherheit eines freundlichen Hafens. Mit den Maschinen wie auch mit der Artillerie war alles in bester Ordnung. Aber diese absurden 15° Backbordruderlage machten das Riesenschiff zu einem hilflosen Kind.

Und nun kam neue Bedrängnis über die schwer angeschlagene *Bismarck*. Der Leitstand und die Ausgucks des Schiffes meldeten an die Brücke, daß die Zerstörer, die sie früher gesichtet hatten, sie nun einschlossen und sich zum Angriff bereit machten. Mit Unbehagen identifizierte sie Müllenheim-Rechberg im achteren Leitstand als „Tribal"-Zerstörer*, jene Schiffe, die vor einem Jahr seinen eigenen Zerstörer, die *Erich Giese*, vor Narvik versenkt hatten. Sollte die Geschichte sich jetzt wiederholen, sollte ihnen ein weiterer Erfolg bestimmt sein?

10

Nachdem der Nordkurs der *Bismarck* nun dreimal bestätigt worden war, drehte Tovey sofort nach Süden und auf sie zu. Da sich die zwei Flaggschiffe einander mit einer Durchschnittsgeschwindigkeit von mehr als 30 Knoten näherten, sah er eine Chance, noch vor Einbruch der Dämmerung ins Gefecht zu kommen. Doch als Somerville den kritischen Torpedotreffer an Steuerbord achtern meldete und Vian berichtete, daß er Fühlung aufgenommen hatte, teilte Tovey seinem Stab mit, daß er den Angriff auf den nächsten Morgen verschieben wollte. „Nie", sagt sein Sekretär, Captain Paffard, „werde ich den entgeisterten Ausdruck auf Daddy Brinds Gesicht vergessen." Brind und der ganze Stab fürchteten, die *Bismarck* könnte ihre Schäden reparieren und sich im Laufe der Nacht davonmachen. Aber Tovey wußte, was er tat: Da die Regenstürme die Sicht auf weniger als eine Meile beschränkten und die Meteorologen eine pechschwarze Nacht voraussagten, würde man nicht mal die Hand vor

* „Tribal"-Zerstörer: Bezeichnung für den Schiffstyp, zu dem die verschiedenen Zerstörer, die im Zusammenhang mit der *Rodney* erwähnt wurden, gehörten. Sie trugen alle Namen von Volksstämmen des Britischen Empire.

den Augen sehen können. Diese Lage bot keine Vorteile für Tovey, der überdies damit rechnete, daß Vian den Kontakt aufrecht erhalten würde. „Nichtsdestoweniger“, meint Paffard, „war es eine Entscheidung, die von viel Mut und Verantwortungsbewußtsein zeugte.“

Über Funk wies Tovey Somerville an, die „Force H“ 20 Meilen südlich der *Bismarck* zu postieren, um ihn bei seinem Anlauf nicht zu behindern; er selbst holte nach Nordosten herum, um zwischen dem Feind und Brest zu bleiben. Noch bevor der Morgen graute, wollte er nach Südwesten laufen, um die *Bismarck* gegen den Sonnenaufgang mit den durch See und Wind gegebenen Vorteilen anzugreifen. Dann begab er sich in seine Brückenkammer, schrieb eine Botschaft an die Besatzung und reichte sie Captain Patterson.

> An die Besatzung der *King George V*
>
> Mit der Versenkung der *Bismarck* könnte dem Feind derartiger Schaden zugefügt werden, daß er den Verlust eines einzigen Schlachtschiffes bei weitem übersteigen und sich entscheidend auf den gesamten Kriegsverlauf auswirken könnte.
> Gott sei mit uns und schenke uns den Sieg.
>
> J. T. 26/5/41

In der Annahme, daß der Angriff der „Swordfish“ erfolglos geblieben war, hatte die Besatzung der *Rodney* die Gefechtsstationen verlassen. Jetzt wurde mit dem Horn „Klar Schiff zum Gefecht!“ geblasen, und die Männer, die sich wohlig in warmen Hängematten gerekelt hatten, kletterten wieder heraus, zogen Seestiefel und Dufflecoats an, langten nach Stahlhelmen und Schwimmwesten und taumelten durch Dunkelheit und Nässe zu ihren Gefechtsstationen. Das ganze Schiff hallte wider von eiligen Füßen auf Decks und Niedergängen, vom Klirren der Lukendeckel, vom dumpfen Knall sich schließender, wasserdichter Schotten. Als die Meldung eintraf, daß sie in dieser Nacht nicht ins Gefecht kommen würden, wurde es den Männern gestattet, auf ihren Stationen vor sich hinzudösen; die Befehlsübermittler wechselten sich in der Bereitschaft ab. Der Kommandant teilte über die Lautsprecher mit, daß die *Bismarck* beschädigt war und daß die *Rodney* zusammen mit der *King George V* im Morgengrauen angreifen würden. Auf dem ganzen Schiff jubelten die Männer vor Freude, daß es ihnen am Ende doch noch vergönnt sein würde, die *Hood* zu rächen. Dann kam der Kaplan zu Wort: „Allmächtiger Gott, barmherziger Vater, an Deine göttliche Majestät richten wir die flehentliche Bitte, unsere gute Sache in Deine Hände zu nehmen und Richter zu sein zwischen uns und unseren Feinden.“ Damit gab er jene Gedanken wieder, die christlichen Kämpfern seit eh und je vertraut sind, und sprach aus, was vielleicht Raeder in Berlin und gewiß auch so manchen auf der *Bismarck* bewegte.

Nördlich der *King George V* versuchte Wake-Walker auf der *Norfolk* immer noch verzweifelt, die anderen einzuholen. Captain Phillips hatte die Geschwindigkeit früher herabgesetzt, um Treibstoff zu sparen; als er aber vom Angriff der „Swordfish“ erfuhr, ging er wieder auf Äußerste Kraft. Der Kreuzer *Dorsetshire* war mit 28 Knoten von Süden herangedampft. Der Kreuzer *Edinburgh* hatte bereits in Richtung Heimat abgedreht, bevor Commodore Blackman hörte, daß die *Bismarck* manövrierunfähig war; jetzt nahm er sofort wieder Kurs auf den Feind, aber seine Treibstoffreserven waren so knapp, daß er abermals wendete und auf Londonderry zuhielt, als er hörte, daß Tovey den Angriff auf den nächsten Morgen verschoben hatte. Somerville, der mittlerweile auch über die Verschiebung informiert worden war, richtete einen Funkspruch an die *Ark Royal:* „Um welche Uhrzeit wird Angriffsverband abfliegen? Mit ein wenig Glück können wir sie erledigen, noch bevor der Oberbefehlshaber mit der *Home Fleet* eintrifft.“ Maund, den das Mißgeschick mit der *Sheffield* noch wurmte, war gewitzigt: „Nicht bevor die Flugzeuge zwischen Freund und Feind unterscheiden können.“

Die Zerstörer *Tartar* und *Mashona* hielten achteraus der *Rodney* ihre Position zum Schlachtschiff und zueinander. Seit vier Tagen schon wurden sie dauernd durchgeschüttelt, so daß ein Offizier in seinen Erinnerungen festhielt, die Fahrt erschien ihm, wenn er jetzt daran zurückdachte, „wie ein einziger langer Dämmerzustand, der nur von Mahlzeiten unterbrochen wurde, die kaum lange genug auf dem Tisch blieben, um verzehrt zu werden.“ Aber sie waren froh, daß sie dabeigeblieben waren und nun ihr Teil beitragen konnten, das Wild zu erlegen. Auf der *Tartar* war auch ein Armeeoffizier, ein „Pongo“, wie englische Seeleute diese Art von Landratten nennen, ein Freund eines der Lieutenants. Er war an Bord gekommen, um ein paar Tage Urlaub zu machen und ein wenig Seeluft zu atmen, und hatte nicht damit gerechnet, in ein solches Abenteuer verwickelt zu werden. Da er die Vorschriften nicht kannte und nichts zu tun hatte, trank er sich einen kleinen Schwips an, ging nach dem Abendessen auf Deck und gab ein Repertoire seiner Pongo-Songs zum besten. Als Commander Skipwith davon hörte, verbannte er ihn unter Deck. Pikanterweise war sein Name Lutyens.

Nun traf die dritte und letzte „Catalina" des „Coastal Command" mit dem dritten und letzten amerikanischen „Sonderbeobachter", der die *Bismarck* an diesem Tag noch sehen sollte, auf dem Schauplatz ein. Die „Catalina O" der Squadron 210 mit Flight Lieutenant Hatfield als Piloten und Ensign Carl Rinehart als Kopiloten, hatte Oban kurz nach Mittag verlassen. Sie sichteten zwölf Stunden später durch eine lichte Stelle in den Wolken die *Bismarck*, die sich langsam im Kreis drehte. Hatfield und Rinehart stiegen in die Wolken auf, um näher heranzukommen, verrechneten sich aber, wie das Tuck Smith schon vor einigen Stunden getan hatte, und kamen direkt über dem deutschen Schiff wieder aus den Wolken. Carl Rinehart sah die blauen, grünen, roten und weißen Leuchtspurgeschosse auf sich zurasen. „Es war, wie wenn man nachts mit dem Auto durch ein Schneegestöber fährt und das Gefühl hat, die Flocken würden auf die Windschutzscheibe schlagen; im letzten Moment fliegen sie dann seitwärts vorbei." Er zerrte das Steuer nach der einen, Hatfield nach der anderen Seite, doch stießen beide gemeinsam den Knüppel nach vorn, womit es ihnen gelang klarzukommen[1].

Tartar und *Mashona* waren „Tribals" der Sechsten, *Cossack, Maori, Zulu* und *Sikh* der Vierten Zerstörerflottille. Sie waren, kurz vor Kriegsbeginn fertiggestellt, der Stolz der Marine und boten mit ihren ausladenden Vorsteven und langen, glatten Linien einen nicht weniger eleganten Anblick als die *Bismarck*. Und die sie befehligten, waren allesamt erfahrene Männer, die besten Zerstörerkommandanten der Flotte.

Während Vian und seine fünf Kommandanten den Ring um die so schwer zu fassende *Bismarck* im Licht des scheidenden Tages enger schlossen, legte er im Geiste fest, was er als die ihm zufallenden Aufgaben ansah. „Erstens", so schrieb er später an Tovey, „Ihnen den Feind, koste es, was es wolle, zu einem Ihnen genehmen Zeitpunkt ans Messer zu liefern. Zweitens möchte ich versuchen – wenn ein solcher Angriff keine schweren Nachteile für die Zerstörer zur Folge hat –, die *Bismarck* nachts mit Torpedos zu versenken oder zumindest aufzuhalten."

Jetzt galt es Fühlunghalterpositionen einzunehmen, also rund um die *Bismarck* ein Netz zu knüpfen, aus dessen Maschen zu schlüpfen ihr nicht leichtfallen sollte: je ein Zerstörer zu beiden Seiten von Bug und Heck; *Cossack* besorgte die Überwachung von achteraus. Während *Piorun* und *Maori* nach Norden steuerten, um ihre Positionen am Bug der *Bismarck* einzunehmen, eröffnete Schneider das Feuer auf sie. Commander Plawski auf der *Piorun* war sehr aufgebracht, denn er und seine polnischen Kameraden hatten noch offene Rechnungen mit dem Feind zu begleichen; denn die *Bismarck* war aus ihrem geliebten und jetzt verwüsteten Land, aus einem Hafen gekommen, der für sie Gdynia hieß und den die Deutschen in ihrer arroganten Art auf Gotenhafen umgetauft hatten. Er wies daher den Rudergänger an, auf die *Bismarck* zuzuhalten, und eröffnete nun seinerseits aus einer Entfernung von knapp sieben Meilen mit seinen kleinen 12-cm-Kanonen das Feuer. In der nächsten halben Stunde unterhielten die *Piorun* und die *Bismarck*, die eine ein Schiff von 1690 ts, die andere von 41.700 ts, einen lebhaften Schußwechsel. Zwar erschien es den Polen selbst unwahrscheinlich, daß sie irgendwelchen Schaden anrichten konnten, doch der Gedanke, daß zumindest die Möglichkeit bestand, gewährte ihnen außerordentliche Befriedigung. Als eine der Salven der *Bismarck* sein Schiff eindeckte, wobei die nächste Granate in nur 20 m Entfernung detonierte, fand Plawski, daß nun der Ehre Genüge getan war; er legte einen Rauchschleier und drehte ab. Während dieses Manövers verlor Plawski die Verbindung mit den anderen Zerstörern und mit der *Bismarck*, die zu sichten er nun keine Gelegenheit mehr haben sollte.

Um 23.24 Uhr, eine halbe Stunde nach Sonnenuntergang, wies Vian seine Schiffe an, zu einem synchronen Torpedoangriff in Position zu gehen. Das war allerdings leichter befohlen als ausgeführt. Mit Rückenwind war es leicht, schnell zu fahren; gegen den Wind aber, so wie das die *Bismarck* tat, waren 18 Knoten das Maximum, wenn die Offiziere auf den Brücken nicht dermaßen vom Gischt überschüttet werden sollten, daß sie weder den Feind noch überhaupt sehen konnten, wohin sie steuerten. Dazu kam, daß sich das deutsche Schiff, trotz der Dunkelheit und seiner Beschädigungen, bald sehr genau auf die Zerstörer eingeschossen hatte. Die Briten schrieben das dem Radar zu, und bis zu einem gewissen Punkt mag das auch gestimmt haben, aber Müllenheim-Rechberg sah sie sehr deutlich durch seine starken Entfernungsmesser[2]. Um 23.42 Uhr sah Vian die immer noch vier Meilen entfernte *Bismarck*, die sich im Licht ihres eigenen Geschützfeuers als Silhouette vom Nachthimmel abhob; 15 Sekunden später dröhnte ihm das Lied ihrer großen und kleinen Granaten in den Ohren; sie explodierten auf allen Seiten, Splitter rissen die Funkantennen in Stücke, und die *Cossack* drehte ab.

Wenige Minuten später war Commander Graham auf der *Zulu* an der Reihe. Auch er sah die Geschütze der *Bismarck* am nächtlichen Himmel aufblitzen und hörte ihr Donnern. Ringsum brodelte die aufgewühlte See, so als ob plötzlich eine Unzahl von unterirdischen Geisern ausgebrochen wäre. Sub-Lieutenant James Galbraith im Artillerieleitstand erschien die *Bismarck* so riesengroß, als ob sie unmittelbar vor ihnen aufragte; er hörte nicht nur das Brüllen ihrer Schweren Artillerie, sondern auch das scharfe, tückische Krachen ihrer 15-cm-Granaten mit Aufschlagzünder, die längsseits zu einem Regen von Splittern zerbarsten. Eine weitere Salve folgte, und das grelle Licht der aufblitzenden feindlichen Geschütze beleuchtete die von der vorhergehenden Salve aufsteigenden hohen, weißen Säulen, die, gespenstischen Nebeln gleich, im Wind zerstäubend, bereits wieder zusammenfielen. Diese Salve und eine dritte lagen deckend; Splitter fetzten in den Artillerieleitstand, rissen Galbraith eine Hand ab und verwundeten zwei Matrosen[3]. Graham drehte ab. Eine halbe Stunde später sah Commander Stokes auf der *Sikh*, der von achtern her beobachtete, daß die *Bismarck* ihren Kurs nach Backbord korrigierte und eine Salve auf ihn abfeuerte; er zog sich zurück.

Infolge des nächtlichen Dunkels, der häufigen Regenstürme und nicht zuletzt auf Grund des zielsicheren Feuers der *Bismarck* hatten mittlerweile alle Zerstörer Vians die Fühlung mit dem Feind verloren. Als die *Cossack* um 0.30 Uhr erst mit der *Piorun* und dann mit der *Zulu* zusammentraf, befand sich keine dieser Einheiten an dem ihnen zugewiesenen Platz. Vian sah ein, daß ein synchroner Angriff nicht möglich war, und wies seine Schiffe daher über Funk an, einzeln anzugreifen, wenn sich ihnen Gelegenheit dazu bot.

Die *Maori*, die den nach Nordnordwest steuernden Feind um 1 Uhr wiederentdeckt hatte, leistete diesem Befehl als erste Folge. Einen ständigen Zickzackkurs haltend, machte sich Commander Armstrong mit 25 Knoten an die Backbordseite der *Bismarck* heran; als er in einer Entfernung von 2,5 Meilen querab zu ihr stand, eröffnete sie das Feuer. Armstrong drehte ab und machte alle vier Torpedos los. Gerade jetzt korrigierte die *Bismarck* ihren Kurs nach Nordost; Treffer wurden nicht festgestellt.

Commander Graham auf der *Zulu* war nicht weit entfernt und immer noch auf der Suche nach der *Bismarck*, als der Feuerschein ihrer Salve auf die *Maori* ihm ihre Position verriet. Gleich Armstrong hielt er eilig auf ihre Backbordseite achtern zu; querab zu ihr stehend, ließ er eine Leuchtgranate feuern, um das Ziel zu erhellen. Als die Leuchtgranate um 1.37 Uhr über der *Bismarck* zerbarst, feuerte er zwei Torpedos aus zwei Meilen Entfernung, worauf das deutsche Schiff sogleich das Feuer eröffnete. Graham hatte geplant, ihren Bug kreuzen, um von der anderen

Seite angreifen zu können, aber der Geschoßhagel war zu heftig. Während sich die *Zulu* zurückzog, nahmen die Offiziere auf der Brücke, aber auch die Männer auf dem Oberdeck den Feind genau in Augenschein, um zu sehen, ob Treffer festzustellen waren. Sie wurden für ihre Mühe belohnt: erst durch „eine helle Glut, die die Wasserlinie des Schiffes von einem Ende zum anderen beleuchtete", und Sekunden später durch „einen grellen Lichtschein zwischen Brücke und Vorsteven", der als Folge eines zweiten Treffers angesehen wurde – obwohl eigentlich beide Beobachtungen kein sicheres Anzeichen für einen Torpedoangriff sein konnten.

Drei Minuten darauf, um 1.40 Uhr, begann Captain Vian auf der *Cossack* seinen Angriff. Er hatte sich an die nicht gebundene Seite der *Bismarck* herangeschmuggelt und den Umstand, daß sie mit der *Maori* beschäftigt war, dazu genützt, in Position zu gehen. Aus drei Meilen Entfernung schoß er drei seiner vier Torpedos ab. Zum erwarteten Zeitpunkt sah man Flammen auf der Back auflodern, was als „unverkennbarer Treffer" gewertet wurde. Einige Minuten später meldete die *Zulu*, daß die *Bismarck* stillstand; man sah darin einen weiteren Erfolg der Zerstörer.

Commander Stokes war mit seiner *Sikh* im Süden und ohne Verbindung, als die anderen drei Zerstörer angriffen, näherte sich jedoch, nachdem er die Meldung von der *Zulu* erhalten hatte, eilig dem Feind und feuerte aus einer Entfernung von dreieinhalb Meilen alle vier Torpedos ab. In seiner Aufregung ließ der Mann, der die Abzugshebel bediente, nicht den nötigen zeitlichen Abstand zwischen den einzelnen Schüssen, so daß sich kein richtiger Fächerschuß ergab. Weil jedoch das Personal im Maschinenraum der *Sikh* meldete, eine Unterwasserexplosion zu dem Zeitpunkt gehört zu haben, da eine solche zu erwarten gewesen wäre, beanspruchte auch die *Sikh* einen möglichen Treffer.

In Wahrheit hatte keiner der von den Zerstörern abgeschossenen Torpedos sein Ziel erreicht. Es wäre auch erstaunlich gewesen, wenn sie getroffen hätten. Die Entfernung, bei der damals einem Torpedo unter normalen Umständen eine vernünftige Chance auf einen Treffer zu geben war, betrug ein bis zwei Meilen. Hier aber betrugen die Entfernungen zwischen zwei und dreieinhalb Meilen, und dies unter völlig anomalen Umständen: 15 m hohe Wellen, pechschwarze Nacht, ein Feind mit unberechenbarem Kurs und schwankender Geschwindigkeit, aber um so zielsicherem Feuer. Die Vorstellung, „lodernde Flammen auf der Back" (fast sicher eine abbrennende Leuchtkugel, deren Landung von Müllenheim-Rechberg bestätigt wird) oder eine „helle Glut entlang der Wasserlinie", vermutlich eine vom Feind abgefeuerte Salve, als Erfolgsbeweis anzusehen, würde kühleren Köpfen zu jeder anderen Zeit ein mitleidiges Lächeln entlockt haben. Unterwasserexplosionen stellen akzeptablere Hinweise dar, aber das einzige Schiff, das – mit Vorbehalt – eine gehört zu haben angab, war die *Sikh* – und sie hatte aus dreieinhalb Meilen Entfernung geschossen.

Die Trefferbehauptungen wurden in gutem Glauben erhoben, doch war der Wunsch Vater des Gedankens. Vian und seine Offiziere hatten viel durchgemacht; sie waren überzeugt, daß sie eine große Verantwortung trugen. Die Flottenluftwaffe hatte bei beiden Angriffen Treffer erzielt; die Vorstellung, keine gleich gute Leistung erbracht zu haben, war unerträglich. Es geschah dies nicht bewußt, aber wenn Männer großen Beanspruchungen ausgesetzt gewesen sind und dem Tod ins Auge geblickt haben, sehen sie die Dinge, die sie zu sehen wünschen, die das eingegangene Risiko rechtfertigen und ihnen und der Welt beweisen, daß ihre Taten einem edlen Zweck gedient haben.

Eine Stunde etwa lag die *Bismarck* still; sie schlingerte heftig auf der hochgehenden See. Kurz nach 2.30 Uhr machte sie wieder Fahrt und bewegte sich langsam nach Nordwesten. Tovey wies Vian an, jede halbe Stunde eine Leuchtkugel auf den Feind abzuschießen; der Admiral befand sich nordöstlich der *Bismarck* und wollte vermeiden, auf seinem Kurs in westlicher Richtung – in einem Regensturm und vor Tagesanbruch – mit ihr zusammenzustoßen. Die Zerstörer kamen Toveys Befehl nach, doch die *Bismarck* eröffnete ein so zielsicheres Feuer, daß sie sich zurückziehen mußten. Um 3.35 Uhr schob sich die *Cossack*, die eine Position nördlich des Feindes eingenommen hatte, näher heran, um ihren letzten Torpedo abzuschießen. Vian, der die Entfernungen von einem verbesserten, unmittelbar hinter der Brücke installierten Radargerät ablas, sah eine Reihe kleiner Schatten auf dem Schirm, die ihm entgegenrasten, und wurde von seinem Techniker belehrt, daß das die Granaten der *Bismarck* waren. (Eine Information, die ihn, wie er sich mit der der Marine eigenen Begabung für Untertreibungen ausdrückte, „einige unbehagliche Augenblicke bescherte".) Er feuerte seinen Torpedo aus zwei Meilen Entfernung ab, beanspruchte aber diesmal keinen Treffer.

Gegen 4 Uhr früh hatten alle Zerstörer den Kontakt mit der *Bismarck* verloren, wenn ihren Kommandanten auch klar war, daß sie nicht weit sein konnte. Um 5 Uhr forderte Vian die *Piorun* über Funk auf, nach Plymouth zurückzukehren; er wußte, daß sie schon sehr knapp an Treibstoff sein mußte. Plawski und seine Mannschaft, die im Südosten immer noch nach der *Bismarck* suchten, waren entsetzlich enttäuscht. Anders als die Briten, die in dem Feind eine Geißel erblickten, von der die Welt zu befreien sie als ihre Pflicht ansahen, empfanden die Polen einen wilden persönlichen Haß gegen die Deutschen, die Polen mit brutaler Gewalt erobert und sie zu Verbannten ihres eigenen Landes gemacht hatten. Dazu kam, daß die *Piorun*, im Gegensatz zu den „Tribals", über zehn statt nur vier Torpedorohre verfügte, was ihre Aussichten, einen Treffer zu erzielen, beträchtlich erhöhte. Sie hatten nur den einen Wunsch, ganz nahe an die *Bismarck* heranzukommen und ihr die Torpedos einen nach dem anderen in den Leib zu jagen. Sie waren der Erfüllung ihres Rachedurstes so nahe gekommen; daß sie ihnen nun versagt bleiben sollte, empfanden sie als unerträglich. Eine Stunde lang ignorierte Plawski Vians Befehl und suchte weiter nach der *Bismarck*, bevor er, bittere Enttäuschung im Herzen, Kurs auf den Kanal nahm.

Um 5.50 Uhr früh sichtete die *Maori* abermals die *Bismarck*, die langsam im Zickzackkurs nach Nordwesten dampfte. Als sie 40 Minuten später aus einem Regensturm auftauchte, wurde sie auch von der *Sikh* gesichtet. Es war schon fast taghell, und kurz vor 7 Uhr feuerte die *Maori* aus einer Entfernung von viereinhalb Meilen ihre letzten zwei Torpedos ab; es wurden keine Treffer festgestellt.

Die vier Zerstörer nahmen Position in vier Sektoren rund um das angeschlagene Schlachtschiff ein. Vian hatte sein Versprechen gehalten: dem Feind die Nacht hindurch auf den Fersen zu bleiben, um ihn seinem Oberbefehlshaber am Morgen ans Messer zu liefern; jetzt legte er die Hände in den Schoß und wartete auf Toveys Ankunft.

Die Ereignisse dieser langen Nacht auf der *Bismarck* mit einiger Zuverlässigkeit aufzuzeichnen ist schwierig; der Großteil der Besatzung war der völligen Erschöpfung nahe, und wenn man sie später nach den Geschehnissen befragte, zeigte es sich, daß die nachfolgenden Erlebnisse, Stunden des Schreckens und des Entsetzens, vieles aus ihrer Erinnerung getilgt hatten.

Sofern sie nicht von der Brücke aus bekanntgegeben werden, verbreiten sich Neuigkeiten auf großen Schiffen nur langsam; das trifft insbesondere auf die Gefechtsstationen zu, wenn die Männer dort unbeweglich, von der Masse ihrer Kameraden getrennt, auf Posten stehen. Das Heulen der Turbinen mag in einer höheren oder niedrigeren Tonlage erfolgen, was auf eine Erhöhung oder Verringerung der Geschwindigkeit hindeutet, der

Kurs mag nach dieser oder jener Richtung verändert werden, aber im allgemeinen herrscht die Ansicht vor, daß der Kommandant auf der Brücke sein Geschäft versteht, und daß er es der Mannschaft schon sagen wird, wenn es etwas zu sagen gibt. Auf der *Bismarck* wurde bekanntgegeben, daß sie einen Treffer erhalten hatte, der die Funktion der Ruder beeinträchtigte, aber man wußte, daß daran gearbeitet wurde. Die Männer hatten Vertrauen zueinander und zu ihrem Schiff, und weil doch noch viele Stunden der Dunkelheit vor ihnen lagen, hatten sie allen Grund anzunehmen, daß die Schäden behoben und sie ihre Heimfahrt fortsetzen können würden. In der Zwischenzeit hieß es Gefechte mit britischen Zerstörern führen, Instrumente beobachten, Munition aus den Kammern heraufholen, Geschütze richten und abfeuern; da blieb keine Zeit zum Spekulieren oder Grübeln – man brauchte seine Kräfte für andere Dinge.

Auf der Brücke aber wurde man sich im Laufe der Nacht der ernsten Lage immer mehr bewußt. Meldungen von achtern ließen erkennen, daß alle Versuche, die verklemmten Ruder freizubekommen, fehlgeschlagen, daß alle Möglichkeiten erschöpft waren. Die zunehmende Stärke der Feindsignale (und was sie besagten, soweit das Dechiffrierteam noch imstande war, sie zu entschlüsseln) machte dem Personal der Funkstation klar, daß die Stunde der Abrechnung nicht mehr lange auf sich warten lassen würde. Lütjens hatte schon die ganze Zeit nichts anderes erwartet. „An den Führer des Deutschen Reiches, Adolf Hitler", lautete die Botschaft, die er kurz vor Mitternacht absetzte. „Wir kämpfen bis zum letzten im Glauben an Sie, mein Führer, und im felsenfesten Vertrauen auf Deutschlands Sieg." Zwei Stunden später antwortete Hitler vom Berghof: „Ich danke Ihnen im Namen des deutschen Volkes." Möglicherweise auf Raeders Drängen sandte er auch eine Botschaft an die Besatzung der *Bismarck:* „Ganz Deutschland ist mit Ihnen. Was noch geschehen kann, wird getan. Eure Pflichterfüllung wird unser Volk im Kampf um sein Dasein stärken." Andere Abschiedsbotschaften und solche, die Mut zusprechen sollten, folgten: Raeder funkte: „Unsere Gedanken sind bei Ihnen und Ihrem Schiff. Wir wünschen Ihnen Erfolg in Ihrem schweren Kampf." Admiral Carls im fernen Wilhelmshaven: „Wir denken alle mit Zuversicht und Stolz an Sie." Saalwächter in Paris: „Beste Wünsche. Mit unseren Gedanken sind wir bei unseren siegreichen Kameraden." Später dann funkte Lütjens, um seine Entschlossenheit zum Kampf zu bekräftigen, an Raeder: „Beantrage Verleihung des Ritterkreuzes an Korvettenkapitän Schneider für die Versenkung der *Hood.*"

Hitler befand sich in seinem Arbeitszimmer, als ein Adjutant ihm die

Botschaft brachte, und nickte zum Zeichen seines Einverständnisses. Zwei Stunden später verlas Lindemann Raeders persönliche Botschaft an Schneider über alle Lautsprecher: „Der Führer hat Ihnen für die Versenkung des Schlachtschiffes *Hood* das Ritterkreuz verliehen. Herzlichste Glückwünsche."

Diese Botschaften wirkten sich eher ungünstig aus: dazu bestimmt, den Kampfgeist zu stärken, ließen sie deutlich erkennen, daß eine solche Stärkung bitter nötig war. Von Gruppe West kamen praktischere und ermutigendere Nachrichten. Alle verfügbaren U-Boote steuerten auf die *Bismarck* zu; das Schiff sollte auf dem 852-m-Band und 443 Kilohertz Peilzeichen für sie aussenden. Drei Schlepper waren unterwegs, um die *Bismarck* ins Schlepptau zu nehmen. Die *Ermland* war mit Treibstoff ausgelaufen, und Bombengeschwader – man sprach, wie manche sich erinnern, von 80 Flugzeugen – würden bei Tagesanbruch bei der *Bismarck* eintreffen.

Andere aufmunternde Ankündigungen bezogen sich auf die Erfolge des Schiffes im Kampf gegen den Feind. Schon früher war bekanntgegeben worden, daß die Flak sieben der „Swordfish" der *Ark Royal* abgeschossen hatte; jetzt wurde der Besatzung mitgeteilt, daß einer der Zerstörer versenkt worden war und zwei andere in Flammen standen. Der Matrose Manthey erinnerte sich genau, an Steuerbord querab mit eigenen Augen einen Zerstörer brennen gesehen zu haben. In Wahrheit war keine einzige „Swordfish" abgeschossen worden, und die Granaten der *Bismarck* hatten die Zerstörer ebensowenig getroffen wie die Torpedos der Zerstörer die *Bismarck*. Aber auch diese Ansprüche wurden, so wie die der Zerstörer, in gutem Glauben erhoben: auch die Deutschen sahen, was sie zu sehen wünschten. Das Geschützpersonal jubelte, als es diese Meldungen hörte, und in den Gefechtspausen sangen die Männer.

Doch als die Stunden verrannen und Kurs und Geschwindigkeit gleich blieben, begann der Hauch des Todes durch das Schiff zu wehen, und einige fingen an, offen auszusprechen, was nur wenige zu denken wagten: daß sich der Abstand zwischen ihnen und der *Rodney* und anderen feindlichen Einheiten langsam aber stetig verringerte. In einem Maschinenraum verfiel ein Mann in Raserei; Junack mußte nach einer Wache telephonieren, die er beauftragte, den Mann auf die Krankenstation zu bringen. In einem anderen fand Werner Lust ein paar recht nervöse Feuerwerker, die früher auf der *Karlsruhe* gedient hatten; sie hatten schon einmal eine Versenkung miterlebt. Er selbst döste hin und wieder ein, obwohl ihm ein Kriegsgerichtsverfahren angedroht worden war. Oben scharten sich einige von den Flakbedienungen, die nichts zu tun hatten, um den Obermaat Wienand. Sie konnten Wienand gut leiden; er war immer geduldig und schrie sie nie an. Er erzählte ihnen von seinem Haus im Hamburg, von seiner Frau und ihren Zukunftsplänen. Dann zog er seine Brieftasche heraus und zeigte den Kameraden eine Photographie seiner Frau. „Ist sie nicht hübsch?“, fragte er, und dann: „Wenn ich es nicht schaffen sollte, möchte ich gern, daß einer von euch sie besuchen geht und ihr sagt, daß meine letzten Gedanken ihr gegolten haben.“ Die meisten seiner Zuhörer waren unverheiratet, und einer meinte, es stünde doch nicht so schlimm, U-Boote und Bomber wären schon unterwegs, um sie herauszuhauen. „Ja, ich weiß das alles“, sagte Wienand und schob das Bild wieder in seine Brieftasche, „aber ich glaub’s nicht mehr so recht. Es klingt alles zu gut, um wahr zu sein.“ Man könnte Wienand – wie auch Lütjens – zugute halten, daß er seine Leute mit der Wirklichkeit konfrontieren wollte; wenn es soweit war, würden sie besser zurechtkommen.

Es gab andere, die, als der Hauptangriff der Zerstörer vorbei war, und sie nichts Besonderes zu tun hatten, in zunehmendem Maß den gleichen Gedanken nachhingen. Das waren vor allem die Offiziere, die die ein- und ausgehenden Meldungen kannten und über die wirkliche Lage besser Bescheid wußten als die meisten anderen. „Ich komme mir vor wie ein Stück Fleisch auf dem Stock, das auf das Hackmesser des Metzgers wartet“, sagte Müllenheim-Rechberg, der mit einem oder zwei Offizieren des Prisenkommandos im achteren Leitstand saß. Schlimm war es für jene, die ihre Arbeit getan, die in der kommenden Schlacht keine Rolle zu spielen hatten: die Flakbedienungen, von denen die meisten schon ihre Munition verschossen hatten, Dr. Externbrink und die anderen Meteorologen, die Kapitäne der Handelsmarine und die Prisenkommandos, die Piloten und Beobachter der „Arado“-Flugzeuge, die Schneider und Stewards, Köche und Schuster, die Musiker, deren Instrumente nutzlos in ihren Spinden lagen. Über das ganze Schiff verteilt schliefen sie, sie und andere: die Geschützbedienung in ihren riesigen Türmen, die Munitionsmänner an den Munitionsaufzügen, tiefer unten die Heizer und das Maschinenraumpersonal, Ärzte und Sanitäter im Schiffslazarett. Hier lagen die Heizer, die durch die Explosion der Granaten der *Prince of Wales* verbrüht worden waren, die Flieger, denen die Explosion des Torpedos der *Victorious* die Beine gebrochen hatte, und ein Mann, der sich von einer Blinddarmoperation erholte. Die Knochensägen und Skalpelle auf den Tischen neben ihnen, die Gummihandschuhe und Injektionssprittzen, Watte und Bandagen und Morphiumampullen, das alles deutete auf die Schrecken, die ihrer harrten.

Manche, die vor sich hindösten, wurden von den gleichen Alpträumen geplagt, wie Esmond Knight sie vor der Schlacht in der Dänemarkstraße gehabt hatte. Sie sahen unheimliche Gestalten, hörten verzweifelte Rufe und Schreie, glaubten die Schlacht schon begonnen und erwachten schluchzend und schweißgebadet. Andere träumten von daheim und ihren Lieben, sahen sie in gespenstischer Klarheit vor sich und glaubten, in ihrer Nähe, im Mai zu Hause in Deutschland zu sein; aus dem Schlaf auffahrend, erinnerten sie sich, wo sie waren, und die Angst schnürte ihnen die Kehle zu.

Doch weil die meisten noch so jung waren, wollten sie nicht sterben, wollten nicht einmal über die Möglichkeit ihres Todes nachsinnen – eine schreckliche Vorstellung! – und dachten daher an Dinge, die ihnen Hoffnung einflößen sollten. In sechs Minuten hatten sie die *Hood*, das größte Kriegsschiff der Welt, versenkt, oder etwa nicht? Und was ihnen einmal gelungen war, das konnten sie auch noch ein zweites Mal schaffen. Am Morgen würden U-Boote und Bomber eintreffen und die britischen Schiffe sehr bald in den Grund bohren oder zumindest von einem Angriff abhalten. Jeden Augenblick konnte bekanntgegeben werden, daß die Ruder repariert waren, und dann würden sie sich in aller Stille davonmachen und bei Einbruch der Dunkelheit bereits in einem französischen Hafen in Sicherheit sein. Mit solchen Gedanken machten sich die jungen Menschen Mut, während sie hoffnungsfreudig auf die große Wende warteten. Aber es kam keine Wende, nichts deutete auf eine solche hin: das leise klagende Heulen der Turbinen veränderte sich nicht, das Wasser schlug gegen die Bordwand, die Panzerplatten ächzten und knarrten im Takt mit dem sich hebenden und senkenden Bug, und mit jeder Stunde, die verging, schwanden die Hoffnungen mehr und mehr. Dann stellten sie sich die Frage, ob der Admiral, wenn es wirklich kritisch werden sollte, Befehl geben würde, die Bodenventile zu öffnen, wie Langsdorff das mit der *Admiral Graf Spee* gemacht hatte, und ob die Engländer sie in diesem Fall aus dem Wasser fischen würden. (Die Engländer, so wollten einige wissen, erschossen ihre Gefangenen.) Und einige wenige beschäftigten sich in ihren Gedanken mit etwas, womit sie sich noch nie beschäftigt hatten, mit einem Thema, das gemeinhin nur Menschen vorgerückten Alters interessiert: Ob es wohl ein Leben nach dem Tod gebe?

Gegen 5 Uhr morgen kam ein Pfeifsignal über die Lautsprecher: „Bordflugzeug startklar machen!“ Lütjens, der angesichts des sich massierenden Feindes am Schicksal, das sein Schiff erwartete, kaum noch zweifelte, wollte das Logbuch retten; Raeder sollte an Hand seiner genauen Aufzeichnungen ein klares Bild von der Fahrt haben, die Einzelheiten über alle Aktionen erfahren, um daraus Schlüsse für die Zukunft ziehen zu können. Auch wollte er den vom Kameramann Dreyer gedrehten Film von der Versenkung der *Hood* sowie die vom PK-Mann Hanf geschriebenen Kampfberichte in die Heimat schicken.

Die Deckmannschaft öffnete die Hangartür. Eines der Flugzeuge wurde mit dem Kran auf das Katapult gehoben, ans Ende geschoben und an der Schleudervorrichtung befestigt. Ein Pilot und ein Beobachter wurden eingeteilt und gingen sich umziehen. Sie konnten an ihr Glück kaum glauben. Sie würden dieser schwimmenden Hölle entkommen, würden schließlich doch nicht krepieren müssen, würden in weniger als vier Stunden in Frankreich sein, frischen Kaffee trinken, in frischgebackene Brötchen hineinbeißen und nach Hause telegraphieren. Sie waren sich der neidischen Blicke bewußt, die sie auf ihrem Weg zum Katapult verfolgten; den Kameraden erschienen sie wie Geschöpfe aus einer anderen Welt. Das Kriegstagebuch wurde von der Brücke geholt, zusammen mit dem Film und dem Manuskript in einen wasserdichten Sack getan und im Flugzeug verstaut. Es gab noch viele andere Botschaften, die sie mitnehmen sollten, denn als die Männer hörten, daß sie abfliegen würden, kritzelten sie schnell noch ein paar Zeilen auf ein Stückchen Papier, das gerade zur Hand war, sandten innige Grüße an Mütter und Liebste und drückten sie den Fliegern in die Hände.

Die zwei Männer kletterten in die Maschine. Die Mechaniker warfen den Motor an und ließen ihn eine Weile warmlaufen. Als das Flugzeug startklar war, ging die entsprechende Meldung an die Brücke, und Lindemann tat, was er konnte, um das Schiff mit der Breitseite in den Wind zu bringen. Das fiel ihm nicht leicht, denn sobald die *Bismarck* drehte, war sie der Gewalt des Sturmes und der aufgewühlten See ausgeliefert und rollte von einer Seite zur anderen. Während der Motor mit höchster Drehzahl raste, hatte der Pilot jetzt die schäumende See vor Augen, und im nächsten Augenblick den nachtschwarzen Himmel. Wie Ranald und Traill vor ihm, versuchte der Flugeinsatzoffizier den besten Moment für den Start abzuschätzen.

Als sich die aufsteigende Luvseite in einer Linie mit dem Horizont befand, gab er das Startzeichen; dann drückte der Mann, der die Katapulteinrichtung bediente, auf den Hebel, der die Arado 36 Meter über die ganze Breite der *Bismarck* und in die Nacht hinausschießen sollte.

Aber nichts geschah. Mit hochgejagtem Motor blieb das Flugzeug auf dem Katapult stehen. Noch einmal gab der Offizier das Signal, noch einmal wurde der Hebel heruntergedrückt, doch das Flugzeug rührte sich nicht. Nun wurde die Schleudervorrichtung untersucht und dabei festgestellt, daß die Druckluftleitung durch einen Splitter aus einer der Granaten der *Prince of Wales*, derselben, die auch das Motorboot des Kommandanten zertrümmert hatte, arg beschädigt war. Der Splitter hatte ein großes Loch hineingerissen und den Katapultmechanismus außer Betrieb gesetzt.

Die herbeigerufenen Fachleute sagten, es wäre unmöglich, den Schaden zu reparieren – jedenfalls nicht jetzt und nicht hier. So wurde also der Motor der „Arado“ abgestellt, und Pilot und Beobachter, die noch vor wenigen Augenblicken frohgemut gewesen waren, kletterten schwerfällig wieder herunter. Das Logbuch wurde auf die Brücke zurückgebracht, Film und Manuskript an Dreyer und Hanf zurückgegeben. Ein paar Mann schoben das nunmehr nutzlose Flugzeug, das überdies eine Brandgefahr darstellte, das Katapult hinunter und ins Meer. Pilot und Beobachter begaben sich mit müden Schritten in den Umkleideraum, entledigten sich ihrer Fliegerkombinationen und traten abermals in die Reihe jener, die sich auf den Tod vorbereiteten.

Nachdem die *Ark Royal* und die *Renown* an ihm vorüber waren, steuerte Wohlfarth über Wasser auf die Stelle zu, wo er die *Bismarck* vermutete. Um 23.30 Uhr sichtete er einen von Vians Zerstörern, tauchte und hörte in 27 Meter Tiefe die Propeller über sich hinwegziehen. Um Mitternacht tauchte er auf und sah die Geschütze der *Bismarck* in der Ferne aufblitzen. Er wunderte sich, daß sie, nach seiner Berechnung, 60 Meilen von der ihm angegebenen Position entfernt war. In der Annahme, daß die Luftwaffe und auch andere U-Boote daraus Nutzen ziehen können würden, gab er dem B. d. U. ihre tatsächliche Position bekannt. Gleichzeitig sandte er Peilzeichen aus, um deutschen Küstenstationen ein Funkbesteck zu ermöglichen. Kapitänleutnant Eitel-Friedrich Kentrat auf dem defekten *U 74*, der nicht weit von ihm entfernt war und auf dieses Gebiet zuhielt, änderte sofort seinen Kurs, als er Wohlfarths Meldung auffing, denn U-Boote standen im Ruf, bei Positionsangaben sehr genau zu sein; das war, so meinte Kentrat, ihr tägliches Brot.

Ohne Torpedos und ebenso knapp an Treibstoff wie alle anderen auch, konnte Wohlfarth nicht mehr tun, als mit der *Bismarck* Kontakt halten und regelmäßige Signale aussenden. Einmal mehr war ihm Gelegenheit geboten worden, sein Versprechen zu erfüllen und die *Bismarck* auf den Meeren und Ozeanen zu beschützen, und einmal mehr war er dazu nicht fähig. Während sie um ihr Leben kämpfte und er das grelle Aufleuchten ihrer Geschütze und der Leuchtgeschosse über ihr beobachtete, erinnerte er sich der schönen Zeiten, die sie miteinander verlebt hatten. Er dachte an den Tag in der Ostsee zurück, da er beim Beschießen des Schleppsacks der *Bismarck* mit seiner kleinen Kanone einen Volltreffer erzielt und wie verständnisvoll Lindemann darauf reagiert hatte, und an die geselligen Landurlaube in Hamburg und Kiel. „Es ist schrecklich", schrieb er in sein Logbuch, „so nahe zu sein und nichts tun zu können."

Er erinnerte sich an die Signale, die er mit Lindemann getauscht hatte und in welchen die Rede davon gewesen war, daß sie sich beide ein Ritterkreuz im Atlantik verdienen wollten. Er hatte seines vor zwei Tagen bekommen, und sobald die *Bismarck* den Hafen erreichte, würde gewiß auch Lindemann eines erhalten. Aber würde die *Bismarck* einen Hafen erreichen? Er hatte einige der Funksprüche gehört, die den Äther kreuzten, hatte selbst auch ihren Nordwestkurs auf seine Karten eingezeichnet und wußte, wie ernst die Lage war. Was sollte er tun, wenn die *Bismarck* versenkt wurde, noch bevor Treibstoffmangel ihn zur Umkehr nötigte und die Besatzung hilflos im Wasser trieb? Er konnte bestenfalls 100 Mann in seinem engen Unterseeboot aufnehmen; was aber würde aus den anderen 2000 werden? Würde er sie zurücklassen müssen? Und sollte er versuchen, einige der ranghohen Offiziere, wie etwa Lütjens und seinen Stab, zu retten, Männer, die in der Lage waren, ausführlich über die Geschehnisse zu berichten? Es war ein Dilemma, aus dem herauszukommen ihm erspart blieb. „Die *Bismarck* kämpft noch immer", schrieb er um 4 Uhr früh. „Die See wird stürmischer."

Weitere zwei Stunden vergingen, das Geschützfeuer der *Bismarck* entfernte sich und wurde sporadischer, und seine Horchgeräte registrierten ihre Turbinen nicht mehr. Mit seinen geringen Treibstoffreserven konnte er ihr nicht folgen, aber jetzt kam im ersten Licht des Tages, von seinen Peilzeichen geleitet, Kentrat mit *U 74* in Sicht. Infolge eines Schadens, den er bei einem Angriff mit Wasserbomben erlitten hatte, konnte auch Kentrat nicht eingreifen, wohl aber, da er über genügend Treibstoff verfügte, seine Aufgabe als Beobachter und Fühlunghalter übernehmen. Die zwei Boote näherten sich auf Rufweite, und Wohlfarth deutete ihm die Richtung, in die die *Bismarck* sich entfernt hatte. Er wünschte Kentrat Glück, richtete schweren Herzens den Bug von *U 556* auf Lorient und tauchte. Mit sparsamster Marschfahrt unter abwechselndem Einsatz von Dieseln und E-Motoren glaubte er gerade noch ausreichend Treibstoff zu haben, um die französische Küste zu erreichen.

Hitler befand sich an jenem Abend auf dem Berghof; er saß mit seinen Gästen in der großen Halle und verfolgte interessiert die letzten Wochenschauen. Seit der Versenkung der *Hood* stand Raeder in ständiger telephonischer Verbindung mit ihm und hielt ihn über die Entwicklung auf dem laufenden. Nachdem er von dem durch einen Torpedo der *Victorious* erzielten Treffer gehört hatte, rief Hitler Göring an und forderte ihn auf, den Flugzeugträger mit Bombern anzugreifen, worauf dieser erwiderte, daß das Schiff weit außerhalb ihrer Reichweite lag. Als die *Bismarck* von Flugzeugen der *Ark Royal* wieder gefunden wurde, setzte er sich neuerlich mit Göring in Verbindung, und die Antwort war die gleiche.

Jetzt klingelte wieder das Telephon. Es war Raeder, der ihn von dem Treffer in Kenntnis setzte, der das Ruder beschädigt hatte. „Er nahm die Nachricht ruhig auf", berichtet sein Luftwaffenandjutant, Oberst von Below, „bemerkte allerdings, als er erfuhr, daß das Schiff manövrierunfähig war, mit einiger Bitterkeit: ‚Warum ist die Luftwaffe nicht imstande, den Engländern so einen Streich zu spielen?'" Später kam ein Fernschreiben von Raeder, in dem es hieß, daß heftige Stürme das Auslaufen von leichten Einheiten und Schleppern unmöglich machten. Er fügte hinzu, daß ein offizieller Lagebericht, so die Veröffentlichung eines solchen für wünschenswert gehalten wurde, wie folgt lauten sollte: „Bei der Einfahrt in die Bucht von Biskaya lieferte die *Bismarck* dem Feind ein weiteres Gefecht, in dessen Verlauf sie achtern von einem Torpedo getroffen wurde" – ein klarer Hinweis auf Raeders Überzeugung, daß nichts mehr zu machen war und daß er die Nation auf den unvermeidbaren Schlag vorbereiten wollte.

Die Gäste verließen das Haus durch den Seiteneingang. Hitler ging mit von Below in sein Arbeitszimmer. „Er zeigte sich zusehends niedergeschlagener", berichtet von Below. Dann beklagte er die Auswirkungen, die der Verlust des Schiffes auf das Ansehen des Reiches haben würde. Als Lütjens' Botschaft eintraf, wonach er bis zur letzten Granate zu kämpfen gedachte, diktierte Hitler, vielleicht auf Raeders Drängen, von Below seine Antworten. Um 3 Uhr rief das Hauptquartier der Luftwaffe an und teilte mit, daß die ersten Maschinen abgeflogen waren, um das Schiff zu suchen und die britischen Einheiten anzugreifen – obwohl sie damit an die äußerste Grenze ihrer Reichweite gelangen würden. Hitler entließ von Below und ging zu Bett.

Während Hitler schlief, saßen Raeder und Schniewind in der Seekriegsleitung in Berlin. Sie nahmen als gegeben an, daß es keine Hilfe mehr für die *Bismarck* gab, und wandten ihre Gedanken nun dem Schicksal der Besatzung zu. Um 5 Uhr führte Schniewind ein Gespräch mit dem deutschen Marineattaché in Madrid, Kapitän Meyer-Döhner, und trug ihm auf, sich mit dem spanischen Marineministerium in Verbindung zu setzen und um Entsendung eines Lazarettschiffes, Handelsschiffes oder Kriegsschiffes „zu humanitären Zwecken" zu ersuchen. Kapitän Meyer-Döhner rief wenig später zurück und teilte mit, daß der Kreuzer *Canarias* und zwei Zerstörer in fünf Stunden aus El Ferrol auslaufen würden. Der britische Marineattaché, Captain Hillgarth, würde davon erst unterrichtet werden, nachdem die Schiffe in See gestochen waren. Als Hitler von diesem Ersuchen an die Spanier erfuhr, machte er Raeder Vorhaltungen; er meinte, es schade dem deutschen Ansehen[4].

Die *Bismarck* rollte in der schweren, unerbittlichen See; wie ein großer, störrischer, todwunder Stier, an dem die Picadores ihre Arbeit getan hatten: ihre Lanzen waren tief in seine Schultern und Weichen gestoßen und hatten ihn geschwächt. Jetzt wartete man auf das Kommen des Toreros, zu einem letzten Kräftemessen, dessen Ausgang eine beschlossene Sache war. Doch wenn er sterben mußte, wie es Stieren nun einmal beschieden war – und auch Schiffen –, so wollte er tapfer und mit Würde sterben – auch das war eine Selbstverständlichkeit.

Die Zerstörer hatten sich aus der Schußweite zurückgezogen, waren auf halbem Weg zum grauen Horizont, und so wurde Gefechtspause gepfiffen, um den Männern Gelegenheit zu geben, die verkrampften Glieder zu strecken, Erfrischungen zu sich zu nehmen, sich die Beine zu vertreten. Aber die meisten rührten sich nicht vom Fleck: manche schliefen so fest, daß sie die Pfeife der Bootsmannsmaate gar nicht hörten; andere waren zu erschöpft, um sich zu bewegen. „Auf eigene Flugzeuge achten! Auf eigene U-Boote achten!" tönte es hoffnungsvoll aus den Lautsprechern, doch auch das wurde ignoriert; es glaubte keiner mehr daran. Es wurden Schallplatten gespielt, um die Leute auf andere Gedanken zu bringen. Eines der Lieder, an das sich später einer erinnerte, war: „Warum ist es am Rhein so schön?"

Müllenheim-Rechberg verließ den achteren Leitstand und begab sich in

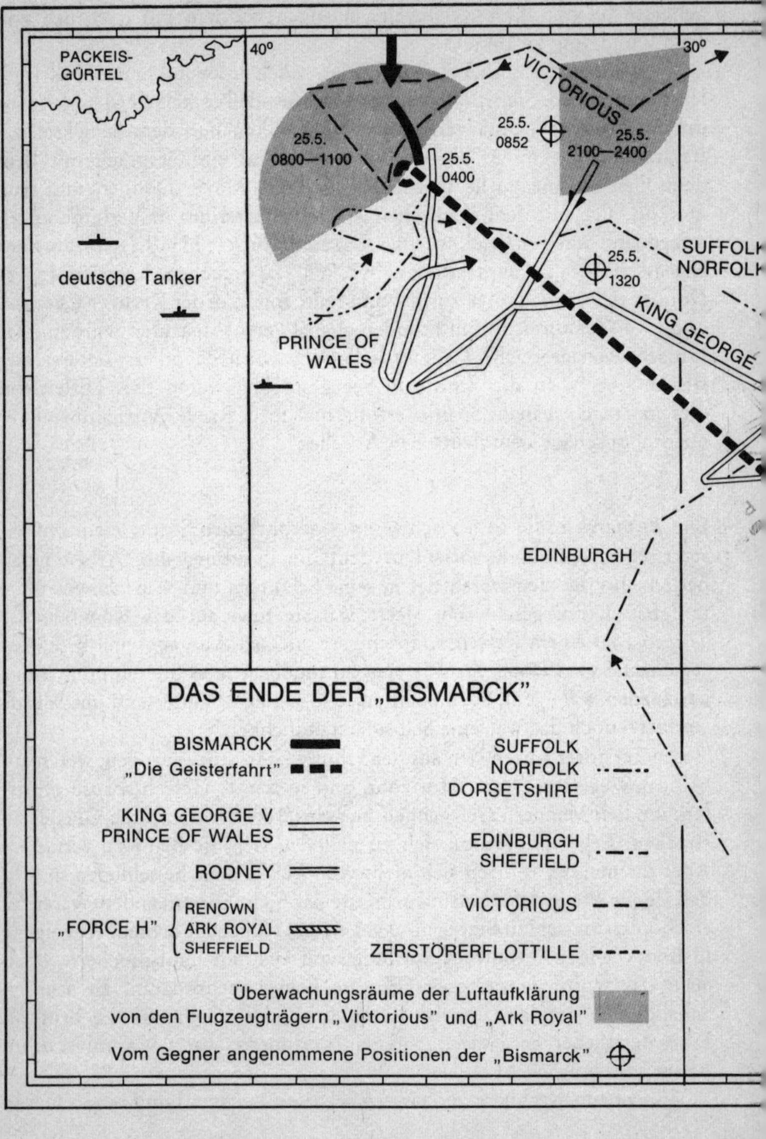
PACKEIS-
GÜRTEL
40°
30°
VICTORIOUS
25.5.
0800—1100
25.5.
0400
25.5.
0852
25.5.
2100—2400
deutsche Tanker
25.5.
1320
SUFFOLK
NORFOLK
KING GEORGE
PRINCE OF
WALES
EDINBURGH
DAS ENDE DER „BISMARCK"
BISMARCK
„Die Geisterfahrt"
KING GEORGE V
PRINCE OF WALES
RODNEY
„FORCE H"
RENOWN
ARK ROYAL
SHEFFIELD
SUFFOLK
NORFOLK
DORSETSHIRE
EDINBURGH
SHEFFIELD
VICTORIOUS
ZERSTÖRERFLOTTILLE
Überwachungsräume der Luftaufklärung
von den Flugzeugträgern „Victorious" und „Ark Royal"
Vom Gegner angenommene Positionen der „Bismarck"

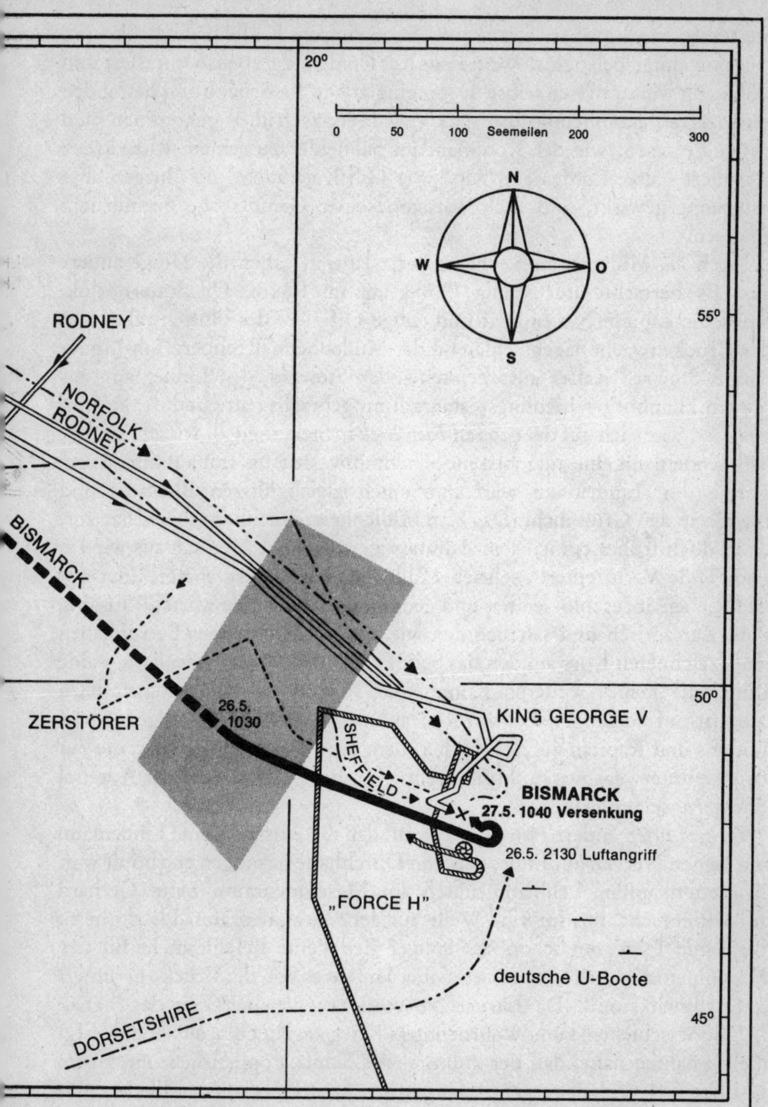

20°
0
50
100
Seemeilen
200
300
N
W
O
S
55°
50°
45°
RODNEY
NORFOLK
RODNEY
BISMARCK
ZERSTÖRER
26.5.
1030
SHEFFIELD
KING GEORGE V
BISMARCK
27.5. 1040 Versenkung
26.5. 2130 Luftangriff
„FORCE H"
deutsche U-Boote
DORSETSHIRE

die Messe, wo Suppe serviert wurde. Er aß ein paar Löffel heiße Brühe und tauschte einige belanglose Worte mit Kameraden, die ebenso unrasiert und trübäugig waren wie er selbst. Dann ging er auf die Brücke und betrat den gepanzerten Kommandoturm. Eich war etwas früher gekommen und Zeuge gewesen, wie der Kommandant Schneider zu seinem Ritterkreuz gratuliert hatte; Lindemann hatte wie üblich geraucht, im übrigen aber entspannt gewirkt, und Eich war von seiner Gemütsruhe beeindruckt gewesen.

Doch als Müllenheim-Rechberg jetzt eintrat, sahen die Dinge anders aus. Es herrschte nur wenig Bewegung im Raum. Dr. Externbrink, Korvettenkapitän Neuendorff und einige Offiziere des Flottenstabes und der Brückenwache lagen schlafend da. Müllenheim-Rechberg sah Lindemanns Steward Kaffee ausschenken – den Steward, den Lindemann aus seinem Hamburger Lieblingsrestaurant mitgebracht hatte und der so froh gewesen war, sich auf der großen *Bismarck* in Sicherheit zu wissen. Er sah, daß Lindemann eine aufgeblasene Schwimmweste trug, trat auf ihn zu und grüßte ihn. Lindemann warf ihm einen gleichgültigen Blick zu und erwiderte den Gruß nicht. Das kam Müllenheim-Rechberg sonderbar vor, da er doch früher einmal sein Adjutant gewesen war. „Er sah aus wie ein zum Tode Verurteilter“, schrieb Müllenheim-Rechberg später, „der mit dem Leben abgeschlossen hat und geduldig auf das Ende wartet.“ Er ging zum Kartentisch und sah sich den wie von der Hand eines Betrunkenen eingezeichneten Kurs an, den das Schiff in der Nacht gesteuert hatte – eine Linie, die keines weiteren Kommentars bedurfte. Dann ging er nach achtern auf seinen Posten zurück; auf dem Decksaufbau begegnete er Lütjens und Kapitän zur See Ascher, dem 1. Admiralstabsoffizier, die zur Brücke unterwegs waren. Müllenheim-Rechberg grüßte, und der Admiral erwiderte seinen Gruß.

Es gibt noch andere Hinweise darauf, daß der einst so kühle Lindemann mit seinen Nerven am Ende, daß sein Durchhaltevermögen erschöpft war. Korvettenkapitän Lehmann unten im Maschinenraum hatte Gerhard Junack ersucht, ihn für eine Weile auf der Maschinenraum-Plattform zu vertreten. Es waren schon seit einiger Zeit keine Befehle mehr für den Maschinenraum gekommen, jetzt aber läutete es von der Brücke herunter: „Maschinen stop!“ Da Lütjens zu etwa der gleichen Zeit das Signal: „U-Boot schicken zum Wahrnehmen Kriegstagebuch“, aussandte, liegt die Annahme nahe, daß der Admiral das Schiff stoppen ließ, um einem U-Boot Gelegenheit zu geben, längsseits festzumachen. Aber die Maschinen so abrupt außer Betrieb zu setzen und sie ruhen zu lassen, das war riskant; es bestand die Gefahr, daß sie festfraßen, und darum griff Junack zum Brückentelephon und ersuchte um Erlaubnis, die Motoren bei niedriger Drehzahl laufen zu lassen. Die Verbitterung, mit der der Kommandant ihm antwortete, überraschte ihn: „Ach, machen Sie doch, was Sie wollen! Ich will nichts mehr davon hören." Es war, als ob sein Wille gebrochen, als ob sein Geist nach fünf schlaflosen Tagen und Nächten übermenschlicher Anstrengungen, in welchen er sein Schiff brillant gesteuert und heldenhaft gekämpft hatte, der Lage nicht mehr gewachsen gewesen wäre.

Kurz nach 8 Uhr wurde ein feindlicher Kreuzer an Backbord voraus gemeldet. Lütjens und Ascher blickten durch ihre Doppelgläser und erkannten ihren alten Freund wieder, den Kreuzer *Norfolk*, den sie vor drei Tagen in der Dänemarkstraße zum ersten Mal gesichtet hatten. Nach 36 Stunden einsamer Fahrt mit hoher Geschwindigkeit war er jetzt, da der Vorhang zum letztenmal aufgehen sollte, gerade noch rechtzeitig auf dem Schauplatz erschienen. Er blinkte der *Bismarck* sein Erkennungssignal zu, erkannte seinen Irrtum und drehte ab. Ein Regensturm fegte über die *Bismarck* hinweg, und als er vorbei war, sahen ihre Offiziere auf der Brücke mit müden Augen zwei Schlachtschiffe unmittelbar vor sich. Das eine gehörte zur *King George V*-Klasse, das andere war, wie erwartet, die *Rodney*. Erst vor zehn Wochen hatten Lütjens und Netzbandt die *Rodney* von der Brücke der *Gneisenau* aus gesehen – in einer Nacht, da, nachdem sie mehrere Schiffe auf der HX.-Geleitzugroute versenkt hatten, ihre langgezogene Silhouette plötzlich im Feuerschein der brennenden *Chilean Reefer* sichtbar geworden war. Netzbandt hatte das Ruder der *Gneisenau* herumgeworfen und Höchstgeschwindigkeit angeordnet; dann waren sie in der Nacht verschwunden. Das gleiche jetzt noch einmal zu versuchen, wäre sinnlos gewesen; jetzt war die Reihe an der *Rodney*, nun standen sie und ihr Geleitschiff zum Angriff bereit. Schneider begab sich auf seinen Posten im Artillerieleitstand, dienstfreie Offiziere wurden ins große Kartenhaus gepfiffen, und zum letzten Mal ertönten die Alarmglocken auf dem ganzen Schiff.

Um 1 Uhr war Tovey mit seinem Schlachtschiffverband so weit nach Nordosten gelangt, als es seine Absicht gewesen war. Er wendete und ging auf Gegenkurs, um bei Tagesanbruch im Westen der *Bismarck* zu stehen. Gegen 5 Uhr kreuzten sie vor dem Kurs des Feindes, übersahen jedoch in der schlechten Sicht die Leuchtgeschosse der Zerstörer. „Die ganze Nacht über", schreibt Hugh Guernsey, „saßen, standen oder lehnten wir wie körperlose Geister auf der Admiralsbrücke. Es war dunkel, windig und regnerisch. Ob es kalt war, merkte keiner von uns. Gegen 2 Uhr wurde Kakao gebracht. Wir tranken ihn dankbar, aber es hätte genausogut Terpentin sein können; es wäre keinem aufgefallen." Alle hatten nur die kommende Schlacht im Sinn. Jetzt, da sie so sicher war wie nur irgend etwas, fragten sich die Männer – so wie sie sich früher auf der *Hood* und der *Prince of Wales* gefragt hatten –, ob sie am nächsten Tag um diese Zeit tot oder lebendig sein würden, ob verletzt und wie schwer, und ob sie imstande sein würden, ihre Pflicht zu erfüllen, wie das England und Nelsons Geist von ihnen erwarteten. Andere, kindlichere Gemüter dachten: Ich bin nur froh, daß wir die Hunnen endlich in die Enge getrieben haben; morgen werden wir ihnen eine Lektion erteilen.

Captain Dalrymple-Hamilton und Captain Patterson blieben die ganze Nacht auf ihren Kompaß-Plattformen und dösten nur hin und wieder auf harten Stühlen. Auch Tovey war die meiste Zeit auf; er machte häufige Besuche im Koppelraum, um einlangende Meldungen entgegenzunehmen und sich über die jeweils letzte Position des Feindes auf dem laufenden zu halten, wie sie durch Peilzeichen von Vians Zerstörern ermittelt wurden (die Funkstation der *Bismarck* sandte ähnliche Signale aus, um U-Boote auf sich zuzuleiten). Von Somerville kam die Nachricht, daß zwölf „Swordfish" im Morgengrauen angreifen würden, von Vian, daß der Feind zwischen 2.40 Uhr und 3.40 Uhr acht Meilen zurückgelegt hatte und daß immer noch schweres und zielsicheres Feuer von ihm zu erwarten war. Die Admiralität befand sich in verzweifelter Sorge, Tovey könnte sich wegen Treibstoffmangel genötigt sehen, die Operation abzubrechen, und gab ihm daher ihre Genehmigung, Zuflucht in einem irischen Hafen zu suchen; man versprach, einen Tanker dorthin zu entsenden[5].

In den Nervenzentren von Toveys vier Schiffen (Brücke, Funkstation, Maschinenraum, Kesselraum) herrschte die ganze Nacht über Bewegung, doch auf den Gefechtsstationen schliefen alle, die nicht unmittelbar gebraucht wurden. George Whalley, ein junger Offizier auf der *Tartar*, fand einen Teil der Munitionsmänner schlafend vor, als er in seine Kammer ging, um etwas zu holen. „Es war fast unmöglich durchzukommen, ohne auf jemand draufzutreten. In ihre Dufflecoats gehüllt, lagen sie in allen möglichen Stellungen da, wie das nur Seeleute können, und schliefen. Es herrschte völlige Stille, als wäre keine Menschenseele da; man hörte nur das Geräusch eines Schiffes bei Seegang, das Klirren und Knarren, den Anprall der Wellen, das rhythmische Schlagen der Propeller.

Es gab kein Licht, außer dem Schein, der durch die Schlitze der Tür zur Pantry kam. Er fiel in hellen Streifen über die reglosen Körper und glitt über Dufflecoats und ausgestreckte Arme, wenn das Licht, den Bewegungen des Schiffes folgend, hin- und herschwankte. Es war auf sonderbare Art ruhig und schön und schicksalhaft."

Endlich brach der Morgen an. „Ein Regenschauer nach dem anderen, ein tobender Wind aus Nordwest und eine anschwellende See", beschreibt Guernsey die Wetterverhältnisse. Somerville war die Sicht zu schlecht, um einen „Swordfish"-Angriff zu riskieren. Er fürchtete eine Wiederholung des Zwischenfalls mit der *Sheffield* und meldete Tovey, daß er seinen diesbezüglichen Plan aufgegeben habe. Tovey billigte seinen Entschluß: bei so vielen Schiffen zu seiner Verfügung – nun kamen auch noch die *Norfolk* und die *Dorsetshire* dazu – erschien es ihm angezeigt, zu warten, bis es ganz hell war. Er sorgte sich jetzt nicht mehr, daß ihm der Feind entwischen könnte, und begab sich, wie das Nelson vor Trafalgar getan hatte, in seine Brückenkammer und betete, wie er sich ausdrückte, um „Leitung und Beistand". Er zweifelte nicht daran, daß seine Schiffe die *Bismarck* versenken würden, fürchtete aber, daß sie dabei schreckliche Schäden und Verluste erleiden könnten. Je länger er betete, desto ruhiger wurde er. „Es war", sagte er, „als ob die ganze Verantwortung von mir genommen wäre. Ich wußte, daß alles in Ordnung gehen würde." Erfrischt und zuversichtlich kehrte er auf die Brücke zurück. Zu etwa der gleichen Zeit begab sich sein Admiralstabsoffizier Commander Robertson, in seine Kajüte, um seinen Stahlhelm zu holen. Dort bot sich ihm ein überraschender Anblick – vier große Ratten liefen in Todesangst hin und her. Robertson mußte an die Redensart von den Ratten und dem sinkenden Schiff denken und konnte nur hoffen, daß das kein schlechtes Omen war.

In der Nacht hatte Tovey seinen Schlachtplan entwickelt und gab ihn jetzt Captain Patterson und seinem Stab bekannt. *King George V* und *Rodney* würden den Feind frontal Bord an Bord, 1100 m voneinander entfernt, angreifen. „Ich hoffte", sagte Tovey, „der Anblick von zwei Schlachtschiffen, die geradewegs auf sie zusteuern, würde den Entfernungsmessern und Artillerieoffizieren der *Bismarck*, die bereits vier anstrengende Tage und Nächte hinter sich hatten, gehörig an den Nerven zerren." Die beiden Schiffe würden so schnell wie möglich auf sieben bis acht Meilen herankommen, dann beidrehen und Breitseiten abfeuern. Die *Rodney* würde nach freiem Ermessen manövrieren können. Über die Position der *Bismarck* laufend durch die auf der *Maori* vorgenommenen

Peilungen informiert, begann Tovey um 7.30 Uhr den Verband in einem langen Bogen in östlicher Richtung nach Backbord auf sie zuzudrehen. Eine Stunde später kam rechts voraus die *Norfolk* in Sicht; sie hatte den Schauplatz der Schlacht noch im letzten Moment erreicht. Wake-Walker hatte die *Bismarck* mit der *Rodney* verwechselt, hatte sie mit ES-Anruf angemorst und erst, als er keine Antwort erhielt, erkannt, wer sie ihm verweigerte. Wie er es vor vier Tagen in der Dänemarkstraße getan hatte, drehte er scharf ab. Damals hatte eine wachsame *Bismarck* Sekunden später auf ihn gefeuert; jetzt aber rollte sie träge in der aufgewühlten See und traf keine solchen Anstalten – ebensowenig wie die *Norfolk*. „Ich hielt es für unklug, sie unnötigerweise zu reizen, bevor ein anderes Schiff ihre Aufmerksamkeit auf sich lenkte", schrieb Wake-Walker, der noch nicht begriffen hatte, daß die Zeit vorbei war, da man die *Bismarck* reizen konnte. Während die *Norfolk* ihren Abstand zum Feind vergrößerte, sichtete Wake-Walker die aus Westen kommenden *King George V* und *Rodney* und wurde so zum ersten sichtbaren Bindeglied zwischen den drei Schlachtschiffen. „Feind in 130°, 16 sm Entfernung", signalisierte Wake-Walker an Tovey. „Stahlhelme auf!"

Tovey sah, daß er zu weit nördlich steuerte und korrigierte den Kurs nach Steuerbord, um näher heranzukommen. Die Schiffe schwangen herum, kamen auf und gingen auf Südkurs. Tovey langte nach seinem Stahlhelm, der draußen an einem Haken hing. Als er ihn aufsetzte, lief ihm ein Bächlein über das Gesicht (während eines Regenschauers hatte sich ein wenig Wasser angesammelt); er lächelte, und alle, die um ihn herumstanden, lächelten ebenfalls, als sie sahen, wie entspannt ihr Chef war. Die Minuten verstrichen; Wake-Walker meldete laufend die Position des Feindes. Auf den Brücken der *King George V* und der *Rodney* hielten Offiziere und Ausguckposten die Doppelgläser an die Augen gepreßt, um einen ersten Blick auf das Schiff zu werfen, das nun seit vier Tagen – die sie vier Wochen dünkten – Mittelpunkt ihres Lebens gewesen war. Existierte es überhaupt? Die gleiche grimmige Wirklichkeit haftete ihr an, wie sie dem bösen Riesen in den Kinderbüchern eigen ist. Und wie sah es aus, dieses Monster, das ihre geliebte *Hood* versenkt hatte?

Und plötzlich war sie da: „Ein gedrungenes, massiges, außerordentlich breites Schiff", schreibt Guernsey, „das, geisterhaft hinter einem Regenschleier hervorkommend, geradewegs auf uns zusteuerte." „Feind in Sicht!" tönte es über die Lautsprecher und Telephone der *Rodney*, und die Mannschaft jubelte. Es war 8.43 Uhr, und die Entfernung betrug zwölfeinhalb Meilen. Vier Minuten später sah George Whalley, als er über das

Oberdeck der *Tartar* nach achtern ging, eine braune Rauchwolke aus den vordersten Geschützen der *Rodney* aufsteigen und hörte Sekunden darauf ihre erste Salve. Er lief in die Messe hinunter, wo einige Offiziere, die die ganze Nacht auf Gefechtsstation gewesen waren, in allen möglichen Stellungen dalagen und schliefen. „Wir haben sie gefunden!“ rief er. „Es geht los!“

11

Noch bevor die erste Salve der *Rodney* ihr Ziel erreicht hatte, ertönte die Feuerglocke auf der *King George V*. Stahlhelm auf dem Kopf, Watte in den Ohren, um sie gegen das Getöse zu schützen, warteten Captain Patterson und seine Offiziere auf der oberen, der Admiral und seine Offiziere auf der unteren Brücke auf das erste Dröhnen der eigenen Geschütze. Wie ein kleines Erdbeben kam es nach wenigen Sekunden; die bitteren Schwaden des Kordits benahmen ihnen den Atem, die Detonationen der Ladungen waren ohrenbetäubend. Der Kompaß sprang aus seinem Gehäuse, Guernsey wurde der Stahlhelm vom Kopf geblasen und rollte auf das Deck. Ein Haufen Signalflaggen wirbelte wie von einem Tornado in die Luft gerissen hoch und zerstreute sich in alle Richtungen.

Die Salven lösten sich, als die *Bismarck* nach Steuerbord drehte, um alle ihre Geschütze zum Einsatz zu bringen. Riesige weiße Fontänen, höher als ihr Turmmast, stiegen rings um sie auf. Dann war sie an der Reihe. Auf den britischen Schiffen sah man eine Welle orangefarbenen Feuers ihre Längsseite entlang rollen, der sogleich eine Wolke von Pulverdampf folgte, der weit schwärzer und dichter war als ihr eigener. „Flugzeit 55 Sekunden“, rief ein eifriger Offizier aus dem Stab des Admirals und fing an, die noch fehlende Zeit laut abzuzählen. „Um Himmels willen, Mann“, unterbrach ihn Tovey, der nicht unbedingt wissen wollte, wann eine Granate ihn treffen würde, „halten Sie den Mund!“ Trotzdem aber warteten sie auf den Brücken der zwei Schlachtschiffe angstvoll auf die Ankunft der Salve, wobei die Männer auf beiden hofften, daß es dem anderen galt. Sie hatten das instinktive Gefühl, sich ducken zu müssen, und dann fiel der Donnerkeil, ein Muster von Wassersäulen zeichnend, zu kurz vor den Bug der *Rodney* – Guernsey und seine Kameraden auf der *King George V* stießen einen Seufzer der Erleichterung aus.

Aus zehn Meilen Entfernung griff jetzt die im Osten von Tovey stehende *Norfolk* mit ihren 24-cm-Geschützen in die Schlacht ein. *King George V* und *Rodney* feuerten weiter aus ihren vorderen Türmen und beanspruchten bald deckende Salven und Treffer. Aber auch die *Bismarck* fand die richtige Schußweite: ihre dritte Salve deckte die *Rodney* ein, und einige Splitter flogen an Bord. Einer durchschlug den Fla-Leitstand, zerschmetterte die „Cease fire"-Glocke*, durchschlug einen Stahlhelm, der an einem Haken hing, teilte das Teleskop der Seitenrichtnummer** in zwei Hälften, knallte gegen den Feuergong und streifte das Handgelenk eines Mannes, worauf der Leitstand geräumt wurde und die Mannschaft unter Deck Zuflucht suchte. Dalrymple-Hamilton drehte nach Backbord, um der nächsten Salve zu entgehen und um den dritten Turm ins Spiel zu bringen. „Ich beobachtete die *Rodney*", berichtet Guernsey, „um zu sehen, ob sie getroffen wurde, aber sie lag still wie ein riesenhafter Felsblock und verdeckte den nördlichen Horizont; dann spie sie plötzlich eine Vollsalve aus." Mit eigenen Augen sah er einige der 907 kg schweren Granaten mit einer Geschwindigkeit von 808 Metersekunden aus den Rohren schießen, „wie kleine Fußbälle, die in einer langgezogenen Kurve zum Himmel emporstiegen".

Eine Minute vor neun, als die Entfernung nur noch acht Meilen betrug, wies Tovey die *Rodney* und die *King George V* an, von Südosten nach Süden zu drehen, um ihre Geschütze zu voller Wirkung kommen zu lassen. Kurz bevor die *Rodney* dem Befehl folgte, sah Captain Coppinger, der neben Captain Dalrymple-Hamilton auf der Brücke stand und sich Notizen über den Verlauf der Schlacht machte, eine schwere Granate auf der Back der *Bismarck* explodieren, eine andere ließ eine Flammenwand an den Aufbauten emporsteigen. Nach der Drehung sah man auch die *Bismarck* nach Steuerbord korrigieren, um alle ihre Geschütze einsetzen zu können, so daß nun alle Einheiten gegenläufige, fast parallele Kurse steuerten.

Nun erschien ein viertes britisches Schiff, um an der Schlacht teilzunehmen. Es war die *Dorsetshire*, die sich in noch größerer Zeitnot als die *Norfolk* befand. Nachdem sie mit Geschwindigkeiten zwischen 20 und 32 Knoten 600 Meilen weit gedampft war, hatte sie erst vor 40 Minuten die *Cossack* gesichtet und, von dieser an den Ort des Geschehens dirigiert,

* Glocke zur Übermittlung des Feuereinstellbefehls an die Geschützbedienungen.

** Die Dienststellen des Personals waren in einer entsprechenden Liste, einer sogenannten „Rolle", nach Nummern aufgeführt; die Geschützbedienungen und das Bedienungspersonal von Feuerleiteinrichtungen wurden deshalb oft in dieser Weise bezeichnet.

aus Süden das Feuer auf den Feind eröffnet. Sie kam zu einem besonders günstigen Zeitpunkt, denn die Schlachtschiffe liefen jetzt mit dem Wind, die Schornsteinabgase und der Korditrauch hingen um die Brücke und rund um den Artillerieleitstand und erschwerten das Zielen auf die *Bismarck.*

Und jetzt verlegte die *Bismarck* ihr Feuer von der *Rodney* auf die *King George V* und feuerte eine Salve ab. Guernsey hörte sie heulend herankommen und sah vier Wassersäulen nahe der Back aufschießen – eine kurz, drei eben weit. Er fragte sich, ob wohl die nächste ihr Ziel erreichen würde, und ertappte sich dabei, wie er sich in den Schottrahmen hinter der Brücke hineindrückte; dann fiel ihm ein, daß sie nur mit Splitterschutzplatten verkleidet war, und er trat wieder unerschrocken vor. Auf der Radarstation verfolgte das Personal den Flug der auf sie zukommenden Granaten der *Bismarck* auf dem Schirm – aus drei Meilen bis zu einer halben Meile Entfernung. Der Radaroffizier meinte, das wäre auch nicht beunruhigender als der Anblick des feindlichen Mündungsfeuers, die Zeitspanne banger Erwartung hingegen bedeutend kürzer. Sie verfolgten auch den Flug der eigenen Granaten, verloren sie jedoch, sobald sie eine Distanz von mehr als fünf Meilen erreicht hatten.

Eine Viertelstunde, nachdem die zwei Schiffe nach Süd abgedreht hatten, stellte Dalrymple-Hamilton fest, daß die *Bismarck* anfing, an ihm vorbeizuziehen. Wenn er seinen Kurs beibehielt, würde er das Feuer der *King George V* auf seiner anderen Seite behindern. Er entschloß sich daher, die ihm von Tovey gewährte Handlungsfreiheit im weitesten Sinn auszulegen und tat, was kein Kommandant eines britischen Kriegsschiffes seit der Schlacht von Kap St. Vincent vor 144 Jahren getan hatte – er nahm sein Schiff aus der Linie und schwenkte es, während der Feind die *King George V* angriff, auf Nordkurs herum. „Näher, gehen Sie näher 'ran!" rief Tovey, der ihm einige Minuten später folgte, zu Patterson hinauf. „Ich kann nicht genug Treffer sehen!"

Auf den großen Schiffen war man zu sehr mit Kämpfen beschäftigt, als daß man sich ein objektives Bild von der Schlacht hätte machen können. Auf den Zerstörern, auf Vians Flottille, auf der *Tartar* und der *Mashona,* war das anders: die zwei letzteren hatte Tovey zu Beginn der Aktion nach Londonderry beordert, wo sie auftanken sollten, aber nachdem sie schon so weit gekommen waren, hätte sie nichts in der Welt davon abbringen können, bei der Schlacht mit von der Partie zu sein.

Sie alle waren Zuschauer bei einer öffentlichen Hinrichtung, *aficionados* beim Stierkampf, und wollten sehen, wie Torero Tovey seinen ersten Stier erlegte. Sie sahen Dinge, deren sich die Kämpfenden gar nicht bewußt wurden: die Sonne, die zum ersten Mal seit Tagen durch die weißen, dahinjagenden Wolken brach, den immer noch kräftigen Wind, der das grüne Wasser sprenkelte und tüpfelte, und die Kämme von den Wellen blies. Ein Offizier auf der *Tartar* war von den kontrastierenden Farben beeindruckt: das Blau des Himmels, wie sie es seit Tagen nicht mehr gesehen hatten, die Schwärze der *Bismarck*, das Grau der britischen Schiffe, der braune Rauch des Kordits, das orangefarbene Mündungsfeuer der Geschütze, das Weiß der aufschießenden Fontänen.

Es war ein wunderschöner Anblick – ein prunkvolles Schauspiel, nannte es George Whalley, wild und majestätisch, fast zu grell und strahlend, wenn man sich den Anlaß vergegenwärtigte. Der Gedanke, daß diese drei Kolosse 5000 Männer beherbergten, mutete einen sonderbar an, aber irgendwie spielte das keine Rolle, denn dies war ein Kampf zwischen Schiffen, nicht zwischen Menschen. So war das nun einmal bei einer Seeschlacht: man tötete Leute, die man nicht kannte, denen man nicht in die Augen blicken konnte und von denen man kaum ahnte, daß sie überhaupt existierten.

Sie wußten, daß die *Bismarck* eine Gefahr darstellte, die beseitigt werden mußte, eine Gefahr für die Versorgungslinien, die Lebensadern ihres Landes. Und doch war es kein schöner Anblick, sie von allen Seiten von Feinden umgeben zu sehen, die ihr an Zahl und Feuerkraft weit überlegen waren. Sie war ja doch ein Schiff, vielleicht das schönste, das sie je gesehen hatten, und Schiffe waren ihr Lebensinhalt, ja ihr Leben. Und während sie beobachteten, wie sich die Geschosse der Schlachtschiffe und Kreuzer in die *Bismarck* bohrten, dachten sie an die Besatzung – Seeleute wie sie selbst auch. „Wie es im Inneren des Schiffes aussah“, sagte George Whalley, „überstieg unsere Vorstellungskraft: die Geschütze in Trümmern, Feuer und Vernichtung, Verletzte . . . und schließlich gibt es keinen großen Unterschied zwischen Menschen, die verwundet sind.“

Sie blieben fast bis zum Ende dabei, ohne die Hoffnung aufzugeben, Tovey würde ihnen doch noch den Befehl erteilen, in die Schlacht einzugreifen und ihre Torpedos abzuschießen; ihre Enttäuschung, als er das nicht tat, war groß. (Ein Offizier auf der *Tartar*, vielleicht der einzige in der ganzen Flotte, der eine Filmkamera besaß, hätte die *Bismarck* zu gern aus nächster Nähe gefilmt[1].) Aber ihre Treibstoffvorrätte waren knapp, und sie hielten sich schon länger hier auf, als ratsam gewesen wäre.

An der Rahnock der *Tartar* stiegen die Flaggen empor, beide Schiffe wendeten und nahmen mit 15 Knoten Kurs auf Londonderry.

Nun war die *Rodney* nur mehr vier Meilen vom Feind entfernt und kam noch näher heran, so daß die *Bismarck* ihr Feuer auf sie zurückverlagerte. Tief unten im Bug der *Rodney*, mehr als 6 Meter unterhalb der Wasserlinie, waren Chief Petty Officer Pollard und seine Männer damit beschäftigt, die Torpedorohre des Schiffes neu zu laden. Auf der Fahrt nach Süden hatten sie sechs Torpedos verschossen, alle ohne Erfolg, und machten sich jetzt daran, weitere abzufeuern. Wie die Männer in anderen Teilen des Schiffes hatten auch sie stark unter den Detonationen ihrer eigenen Geschütze zu leiden. Die Hauptbeleuchtung war ausgefallen, aus einem geborstenen Rohr trat Wasser aus, und sie arbeiteten im trüben Schein von Notbeleuchtung und Handlampen. Unter der Wasserlinie wirkten sich die Explosionen der Granaten der *Bismarck* noch wesentlich stärker aus, und die Männer wußten, daß sie hier nur schwerlich lebend herauskommen würden, wenn das Deck über ihnen getroffen wurde und die Luke sich verzog. Jetzt tönte es wie Donnerschlag in ihren Ohren, der ganze Raum hob und senkte sich. Eine Granate der *Bismarck* war unmittelbar an Steuerbord voraus gelandet; sie verklemmte die Außenverschlußklappe des Steuerbord-Torpedorohres und setzte es außer Betrieb[2].

Damit kam die *Bismarck* einem direkten Treffer noch am nächsten; in der Folge fiel ihr Feuer rasch ab. Unbehindert von Abgasen und Korditrauch verringerten die britischen Schlachtschiffe jetzt zunehmend die Distanz und feuerten Salve um Salve. Die *Norfolk* setzte den Beschuß aus Osten fort, während die im Südosten postierte *Dorsetshire*, die zuvor kurze Zeit eine Feuerpause eingelegt hatte, weil so viele hochaufschießende Wassersäulen fast schon die Sicht behinderten, den Kampf wieder aufnahm. Bei genauerem Hinsehen konnte man jetzt schon etwas von den auf der *Bismarck* angerichteten Schäden feststellen. Die Hydraulik, die den Turm „Anton" versorgte, mußte wohl ausgefallen sein, denn seine zwei 38-cm-Kanonen hingen mit der größten Rohr-Erniedrigung aus dem Turm. „Sie hingen herunter wie verwelkte Blumen", sagte einer. Die Rückseite des Turmes „Bruno" war weggerissen worden, und eine seiner Kanonen deutete schief, dem Finger eines Riesen gleich, himmelwärts. Im Turm „Dora" hatte ein Rohr Rohrkrepierer, der Stumpf ragte heraus wie eine geschälte Banane. Der Hauptfeuerleitstand war zerstört, und der halbe Turm über Bord gegangen. Im Inneren des Rumpfes züngelten

Flammen an verschiedenen Stellen, und das Feuer aus den wenigen noch arbeitenden Geschützen wurde zusehends unregelmäßiger.

Sie kroch jetzt nur mehr durch das Wasser, und um den U-Booten auszuweichen, von deren Erscheinen auf der Bildfläche die Admiralität gewarnt hatte, sah sich Dalrymple-Hamilton genötigt, einen Zickzackkurs quer vor ihrem Bug zu fahren, wobei er abwechseln von Back- und Steuerbord Breitseiten abfeuerte. Die Entfernung betrug weniger als vier Meilen und verringerte sich noch weiter. Es nahm Captain* Teek, der den von Royal Marines bemannten X-Turm befehligte, daher auch nicht wunder, daß sich das Verschlußstück der Kanone, das zu Beginn der Aktion unten in Decknähe gewesen war, mittlerweile bis fast zur Decke des Turms gehoben hatte. Zu einem gewissen Zeitpunkt zeigten die achteren Geschütze so weit nach achtern, daß die Detonation Captain Coppinger den Stahlhelm vom Kopf riß und dem Signalmaat in die Rippen schleuderte. (Auch sein Notizbuch flog ihm aus der Hand, es wurde später auf dem Achterdeck gefunden.) Aus dreieinhalb Meilen Entfernung feuerte die *Rodney* zwei weitere Torpedos aus dem unbeschädigten Backbordrohr, erzielte jedoch keine Treffer. Und weil immer noch Leben in der *Bismarck* war und sie die Flagge zeigte, wurden immer neue Granaten in sie hineingepumpt. „Ich kann nicht sagen, daß mir dieser Teil der Schlacht viel Spaß machte", meinte Dalrymple-Hamilton, „aber was sollte ich sonst tun?"

Die *King George V* litt unterdessen an den gleichen „Kinderkrankheiten", die der *Prince of Wales* in der Dänemarkstraße so zu schaffen gemacht hatten. Eines nach dem anderen erlitten die Geschütze Defekte, bis schließlich zu einem bestimmten Zeitpunkt ihre Wirksamkeit bis auf 20 Prozent abgesunken war. Solange die Männer mit Reparaturarbeiten beschäftigt waren, hatten sie keine Zeit, darüber nachzudenken: später lief es ihnen kalt über den Rücken, als sie sich vorstellten, was gewesen wäre, wenn sie der *Bismarck* allein gegenübergestanden hätten. Glücklicherweise konnte jetzt die Mittelartillerie in Aktion treten, die auch bald deckend lag. Es war Tovey einfach unbegreiflich, daß sich ein so arg zugerichtetes Schiff überhaupt noch über Wasser zu halten vermochte. Auch machte er sich Sorgen über seine Treibstoffvorräte, und wie lange er noch bleiben konnte. „Holt mir doch meine Wurfpfeile!" rief er in komischer Verzweiflung. „Mal sehen, ob wir sie nicht damit versenken können!"

* Hauptmannsdienstgrad im Marinekorps.

Um 10 Uhr war die *Bismarck*, ihre Geschütze verkrümmt und stumm, nur mehr ein brennendes, todgeweihtes Wrack. Feuer loderte durch riesige Löcher an ihren Seiten und im Decksaufbau, grauer Rauch drang aus hundert Spalten und Rissen und wurde vom Wind fortgetragen. Sie krängte stark nach Backbord, aber noch wehte die Admiralsflagge tapfer vom Fockmast, die Kriegsflagge vom Großmast. Auf den englischen Schiffen betrachtete man sie mit ehrfürchtigem Staunen und Bewunderung – Staunen darüber, daß ein herrliches Schiff so arg zugerichtet worden war, und Bewunderung für ihre Besatzung, die so heldenhaft bis zum Ende gekämpft hatte. „Ich hoffe zu Gott, daß ich nie erfahren werde", sagte Guernsey und gab damit auch George Whalleys Empfindungen wieder, „was diese Granaten anrichteten, als sie im Inncren des Schiffes explodierten." Es war ein Gedanke, der an diesem Tag viele Seeleute bedrückte, einer, der nur selten von Fliegern ausgesprochen wurde, die Städte in Schutt und Asche legten, oder gar von Soldaten, die ihre in Tanks eingeschlossenen Feinde töteten.

Während sie hinüberblickten, kam Leben in das leblose Schiff. Der Feind in Person zeigte sich: ein kleines Häuflein von Menschen, die über das Quarterdeck der *Bismarck* nach achtern liefen, über das Schanzkleid kletterten und ins Wasser sprangen. Außerstande, das Inferno an Bord noch länger zu ertragen, suchten sie, Lemmingen gleich, den Tod in der kühlen, willkommenen See. Bald darauf stellten die britischen Schiffe das Feuer ein, denn nun ging es mit der *Bismarck* zu Ende, und sie bedrohte keinen mehr.

Admiral Somerville, der mit *Ark Royal*, *Sheffield* und *Renown* (deren Besatzungen schwer gekränkt waren, daß man sie nicht an der Schlacht teilnehmen ließ) eben jenseits des südlichen Horizonts kreuzte, lauschte seit einer Stunde dem Geschützfeuer. Um 9.30 Uhr hatte die *Ark Royal* zwölf „Swordfish" zu einem letzten Torpedoangriff auf den Feind gestartet, doch als sie auf der Bildfläche erschienen, war die Schlacht in vollem Gang, und sie zogen es vor, sich fernzuhalten. Jetzt war das Geschützfeuer verstummt. Somerville wartete verzweifelt auf Nachricht und fragte schließlich bei Tovey an, ob er den Feind erledigt hatte. Die Antwort überraschte ihn: die *Bismarck* schwamm immer noch, und Tovey konnte sie mit Artilleriebeschuß nicht versenken; wegen Treibstoffmangel müsse er die Aktion abbrechen und die Heimfahrt antreten.

Tovey konnte tatsächlich nichts mehr tun. Ob die *Bismarck* jetzt oder später sank, spielte keine Rolle – sicher war, daß sie nie wieder einen Hafen anlaufen würde. Er war zehn Stunden länger geblieben, als es die

Treibstoffvorräte gestattet hätten. Überdies würden bald U-Boote auf der Bildfläche erscheinen, wenn sie nicht schon eingetroffen waren. Er signalisierte der *Rodney*, in Kiellinie einzuscheren, und wies Patterson an, das Flaggschiff in seinen Heimathafen zu steuern. Bevor er abdampfte, erließ er noch einen Befehl an alle Einheiten des Verbandes: „Alle Schiffe mit Torpedos an die *Bismarck* heranschließen und sie torpedieren!"

Tartar und *Mashona* waren bereits auf der Heimfahrt, und Vians Schiffe hatten alle ihre Torpedos verschossen. In der gleichen Lage befanden sich auch die *Norfolk* und die *Rodney* (die, nachdem sie gegen Ende der Aktion ihre letzten zwei abgefeuert hatte, einen Treffer beanspruchte; wenn diese Behauptung zu Recht bestand, war dies der einzige Fall in der Geschichte, daß ein Schlachtschiff ein anderes torpediert hätte). Nur ein einziges Schiff, die *Dorsetshire*, verfügte noch über Torpedos, Toveys Funkspruch kam für Captain Martin nicht unerwartet. Auf eineinhalb Meilen an Steuerbord voraus der *Bismarck* herankommend, schoß er zwei Torpedos ab, die beide ihr Ziel erreichten. Dann ging er auf die andere Seite hinüber und feuerte aus einer Meile Entfernung einen weiteren ab, ebenfalls mit Erfolg.

Aus weiter Ferne, auf halbem Weg zum Horizont, sah Tovey auf der *King George V* durch sein Doppelglas, wie das große Schiff jetzt langsam nach Backbord kippte, bis sich sein Schornstein auf gleicher Höhe mit dem Wasserspiegel befand und sich weiter drehte, bis es völlig kieloben lag. Er dachte an Jütland und die sinkende *Wiesbaden* und formte schon im Geist die Worte seiner offiziellen Meldung: „Sie lieferte einen ritterlichen Kampf gegen eine erdrückende Übermacht, einen Kampf, würdig der besten Traditionen der alten Kaiserlichen Marine[3]." Zuerst sank das Heck unter die Wasseroberfläche, dann der Kiel. Schließlich verschwand auch der Klippersteven in der Tiefe, und nun ließen nur noch Hunderte von Männern in Schwimmwesten, die in Öl und Wasser um ihr Leben kämpften, erkennen, wo die *Bismarck* gewesen war.

12

Manche starben früh auf der *Bismarck* und manche spät; glücklich zu schätzen waren die, die vorher das Bewußtsein verloren.

Trotz der allgemeinen Erschöpfung scheint die Kampfmoral hoch gewesen zu sein. Wohl hätte es in den Stunden vorher eine gewisse Spannung und Unruhe gegeben, sagt Hans Riedel, ein Ladekanonier im Turm „Caesar", doch als die *Bismarck* das Feuer eröffnete, hätten die Männer eine bemerkenswerte Verfassung gezeigt. Der Matrosengefreite Heinz Staat, dessen Gefechtsstation sich mitschiffs tief unter dem gepanzerten Deck in der Zentrale von Fregattenkapitän Oels befand, berichtet von einem Maat, der sich ununterbrochen die Krawatte auf- und zuknüpfte – derselbe, der nach dem Einschlag eines Torpedos der *Victorious* seine Schwimmweste aufgeblasen und versucht hatte, die Abteilung ohne Erlaubnis zu verlassen. „Wenn Sie die anderen nervös machen", sagte Kapitän Oels jetzt in energischem Ton zu ihm, „werde ich Mittel und Wege finden, Sie zur Ruhe zu bringen." Aber die anderen waren nicht nervös, berichtet Staat; sie schienen entspannt und zuversichtlich, zumindest nach außen hin.

Müllenheim-Rechberg meint, die englischen Schiffe hätten ziemlich lange gebraucht, um die richtige Schußweite zu finden. Nachdem sie sie gefunden hatten und regelmäßig Treffer erzielten, litt der vordere Teil des Schiffes mehr als der hintere. Die Türme „Anton" und „Bruno" wurden verhältnismäßig bald außer Gefecht gesetzt, ebenso auch der Artillerieleitstand. Von den Überlebenden dieses Tages kam keiner aus dem vorderen Teil: von den Türmen „Anton" und „Bruno", von der Brücke oder vom Brückenaufbau, vom Kartenhaus und dem Leitstand oder aus den Munitionskammern im Inneren des Schiffes. Daher wissen wir nicht, wie Lütjens und Lindemann, Schneider und Neuendorff, Netzbandt und Externbrink und alle die anderen Offiziere aus dem Stab des Admirals den Tod fanden. Aber es mangelt nicht an Hinweisen, daß im vorderen Teil, sowohl unter Deck als auch auf dem Decksaufbau, das Feuer wütete, und es hat den Anschein, daß die Männer, die nicht durch die Explosionen der Granaten starben, elend verbrannten, oder, von den Flammen eingeschlossen, nicht mehr herauskonnten und ertranken, als die *Bismarck* kenterte.

Nachdem die Türme „Anton" und „Bruno" ausgefallen waren und der vordere Aufschlagmelder mit Schneider im Vormars keine Verbindung mehr hatte, erhielt Müllenheim-Rechberg den Befehl, die Türme „Caesar" und „Dora" vom achteren Leitstand aus zu dirigieren. Schneider hatte die *Rodney* unter Feuer genommen, Müllenheim-Rechberg aber schoß sich auf die *King Georg V* ein. Er erinnert sich, daß seine erste Salve, jene, die Guernsey veranlaßte, sich auf den hinteren Teil der Brücke zurückzuziehen, deckend – eine kurz und drei weit – lag. Seine nächsten drei Salven waren weniger genau, und dann explodierte eine britische Granate nahe seiner Position, schleuderte ihn mit dem Kopf gegen ein Instrument, zerschmetterte die Optik des Entfernungsmessers und zwang ihn, die Türme „Caesar" und „Dora" anzuweisen, einzeln und selbständig zu feuern. Turm „Dora" fiel als nächster aus, als ein Geschütz einen Rohrkrepierer hatte, was einen Rückschlag in den Turm verursachte, der den Großteil seines Personals tötete. Somit blieb nur mehr Turm „Caesar" in Aktion, und als eines seiner Rohre getroffen wurde, ließ der diensthabende Leutnant das Feuer einstellen.

Wie Müllenheim-Rechberg wußten auch andere Überlebende wenig oder gar nichts von dem, was sich anderwärts ereignete, denn sie blieben, durch Panzerplatten geschützt, so lange auf ihren Stationen, bis der Befehl kam, das Schiff zu verlassen. In den Maschinenräumen hörten sie es von oben her deutlich krachen und dumpf anschlagen, konnten aber zwischen den Detonationen ihrer eigenen Geschütze und britischen Treffern nicht unterscheiden. Die Lichter brannten hell, und die Maschinen liefen mit langsamer Fahrt. Das einzig Ungewöhnliche war das Wasser, das aus den Zuluftschächten austrat, ein Hinweis auf Nahtreffer von feindlichen Granaten. Später drang Rauch von Granatenexplosionen und Bränden aus den Einlässen und erschwerte das Atmen; in einigen Abteilungen setzten die Männer Gasmasken auf.

Manche Leute, wie etwa das Flakpersonal und die für die Prisenkommandos vorgesehenen Matrosen der Handelsflotte, hatten nichts zu tun. Herzog und seine Kameraden von der achteren Flak wurden in ihre Messe im achteren Batteriedeck, nahe der Barbette von Turm „Caesar", hinunterbeordert. Es war ziemlich unbehaglich, dasitzen und zuhören zu müssen, wie die Granaten einschlugen, ohne etwas dagegen tun zu können. Nachdem die vorderen Türme und der Decksaufbau getroffen worden waren, erschien Obermaat Wienand, der ihnen noch am letzten Abend von seiner Familie erzählt hatte, und suchte Männer aus, die als Krankenträger Dienst machen sollten. Als sie fort waren, öffnete Herzog seinen Spind, nahm ein paar kräftige Schlucke aus einer Flasche Rosenlikör, die er dort aufbewahrte, und legte sich hin. Er fühlte sich von den Anstrengungen der letzten Tage erschöpft, und bald begann sich ein leichter Nebel über seine Augen zu senken. Er hörte die Durchsage im Lautsprecher, daß der Admiral und Lindemann gefallen waren, und dann, daß Lindemann noch lebte. Gleich darauf gab es einen entsetzlichen Krach, gefolgt vom Klirren und Klappern von Eisen und Metall, und schließlich, „wie durch eine dicke Schicht Baumwolle hindurch", Geräusche, die er als Schmerzensschreie von Verwundeten erkannte.

Eine kleine Zahl von Leuten, wie etwa Sanitäter oder Leckwehrtrupps, kam im Verlauf ihrer Dienstpflichten auf dem ganzen Schiff herum. Ein solcher Trupp stand unter Führung des Obermaschinisten Wilhelm Schmidt aus Friedrichshafen. Während sie unterwegs waren, krachten britische Granaten durch das obere Deck und zuweilen auch noch durch das nächste, detonierten innerhalb geschlossener Abteilungen und füllten sie mit Rauch und Gasen. Sie zerfetzten die Lichtleitungen, ließen nach allen Richtungen Splitter prasseln, und knickten und durchschlugen Niedergänge, Türen und Luken. Ein paar Granaten explodierten in nächster Nähe, und Splitter töteten einige Männer; andere erlitten Verletzungen. Ein Meldegänger kam, um ihnen mitzuteilen, daß Leute gebraucht wurden, um das Feuer im Decksaufbau zu löschen. Die mit ihm gingen, fanden alle den Tod. Nach dem Rohrkrepierer im Turm „Dora" erschien ein anderer Meldegänger mit dem Befehl, die Munitionskammer des Turmes zu fluten; sonst würde das ganze Schiff in die Luft gehen. Wienand schaltete die Pumpen ein, um die Kammer unter Wasser zu setzen, doch ob die Männer, die sich in dem Magazin befanden, entkommen konnten, ob sie ertranken oder schon tot waren, das weiß niemand.

Gegen zehn Uhr, nachdem Turm „Caesar" ausgefallen war – die britischen Schiffe setzten den Beschuß fort – wurde der Befehl gegeben, Maßnahme fünf einzuleiten, die darin bestand, die Seeventile zu öffnen und sich auf das Verlassen des Schiffes vorzubereiten. Der Befehl wurde vom ranghöchsten noch lebenden Offizier, Fregattenkapitän Oels, dem I. Offizier, erteilt, der seine Gefechtsstation in der Zentrale im unteren Teil des Decksaufbaus hatte. Nachdem die Brücke zerstört worden war, hatte er das Kommando des Schiffes übernommen.

Es gab mehrere Möglichkeiten, den Befehlsstand zu verlassen: über eine senkrechte Leiter, die durch einen engen Schacht zum Decksaufbau hinaufführte, oder durch eine der Türen im Schott. Dem Matrosengefreiten Staat war nicht nach Leitern zumute; er benützte daher die Backbordtür. Die nächste Abteilung fand er voll Wasser, auf dem Hängematten schwammen. Das Schiff krängte nach Backbord. Er ging zum nächsten Deck hinauf und gelangte in eine Abteilung, die mit gelbgrünem Rauch erfüllt war. Hier lagen Verwundete in wirrem Durcheinander; Ärzte und Sanitäter verabreichten Morphiuminjektionen. Sie arbeiteten so schnell, daß sie sich nicht einmal Zeit nahmen, die Nadeln zu sterilisieren.

Staat stieg in das Batteriedeck hinauf und begab sich in die Hauptkantine längsseits des Schornsteins. Hier fand er Kapitän Oels und etwa 300

Mann, die verzweifelt hinausdrängten. Nach vorn konnten sie nicht wegen des dort wütenden Feuers, die Luke zum Hauptspant war verklemmt, und so bemühten sich alle, schiebend und stoßend durch die enge Tür nach achtern zu gelangen: die Kantine war voller Rauch, und wer keine Gasmaske hatte, wurde von Hustenanfällen geschüttelt.

Auch Herbert Blum war in der Kantine. Wenige Minuten zuvor hatte er mit Kapitän Lehmann in der Leckwehrzentrale gesprochen, als der Befehl kam, das Schiff zu verlassen. Er erinnerte sich, daß Lehmann den Hörer „so behutsam auflegte, als ob er höchst zerbrechlich wäre". Ruhig und freundlich sagte er dann zu Blum und einigen anderen, die dabei standen: „Sie können jetzt gehen." Sie sahen ihn nie wieder.

Anschließend begab sich Blum in die Werkstätte hinter dem Schornstein, wo er mit seinen Kameraden zusammenzusitzen pflegte, und legte sich erschöpft auf das Deck, als in der angrenzenden Abteilung eine Granate platzte. Sie sprengte die Schottür auf, und durch den Rauch sah Blum, wie ein Verwundeter hinausgetragen wurde, und einen anderen, dem die Explosion beide Arme weggerissen hatte.

So stieg er nun zur Kantine hinauf und war dort kaum angelangt, als eine gewaltige Explosion erfolgte. Blum sah einen grellen roten Feuerball nur wenige Fuß vor seinen Augen, hörte ein so entsetzliches Krachen, daß er fürchtete, sein Trommelfell sei geplatzt, und wurde zu Boden geschleudert. Staat sah es anders: als ein aufloderndes Licht, blaugrün und gelblichweiß wie Phosphor; die hintere Seite des Schornsteins ein leuchtendes Rot.

Wie Blum wurde auch Staat, vorübergehend benommen, zu Boden geschleudert; Sekunden später rappelten sie sich hoch, tasteten sich ab und stellten fest, daß sie unverletzt geblieben waren. Ein Bild des Grauens bot sich ihren Blicken: zumindest 100 Tote, unter ihnen Oels, ebensoviele Verwundete, viele davon entsetzlich verstümmelt. Junge Männer, denen Teile des Gesichts weggerissen worden waren, abgetrennte Gliedmaßen, zersplitterte Knochen, die die Haut durchstoßen hatten. Blut spritzte und floß auf allen Seiten, Männer lagen da und versuchten, herausquellende Eingeweide zurückzustopfen, oder erbrachen sich in Schock und Verzweiflung, und von überallher tönten die gellenden Schreie der Verletzten.

Diese Opfer machten es den verschont Gebliebenen leichter, hinauszukommen. Über Tote und Verstümmelte hinwegsteigend, gelangte Staat in die angrenzende Abteilung, die fast ebenso gedrängt voll war wie die, die er gerade verlassen hatte. Schritt für Schritt kämpfte er sich nach achtern durch; in dem schmalen Gang neben der hinteren Kantine fand er eine

Leiter, die zu einer Luke führte. Zusammen mit fünf Kameraden gelang es ihm, sie zu öffnen und das Oberdeck zu erreichen. Es war mit Toten und Verwundeten übersät, und als das Schiff plötzlich nach Backbord, nach der luvwärts gelegenen Seite, schlingerte, wurden viele über Bord, mit der nächsten Welle aber wieder zurückgeschwemmt und gegen den hinteren Decksaufbau geschleudert. Staat und seine Kameraden liefen das abschüssige Deck hinauf. Sie fanden noch mehr Tote und Verwundete, zumeist Flakpersonal, das hinter den Türmen „Caesar" und „Dora" lag. Ein Maat von der Flak, dem ein Bein abgerissen worden war, hielt eine Hand mit einem großen Siegelring hoch und flehte Staat an, ihn über Bord zu werfen, doch Staat hatte kaum noch die Kraft, sich selbst fortzubewegen. Erschöpft lag er an der Steuerbordreling und sah einen Mann, der sich die Hose auszog, um über Bord zu springen. Wie dumm, dachte er, dem wird kalt werden, und dann explodierte wieder eine Granate. Als Staat noch einmal hinübersah, war die untere Hälfte des Mannes verschwunden; Kopf und Rumpf fielen ins Meer.

Auch Blum gelang es, durch einen auf kaum zwei Handbreit zusammengedrückten Lukendeckel das Oberdeck zu erreichen. Wie Staat, war auch Blum von dem, was er sah, entsetzt: Trümmer ringsum, auf dem Deck große Einschußlöcher, durch die Wolken grauen Rauches aufstiegen, Massen von Toten und Verwundeten. Eine Hand zerfetzt, ein Verbandpäckchen in der anderen, stürzte ein Mann auf ihn zu. Während Blum ihm einen Verband anlegte, hörte er Rufe und Schreie aus dem Steuerbord achtern gelegenen 15-cm-Turm. Er ging hinüber und sah, daß die Luke verklemmt war; weder ihm noch seinen Kameraden gelang es, sie zu öffnen, und er konnte die Eingeschlossenen nicht retten.

Einer aus der Mannschaft dieses Turmes, der Matrose Paul Hiller, hatte Glück. Im Gefecht mit den Zerstörern während der Nacht hatte er sich beim Laden verletzt und war angewiesen worden, seinen Platz mit einem Mann unten in der Granatkammer zu tauschen. Das behagte ihm nicht, denn in dem kleinen Raum, so weit unten, hatte er das Gefühl, in einer Falle zu sitzen, doch als der Befehl kam, das Schiff zu verlassen, gelang es ihm, mit dem Munitionsaufzug hinaufzukommen und durch ein kleines Schott das Zwischendeck zu erreichen. Er wollte weiter, aber das Feuer trieb ihn zurück. Schließlich kämpfte er sich zum Batteriedeck durch und kam in eine Abteilung, wo die älteren, für die Prisenkommandos bestimmten Matrosen der Handelsmarine friedlich auf ihren Seesäcken saßen. Eine Granate durchschlug die Abteilung und explodierte auf dem darunterliegenden Deck. Viele der Matrosen wurden durch Splitter verletzt, und Hiller forderte sie auf, ihm nach achtern zu folgen, aber sie saßen nur stumm und blutend da und warteten gottergeben auf das Ende.

Einzeln und in kleinen Gruppen erreichten jetzt auch andere Überlebende das Oberdeck achtern: die einen durch noch offene Luken, andere mit Munitionsaufzügen, und einige wenige, wie Adolf Eich, durch den Leitungsschacht, der den Schaltraum mit Müllenheim-Rechbergs Leitstand achtern verband. Sie alle hatten Entsetzliches zu berichten. Ein Mann war in der Funkstation gewesen, die noch vor kurzem Peilzeichen für die U-Boote ausgestrahlt hatte; er fand einen Trümmerhaufen, die Funker alle tot. Heinz Steeg erreichte den Verbandsplatz auf dem Adolf-Hitler-Platz (eine offene Fläche auf dem achteren Hauptdeck), kurz nachdem eine Granate explodiert war und alle Ärzte und die meisten Verwundeten getötet hatte. Gerhard Schäpe kam an einem Mann vorbei, der den Verstand verloren hatte; mit Schaum vor dem Mund brüllte er etwas von deutschen Stukas. Ein anderer berichtete von einem Offizier, der sich vor seinen Augen erschossen hatte. Auf dem Oberdeck fand Eich einen „Collani", einen nach seiner Erzeugerfirma so benannten Mantel, aufrecht auf die Gräting eines Maschinenraumventilators ausgebreitet; dahinter die Reste seines Besitzers. Einen Augenblick später beobachtete Eich zwei Männer, die nach achtern liefen; im dichten Rauch übersahen sie ein riesiges Granatloch im Deck und stürzten in die Flammen hinein. Als Gerhard Klotzschke zum Turm „Dora" kam, sah er einige Überlebende des Rohrkrepierers, mit fürchterlichen Brandwunden, das Haar versengt, die Augen halb aus den Höhlen, draußen auf Deck sitzen.

Unter den letzten, die heraufkamen, waren die Männer aus den Maschinenräumen. Gerhard Junack hielt sich im Maschinenraum mittschiffs auf, als Kapitän Lehmann telephonisch Maßnahme fünf anordnete. Zu dieser Zeit kam noch Dampf aus den Kesselräumen, und alle drei Maschinen arbeiteten noch mit langsamer Fahrt voraus. Junack wies seine Leute an, Sprengsätze mit Zeitzündern in die Kühlwassereinläufe zu stecken und die Seeventile zu öffnen. Werner Lust und seine Kameraden im Backbordmaschinenraum konnten diesem Befehl nicht nachkommen, denn das Wasser aus den Lüfterschächten hatte das Deck überflutet, doch im Steuerbordmaschinenraum gelang es Klotzschke zusammen mit einigen anderen, die Sprengsätze zu legen. Nachdem Junacks Leute die Sätze gezündet hatten, die auf neun Minuten Verzögerung eingestellt waren, befahl er ihnen, den Maschinenraum zu verlassen und nach oben zu gehen. Die Abteilung war voller Gase, aber die Lampen brannten noch hell. Sie brannten auch auf dem Panzerdeck, obgleich niemand mehr zu sehen war.

Die Engländer hatten das Feuer eingestellt, berichtet Junack, und es war so still wie an einem Sonntagnachmittag im Hafen. Er und seine Männer hörten deutlich, wie tief unten die Ladungen explodierten.

Auf dem nächsten Deck versuchten sie, nach vorn zu gelangen, wurden aber vom Feuer zurückgetrieben. Achtern auf dem Deck darüber fanden sie eine Gruppe von Kameraden mit Gasmasken und Schwimmwesten, die völlig verwirrt ziellos hin und her liefen. Junack befahl ihnen, ihm zu folgen. Er entdeckte eine halb offene Luke und hieß sie Gasmasken und Schwimmwesten ablegen. Einer nach dem anderen quetschten sie sich durch und erreichten das Oberdeck.

Mittlerweile hatten sich eine Menge Männer auf dem Achterdeck gesammelt, zwei- oder dreihundert, sagt Junack, und nun kamen auch noch Müllenheim-Rechberg und ein paar andere aus dem achteren Leitstand und das Personal des Turms „Caesar", von denen, wie Hans Riedel berichtet, keiner auch nur leicht verletzt war. Sie alle waren von dem, was sie erblickten, tief erschüttert: die ineinanderverkeilten Trümmer, Rauch und Flammen, die Haufen Toter und Verstümmelter, das Ächzen und Jammern der Verwundeten. Es gab welche, die den leichter Verletzten beim Anlegen der Schwimmwesten behilflich waren; anderen gingen die Schmerzensschreie so auf die Nerven, daß sie den Verwundeten zuriefen, den Mund zu halten.

Noch bevor die englischen Schiffe das Feuer eingestellt hatten, waren schon viele Matrosen aus eigenem Antrieb über Bord gesprungen, um sich vor dem gnadenlosen Beschuß zu retten; jetzt sah man sie in einer langen Reihe, wie Perlen auf einer Schnur, achtern treiben, denn das Schiff war immer noch in Fahrt. Unter ihnen befanden sich auch Herzog und Manthey, beide von der achteren Flak, und ein Matrose namens Höntzsch. Sie hatten hinter dem Turm „Dora" Zuflucht gesucht und ein dort angebrachtes Gummifloß losgemacht, als neben ihnen eine riesige Wassersäule aufgeschossen war und sie und das Floß über Bord geschwemmt hatte. Nachdem sie eine Viertelstunde geschwommen waren, gelang es ihnen, hinaufzuklettern. Sie sahen, daß die *Bismarck* immer noch beschossen wurde, und ruderten langsam davon.

Junack versammelte eine Gruppe von Männern, unter ihnen auch Blum, um sich. „Wir werden dreimal ‚Sieg heil' rufen und dann über Bord springen", sagte er zu ihnen. „Habt keine Angst, Kameraden. In Hamburg werde ich ein Mädchen im Arm halten, und wir werden uns alle wieder auf der Reeperbahn treffen." Mein Gott, dachte Blum, wie in aller Welt kann er jetzt nur an so etwas und an Mädchen in seinem Arm denken? So riefen sie also dreimal: „Sieg heil", und Budich und noch ein paar andere sangen das Deutschlandlied, und dann sprangen sie über Bord. Ein paar Dummköpfe rutschten an der Backbordseite das schräge Deck hinunter, weil dort das Wasser am nächsten war; sie wurden sehr bald und mit solcher Gewalt zurückgeschleudert, daß sie das Bewußtsein verloren. Die anderen ließen sich an der Steuerbordseite bis zum Schlingerkiel hinunter und sprangen von dort ins Wasser. Kenneth Pattisson, der in einem der „Swordfish" der *Ark Royal* über die *Bismarck* hinwegflog, sah Hunderte von Köpfen im Wasser auf und ab tanzen, „wie Steckrüben auf einem Acker". Er bedauerte, daß er kein Schlauchboot hatte, das er ihnen hätte abwerfen können, und winkte ihnen in einer ebenso gutgemeinten wie nutzlosen Geste zu. Beim Abdrehen sah er Rauch aus den Decks des Schiffes steigen. Er konnte das Feuer riechen und beschrieb den Artillerieleitstand der *Bismarck* als eine brennende Fackel.

Die Überlebenden befanden sich bereits in sicherer Entfernung, als das Schiff langsam von ihnen wegrollte, bis es kieloben lag. Müllenheim-Rechberg und Junack suchten nach Torpedoeinschlägen, konnten aber keine entdecken. Staat sah zwei Männer auf dem gekippten Kiel sitzen, die keinerlei Versuche unternahmen, sich zu retten. Das Heck versank, und dann der Rest des Schiffes, das die ganze persönliche Habe der Besatzung und Hunderte von Toten und Verwundeten mit sich in die Tiefe nahm.

Die *Dorsetshire* kam von Backbord herüber, von wo sie ihren letzten Torpedo abgeschossen hatte, und blieb in geringer Entfernung liegen. Die Überlebenden, die sich die bange Frage gestellt hatten, ob sie dem Tod durch Granatfeuer nur entronnen waren, um den Tod durch Ertrinken zu finden, schöpften neue Hoffnung: Auch wenn man sie gefangennahm, man würde sie retten, sie würden weiterleben.

Kräftig ausgreifend, hielten sie, so gut sie konnten, auf den Kreuzer zu, was angesichts der hochgehenden See, des Öls aus den Tanks der *Bismarck* und ihren Verletzungen nicht eben leicht war. „Ich habe mein linkes Bein verloren!" rief ein Mann Müllenheim-Rechberg zu, als dieser an ihm vorbeischwamm. Staat erinnerte sich, von irgendjemand gehört zu haben, daß, wenn man erfror, man das zuerst in den Hoden spürte, aber es waren seine Füße und Finger, die allmählich erstarrten. Nachdem sie über eine Stunde geschwommen waren, erreichten die ersten die Seite der *Dorsetshire,* wo man mittlerweile Flöße, Seile, Bergungsnetze, Fender und alle Arten von Rettungsleinen hinuntergelassen hatte. Müllenheim-Rechberg bemerkte, daß viele, Seeleute ausgenommen, nicht wußten, wie sie ein einfaches Seil anpacken mußten, und riet ihnen, nach solchen mit Bulinen zu langen. Staats Finger waren so steif, daß er das Seil überhaupt nicht fassen konnte; er ergriff es mit den Zähnen und wurde so an Bord gezogen. Müllenheim-Rechberg schob seinen Fuß in die Schlinge eines Taus und wurde von zwei Matrosen hinaufgezogen; als er die Höhe des Decks erreicht hatte, wollte er sich an der Reling festhalten, war aber zu erschöpft und fiel ins Wasser zurück; er bekam dasselbe Seil zu fassen und wurde von denselben zwei Matrosen ein zweites Mal hinaufgezogen. Diesmal ging er kein Risiko ein: „Please help me on board", sagte er in fehlerfreiem Englisch zu seinen Rettern, und das taten sie denn auch. Lieutenant zur See Joe Brooks von der *Dorsetshire* ließ sich selbst an einer Rettungsleine hinunter und versuchte, eine Schlinge um einen Mann zu legen, der beide Arme verloren hatte und die Rettungsleine mit den Zähnen festhielt. Das Schiff schlingerte heftig, und sie gingen beide unter. Brooks sah ihn nie wieder. Als Blum zum Bug der *Dorsetshire* kam, wurde er von einer See erfaßt und unter das Schiff gezogen. Er spürte, daß er sich unter dem Kiel befand, stieß sich nach oben und tauchte auf der anderen Seite wieder auf. Die Strömung trieb ihn von der *Dorsetshire* fort, aber auf die *Maori* zu, die nicht weit entfernt lag. Dort wurde er an Bord gehievt.

Die *Dorsetshire* hatte etwa 80 Mann aufgenommen, die *Maori* an die 20, eine noch größere Anzahl wurde gerade an Bord geholt, und Hunderte warteten noch im Wasser, als etwas Ungewöhnliches geschah. Der Navigationsoffizier der *Dorsetshire*, Lieutenant-Commander Durant, sichtete einen rauchgrauen Ausstoß im Wasser, zwei Meilen Steuerbord voraus. Er machte Captain Martin und andere Offiziere auf der Brücke darauf aufmerksam. Keiner wußte, was das sein konnte, aber die meisten tippten auf ein U-Boot: die Admiralität hatte vor U-Booten gewarnt, und eigentlich konnten sie von Glück sagen, daß noch keines aufgekreuzt war. Aber wenn es ein U-Boot war, stellte die stilliegende *Dorsetshire* ein sicheres Ziel dar. Unter diesen Umständen blieb Captain Martin nichts anderes übrig, als „Äußerste Kraft voraus" anzuordnen; Commander Armstrong auf der *Maori* folgte seinem Beispiel.

Das Wasser rund um das Heck der *Dorsetshire* schäumte und brodelte, als die Schrauben sich plötzlich zu drehen begannen. Zuerst langsam, dann schneller, setzte sich das Schiff in Bewegung. Die Überlebenden der *Bismarck*, die schon beinahe an Bord waren, wurden eilig über die Reling gezerrt; die noch auf halbem Weg an den Seilen hingen, wurden noch ein Stück mitgeschleppt, hielten sich mit klammen Fingern fest, solange sie das gegen die Vorwärtsbewegung des Schiffes imstande waren, um sich schließlich, einer nach dem anderen, fallen zu lassen. Die im Wasser gewartet hatten, versuchten verzweifelt, sich am vorbeigleitenden Anstrich festzukrallen. Auf der *Dorsetshire* hörte man die dünnen Schreie Hunderter Deutscher, die sich, der Rettung so nahe, schon am Ende ihres Leidensweges gesehen hatten. Es waren Schreie, die weder die britischen Matrosen noch die bereits an Bord befindlichen Deutschen je vergessen sollten. Entsetzt sahen die Männer im Wasser, wie das graue Schanzkleid des Kreuzers an ihnen vorbeiglitt. So war es also doch wahr, was man ihnen erzählt hatte: daß das Schicksal Überlebender den Briten nicht sehr am Herzen lag. Bald fanden sie sich verlassen in der sonnenbeschienenen, hochgehenden See. Und an diesem Tag, da sie, mit nichts als Schwimmwesten zwischen ihnen und der Ewigkeit, im Atlantik trieben, griff die Kälte nach ihren Hoden, ihren Händen und Füßen und Köpfen, und einer nach dem anderen verloren sie das Bewußtsein, und einer nach dem anderen starben sie.

Alle bis auf fünf Mann. Seitdem er am frühen Morgen die Pflichten eines Fühlunghalters von Wohlfahrt übernommen hatte, war Kentrat mit *U 74* im Kampfgebiet geblieben. In den ersten Vormittagsstunden hatte er einen Kreuzer und zwei Zerstörer gesichtet (möglicherweise die *Dorsetshire*, die *Maori* und ein anderes Schiff aus Vians Flottille) und später von Dönitz den Befehl erhalten, die *Bismarck* anzusteuern und ihr Kriegstagebuch an sich zu nehmen. (Die gleiche Botschaft ging auch an Wohlfarth, der aber zu diesem Zeitpunkt schon unter Wasser und auf der Heimfahrt war.) Als Kentrat später von der Versenkung der *Bismarck* erfuhr, erhielt er vom B. d. U. den Auftrag, nach Überlebenden zu suchen. Den ganzen Tag über fuhr er das Gebiet ab, fand aber erst um 19 Uhr das Floß mit Manthey, Herzog und Höntzsch. Er nahm sie an Bord, gab ihnen zu trinken und warmes Essen, dann brachte man sie in die Kojen. Es war eine abenteuerliche Fahrt nach Lorient, denn eine Überprüfung ergab, daß Salzwasser in die Batterien eingesickert war, so daß das U-Boot nicht tauchen konnte. Ein englisches Unterseeboot, das vor die französische Küste postiert worden war, um der *Bismarck* den ihr gebührenden Empfang zu bereiten, schoß fünf Torpedos auf *U 74* ab, die jedoch, dank Kentrats waghalsigen Ausweichmanövern, ihr Ziel nicht erreichten. Nach ihrer Ankunft in Frankreich wurden die drei Überlebenden einer eingehenden Vernehmung unterzogen, in deren Verlauf man sie auch fragte, zu welchem Zeitpunkt sie das Schiff verlassen hatten – es wurden Vermutungen laut, sie hätten es getan, bevor der entsprechende Befehl erteilt worden war. Aber schließlich zeigten sich die Marinebehörden von ihren Aussagen befriedigt, und nachdem sie alles, was sie von der letzten Fahrt der *Bismarck* wußten, erzählt hatten, erhielten Manthey, Herzog und Höntzsch Sonderurlaub; später wurden sie zu anderen Einheiten versetzt.

Auch das von Leutnant Schütte befehligte Wetterschiff *Sachsenwald*, das sich auf der Rückkehr von einer fünfzigtägigen meteorologischen Patrouillenfahrt im Nordatlantik befand, erhielt Befehl, nach Überlebenden zu suchen. Den ganzen 27. Mai über sichteten sie nichts, doch um 1 Uhr in der Nacht zum 28. stießen sie auf einen großen Ölfleck und gleich danach auf Wrackteile und viele Schwimmwesten – die einen leer, in den anderen ihre toten Besitzer. Zusammen mit zwei U-Booten setzte die *Sachsenwald* die Suche auch noch den ganzen folgenden Tag fort, fand jedoch keine Überlebenden mehr. Erst um 22.35 Uhr sichteten sie zwei rote Lichter an Backbord. Durch sein Fernglas sah Schütte ein Floß, das von zwei Männern besetzt war, und steuerte darauf zu. „Seid ihr Deutsche?" schrie einer der Männer, und als Schütte die Frage bejahte, wurde er mit schwachen Hurrarufen begrüßt. Die beiden wurden an Bord genommen, wo sie erschöpft zusammenbrachen. Von den Wellen hin- und hergeworfen, hatten sie zwei Tage und zwei Nächte ohne Essen und Trinken auf dem Floß zugebracht. Man wusch ihnen das Salz aus den Gesichtern, versorgte sie mit warmen Kleidern und Suppe und wies ihnen Schlafplätze an. Sie gaben ihre Namen mit Otto Maus und Walter Lorenzen an und versicherten dem Kommandanten, daß sich ein zweites Floß in der Nähe befinde. Obwohl die *Sachsenwald* zu diesem Zeitpunkt schon sehr knapp an Proviant war, suchte Schütte die ganze Nacht und auch noch den folgenden Tag weiter, fand aber nur mehr Wrackteile und Schwimmwesten.

Um 0.45 Uhr in der Nacht zum 30. Mai sprach er die *Canarias* an, die ebenfalls das Gebiet abgesucht, aber auch nur Schiffstrümmer und Leichen gefunden hatte. Fünf Leichen waren zur Identifizierung an Bord genommen worden. Bei Tagesanbruch kehrten die Schiffe in ihre Häfen zurück: die *Canarias* nach El Ferrol, die *Sachsenwald* nach Bordeaux[1].

Sobald sich die zwölf „Swordfish", die an der letzten Schlacht nicht teilnehmen konnten, ihrer Torpedos entledigt hatten und auf der *Ark Royal* gelandet waren, hielt Admiral Somerville mit der „Force H" Kurs auf Gibraltar. Während die Maschinen landeten, wurden zwei Bomber und eine Focke-Wulf Condor gesichtet: eine Heinkel warf Bomben in einiger Entfernung von der *Ark Royal* ab; keines der zahlreichen Flugzeuge, die Frankreich an diesem Morgen verlassen hatten, um der *Bismarck* zu Hilfe zu eilen, kam der britischen Flotte näher. Als die *Ark Royal* zwei Tage später Gibraltar erreichte, gab es kein seetüchtiges Schiff, das ihr nicht entgegengekommen wäre, um sie zu begrüßen.

Am 28. Mai verließ ein großes Bombengeschwader seine französischen Stützpunkte, um Tovey und seine Schiffe aufzuspüren. Sie verfehlten das Gros, das weiter nordöstlich marschierte, als sie angenommen hatten, fanden jedoch die *Tartar* und die *Mashona*, die 100 Meilen weiter südlich wegen Treibstoffknappheit mit nur zwölf Knoten dahinkrochen. Sie bombardierten die beiden Schiffe den ganzen Vormittag und versenkten zu Mittag die *Mashona;* ein Offizier und 45 Mann kamen dabei um. Glücklicherweise trat anschließend eine Kampfpause ein, die Commander Skipwith auf der *Tartar* dazu benützte, seinen Freund, Commander Selby, und an die 170 Mann Besatzung aus dem Wasser zu holen. Mit nur noch fünf Tonnen Treibstoff erreichte die *Tartar* am nächsten Tag Londonderry.

Mit der *King George V* und einem verstärkten Zerstörergeleit fuhr Tovey um 12.30 Uhr des gleichen Tages in den Loch Ewe an der Westküste Schottlands ein und ging dort vor Anker. Nachdem es aufgetankt hatte, nahm das Flaggschiff am Tag darauf seinen gewohnten Liegeplatz in Scapa Flow ein. Nach kurzem Aufenthalt im Clyde dampfte die *Victorious* am 31. Mai mit ihren in Kisten verpackten „Hurricanes" ins Mittelmeer ab. Unterwegs erhielt Captain Bovell die angenehme Nachricht, daß die Besatzung von „Swordfish 5 H", die am Morgen des 25. Mai vermißt gemeldet worden war – David Berrill, über den er in so glühenden Farben berichtet hatte, Pat Jackson und Leading Airman Sparkes –, sich in Reykjavik in Sicherheit befanden. Mit ihrem letzten Tropfen Benzin hatten sie neben einem unbesetzten, aber mit Proviant versehenen und vermutlich aus dem Geleitzug HX 126 stammenden Rettungsboot gewassert und waren nach neuntägiger Irrfahrt von dem isländischen Dampfer *Lagarfoss* aufgelesen worden. Mittlerweile hatte die *Maori* mit 24 Überlebenden den Clyde erreicht, ebenso auch die *Rodney* und die *Norfolk.* Weil auf der *Dorsetshire* Ausbesserungsarbeiten fällig waren, wurde sie nach Newcastle-on-Tyne an der Nordostküste Englands beordert. Sie hatte 79 Überlebende der *Bismarck* an Bord, darunter vier Verwundete; einer starb während der Fahrt und wurde, seine Überreste in eine Fahne der alten kaiserlichen deutschen Marine gehüllt, in Anwesenheit seiner Kameraden und einer Ehrenwache der *Dorsetshire* den Wellen übergeben.

Der Schiffshornist blies den Zapfenstreich, und als der Tote über Bord ging, spielte einer der deutschen Matrosen „Ich hatt' einen Kameraden" auf einer Mundharmonika, die ihm ein englischer Seemann geliehen hatte.

In Großbritannien wurde die Nachricht von der Versenkung der *Bismarck* im allgemeinen mit Erleichterung, nicht so sehr mit Jubel begrüßt. Im Unterhaus berichtete Churchill dem Parlament von der Schlacht und über die Ereignisse, die zu dieser Operation geführt hatten und ging anschließend auf andere Themen über. Während er sich noch mit diesen beschäftigte, wurde ihm eine Nachricht überbracht. Er las sie und wandte sich dann an den Präsidenten. „Mr. Speaker", sagte er, „ich bitte um Nachsicht. Ich habe soeben erfahren, daß die *Bismarck* versenkt wurde." Voll dankbarer Freude, daß die Sorge, die fünf Tage lang ihren Blick verdüstert hatte, endlich von ihnen genommen war, brachen die Abgeordneten in Jubelrufe aus und schwenkten ihre Papiere. Ein einziger, der Schriftsteller Harold Nicolson, schwieg still. Mehr als andere sah er das Ereignis in menschlichen Dimensionen; er dachte an die unzähligen Toten und war sich der Tragik des Geschehens bewußt.

Nun, da die *Bismarck* keine Gefahr mehr darstellte, war es an der Zeit, an die *Prinz Eugen* zu denken, und schon am nächsten Tag schrieb Winston Churchill eine streng geheime Note mit dem Vermerk: „Nur für den Ersten Lord der Admiralität und den Chef des Admiralstabs. In verschlossener Kassette zu übermitteln."

> „Die Suche nach der *Prinz Eugen* und ihre Herausforderung zum Gefecht wirft Fragen von größter Wichtigkeit auf. Es erscheint höchst wünschenswert, daß die Flotte der Vereinigten Staaten dabei eine wesentliche Rolle spielt. So wäre es zum Beispiel zu begrüßen, wenn sie von einem amerikanischen Schiff entdeckt werden und sich provoziert fühlen würde, es anzugreifen. Damit wäre der Zwischenfall gegeben, den die Regierung der Vereinigten Staaten so freudig begrüßen würde.
> Ich bitte Sie, die Angelegenheit, von ihren marinetechnischen Aspekten abgesehen, in diesem Zusammenhang zu überdenken. Wenn es uns gelänge, eine Situation herbeizuführen, die auf die Beschattung der *Prinz Eugen* durch ein amerikanisches Schiff hinausliefe, würden wir der Lösung unseres größten Problems um ein gutes Stück näher gekommen sein."

Doch die *Prinz Eugen* war nicht in der Lage, Churchills und Roosevelts Plänen förderlich zu sein. Nachdem sie sich am 24. Mai von der *Bismarck* getrennt hatte, steuerte sie die südliche Gruppe der Versorgungsschiffe an. Als ihre Treibstoffvorräte auf acht Prozent gesunken waren, erreichte sie am 26. den nordwestlich der Azoren stationierten Tanker *Spichern.* Am Tag darauf erhielt sie von einem italienischen Unterseeboot* die Meldung, daß fünf Schlachtschiffe (höchstwahrscheinlich Vians Flottille) gesichtet worden seien, die mit großer Geschwindigkeit nach Südwesten, auf die *Bismarck* zu, gedampft waren. Diese Meldung veranlaßte Kapitän Brinkmann, die Fahrt zu den Konvoirouten abzubrechen. Am 28. tankte die *Prinz Eugen* ein zweites Mal auf, diesmal von der *Esso Hamburg.* Bald darauf wurde festgestellt, daß sie schwere Schäden an allen drei Maschinen hatte; überdies war ein Propellerblatt abgebrochen – vermutlich bei der Fahrt durch die Dänemarkstraße vom Eis abgeschlagen. Kapitän Brinkmann ließ daher alle Pläne, feindliche Handelsschiffe anzugreifen, fallen und nahm Kurs auf Brest, das er ohne weitere Zwischenfälle am 1. Juni erreichte. Seit ihrem Auslaufen aus Gotenhafen hatte die *Prinz Eugen* 7000 Meilen mit einer Durchschnittsgeschwindigkeit von 24 Knoten zurückgelegt.

Mittlerweile hatte auch *U 556* mit praktisch seinem letzten Tropfen Treibstoff den Hafen erreicht; als Wohlfarth am U-Boot-Pier in Lorient festmachte, hatte er noch genau acht Liter im Tank. Noch am gleichen Tag kam Admiral Dönitz an Bord und überreichte Wohlfarth das Ritterkreuz des Eisernen Kreuzes. Es war eine Ehre, die er nicht lange in Freiheit genießen sollte. Bei der nächsten Ausfahrt in den Atlantik wurde *U 556* versenkt, Wohlfarth und die meisten seiner Offiziere gefangengenommen.

Trotz der Erfolge, die die Luftwaffe vor Kreta auch weiterhin gegen die Royal Navy erzielte, zeigten sich die Menschen in Deutschland von der Versenkung der *Bismarck* nicht weniger betroffen, als es die Briten beim Untergang der *Hood* gewesen waren. Vielleicht sogar noch mehr, weil sie, im Gegensatz zu den Engländern, auf keinen Sieg hoffen konnten, der Ersatz für den erlittenen Verlust geboten hätte. Wie so oft, hatte sein Gefühl Hitler nicht getrogen – das Schiff symbolisierte die Nation: das Ansehen des Reiches war ein wenig angekratzt, sein Glanz ein wenig getrübt. Dessenungeachtet wurde eine besondere Dienststelle eingerichtet, in der 30 Beamte damit beschäftigt waren, Telegramme und Briefe von Verwandten zu beantworten und ihnen mitzuteilen, daß sie, solange keine

* Seit September 1940 waren italienische U-Boote aus dem Mittelmeer in den Atlantik entsandt worden, um hier, unter deutscher Führung, von Bordeaux aus zu operieren.

Informationen seitens der britischen Admiralität vorlagen, keine Auskunft geben konnten, ob ihr Sohn oder Ehegatte die Schlacht überlebt hatte. Ein Vater schrieb, sein Sohn könne unmöglich an Bord gewesen sein, da er erst wenige Tage, bevor die *Bismarck* ausgelaufen war, eingezogen worden wäre. Nachforschungen ergaben, daß er als Heizer auf einem Handelsschiff gearbeitet hatte und erst in letzter Minute zum Prisenkommando auf die *Bismarck* abkommandiert worden war. Am 7. Juni erhielt die Marineleitung in Berlin die Namen der 102 von den Engländern aufgenommenen Überlebenden: zusammen mit den drei von *U 74* und den zwei von der *Sachsenwald* waren das 107 Mann – von insgesamt rund 2000 Mann Besatzung.

Verzagtheit mochte die Stimmung der Deutschen prägen, und Erleichterung die der Briten, aber zwei kleine Gruppen von Menschen gab es, deren Freude keine Grenzen kannte. Als Philippon die Nachricht im englischen Rundfunk hörte, jagte er, vier Stufen auf einmal nehmend, die Tourville-Treppe hinunter und stürzte in die Messe der französischen Marineoffiziere – die große, im Stil Louis' XIV. getäfelte Halle –, wo etwa 20 Offiziere sich eben zum Abendessen setzen wollten. „Die *Bismarck* ist versenkt!" rief er, die Tür hinter sich zuschlagend. Alle drehten sich nach ihm um. „Und wenn ich hundert Jahre alt werden sollte", schrieb er später in sein Tagebuch, „nie werde ich den Ausdruck in ihren Gesichtern vergessen[2]."

Er war nicht der einzige Nicht-Brite, der etwas mit dieser Operation zu tun gehabt und jetzt die Sendung der B. B. C. gehört hatte. 1000 Meilen von Brest entfernt, in Südnorwegen, saßen Viggo Axelssen und Arne Usterud mit einigen Freunden im Roten Zimmer des Kristiansand-Klubs bei einem Glas Wein und hörten mit gespannter Aufmerksamkeit die Nachricht über die Versenkung des deutschen Schlachtschiffes. Viggo und Arne erinnerten sich an den Abend vor nur sieben Tagen, als sie über die Vesterveien spaziert waren und die *Bismarck* und die *Prinz Eugen* gesehen hatten, die nach Norden dampften; sie erinnerten sich, wie Arne Moen die Nachricht unter der Motorhaube seines Autobusses nach Helle befördert und wie Odd Starheim und Gunvald Torstad sie von dort aus gesendet hatten. Sie dachten auch daran, wie schnell der deutsche Peiltrupp zur Stelle gewesen war und wie knapp sich Torstad und Starheim der Entdeckung hatten entziehen können. „Meine Herren!" sagte Viggo jetzt und erhob sein Glas: „Fünfunddreißigtausend Tonnen!" (die „offizielle" Tonnage der *Bismarck*). Die Freunde wiederholten seine Worte und leerten ihre Gläser. Viggo öffnete die Tür zum Speisesaal, wo andere

Mitglieder beim Abendessen saßen, und bat auch sie, sich zu erheben und auf das gleiche anzustoßen. Die Gäste kamen seiner Aufforderung nach, denn sie wußten, was er meinte.

Und weitab, jenseits der Grenze, im von Spionen überlaufenen Stockholm, gab es am nächsten Tag wohl keinen glücklicheren Engländer als Captain Henry Denham, als er diese Botschaft von der Admiralität empfing:

„Ihre Meldung 2058 vom 20. Mai setzte eine Reihe von Operationen in Gang, die gestern mit der Versenkung der *Bismarck* ihren Höhepunkt fanden. Gut gemacht."

Nachwort

Es ist bedauerlich, in einem Bericht, der von so vornehmer Gesinnung und so erhabenem Streben gekennzeichnet ist, das Folgende anmerken zu müssen.

Im Laufe der Nacht zum 26. Mai wurde Churchill, der noch nicht wußte, daß der Feind bereits tödlich getroffen war, von dem Gedanken beherrscht, die *Bismarck* müsse, trotz aller Verluste an eigenen Schiffen, unter allen Umständen versenkt werden. Er ließ daher eine Botschaft an Tovey konzipieren – oder konzipierte sie selbst:

> „Wir können uns aufgrund Ihrer Meldungen kein Bild von der Lage machen. Die *Bismarck* muß unter allen Umständen versenkt werden; und wenn es, um dieses Ziel zu erreichen, nötig ist, daß die *King George V* in der Kampfzone verbleibt, muß sie dort verbleiben, auch wenn sie in der Folge abgeschleppt werden müßte."

Dies war eine recht ungewöhnliche Botschaft. Der Mann, der hier anregte, das Flaggschiff der Flotte sollte sich in einem Gebiet, in dem der Feind U-Boote zusammenzog und sehr bald auch Flugzeuge einsetzen würde, seiner Treibstoffvorräte entblößen, hätte wissen sollen, daß dies unweigerlich zur Vernichtung des Schiffes führen mußte – und zum Tod des Admirals, seines Stabes und der gesamten Besatzung. Überdies war die *King George V* bis zur Instandsetzung der *Prince of Wales* das einzige englische Großkampfschiff, das es in punkto Armierung und Schnelligkeit mit der *Bismarck* aufnehmen konnte. Hätte die *King George V* ihre Treibstoffvorräte erschöpft, so wäre sie versenkt worden und die *Bismarck* würde, sobald ihre Schäden ausgebessert waren, im Atlantik mehr oder weniger freie Hand gehabt haben. Pound selbst war mit der Botschaft nicht einverstanden und hätte ihr nicht zustimmen dürfen; aber er zeigte in seinem Umgang mit Churchill nicht immer eine feste Haltung, und so sandte die Admiralität die Botschaft am nächsten Tag um 11.37 Uhr aus – zu einem Zeitpunkt, da die Schlacht vorüber und Tovey bereits auf der Heimfahrt war.

Tovey und sein Stab fanden die Botschaft lächerlich; als sie ihnen vorgelesen wurde, lachten sie laut heraus. Doch als sie sich später ihrer Tragweite bewußt wurden, gerieten sie in Zorn. „Es war dies die dümmste und unüberlegteste Botschaft, die je ausgesandt wurde[1]", meinte Tovey und machte seinem Stab gegenüber kein Hehl daraus, daß, wäre die darin ins Auge gefaßte Lage eingetreten, er dem Befehl nicht gehorcht haben würde und es auf ein Kriegsgerichtsverfahren hätte ankommen lassen. Nachdem die Flotte den Hafen erreicht hatte und das grüne Telefon mit London verbunden worden war, entschuldigte sich Pound und stimmte Tovey zu, daß der Funkspruch nie hätte ausgesandt werden dürfen. Doch Tovey vergaß den Vorfall nicht; die Sache wurmte ihn noch Jahre später.

Wenige Wochen danach kam es zu einem noch wesentlich unerquicklicheren Zwischenfall – und der bewies, daß Wake-Walker am 24. Mai zu Recht vermutet hatte, die Admiralität verdächtige ihn eines Mangels an Kampfgeist. Nachdem er alle Berichte über die Operation gelesen und die Kurskarten studiert hatte, setzte Pound Tovey in Kenntnis, daß er Wake-Walker und Jack Leach von der *Prince of Wales* vor ein Kriegsgericht bringen wolle, weil sie es unterlassen hatten, die *Bismarck* nach der Aktion mit der *Hood* auf der Fahrt nach Süden anzugreifen. Fassungslos entgegnete Tovey, daß das Verhalten Wake-Walkers und Leachs genau seinen Absichten entsprochen habe und daß ihm nichts weniger erwünscht gewesen wäre als eine verfrühte Aktion, die den Feind genötigt haben könnte, nach Westen und von der *King George V* abzudrehen. Pounds Antwort darauf: Er wünsche die zwei Offiziere dessenungeachtet vor ein Kriegsgericht zu stellen, und wenn Tovey sich nicht dazu bereit fände, würde es die Admiralität tun. In diesem Falle, erwiderte Tovey, würde er, wenn nötig, seine Flagge als Commander-in-Chief niederholen und vor Gericht als Zeuge der Verteidigung auftreten. „Und dann", sagte Tovey, „hörte ich nichts mehr von der Sache[2]."

Auch Pounds Stellvertreter, Vice-Admiral Tom Phillips, brachte einen Mißton in seinen Kommentar zu der Operation. Sowohl in seiner Kritik des Entwurfs für das offizielle Kommuniqué als auch der vorgeschlagenen Ehrungen und Auszeichnungen versuchte er Dalrymple-Hamilton herabzusetzen, indem er behauptete, die Bewegungen der *Rodney* am 25. Mai wären „unbedacht" gewesen, sie hätte schon früher Kurs auf Brest nehmen müssen. Aber Dalrymple-Hamilton hatte nur getan, was ihm befohlen worden war: Er hatte eine Linie zwischen der durch Funkpeilung (zum Unterschied von der *King George V* korrekt) ermittelten Position der *Bismarck* und Brest gezogen, und, dort angelangt, nach Südosten gedreht und diese Linie weiterverfolgt. Tatsächlich hatte die *Bismarck* Brest nicht direkt angesteuert, sondern eine lange Schleife nach Süden gezogen – eine Möglichkeit, die der voreilige Phillips nicht ins Kalkül gezogen zu haben scheint.

Winston Churchill predigte Großzügigkeit gegenüber dem geschlagenen Feind; die Admiräle Pound und Phillips schienen nicht bereit gewesen zu sein, Großmut gegen ihre Freunde zu zeigen.

Verfolgung und Versenkung der *Bismarck* stellen eines der großen Abenteuer der Seefahrt dar, das sich den Seeschlachten bei Salamis, Lepanto, Trafalgar, Tsushima, dem Skagerrak, den Midway-Inseln, dem Korallenmeer und der Vernichtung der Armada würdig an die Seite stellen läßt. Die Ereignisse umfaßten ein Gebiet von ungeheurer Ausdehnung – von der Ostsee zum Nördlichen Eismeer, vom Nördlichen Eismeer zum Atlantik, vom Atlantik bis zur Biskaya – und eine Zeitspanne von nur acht Tagen. Mehr als 4000 Seeleute, Briten und Deutsche, fanden den Tod. Aber auch Angehörige anderer Nationen waren in die Operationen verwickelt: Polen, Schweden, Norweger, Amerikaner, Franzosen, Italiener und Spanier.

Die Geschichte selbst, in deren Verlauf sich das Kriegsglück in dramatischer Schnelligkeit von einer Seite zur anderen neigte, schloß viele mythologische Wesenselemente in sich: Verfolgung, Entdeckung, Flucht, Wiederentdeckung; tiefempfundene Ängste, Feigheit und Mut; enttäuschte und erfüllte Hoffnungen; Ermüdung bis zur völligen Erschöpfung; Jubel und Verzweiflung, Tod und das Wissen um das Sterben; Sieg, Niederlage und Überleben; eine Geschichte, deren Ausgang wie der einer griechischen Tragödie vorausbestimmt war, deren Ende in ihrem Beginn, deren Beginn in ihrem Ende begründet lag.

Die *Bismarck* kam zu spät. Wären sie und ihr Schwesterschiff *Tirpitz* ein Jahr früher fertiggestellt worden, wäre sie im Frühwinter 1940/41 zusammen mit der *Scharnhorst* und der *Gneisenau* auf die atlantischen Handelsstraßen ausgelaufen, die Folgen hätten andere sein können. In einzelne Kampfgruppen aufgeteilt – wer weiß, wie sich ihre Operationen auf die britische Kriegsführung ausgewirkt hätten. Schon so hatte es einer gewaltigen Anstrengung der Admiralität und einer Vielzahl von militärischen Kräften bedurft, um dieses eine Kriegsschiff aufzuspüren und zu vernichten; acht Schlachtschiffe und Schlachtkreuzer, zwei Flugzeugträger, elf Kreuzer, 21 Zerstörer, sechs Unterseeboote, über 300 Feindflüge; und von fast 60 Torpedos (die der *Dorsetshire* nicht eingerechnet) erreichten nicht mehr als drei, höchstens vier ihr Ziel. (Einer vom „Swordfish" der *Victorious,* zwei von „Swordfishs" der *Ark Royal,* möglicherweise einer von der *Rodney.*)

Mangel an Treibstoff war der eigentliche Grund für Lütjens' Niederlage (und fast auch für Toveys Rückzug[3]). Hätte er Norwegen mit vollen Tanks verlassen, wie er das getan haben sollte, so hätte ihm trotz des von der *Prince of Wales* erzielten Treffers die Möglichkeit offengestanden, nach Westen in den Atlantik zu laufen, um seine Verfolger abzuschütteln und von einem wartenden Tanker Treibstoff aufzunehmen, bevor er die Heimfahrt antrat. Er hätte aber auch mit wesentlich höherer Geschwindigkeit – mit der er die „Force H" weit hinter sich gelassen haben würde – direkt auf Brest zuhalten können. Aber die Briten hatten zweifellos das Glück auf ihrer Seite. Der vom „Swordfish" der *Ark Royal* angerichtete Schaden am Ruder war etwas, das, wie man so sagt, alle 100 Jahre einmal vorkommt.

Theoretisch hätte Raeder die *Prinz Eugen* nach Ausbesserung ihrer Schäden, in Begleitung eines Schlachtkreuzers, der *Scharnhorst* oder der *Gneisenau,* wieder in See schicken können, doch eine Reihe von Umständen verhinderte dies. Zunächst die Tatsache, daß den Engländern die Chiffriermaschine von *U 110* und vor allem die Schlüsselunterlagen in die Hände gefallen waren, was das Ende für die Versorgungsschiffe der *Bismarck* bedeutete. Am 3. Juni versenkten die Kreuzer *Aurora* und *Kenya* die *Reichen* (ihre Besatzung wurde von *U 93* an Bord genommen), am 4. Juni der Kreuzer *London* die *Esso Hamburg*; am selben Tag erfaßte der Kreuzer *Neptune* die *Gonzenheim;* die Besatzung steckte das Schiff in Brand, die *Neptune* feuerte noch einen Torpedo in das Wrack. Die *London* vernichtete am 5. Juni die *Egerland.* Am 12. Juni sichtete die *Sheffield* die *Friedrich Breme,* welche sich selbst versenkte, und am 15. Juni wurde die *Lothringen* von einem Flugzeug des Flugzeugträgers *Eagle* und dem Kreuzer *Dunedin* aufgebracht.

Trotz dieser Verluste hätten schwere deutsche Kriegsschiffe auch weiterhin im Atlantik operieren können, indem sie von Brest ausliefen und nach kürzeren Feindfahrten wieder dahin zurückkehrten. Nun mußten aber auch noch andere Faktoren in Erwägung gezogen werden. Es mochte ein glücklicher Treffer gewesen sein, der das Ruder der *Bismarck* beschädigte, doch was einmal geschehen war, konnte sich wiederholen. Die Überlegenheit der britischen Luftwaffe nahm mit jedem Tag zu. Das Zusammenwirken von Flugzeugträgern, Langstreckenflugbooten und Radar hatte zur Folge, daß ein deutsches Kriegsschiff, sobald es auf offener See entdeckt wurde, kaum noch damit rechnen konnte, die Heimat wiederzusehen. Mit Trägerflugzeugen bei Tag und Radar bei Nacht wurde so lange Fühlung gehalten, bis stärkere Einheiten herangeführt werden konnten. Hitler sah das sehr bald ein, und weil er einen weiteren Prestigeverlust fürchtete, verbot er Raeder, irgendwelche anderen deutschen Kriegsschiffe in den Atlantik zu entsenden. Als Seemann konnte auch Raeder nicht blind dafür sein. „Der Verlust der *Bismarck*", schrieb er, „wirkte sich entscheidend auf den Seekrieg aus."

Das zeigte sich vornehmlich in der nun gewonnenen Erkenntnis (die durch die vor Kreta gegen die britische Marine erzielten Erfolge der Luftwaffe noch deutlicher vor Augen geführt wurden), daß das Flugzeug die vorherrschende Stellung des Schlachtschiffes gebrochen hatte. Und wenn dies so war, schien es doch völlig sinnlos, die *Scharnhorst,* die *Gneisenau* und die *Prinz Eugen* noch länger als nächtliche Ziele für die feindlichen Bomber in Brest im Dock oder am Pier liegen zu lassen. Sie mußten nach Deutschland zurückgebracht werden – nicht durch den Atlantik, wo sie wie die *Bismarck* aktionsunfähig gemacht und dann versenkt werden konnten, sondern über die kürzeste Route, die ihnen maximale Luftsicherung bot: durch den Kanal. Es war ein kühner Plan, ursprünglich von Hitler erdacht, aber je eingehender sich die Marineleitung damit beschäftigte, desto plausibler und gangbarer erschien er. In der Nacht zum 11. Februar verließen die drei Schiffe Brest und blieben, obwohl Philippon London von ihrem unmittelbar bevorstehenden Auslaufen in Kenntnis gesetzt hatte, bis knapp vor ihrer Einfahrt in die Kanalenge unbemerkt[4]. Sechs von Eugene Esmonde angeführte „Swordfish" griffen sie mit bewundernswertem Mut an, doch die Deutschen hatten einen äußerst starken Jagdschutz über den Schiffen, und alle sechs wurden abgeschossen; Esmonde fand den Tod und erhielt posthum das Victoria-Kreuz zugesprochen. Dennoch triumphierten am Ende die Luftstreitkräfte, als sowohl die *Scharnhorst* wie auch die *Gneisenau* auf Minen auffuhren, die die R.A.F. vor der holländischen Küste gelegt hatte; aber alle drei Schiffe erreichten deutsche Häfen[5].

Die Deutschen hatten ihre Lektion gelernt; die Engländer mußten sie leider von neuem lernen. Als sich gegen Ende 1941 die Lage im Fernen Osten verschlechterte, beschloß Winston Churchill, die *Repulse* und die mittlerweile wieder instandgesetzte *Prince of Wales* nach Singapore zu entsenden. Eine solche Demonstration der Macht, so hoffte er, würde die Japaner dazu bewegen, ihre suspekten Pläne fallen zu lassen[6]. Pound ernannte seinen Stellvertreter, Vice-Admiral Sir Tom Phillips, zum Chef des Geschwaders. Die zwei Schiffe und die sie begleitenden Zerstörer (einer davon war die *Electra;* Cain war immer noch an Bord) erreichten Singapore am 2. Dezember. Am 7. griffen die Japaner Pearl Harbor an und landeten Streitkräfte in Nordmalaya. Am Nachmittag des 8. steuerte Phillips das Geschwader nordwärts, um die Landungstruppen anzugreifen, drehte aber, nachdem er von japanischen Aufklärern entdeckt worden war, am Abend des nächsten Tages wieder auf Kurs Singapore und dann auf eine fälschlich gemeldete Landung bei Kuantan in Ostmalaya. Am Morgen des 10. wurde der Verband, der über keinerlei Luftsicherung verfügte, von Wellen japanischer Bomber und Torpedoflugzeuge angegriffen. Sie erzielten mehrere Treffer und versenkten beide Schiffe; weder Admiral Phillips noch Captain Leach waren unter den zweitausend Geretteten.

Und so wurde den Briten, schmerzlicher noch als den Deutschen, vor Augen geführt, daß Schlachtschiffe ohne starke Luftsicherung wehrlose Ziele darstellen; mehr noch: daß die Tage der Schlachtschiffe gezählt waren. Alle vier Protagonisten auf der Kriegsbühne bedienten sich ihrer bis zu Ende des Kriegs – weniger, um regelrechte Schlachten zu schlagen, als zur Unterstützung von Landstreitkräften und Flugzeugträgern; dabei wurden auch noch viele japanische Schlachtschiffe versenkt.

Das letzte aktive Schlachtschiff war die amerikanische *New Jersey,* die 1972 außer Dienst gestellt wurde. Heute sind Schlachtschiffe und Schlachtkreuzer so gut wie ausgestorben; das eine oder andere verrottet noch als gigantischer Zeuge der Vergangenheit in den Werften der Welt. Diejenigen von uns, die mit und auf diesen seltsamen, riesengroßen, anmutigen, geheimnisvollen Wesen gelebt haben, entsinnen sich ihrer mit Zuneigung und voller Stolz, in jener Woche, da die *Hood* und die *Bismarck* in ihren ruhmvollen Untergang steuerten, mit ihnen auf See gewesen zu sein.

Anmerkungen

1. KAPITEL

[1] Nicht A.1., wie Donald McLachlan in seinem Buch *Room 39* angibt.

[2] Befehligt vom Vater des Autors, Captain E. C. Kennedy, R. N., der die Aktion nicht überlebte.

[3] Oberleutnant Campbell wurde posthum das Victoria-Kreuz verliehen.

2. KAPITEL

[1] Lieutenant Viscount Kelburn, jetzt Rear-Admiral The Earl of Glasgow.

3. KAPITEL

[1] „Im März 1939 beschloß die Admiralität, auf der *Hood* größere Umbauten in Auftrag zu geben, insbesondere auch die Montage zusätzlicher horizontaler und vertikaler Panzerung . . . dann kam der Krieg dazwischen, und die Arbeiten wurden nie ausgeführt." (Director of Naval Construction an Director of Naval Ordnance, *Roskill Papers* vom 9. Februar 1952.)

[2] In seinem Werk *The War at Sea*, Bd. 1, S. 400, argumentiert Captain Roskill, daß die *Hood* sich nach Norden wandte, um die *Bismarck* zu suchen, nachdem *Suffolk* und *Norfolk* in einem Schneesturm den Kontakt mit ihr verloren hatten. Doch in dem von der *Suffolk* um 0.09 Uhr ausgesandten Funkspruch hieß es nur: „Feind in Schneesturm verborgen", und Holland besaß genausowenig Grund zu der Annahme, die *Suffolk* hätte den *Radar*kontakt verloren, wie am frühen Abend, als sie (fast eine Stunde lang) immer wieder gemeldet hatte, die *Bismarck* wäre im Nebel verborgen.
Dem Logbuch der *Suffolk* zufolge wurde der um 0.09 Uhr datierte Funkspruch um 0.20 Uhr gesendet; im Logbuch der *Norfolk* ist der Empfang mit 0.16 Uhr eingetragen. (Die Logbücher aller anderen Schiffe wurden vernichtet.) Ganz gleich, welche dieser Zeiten falsch registriert wurde (wenn die *Suffolk* den Funkspruch tatsächlich um 0.20 Uhr ausstrahlte, konnte die *Norfolk* ihn ja kaum um 0.16 Uhr erhalten haben), er kann für Holland nicht Anlaß gewesen sein, um 0.12 Uhr von 285° auf 340° zu schwenken. Ich bin daher den Überlegungen von Commander Pitcairn Jones gefolgt, wonach Holland nach Norden korrigierte, nicht um nach der *Bismarck* zu suchen, sondern um sie anzugreifen.

[3] Die Deutsche Marine hatte ein sehr empfindliches Horchgerät, das GHG, entwickelt, von dem sie (zu Unrecht) glaubte, auch die Briten wären im Besitz eines solchen. Das ist der Grund, warum die Mannschaften deutscher U-Boote angewiesen waren, im Falle

eines Angriffes in Strümpfen zu gehen und so wenig Lärm wie möglich zu machen. In *Der Marine-Nachrichten- und -Ortungsdienst* schreibt Kapitän Giessler, daß die *Prinz Eugen* mit nicht weniger als 60 „Unterwasser-Horchempfängern" ausgestattet war, an denen die Vereinigten Staaten, als ihnen das Schiff bei Kriegsende übergeben wurde, großes Interesse zeigten.

4. KAPITEL

1 Zwei Untersuchungskommissionen befaßten sich mit dem Verlust der *Hood*. Die erste tagte nur ganz kurz und veröffentlichte ihren Bericht am 2. Juni 1941. Die zweite nahm sich wesentlich mehr Zeit und vernahm 89 Zeugen von der *Norfolk*, 71 von der *Prince of Wales*, 14 von der *Suffolk*, 2 von der *Hood* sowie eine Anzahl technischer Experten. Sie veröffentlichte ihren Bericht am 12. September 1941. Beide Kommissionen kamen zu fast identischen Schlüssen: Nicht das Korditfeuer, das auf dem Bootsdeck beobachtet worden war (und „zweifellos durch Luftabwehr-Raketen und/oder 10,2-cm-Munition genährt wurde" – Bericht der zweiten Kommission), hatte den Verlust der *Hood* zur Folge, sondern eine 38-cm-Granate der *Bismarck*, die die Panzerung der *Hood* durchschlagen hatte und in oder nahe der achteren Munitionskammer explodiert war. („Es besteht die Wahrscheinlichkeit, daß das 10,2-cm-Magazin als erstes explodierte." – Bericht der zweiten Kommission.)

2 Mr. A. J. Benson teilt mir mit, daß die 1935 erschienene Ausgabe von *Jane's Fighting Ships* folgende Feststellung in bezug auf die *Hood* enthält: „Soll 1941 durch eine andere Einheit ersetzt werden." Dennoch sollte in Erinnerung gebracht werden, daß die *Hood*, aber auch andere Schlachtkreuzer, nie dazu bestimmt waren, es mit Schlachtschiffen aufzunehmen. Sie wurden gebaut, um Kreuzer auf Prisenfahrt anzugreifen und zu vernichten; um diese Aufgabe zu erfüllen, brauchten sie keine schwere Panzerung, wohl aber überlegene Feuerkraft und hohe Geschwindigkeit.

5. KAPITEL

1 Bei der später in Berlin vorgenommenen Analyse wurde festgestellt, daß dieser Splitter nicht Teil einer 35,6-cm-Granate von der *Prince of Wales*, sondern Teil einer 38,1-cm-Granate von der *Hood* war. Es war dies ein Weitschuß aus einer Salve, die zu einem Zeitpunkt auf die *Bismarck* abgefeuert wurde, als sie, die *Prinz Eugen* und die *Prince of Wales*, sich einige Augenblicke lang auf der gleichen Visierlinie befanden (die *Prinz Eugen* auf der Feuerleeseite der *Bismarck*). (Brief von Kapitän Schmalenbach an den Autor, 23. Juli 1973.)

2 Historiker, die von „einer langen, hitzigen Debatte" (*Grenfell*, S. 85, Anm.) zwischen Lütjens und Lindemann in dieser Sache zu berichten wissen, scheinen zu vergessen, daß die Deutsche Marine, gleich der britischen, in hohem Maße diszipliniert war und daß Lütjens schließlich nicht isoliert auf der *Bismarck* lebte, sondern seine Stabsoffiziere, Kapitän Netzbandt, Kapitän Melms, Kapitän Ascher und andere, um sich hatte.

3 Allerdings: *Wenn* die *Bismarck* auch noch die *Prince of Wales* versenkt hätte, *wenn* es ihr gelungen wäre, ohne noch mehr Schäden zu erleiden, nach Deutschland zurückzukehren, und *wenn* sie schnell ausgebessert und wieder auf See geschickt worden wäre, dann würde es im Atlantik zwei Schiffe weniger gegeben haben, ihr Paroli zu bieten (tatsächlich würde die *King George V* das *einzige* Großkampfschiff von vergleichbarer Panzerung und Geschwindigkeit gewesen sein). Aber solche Erkenntnisse kamen lange nach den Ereignissen.

[4] Auf der *King George V*, aber auch auf anderen Schiffen nahm man ursprünglich an, Wake-Walkers Funkspruch „Die *Hood* ist explodiert!" wäre falsch entschlüsselt worden. Nachdem man Tovey die Botschaft vorgelesen hatte, begab sich Rear-Admiral Paffard, wie er in seinem Tagebuch festhält, „sofort in die Chiffrierabteilung, tief unten im Rumpf des Schiffes. Der dienstälteste Offizier hatte die kurze Meldung bereits durch drei oder vier Schlüsseloffiziere unabhängig voneinander entschlüsseln lassen; es lag ganz gewiß kein Irrtum vor. Natürlich konnte sich ein Fehler bei der Verschlüsselung oder Übermittlung eingeschlichen haben, und wir versuchten, jede nur mögliche, weniger verheerende Alternative zu ‚explodiert' zu finden; wir hofften, daß so etwas wie ‚beschädigt' oder ‚angeschlagen' der gleichen Vier-Ziffern-Gruppe zugezählt werden könnte. Doch das war nicht der Fall, und ich mußte auf die Admiralsbrücke zurück und berichten, daß kein Irrtum vorlag."

[5] Unterschiedliche Meinungen über Pound vertreten Marder in *Winston is Back*, S. 3–5, und Captain S. W. Roskill im *Journal of the Royal United Service Institution*, Dezember 1972.

7. KAPITEL

[1] Kapitän Giessler, einer der letzten Radarexperten der Deutschen Kriegsmarine, hat den Autor informiert, daß die *Bismarck* nicht mit einem FuMB, einem Funkmeßbeobachtungsgerät, ausgerüstet war. (Ein Gerät, um feindliche Radarausstrahlungen aufzufangen.)

[2] Es hat viele Diskussionen über die Frage gegeben, wie es geschehen konnte, daß die Funkpeilungen auf dem Flaggschiff falsch eingezeichnet wurden. In weiten Kreisen sah man den Grund darin, daß das Flaggschiff keine gnomonische Karte mit sich führte (Spezialkarten für Einzeichnungen von Peilungen; ihr Projektionszentrum liegt im Mittelpunkt der Erdkugel), und daß die Peilungen daher auf gewöhnlichen Navigationskarten (Mercator) eingetragen wurden. „Bedingt durch den Mangel an erforderlichen Spezialkarten", schrieb Tovey am 1. Juni 1961 an Roskill, „war unsere Auswertung irrig."

Diese Erklärung ist jedoch mit einiger Vorsicht aufzunehmen, denn im selben Brief heißt es weiter: „Ich wünschte, sie (die *Admiralität*) hätte uns die Auswertung ihrer Funkpeilung schon wesentlich früher zukommen lassen." Das beweist: Er hatte vergessen, die Admiralität ausdrücklich ersucht zu haben, ihre eigene Auswertung *nicht* zu senden. Dazu die überzeugende Aussage von Master of the Fleet (Navigationsoffizier) Captain Frank Lloyd, Mitglied von Toveys Stab: „Natürlich hatten wir gnomonische Karten an Bord", teilte er dem Autor mit. „Nur ein Narr wäre auf die Idee gekommen, Funkpeilungen unmittelbar auf Mercator-Karten einzuzeichnen. Nur daß die gnomonischen Karten keine Windrosen bei den Positionen der meisten Stationen aufgedruckt hatten, von denen die Peilungen herstammten. Man mußte sie mit einem Winkelmesser abstecken und bei jeder Station nach Norden ausrichten, aber die Gradeinteilungen auf dem Winkelmesser stimmten mit denen der fehlenden Rosen nicht überein."

Captain Lloyd gibt zu, daß die Auswerter der Admiralität mit den gleichen Schwierigkeiten zu kämpfen gehabt haben würden, weist aber darauf hin, daß sie tagein, tagaus Funkpeilungen einzeichneten und daher wesentlich mehr Erfahrung hatten. An jenem Nachmittag, sagte er, hätte er die Peilungen mittels sphärischer Trigonometrie ausgewertet und so den Fehler gefunden.

[3] Commander R. F. Jessel im *Journal of the Royal United Service Institution,* Februar 1953.
[4] Lieutenant-Commander Peter Kemp vermutete dies.
[5] Anquetil nahm mit seinem Geheimsender ein großes Risiko auf sich. Er wurde noch im gleichen Jahr, während des Sendens, von einem deutschen Peiltrupp überrascht, gefoltert und zuletzt hingerichtet, gab aber die Namen seiner Verbindungsleute nicht preis. Philippon war in Puynormand, als Rémy ihm die traurige Nachricht überbrachte. Obwohl er nicht wußte, ob Anquetil geredet hatte oder nicht, kehrte er nach Brest zurück, um seine Tätigkeit fortzusetzen.
[6] Die Nachricht erreichte den Empfänger zu spät, um den Ablauf der Ereignisse beeinflussen zu können.
[7] Etwa eine Stunde, nachdem Tovey auf Südostkurs gegangen war, erhielt auch er eine Botschaft von der Admiralität, in der alle Schiffe aufgefordert wurden, sich bei ihren Entscheidungen von der Voraussetzung leiten zu lassen, daß die *Bismarck* auf die französische Küste zuhielt. Diese Botschaft beruhte auf der ersten verläßlichen Information, die London erreicht hatte: die aufgefangene Funkanfrage einer Marine-Dienststelle nach dem Bestimmungsort des Schiffes, und die Antwort aus Berlin: „Brest."

8. KAPITEL

[1] Der sich auf diesen Flug beziehende Bericht Smith' an die *Intelligence Division* des *Chief of Naval Operations,* der bis heute unveröffentlicht geblieben ist, lautet:
„Wir starteten Schlag EG des Einsatzgebietes um 10.00 Uhr. Um 10.10 Uhr sichtete ich die *Bismarck,* die einen Kurs von 345° zu steuern schien. Die schlechten Sichtverhältnisse machten eine einwandfreie Identifizierung unmöglich. Ich übernahm sofort das Steuer von ‚George' (automatische Steuerung) und begann, das Schiff nach Backbord in Sicht haltend, eine langsam aufsteigende Wendung nach Steuerbord, während der britische Offizier nach achtern ging, um einen Kontaktbericht vorzubereiten. Ich hatte die Absicht, in den Wolken Deckung zu suchen und so nahe wie möglich an das Schiff heranzukommen, um es einwandfrei identifizieren zu können; dann wollte ich es aus einer möglichst günstigen Position beobachten. Nachdem wir eine Höhe von 600 Meter erreicht hatten, brachen wir durch eine Wolkenformation durch und wurden Steuerbord achtern von einem fürchterlichen Flak-Sperrfeuer empfangen. Ich warf unverzüglich unsere Wasserbomben und startete ein jähes Ausweichmanöver, indem ich mit Hochgeschwindigkeit aufstieg und S-Kurven zog. Der britische Offizier ging wieder nach achtern, um die Fühlunghaltermeldung zu senden. Während ich eine solche S-Kurve zog, sah ich, daß es ein Schlachtschiff, daß es tatsächlich die *Bismarck* war, die von ihrem ursprünglichen Kurs 90° nach Steuerbord gedreht hatte (wie die durch das Manöver hervorgerufene Blasenspur des Kielwassers zeigte) und Breitseiten auf uns abfeuerte.
Das Flak-Feuer dauerte an, bis wir außer Schußweite und wieder in den Wolken waren. Es war ein mörderisches Feuer, und wenn es uns nicht gelungen wäre, auszuweichen, hätten sie uns bestimmt abgeschossen. Es war so nahe, daß es das Flugzeug durch und durch schüttelte (ein Mann wurde aus seiner Koje geschleudert), und das Geräusch der Explosionen übertönte den Lärm des Propellers und des Motors. Wir konnten zahlreiche Explosionen aus nächster Nähe beobachten, und wir hörten, wie kleine Granatsplitter gegen den Rumpf schlugen . . ."
[2] Siehe Kapitel 12, Anm. 2.

9. KAPITEL

[1] Wenige Tage später fuhr der englische Journalist Godfrey Winn zum Loch Erne, um die Crew von Z/209 zu interviewen, und sein Artikel „*Seek and Follow Men Caught Bismarck*“, erschien im *Sunday Express* vom 1. Juni. Ensign Smith ist darin mit keiner Silbe erwähnt und durfte auch nicht erwähnt werden, denn noch herrschte Frieden zwischen Deutschland und Amerika, und seine aktive Teilnahme am Flug von Z/209 stellte eine eindeutige Verletzung der amerikanischen Neutralität dar.
Schwer zu sagen, wie enttäuscht Godfrey Winn war, als der Zensor ihm verbot, seinen Knüller zu veröffentlichen. Mag sein, daß er sich insgeheim erleichtert fühlte. Bei einer Operation von solchen Ausmaßen hätten die Engländer es ungern zugegeben, daß sie auf „fremde“ Hilfe angewiesen waren.

[2] Das war optimistisch gedacht. Bei der gegebenen Geschwindigkeit war nicht damit zu rechnen, daß sie Brest vor 18 Uhr erreichen würde.

[3] Von den dreien überlebte nur Friend den Krieg.

[4] Einige Journalisten und Historiker führen diese Botschaft (wie auch die andere auf Seite 203) als Beweis dafür an, daß Lütjens ein begeisterter Nazi war. Aber es ist nicht ungewöhnlich, im Affekt nationaler Gefühle den Namen des Staatsoberhauptes in eine von starken Empfindungen geprägte Erklärung einzubeziehen. Als Commander Kerans im Jahre 1949 die *Amethyst* in Sicherheit brachte, nachdem sie von den Kommunisten im Oberlauf des Yangtse zwei Monate lang eingeschlossen gewesen war, richtete er diese Botschaft an die Admiralität: „Habe mich der Flotte südlich von Woosung angeschlossen. Weder Havarien noch Verluste. Gott schütze den König.“

10. KAPITEL

[1] Von der Teilnahme der amerikanischen Offiziere Smith, Johnson und Rinehart erfuhr ich nur durch Zufall. Unter den die *Bismarck* betreffenden Dokumenten im Staatsarchiv findet sich als einziger Hinweis eine vom 29. Juli 1941 datierte, für den stellvertretenden Stabschef der Marine (England) bestimmte Aktennotiz, in der der Verfasser (Unterschrift unleserlich) mitteilt, es sei ihm „inoffiziell“ zu Ohren gekommen, daß Ensign Smith mit jener „Catalina“ geflogen sei, die die *Bismarck* gesichtet habe, Ensign Carl Rheinhardt *(sic)* mit einer, die sie verfolgt habe. (Von Lieutenant Johnson ist nicht die Rede.)
Die Aktennotiz ist bemerkenswert englisch. „Ich bin mir nicht ganz klar darüber“, bemerkt der Verfasser, „wie die amerikanischen Offiziere auf die ‚Catalina‘ gekommen sind, aber wenn sie bei dieser Operation eine wichtige Rolle gespielt haben, wäre es vielleicht nicht schlecht, wenn die Admiralität ihre Dienste lobend anerkennen würde . . . Silbertabletts mit einer entsprechenden Inschrift wären gut geeignet, diese Anerkennung zum Ausdruck zu bringen.“
Meine Anfragen an Vice-Admiral Edwin Hooper, den Verwalter des amerikanischen Marinearchivs, brachten Smith’ (aber auch Lieutenant-Commander Wellings) Bericht an das Marineministerium ans Licht. Als ich im Sommer 1973 in Washington war, um im Auftrag der B.B.C. über die Watergate-Hearings im Senat zu berichten, kam mir der Gedanke, doch einmal festzustellen, ob Smith noch unter den Lebenden weilte. Ich rief im Marineministerium an und erklärte dem Telephonfräulein, daß ich einen gewissen Ensign L. B. Smith aufzuspüren wünschte, der vor 32 Jahren mit der RAF geflogen war. „Augenblick“, sagte das Mädchen, und Sekunden später meldete sich eine andere Frauenstimme: „Offiziersuchstelle.“ Ich wiederholte meine Bitte, und auch sie sagte:

„Augenblick." Nach etwa einer halben Minute fragte sie, ob ich einen Bleistift bei der Hand hätte. Ich bejahte, und sie las vor: „Captain L. B. Smith, 1709 West 39th Street, Kearney, Nebraska." Ich bedankte mich, ließ mich mit dem Fernamt verbinden, und vier Minuten nach meinem Anruf im Marineministerium meldete sich eine Stimme in Kearney, Nebraska: „Hier ist Smith."
Da ich nach den Hearings einen freien Tag hatte, flog ich nach Kearney und interviewte Smith. Er erzählte mir, welche Rolle Johnson gespielt hatte, und wie Rinehart seinen Namen wirklich schrieb. Weitere Erkundigungen im Marineministerium ergaben, daß auch sie noch am Leben waren. Ich korrespondierte mit ihnen, und es stellte sich unter anderem heraus, daß der Vorschlag mit den Silbertabletts nicht auf fruchtbaren Boden gefallen war; keiner der Offiziere hatte je eines erhalten.
Captain Smith erzählte mir auch, daß er bei Kriegsende stellvertretender Kommandeur eines Marineluftstützpunktes in Kalifornien war, wo auch ein gewisser Lieutenant Richard Milhous Nixon Dienst machte. Smith hat ihn als „Papiersäckler" in Erinnerung, wie man einen Mann nannte, der sich sein Essen in einem braunen Papiersack mitbrachte und es an seinem Schreibtisch verzehrte, statt Zeit und Geld zu verschwenden und sich in der Offiziersmesse zu verköstigen. Er beschreibt Nixon als „einen der gewissenhaftesten und fleißigsten Offiziere, die mir je begegnet sind".

2 Das Radar der *Bismarck* fiel während des Gefechtes mit der *Norfolk* in der Dänemarkstraße aus, und es ist nicht bekannt, ob es wieder repariert wurde. Doch selbst wenn das geschah, ist die Möglichkeit nicht auszuschließen, daß es bei einem späteren Schußwechsel abermals außer Betrieb gesetzt wurde.

3 Die Spitze einer 38-cm-Granate der *Bismarck* wurde später auf der Back der *Zulu* gefunden; sie war flachgedrückt und sah aus wie der Kopf eines großen Fisches. Sie wurde, wie ein aufgespießter Schmetterling, in einem Glaskasten aufmontiert, und dieser, mit der Inschrift „Bismarckhering" versehen, in der Offiziersmesse an die Wand gehängt.

4 Als die Admiralität in London aus Madrid über das Auslaufen der *Canarias* informiert wurde, wies sie den dort stationierten Marineattaché an, den spanischen Marineminister darauf aufmerksam zu machen, daß nach Artikel 13 der 10. Haager Konvention „mit Überlebenden, die an Bord eines spanischen Kriegsschiffes genommen werden, dergestalt zu verfahren ist, daß sie nicht wieder an Kampfhandlungen teilnehmen. Sie dürfen daher weder auf ein anderes Schiff überstellt noch in ein von Deutschen besetztes Gebiet entlassen werden." Der Marineattaché antwortete später, daß er seinen Auftrag ausgeführt habe und daß der spanische Marineminister „unseren Standpunkt zu akzeptieren scheint".

5 Tovey erhielt in dieser Nacht noch eine weitere Botschaft von der Admiralität. Sie wurde von Pound verschlüsselt und mit dem Vermerk „Nur für Admirale" ausgesendet und lautete: „Wir nehmen an, daß Sie einen nächtlichen Angriff mit Zerstörern vorbereiten, wenn das möglich sein sollte. Keine Antwort erforderlich." Ein Historiker bezeichnete diese Botschaft als „genauso albern, wie wenn man General Montgomery, als er vor El Alamein stand, den Rat gegeben hätte, seine Artillerie einzusetzen". Tovey brachte Vian volles Vertrauen entgegen und sah keinen Grund, ihn auf Dinge hinzuweisen, die derart auf der Hand lagen.

11. KAPITEL

[1] Autor.

[2] Die Deutschen waren lange Zeit davon überzeugt, daß die *Bismarck* der *Rodney* im Verlauf der Schlacht schwere Schäden beigebracht hätte, und noch im Jahre 1972 schrieb Fregattenkapitän Schmalenbach in *Profile Warship No. 18, KM Bismarck:* „Im Widerspruch zu Veröffentlichungen in der englischen Presse berichteten amerikanische Zeitungen von schweren Havarien auf der *Rodney*, die in der Folge eine Werft in Boston, Massachusetts, anlaufen mußte."

Tatsache ist, daß die *Rodney* bereits auf dem Weg nach Boston war, wo längst fällige Ausbesserungsarbeiten vorgenommen werden sollten, als ihr Kommandant den Befehl erhielt, an der Aktion gegen die *Bismarck* teilzunehmen. Tatsache ist ferner, daß sie schwere Schäden erlitt, aber nicht von der *Bismarck*, sondern durch die Abschüsse ihrer eigenen Geschütze. Lieutenant-Commander Wellings von der Amerikanischen Marine schrieb in seinem Bericht an das amerikanische Marineministerium: „Beim Feuern über die Back erlitt die *Rodney* beträchtliche Schäden. Nach der Schlacht leckte das Deck sehr stark. Es erwies sich als nötig, die hölzerne Beplankung der Back bis zum Ende des Turms ‚B' zu entfernen, um die Lecks zu dichten. Die Spannungen übertrugen sich auf die anderen Decks und verursachten Schäden an Schotten, Stützen und querschiffs gelegenen Decksbalken."

Durch die Abschüsse des dritten Turms, der bei maximaler Depression nach Backbord achteraus feuerte, wurde auch das Achterdeck der *Rodney* schwer beschädigt. (Information von F. J. Bell.)

[3] „Es ist mir ein wahres Anliegen, diesen Männern zu ihrem heldenhaften Kampf gegen eine erdrückende Übermacht meine höchste Anerkennung auszusprechen." – Tovey am 27. Mai um 11.19 Uhr an die Admiralität, die um 16.10 Uhr antwortete: „So sehr auch wir einen heldenhaften Kampf bewundern, ist es aus politischen Gründen erforderlich, daß die von Ihnen geäußerten Gefühle in keiner Form an die Öffentlichkeit dringen."

12. KAPITEL

[1] Ein Großteil der in diesem Kapitel enthaltenen Informationen wurde dem Buch *Schlachtschiff Bismarck* von Jochen Brennecke entnommen, dem ich hierfür zu Dank verpflichtet bin.

[2] Im Jahre 1947 wurde Jean Philippon vom britischen Botschafter in Paris, Sir Duff Cooper, empfangen, der ihm in Anerkennung seiner Tätigkeit in Brest eine Ehrenurkunde der britischen Regierung überreichte. Darin heißt es u. a.: „Bei einer anderen Gelegenheit trug seine Information, wonach Vorbereitungen zum Empfang eines großen Schlachtschiffes getroffen wurden, sehr wesentlich dazu bei, daß es der britischen Flotte gelang, das Schiff abzufangen, bevor es Frankreich erreichte." Philippon wurde später Oberbefehlshaber der französischen Mittelmeerflotte und lebt heute im Ruhestand in Paris.

NACHWORT

[1] Damals sagte Pound Tovey nicht, daß es Churchill war, der diese Botschaft veranlaßt hatte, und nicht er selbst. Jahre später schrieb Tovey, daß, hätte er gewußt, daß es Churchill war, er diese Tatsache in seinem Bericht zweifellos nicht unerwähnt gelassen haben würde. (Tovey an Rear-Admiral Bellairs am 2. Okt. 1950 – Abschrift in den

Roskill Papers.) So wie die Dinge standen, zeigte sich Tovey in seinem Bericht äußerst großzügig: „Die Genauigkeit der von der Admiralität beschafften Informationen über die Feindbewegungen, und die Schnelligkeit, mit der sie übermittelt wurden, war beachtlich. Das ausgewogene Gleichgewicht zwischen diesen Informationen und den Instruktionen an die Einheiten, mit denen kein optischer Kontakt bestand, ist als ideal zu bezeichnen." (*Bericht* Absätze 92 und 93.)

2 Am verhängnisvollsten wirkte sich Pounds Dazwischentreten im folgenden Jahr aus, als bekannt wurde, daß das Schwesterschiff der *Bismarck*, die *Tirpitz*, mit Kurs nach Nordnorwegen in See stechen sollte, um den für Rußland bestimmten Geleitzug PQ 17 anzugreifen. Gegen den Rat aller seiner Kollegen (bis auf einen) und dem von Commander Denning, dem Nachrichtendienstexperten der Admiralität für die deutsche Marine, der ihm versicherte, daß er durch Agentenberichte und aufmerksame Beobachtung des Funkverkehrs im Augenblick, da die *Tirpitz* auslief, davon hören würde, ordnete er die Auflösung des Konvois an. Tovey hatte ihn schon vorher telephonisch von Scapa Flow aus darauf hingewiesen, daß es im Falle einer Auflösung zu einem „blutigen Gemetzel" kommen würde, und er behielt recht. Zwei Drittel des Geleitzuges wurden von U-Booten und Flugzeugen versenkt.

Um gegenüber Pound fair zu sein, muß allerdings gesagt werden, daß Toveys Gedächtnis in späteren Jahren oft nachließ und er dann zu Übertreibungen neigte. Daß er vergaß, er selbst habe die Admiralität ersucht, ihm *keine* Auswertungen ihrer Peilungen zu senden, darauf bin ich bereits in Anm. 2 zu Kapitel 7 eingegangen (Seite 251). Im Jahre 1954 stand er unter dem Eindruck, er hätte jene Botschaft, in der die Rede davon war, die *King George V* müsse allenfalls abgeschleppt werden, *vor* dem letzten Angriff der *Ark Royal* erhalten und damals entschieden, „diesen Befehl, wenn es der *Ark Royal* nicht gelingen sollte, die *Bismarck* zu havarieren, nicht zu befolgen und die Heimfahrt anzutreten, solange wir noch über genügend Treibstoff verfügten, um einen englischen Hafen anzulaufen". In zwei anderen Briefen aus dem gleichen Jahr erklärte er, er habe den Befehl erhalten, die Jagd „bis zur französischen Küste" fortzusetzen. (Tovey an Roskill, 11. und 20. Nov. 1954.)

Sein damaliger Sekretär, heute Rear-Admiral R. W. Paffard, gibt dazu den folgenden Kommentar:

„. . . Ich denke, daß sein Gedächtnis anfing, ihm Streiche zu spielen, nachdem er sich plötzlich aus dem öffentlichen Leben zurückgezogen hatte und praktisch zum Einsiedler geworden war. Er nahm kein Interesse mehr am Tagesgeschehen und hatte, außer seiner Frau, niemand, mit dem er hätte reden können. Er brütete immer mehr über der Vergangenheit und insbesondere den umstrittenen Aspekten seines Kommandos der Home Fleet. Lady Tovey, die durch ihre Arthritis ständig unter starken Schmerzen litt und von Natur aus dazu neigte, alles im ungünstigen Sinn auszulegen, bestärkte ihn zweifellos in seinem Groll und ermutigte ihn, die Meinungsverschiedenheiten zwischen ihm und Pound bzw. Churchill über Gebühr aufzubauschen." (Brief an den Autor vom 5. Mai 1973.)

3 In einer persönlichen Mitteilung an den Ersten Lord der Admiralität und den Ersten Seelord kommentierte Churchill am 21. März 1941 Lütjens' erfolgreiche Kreuzfahrt mit *Scharnhorst* und *Gneisenau:*

„Als ich in der Admiralität war, wies ich wiederholt auf die Notwendigkeit hin, größeres Augenmerk auf das Problem des Auftankens auf See zu richten. Jetzt müssen wir

feststellen, daß die deutschen Schlachtkreuzer in der Lage sind, wochenlang in See zu bleiben, ohne einen Stützpunkt oder Hafen anzulaufen. Wenn sie auf See Treibstoff nehmen können, und wir nicht, ist das ein Skandal. Immer wieder müssen unsere Schiffe aussichtsreiche Verfolgungen abbrechen und sechs- oder siebenhundert Meilen fahren, um aufzutanken . . . Es sollten Dispositionen mit dem Ziel getroffen werden, ein paar Tanker abseits der üblichen Routen zu postieren, so daß unsere Schiffe, wenn sie in der Art operieren, wie sie es jetzt tun, ein Rendezvous mit dem einen oder anderen vereinbaren können . . ." *(Archiv des Marineministeriums.)*
Die umfassende Macht eines Empire und weltweiter Treibstofflager hatten die britische Flotte für die Notwendigkeit, in Kriegszeiten autark zu sein, blind gemacht. Die amerikanische Marine hatte den Gedanken eines In-See-Versorgens bereits verwirklicht, und heute lassen sich die Flottenverbände aller Nationen von Tankern und Versorgungsschiffen begleiten. Wie in so vielen anderen Dingen, war Churchill auch in diesem Punkt seiner Zeit voraus.

[4] Wie der Autor von Vice-Admiral Sir Norman Denning erfahren hat, geschah es durch eine Fahrlässigkeit sondergleichen, daß viele von Philippons wichtigsten Meldungen nie das Operational Intelligence Centre erreichten und der Einsatzstab sich daher nicht nach ihnen richten konnte.

[5] Die *Scharnhorst* wurde versenkt, als sie am 26. Dezember 1943 von einem erfolglosen Angriff auf einen Rußland-Geleitzug aus Norwegen zurückkehrte. Auf Grund der schweren Schäden, die sie kurz nach dem erfolgreichen Kanal-Durchbruch bei einem Angriff der RAF auf Kiel erlitt, wurde die *Gneisenau* im Jahre 1942 außer Dienst gestellt, um mit der Reparatur auch die geplante Umrüstung auf 38-cm-Zwillingstürme durchzuführen. Im Januar 1943 wurde der Umbau eingestellt und das Schiff aufgelegt. Die *Prinz Eugen* überlebte den Krieg; 1948 kam auch ihr Ende – als Opfer eines amerikanischen Atombombentests auf Bikini.

[6] Der Flugzeugträger *Indomitable* hätte den Verband begleiten sollen, lief aber vor Jamaica auf Grund und erlitt schwere Schäden.

Fachausdrücke der Marinesprache

achtern	hinten
Achterdeck	hinteres Deck
ausrauschen	Ankerkette (oder eine Trosse oder Leine) durch eine Klüse auslaufen lassen
Back	vorderes Deck
backbord	linke Seite des Schiffes (mit Blickrichtung nach vorne)
Bake	Seezeichen
Blip	Leuchtzeichen auf dem Radarschirm, das ein Objekt anzeigt
Breitseite	gleichzeitiges Abfeuern aller nach einer Seite gerichteten Geschütze (Hauptgeschütze)
Brücke	der Kommandostand des Schiffes
Collani	richtig „Kulani“ – Bezeichnung für die von der Mannschaft (bis zum Obermaat) während der Wintermonate getragene halblange doppelreihige Überjacke.
Dampf aufmachen	die Kessel auf den für den Maschinenbetrieb erforderlichen Dampfdruck aufheizen
Doppelglas	Fernglas
Drifter	Treibnetz-Fischerboot
Dwarslinie	„Quer“-linie (in bestimmten Abstand nebeneinander fahrende Schiffe)
Feuerlee	die dem feindlichen Feuer nicht ausgesetzte Seite des Schiffes
Flakleitstand	Leitstand der gesamten Fliegerabwehr-Artillerie
Fockmast	vorderer Mast
Funkmess	Verfahren zur Entfernungsmessung mittels Funkstrahles (wie Radar)
Funkschapp	der Raum, in dem die Funkanlage untergebracht ist
Gangspill	mit Dampfkraft oder Motor betriebene Winde auf dem Vorschiff zum Einholen des Ankers
Gräting	Rost aus Holzlatten

Heckstopfbüchse	Vorrichtung zum Abdichten des Schraubenwellenlagers
Hundewache	Wache von 0.00 Uhr bis 4.00 Uhr (die unangenehmste Wache, daher der Name)
Kiellinie	hintereinander fahrende Schiffe
klar sein	bereit, fertig sein (z. B.: klar zum Gefecht, klar zum Feuern)
klarieren	aufräumen
Klüsen	verstärkte Öffnungen in der Bordwand zur Durchführung der Ankerkette
krängen	Seitenneigung des Schiffes
Kombüse	Schiffsküche
koppeln	Standortbestimmung des Schiffes durch ständiges Eintragen des zurückgelegten Weges und Kurses auf der Seekarte
Koppeloffizier	der Offizier, der mit dieser Arbeit betraut ist
Koppeltisch	Arbeitstisch des Koppeloffiziers
Koppelraum	Raum, in dem der Koppeloffizier arbeitet
Kryptograph	Gerät (gewöhnlich elektronisch) zur Ver- und Entschlüsselung von Funksprüchen
Läufer	Matrose, der Befehle oder Nachrichten zu überbringen hat (Bote)
Lee	die dem Winde abgekehrte Schiffsseite
Lecksegel	großes Segeltuch, das bei größeren Beschädigungen von außen über die Bordwand gezogen wird, um Wassereinbruch zu verhindern
Leckwehr	Maßnahmen zur Bekämpfung eines Wassereinbruches bzw. die dazu bestimmte Mannschaft
Lederzeug	aus Lederhose und Lederjacke bestehende Überkleidung
Luv	die dem Winde zugekehrte Schiffsseite
Navigationsoffizier	Offizier, dem die navigatorische Führung des Schiffes (Kursabsetzen, Standortbestimmung usw.) übertragen ist
Nock	äußerstes Ende einer Rah oder Gaffel, und das Ende der Brücke
Okular	die dem Auge zugekehrte Linse (Einblicksöffnung) eines optischen Instrumentes (z. B. Fernrohr, Meßgerät)
Päckchen	Bezeichnung für die an Bord getragene Oberkleidung der Besatzung
Pantry	Anrichte

Peilstrahl	Funkstrahl
Prisenkommando	meist unter Führung eines Handelsschiffskapitäns stehende Besatzungsgruppe, welche die Aufgabe hat, ein aufgebrachtes Handelsschiff („Prise") zu übernehmen und in einen eigenen Hafen zu bringen
querab	„dwars", Richtung senkrecht zur eigenen Längsschiffsrichtung
Querruder	das Ruder („Steuer") seitlich legen
Rah(e)	Querstange am Mast für das Rahsegel
Rahnock	Ende einer Rah
Rotte	Gruppe von drei Flugzeugen
Schlingerkiel	in der „Kimm" (Übergang vom Schiffsboden zu den Schiffsseiten) angebrachter Kiel, welcher die Querbewegung (richtig „Rollen") des Schiffes im Seegang dämpfen soll
Schott	wasserdichte Querwand
Seitenvorhalt	Vorhalten beim Schießen, um die Bewegung des feindlichen Schiffes während der Flugdauer des Geschosses zu berücksichtigen
Speigatt	Öffnungen an der Bordwand in Deckshöhe, um dem an Bord gekommenen Wasser das Ablaufen zu ermöglichen
steuerbord	rechte Schiffsseite (in Fahrtrichtung gesehen)
Steven	vorderer und achterer (Vorder- und Achtersteven): nach oben über die Wasserlinie hinausragende Verlängerung des Kiels, an der die Beplattung der Schiffsseiten endet
Torpedoschott	Quer-, auch Längsschott, zum Schutze gegen Wassereinbruch bei Torpedotreffern
Trawler	Schleppnetz-Fischerboot
Treibladung	Pulverladung zum Abschießen eines Torpedos oder Geschosses
Trosse	besonders starkes Seil zum Festmachen oder Schleppen eines Schiffes
unterschneiden	Untertauchen, Einlaufen des Vorschiffes in eine Welle bei stärkerem Seegang
Vorhaltrechner	Gerät, mit dem der erforderliche Vorhaltwinkel beim Schießen errechnet wird
Vormars	kleine Plattform auf dem vorderen Mast
Vortopp	oberes Ende des vorderen Mastes

Technische Daten

1. Bauwerft:	Blohm & Voss, Hamburg (als Bau-Nr. 509)
2. Bauzeit:	1936–1940
3. Stapellauf:	14. 2. 1939
4. Indienststellung:	24. 8. 1940
5. Größe:	35.000 t offizielle Verdrängung 45.950,5 t Konstruktionsverdrängung 49.946,7 t maximale Verdrängung
6. Maße:	Länge: 251,00 m über alles, 241,50 m in der Konstruktionswasserlinie Breite: (größte) 36,00 m Tiefgang: 8,70 m
7. PS:	150170 W (auf 3 Schrauben)
8. Geschwindigkeit:	Konstruktionsgeschwindigkeit 29 kn, Höchstgeschwindigkeit 30,1 kn
9. Brennstoff:	9000 t Öl
10. Artillerie:	
a) Schwere Artillerie:	8 SK – 38,1 cm in 4 Doppeltürmen mit 362 hm Schußweite
b) Mittlere Artillerie:	12 SK – 15 cm in 6 Doppeltürmen mit 230 hm
c) Flak:	16 Flak – 10,5 cm 16 Flak – 3,7 cm 12 Flak – 2 cm 6 Flugzeuge vom Typ Arado 196 (Start mit Doppelkatapult)
11. Panzerung:	Panzerschotte 145–200 mm Gürtelpanzer 320 mm Vor- und Achterschiff 35–80 mm Panzerdeck 100–120 mm 38er Türme Stirnwände 360 mm Turmdecken 130–180 mm 15er Türme Stirnwände 100 mm

	Turmdecken	20–35 mm
	Gefechtskommandostand vorn	
	Decke	200 mm
	Seitenwände	350 mm
12. Maschinen:	3 Satz Brown, Boveri & Cie.-Getriebe-Turbinen, (3 Schrauben mit 4,85 m Ø), ursprünglich mit elektrischer Übertragung auf 3 × 46.000 PSw ausgelegt, dann auf mechanische Getriebe umkonstruiert 12 Wagner-Höchstdruckkessel, der Brennstoffbedarf je Kessel 4400 kg/h; Dampfverbrauch 20,5 kg je PS/h	
13. Besatzung:	103 Offiziere 1962 Unteroffiziere und Mannschaften Atlantikunternehmung: insgesamt: 2092 (einschließlich Flottenstab und Prisenkommandos)	

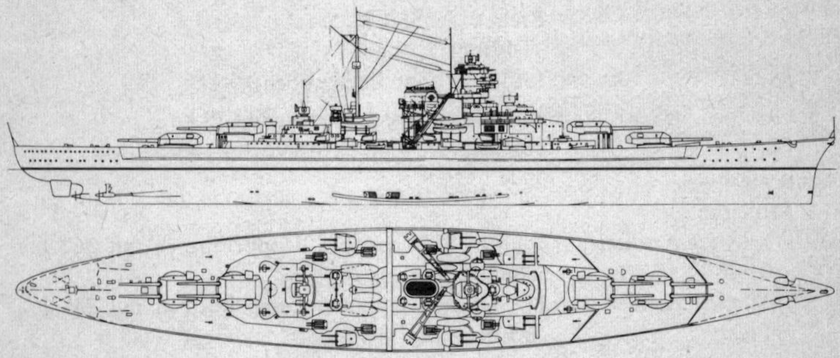

Bibliographie

1. BÜCHER

Anon, Coastal Command, London 1942
Apps, Michael: Send Her Victorious, London 1971
Bekker, Cajus: Kampf und Untergang der Kriegsmarine, Hannover 1953
–: Verdammte See. Ein Kriegstagebuch der deutschen Marine, Oldenburg 1971
Berthold, Will: Getreu bis in den Tod. Sieg und Untergang der Bismarck, München 1957
Bradford, Ernle: The Mighty Hood, London 1959
Brennecke, Jochen: Schlachtschiff Bismarck, Herford 1960
Breyer, Siegfried: Schlachtschiffe und Schlachtkreuzer 1905–1970, München 1970
Broome, Jack: Make a Signal, New York 1955
Busch, Fritz-Otto: Schwerer Kreuzer „Prinz Eugen". Die Geschichte des fröhlichen Schiffes, Hannover 1958
Cain, T. J., unter Mitarbeit von A. V. Sellwood: H. M. S. Electra, New York 1959
Churchill, Winston S.: Der Zweite Weltkrieg, Bd. 3: Die große Allianz, Bern 1950
Cookridge, E. K.: Versteckspiel mit dem Tod, Oldenburg–Hamburg 1967
Dönitz, Karl: Zehn Jahre und zwanzig Tage, Bonn 1958
Frank, Wolfgang: Die Wölfe und der Admiral, Oldenburg–Hamburg 1967
Franklin, Alan: One Year of Life, Blackwoods 1944
Giessler, Helmuth: Der Marine-Nachrichten- und -Ortungsdienst, München 1971
Grenfell, Russell: Jagd auf die Bismarck, Kampf und Untergang des deutschen Schlachtschiffes im Jahre 1941, 2. Aufl., Tübingen 1958
Hansson, Per: Det Storste Spillet, Oslo 1965
Hauge, E. O.: Mannen som stjal Galtesund, Oslo 1955
Hilarion: S & G, Paris 1957
James, W. D.: Hamtonians at War, Privatdruck der Hampton Grammar School, o. J.
Jameson, William: Ark Royal, London 1957
Kemp, P. K.: The Fleet Air Arm, London 1954

–: Victory at Sea 1939–1945, New York 1957
Kennedy, Ludovic: A Personal Record of the War at Sea, London 1942
Lohmann, Walter, und Hildebrand, Hans H.: Die Deutsche Kriegsmarine 1939–1945, Bad Nauheim 1956
MacIntyre, Donald: Fighting Admiral: The Life and Battles of Admiral of the Fleet Sir James Somerville, London 1961
McLachlan, Donald: Room 39, London 1968
McMurtrie, Francis: The Cruise of the Bismarck, London 1942
Martienssen, Anthony: Hitler and his Admirals, London 1948
Moore, John: The Fleet Air Arm, London 1943
Nicolson, Nigel: Tagebücher und Briefe, 2 Bde., Frankfurt 1969/1971
Poolman, Kenneth: Ark Royal, London 1956
Raeder, Erich: Mein Leben, 2 Bde., Tübingen 1956/57
Richards, Denis: The Royal Air Force, Bd. 1, The Fight at Odds, H. M. S. O. 1953
Rohwer, J., und Hummelchen, G.: Chronik des Seekrieges 1939–45, Oldenburg 1968
Roskill, S. W.: The War at Sea, Bd. 1, The Defensive, H. M. S. O. 1954
–: Royal Navy. Britische Seekriegsgeschichte 1939–1945, Oldenburg–Hamburg 1961
–: Naval Policy Between the Wars, London 1968
–: The Secret Capture, London 1959
Ruge, Friedrich: Der Seekrieg 1939–45, Stuttgart 1954
Salewski, Michael: Die Deutsche Seekriegsleitung 1939–1945, Bd. 1 1935–1941, Frankfurt/Main 1970
Schofield, B. B.: Loss of the Bismarck, Middlesex 1972
Shirer, W. L.: All about the sinking of the Bismarck, London 1963
Thompson, Kenneth: H. M. S. Rodney at War, London 1946
Tuleja, Thaddeus V.: Eclipse of the German Navy, London 1958

2. DOKUMENTE, ZEITUNGEN, ZEITSCHRIFTEN, DRUCKSCHRIFTEN usw.

a) Offizielle britische und deutsche Dokumente zur Seekriegsgeschichte (aus dem britischen Verteidigungsministerium)

Public Record Office

Britische Admiralität: Zweiter Weltkrieg 1939–45, Geschichte, Tatsachenberichte und Unterlagen

ADM 199/1187-1941 Verfolgung und Vernichtung des deutschen Schlachtschiffes *Bismarck*

ADM 199/1188-1941 Verfolgung und Vernichtung des deutschen Schlachtschiffes *Bismarck*

ADM 199/1933-1941 April–Juni, Akten des Ersten Seelords
ADM 205/10-1941 April–Dezember, Akten des Ersten Seelords, Korrespondenz mit dem Premierminister und Beilagen

Bericht der Admiralität und des Sekretariats
ADM 116/4351-1941 Verlust der HMS *Hood* im Kampf mit dem deutschen Schlachtschiff – Untersuchungsausschuß
ADM 116/4352 Verlust der HMS *Hood* im Kampf mit dem deutschen Schlachtschiff – Untersuchungsausschuß

Luftfahrtministerium: Coastal Command
AIR 15/204-1941 Juli–August 1946, Versenkung des deutschen Schlachtschiffes *Bismarck*
AIR 15/415-1941 Mai–November, Versenkung der *Bismarck*, Bericht

Luftfahrtministerium: Geschwader-Kriegstagebücher
AIR 25/254-1939 März–Dezember 1943 (Allgemeine Luftaufklärung) Geschwader-Kriegstagebuch Nr. 15

Luftfahrtministerium: Staffel-Kriegstagebücher
AIR 27/1294-1941 Januar–Dezember 1943, Staffel-Kriegstagebuch Nr. 209
AIR 27/1299-1941 Januar–Dezember 1943, Staffel-Kriegstagebuch Nr. 210
AIR 27/1459-1941 Januar–Dezember 1943, Staffel-Kriegstagebuch Nr. 240

b)
Atlantic Monthly, The, Nr. 206, 1960 (George Whalley: The Sinking of the Bismarck – an Eye-Witness Account)
Blackwood's Magazine, Nr. 1515, Januar 1942 (Esmond Knight: Enemy in Sight)
Coast Guard at War, The: Greenland Patrol II (Public Information Division, U.S. Coast Guard Headquarters 1945)
English Historical Review, Jg. 1972, Anhang 5 (Arthur Marder: Winston is Back: Churchill at the Admiralty 1939–40)
Faedrelandsvennen, 4. März, 26. Mai, 28. Mai 1971 (Artikel über den Norwegischen Untergrund)
Führer-Konferenzen zur Seekriegsführung, Bericht über dic Rheinübung, 6. Juni 1941
Hewel, Walter, Tagebuch, mit freundl. Bewilligung von Davic Irving
Journal of the Royal United Service Institution, Februar 1953 (R. F. Jessel: The Bismarck Operation – The German Aspect)
–, August 1959 (M. G. Saunders: Hitler's Admirals)
–, Dezember 1972 (S. W. Roskill: Marder, Churchill and the Admiralty. 1939–42)
Logbuch des U.S. Coast-Guard-Cutter *Modoc* 24./25. Mai 1941 (National Archives and Records Service, Washington D.C.)

U.S. Navy Department: Operations and Battle of German Battleship Bismarck, Beilage A: Lieutnant-Commander Wellings: Bericht über die Unternehmung; Beilage H: Bericht des Spezialbeobachters (Fähnrich L. B. Smith) im Flugzeug Catalina Z/209. (Archive des U.S. Marine Departments, Washington D.C.)

Profile Warship Nr. 6, Fregattenkapitän Paul Schmalenbach: K. M. Prinz Eugen (Profile Publications 1971)

Profile Warship Nr. 18, Fregattenkapitän Paul Schmalenbach: K. M. Bismarck (Profile Publications 1972)

Profile Warship Nr. 19, R. G. Robertson: H. M. S. Hood (Profile Publications 1972)

Purnell's History of the Second World War, Bd. 2, Nr. 5, 1967 (Artikel von Lieutenant-Commander P. K. Kemp und Kapitän z. See Gerhard Junack)

Roskill-Akten

Sunday Express, 1. Juni 1941 (Godfrey Winn: Artikel über die Besatzung des Flugzeuges Catalina Z/209)

Times, The (Stapellauf der *Bismarck*, 15. Februar 1939, Todesanzeigen für Vice-Admiral L. E. Holland, 31. Mai 1941, Admiral of the Fleet Sir Dudley Pound, 22. Oktober 1943, Admiral Sir Frederick Wake-Walker, 26. September 1945, Air Chief Marshall Sir Frederick Bowhill, 14. März 1960, Admiral of the Fleet Sir Philip Vian, 29. Mai 1968, Admiral of the Fleet Lord Tovey, 13. Januar 1971).

Tovey, Admiral of the Fleet Lord: „God and the War" (World's Evangelical Alliance 1944, British Museum Nr. 3458 aa 25) und „Why do I believe in God?" (World's Evangelical Alliance 1949, British Museum Nr. 04430 df 41).

United States Naval Institute Proceedings, Bd. 84, Nr. 7, Juli 1958 (Fregattenkapitän Gerhard Bidlingmaier: Erfolge und Ende des Schlachtschiffes *Bismarck*).

–, Bd. 85, Nr. 6, Juni 1959 (Korrespondenz zwischen J. P. Thornton und Gerhard Bidlingmaier über die Versenkung der *Bismarck*).

3. RUNDFUNK UND FERNSEHEN

Auszüge aus Rundfunksendungen der BBC im Mai/Juni 1941: Flying Officer Dennis Briggs, Signalman A. E. Briggs, Captain Frederick Dalrymple-Hamilton, Lieutenant-Commander Hugh Guernsey, Rear-Admiral Frederick Wake-Walker und im März 1960 Commander Kenneth Pattisson.

Auszüge aus den 1970/71 geführten Interviews des Autors für seine Fernseh-Dokumentarserie *Schlachtschiff Bismarck* (BBC): Captain E. S. Carver, Commander G. R. Carver, Commander H. G. Dangerfield, Rear-Admiral Percy Gick, Kapitän z. See Gerhard Junack, Esmond Knight, Captain Frank Lloyd, Werner Lust, Freiherr von Müllenheim-Rechberg, Captain Ludovic Porter, Captain Pitulko, Fregattenkapitän Paul Schmalenbach, R. E. Tilburn, Herbert Wohlfarth.

4. KORRESPONDENZ UND/ODER INTERVIEWS MIT:

Viggo Axelssen, F. J. Bell, A. J. Benson, David Berrill, Admiral Sir Alexander Bingley, Captain C. M. Blackman, Commander Joe Brooks, George Clark, Admiral Sir Frederick Dalrymple-Hamilton, Captain North Dalrymple-Hamilton, Admiral Sir Charles Daniel, Captain Henry Denham, Vice-Admiral Sir Norman Denning, Großadmiral Karl Dönitz, Captain Robert Ellis, Hon. James Galbraith, Jørgen Garmann, Rear-Admiral Percy Gick, Captain Helmuth Giessler, Rear-Admiral the Earl of Glasgow, Vice-Admiral Sir Peter Gretton, Commander W. A. E. Hall, Commander R. F. Jessel, Captain James Johnson, Kapitän z. See Gerhard Junack, Lieutenant-Commander Peter Kemp, H. G. Knight, Captain Frank Lloyd, Beatrice Lockhart, Werner Lust, Captain Donald Macintyre, Captain Colin McMullen, Otto Maus, Captain Charles Meynell, Freiherr von Müllenheim-Rechberg, Commander the Rev. A. G. Oliver, Rear-Admiral R. W. Paffard, Vice-Admiral Jean Philippon, Captain Ludovic Porter, Captain Carl Rinehart, Captain S. W. Roskill, Fregattenkapitän Paul Schmalenbach, Vice-Admiral B. B. Schofield, Captain H. W. Sims-Williams, H. G. Sitford, Captain A. G. Skipwith, Captain L. P. Skipwith, Eric Smith, Captain Leonard B. Smith, Margot Williams, Herbert Wohlfarth, Hans Zimmermann.

Namenregister

Dank des Autors

Ich bin den vielen Leuten, die mir bei der Vorbereitung und Niederschrift dieses Buches geholfen haben, zu großem Dank verpflichtet; vornehmlich Captain Stephen Roskill, nicht nur weil er mir seine Unterlagen so großzügig zur Verfügung stellte, sondern auch für Rat und Unterstützung, die er mir jederzeit freigebig gewährte, oft auch wenn er mit anderen Dingen beschäftigt war; ebenso Vizeadmiral Friedrich Ruge, der mich an seinem großen Wissen in bezug auf die deutsche Marine Anteil haben ließ, und Herrn Professor Dr. Jürgen Rohwer, Leiter der Bibliothek für Zeitgeschichte, Stuttgart, der freundlicherweise die fachliche Betreuung der deutschen Ausgabe übernahm. Dank schulde ich Rear-Admiral Peter Buckley und seinem Stab in der „Naval Historical Section" und der Marine-Bibliothek im Verteidigungsministerium, insbesondere Captain Donald Macintyre, Mr. J. Lawson und Mr. David Brown; gleichermaßen auch Mr. D. P. Mayne und seinen Mitarbeitern in der photographischen Abteilung im Imperial War Museum, ganz besonders Mr. R. E. Squires. Zu Dank verpflichtet bin ich Fregattenkapitän Wolfgang Brost, Stellvertretendem Marineattaché an der Deutschen Botschaft in London, für seine Hilfe bei der Beschaffung von Bildmaterial in Deutschland, Dr. Sidney Hamilton für seine Erlaubnis, die Photographie „Die Verfolgung" auf S. 94/95 zu reproduzieren, Lieutenant-Commander Peter Wright und den Offizieren von H.M.S. *Rapid* für die von ihnen erhaltenen Informationen und für die Gastfreundschaft, die mir auf dem letzten mit Dampf betriebenen Zerstörer der Marine erwiesen wurde.

Danken möchte ich auch Vice-Admiral Edwin Hooper, dem Kurator des U.S. Naval Archives, der mir wertvolle Unterlagen zugänglich machte; Lieutenant-Commander Peter Kemp für manchen guten Rat und Hilfe bei der Entwirrung der komplexen Geschehnisse des 25. Mai 1941; Konteradmiral Gerhard Wagner und Fregattenkapitän Paul Schmalenbach für ihre Erläuterungen zu den Kampfhandlungen aus deutscher Sicht; Mr.

David Woodward dafür, daß er mich in vielen kleinen historischen Einzelheiten berichtigte; Mr. Robert Kee, der einen strittigen Punkt zwischen meinen Verlegern und mir entschied; der British Broadcasting Corporation für die Erlaubnis zur Verwendung von Auszügen aus Rundfunkinterviews mit Personen, die an der Schlacht teilgenommen hatten, sowie von Beiträgen zu meiner eigenen, erstmals 1971 gezeigten Dokumentar-Fernsehsendung *Schlachtschiff Bismarck;* Joyce Turnbull und Nancy Winch für ihre nie erlahmende Hilfe im Sekretariat, und Hazel Plenderleith für ihre Schreibarbeit; meiner Frau für die vielen klugen Kommentare zu diversen Fragen, die sich in einem Jahr schriftstellerischer Tätigkeit ergaben; und letztlich all jenen freundlichen Menschen, die in so großzügiger Weise ihre Zeit opferten, um mit mir über die Operation zu sprechen oder mir zu schreiben, und deren Namen in einer Liste am Ende des Buches aufscheinen.

Es gibt schon viele Bücher über die *Bismarck*, gute und schlechte, aber so gut wie alle parteiisch. Dieses Buch, mehr als dreißig Jahre nach den hier geschilderten Ereignissen geschrieben, sucht jede Parteinahme zu vermeiden. Wenn es für etwas eintritt, so für die Menschheit.

Edinburgh, 1973 *Ludovic Kennedy*